KB124512

반디랑 블록 한자 3

닮은꼴 끼리끼리!

매일 4字씩 1000字 완성

블록한자 학습 효과

한자와 학습 능력

문해력文解力(literacy, 문장해석력)이 높은 아이가 우등생이 됩니다. 어려운 개념들로 이루어진 교과서 속 문장들을 이해하지 못하고 잘할 수 있는 과목은 하나도 없습니다. 한자어 아닌 개념 어휘는 거의 찾아볼 수 없는 한국어의 특성상, 교과서 학습 능력을 키우는 데 한자의 이해가 필수라는 점은 불변의 사실입니다. 최근 많은 청소년들이 SNS에 빠져 독서를 멀리하며 문해력이 저하되고 있는 현시점에서 한자교육의 중요성은 역설적으로 더욱 커지고 있습니다.

일석삼조의 효과, 블록한자!

블록한자는 '기본자 1자 + 파생자 3자'로 구성됩니다. 쉬운 기본자 1자를 익히면 복잡한 파생자 3자를 함께 익힐 수 있습니다. 하루 4자의 부담 없는 학습량을 원리에 따라 재미있게 익히며, 혼자서도 효율적으로 자기주도학습을 실천할 수 있습니다.

급수의 효율적 재구성

급수가 낮다고 쉬운 한자일까요? 절대 그렇지 않습니다. '語(낮은 급수) / 言(높은 급수)'처럼 낮은 급수의 한자가 오히려 더 복잡한 경우는 무척 많습니다. 게다가 급수가 높아질수록 외워야 할 한자의 수는 기하급수적으로 늘어나서, 앞에서 익힌 한자와 새로 배우는 한자를 연계하여 이해하지 못하면 급격히 늘어나는 학습량을 감당할 수가 없습니다. 그래서 무조건 낮은 급수부터 시작하다 8, 7급의 낮은 단계에서 한자 공부를 포기하는 경우가 대부분입니다.

반디랑 블록한자는 다릅니다. 반디랑 블록한자는 급수를 효율적으로 재구성하여 총 128블록으로 만들었습니다. 하루 1블록씩 꾸준히 학습한다면, 128일만에 교육부 권장 한자 포함 1000자를 다 익히게 됩니다. 쉬운 기본자를 중심으로 어려운 파생자들을 함께 익혀, 급격한 학습량의 증가나 지나친 학습 기간의 부담 없이 중고등학교 수준의 한자까지 마스터할 수 있습니다. 또한 초등 교과서에서 어휘 용례를 엄선하여, 한자로 구성된 어려운 개념어들도 똑똑하게 이해할 수 있습니다.

길고 긴 초등학교 시절, 하루 10분씩 딱 반 년만 반디랑 블록한자에 투자하세요! 중학교 가기 전 한자 공부를 다 끝내고 탄탄한 어휘력과 문해력을 다질 수 있습니다!

급수를 닏고 성큼성큼

각 권당 블록한자 32개를 기본 구성으로 수록하고, 권말에 추가 구성으로 더블록한자 32개를 붙여 학습의 효율을 높였습니다.
총 4권 전질로, 낮은 급수의 한자들을 중심축으로 하되, 높은 급수이지만 중요한 한자를 효율적으로 함께 배치하여 통합적 학습이 가능하도록 배려하였습니다.
반디랑 블록한자를 마스터하다 보면 한자 급수도 성큼성큼, 학업 성적도 성큼성큼 오릅니다.

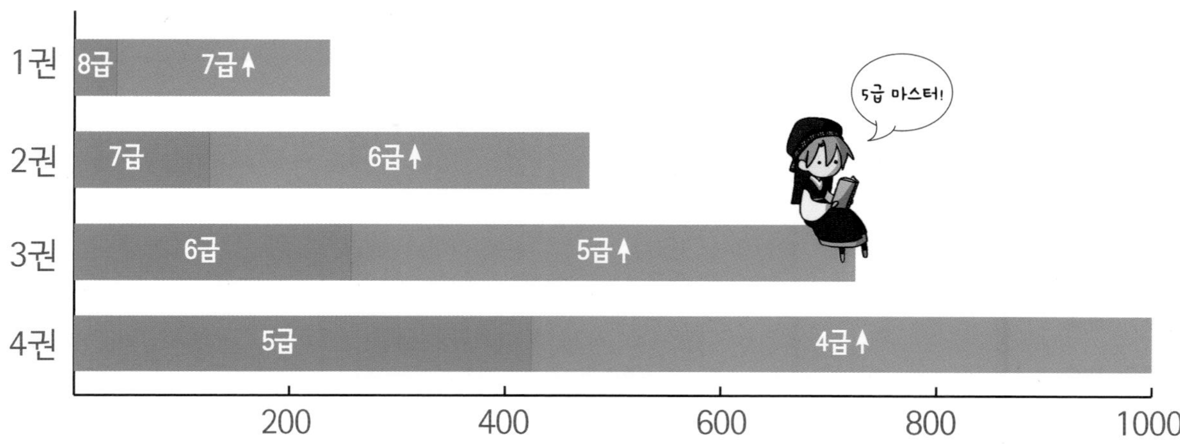

반디랑 블록 한자

3권 한자

블록	기초글자 6~5급	파생글자 8~3급		P.10~65
65 블록	羊 양	洋 양	美 미	善 선
66 블록	豆 두	頭 두	短 단	登 등
67 블록	甘 감	柑 감	某 모	謀 모
68 블록	泉 천	原 원	源 원	線 선
69 블록	弓 궁	弔 조	引 인	弘 홍
70 블록	矢 시	知 지	智 지	失 실
71 블록	刀 도	刃 인	忍 인	認 인
72 블록	斤 근	斥 척	折 절	近 근

블록	기초글자 6~5급	파생글자 8~3급		P.66~121
73 블록	耳 이	茸 용	恥 치	聖 성
74 블록	目 목	見 견	盲 맹	眉 미
75 블록	骨 골	滑 활	體 체	禮 예
76 블록	肉 육	育 육	胃 위	肋 륵
77 블록	半 반	伴 반	畔 반	判 판
78 블록	分 분	盆 분	粉 분	忿 분
79 블록	正 정	定 정	是 시	歪 왜
80 블록	反 반	返 반	板 판	販 판

블록	기초글자 6~5급	파생글자 8~3급		P.122~177
81 블록	古 고	苦 고	固 고	故 고
82 블록	今 금	念 념	令 령	冷 랭
83 블록	門 문	問 문	聞 문	間 간
84 블록	戶 호	房 방	扁 편	篇 편
85 블록	作 작	昨 작	炸 작	詐 사
86 블록	勇 용	通 통	桶 통	痛 통
87 블록	身 신	射 사	躬 궁	窮 궁
88 블록	病 병	疾 질	症 증	痴 치

블록	기초글자 6~5급	파생글자 8~3급		P.178~233
89 블록	死 사	葬 장	列 열	烈 열
90 블록	亡 망	忘 망	妄 망	望 망
91 블록	退 퇴	恨 한	限 한	根 근
92 블록	各 각	落 락	路 로	露 로
93 블록	見 견	規 규	現 현	親 친
94 블록	則 칙	測 측	側 측	惻 측
95 블록	音 음	意 의	憶 억	億 억
96 블록	樂 악	藥 약	礫 력	轢 력

1~4권 1000字 보기

1권 128자 + 더블록 128자 부록

日 白 昌 晶　月 明 朋 崩　山 岩 仙 幽　川 州 洲 訓
火 災 炎 淡　水 氷 永 泳　土 吐 士 王　木 未 末 本

人 仁 休 代　生 姓 性 星　男 加 協 脅　女 如 好 安
母 每 海 梅　子 字 仔 學　兄 兌 說 稅　弟 梯 涕 第

大 太 犬 夭　小 尖 少 沙　上 止 齒 步　下 卞 不 杯
千 肝 刊 竿　萬 愚 偶 遇　車 轟 連 蓮　舟 丹 船 航

內 丙 納 訥　夕 外 多 侈　中 忠 串 患　心 必 志 情
東 凍 棟 鍊　西 要 票 粟　南 幸 譯 擇　北 背 乘 乖

2권 128자 + 더블록 128자 부록

元 玩 完 院　首 道 導 領　公 松 翁 私　主 注 住 往
市 柿 姊 肺　井 形 刑 型　孔 乳 浮 妥　方 放 防 訪

工 功 空 江　品 區 嘔 樞　去 法 怯 却　來 麥 麵 爽
雨 雪 雲 電　田 界 果 課　春 泰 奉 棒　秋 愁 秀 和

克 兢 剋 競　己 已 巳 記　文 紋 紊 蚊　化 花 貨 靴
平 評 坪 萍　行 街 衡 術　合 給 答 塔　同 洞 銅 興

衣 依 表 初　食 飲 飯 蝕　家 豚 逐 遂　族 旗 旅 遊
手 拜 看 着　足 促 捉 蹴　口 因 困 茵　角 用 解 觸

3권 128자 + 더블록 128자 부록

羊 洋 美 善	豆 頭 短 登	甘 柑 某 謀	泉 原 源 線
弓 弔 引 弘	矢 知 智 失	刀 刃 忍 認	斤 斥 折 近
耳 茸 恥 聖	目 見 盲 眉	骨 滑 體 禮	肉 育 胃 肋
半 伴 畔 判	分 盆 粉 忿	正 定 是 歪	反 返 板 販
古 苦 固 故	今 念 令 冷	門 問 聞 間	戶 房 扁 篇
作 昨 炸 詐	勇 通 桶 痛	身 射 躬 窮	病 疾 症 痴
死 葬 列 烈	亡 忘 妄 望	退 恨 限 根	各 落 路 露
見 規 現 親	則 測 側 惻	音 意 憶 億	樂 藥 礫 轢

4권 128자 + 더블록 128자 부록

鳥 鳴 島 烏	蟲 蜀 獨 濁	魚 漁 魯 鮮	貝 財 買 貧
無 舞 撫 蕪	谷 俗 浴 欲	良 浪 娘 郎	奴 努 怒 駑
比 批 昆 混	率 卒 猝 悴	尙 常 堂 掌	識 職 織 熾
專 傳 轉 團	充 銃 統 流	自 臭 息 鼻	爭 錚 淨 靜
犬 伏 拔 髮	馬 篤 駐 騎	培 倍 部 剖	養 義 議 儀
酉 酒 酋 尊	句 苟 敬 警	吉 結 喜 臺	凶 兇 匈 胸
臣 臥 監 覽	民 眠 氏 紙	每 毒 悔 敏	周 週 調 彫
約 的 酌 釣	束 速 揀 練	觀 權 勸 歡	能 熊 罷 態

핵심 한자

羊 알아 보기

옛 한자

羊은 양의 모습을 본뜬 글자입니다. 옛 글자에서도 뿔을 강조하고 있는데, 오늘날 글자에서도 역시 뿔 두 개가 丶丿으로 그려져 있습니다.

羊 따라 쓰기

6획 丶 丷 䒑 兰 兰 羊

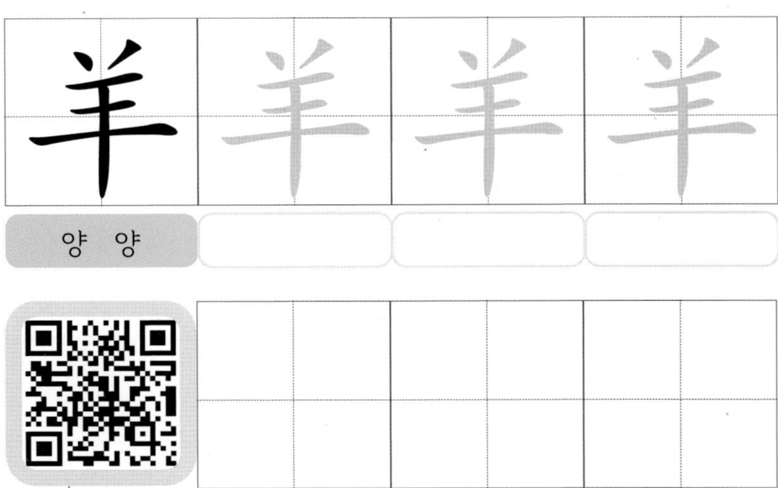

찍으면 획순 영상이 나옵니다.

교과서 핵심 단어

65블록 羊

교과서에 나온 내용을 소리 내어 읽어 보아요.

국어 5

山羊
뫼 산 양 양
산양

뜻 산에 사는 양

내가 염소게 山羊이게? 히히, 염소랑 비슷하게 생겼어도 난 엄연히 山羊이야. 자세히 보면 수염도 없고, 갈색, 검은색, 회색 털이 뒤섞여 있어.

사회 6

羊毛
양 양 털 모
양모

뜻 양의 털

게르는 뼈대를 이루는 나무와 뼈대를 덮는 羊毛로 짠 천막으로 이루어졌다. 쉽고 빠르게 조립 또는 분해할 수 있어 가축과 함께 자주 이동해야 하는 유목생활에 유리하다.

핵심한자 **완성하기!**

*정답 : 244쪽

(1) 염소랑 비슷하게 생겼어도 난 엄연히 산양(山 ☐)이야.

(2) 게르는 뼈대를 이루는 나무와 뼈대를 덮는 양모(☐ 毛)로 짠 천막으로 이루어졌다.

블록 한자

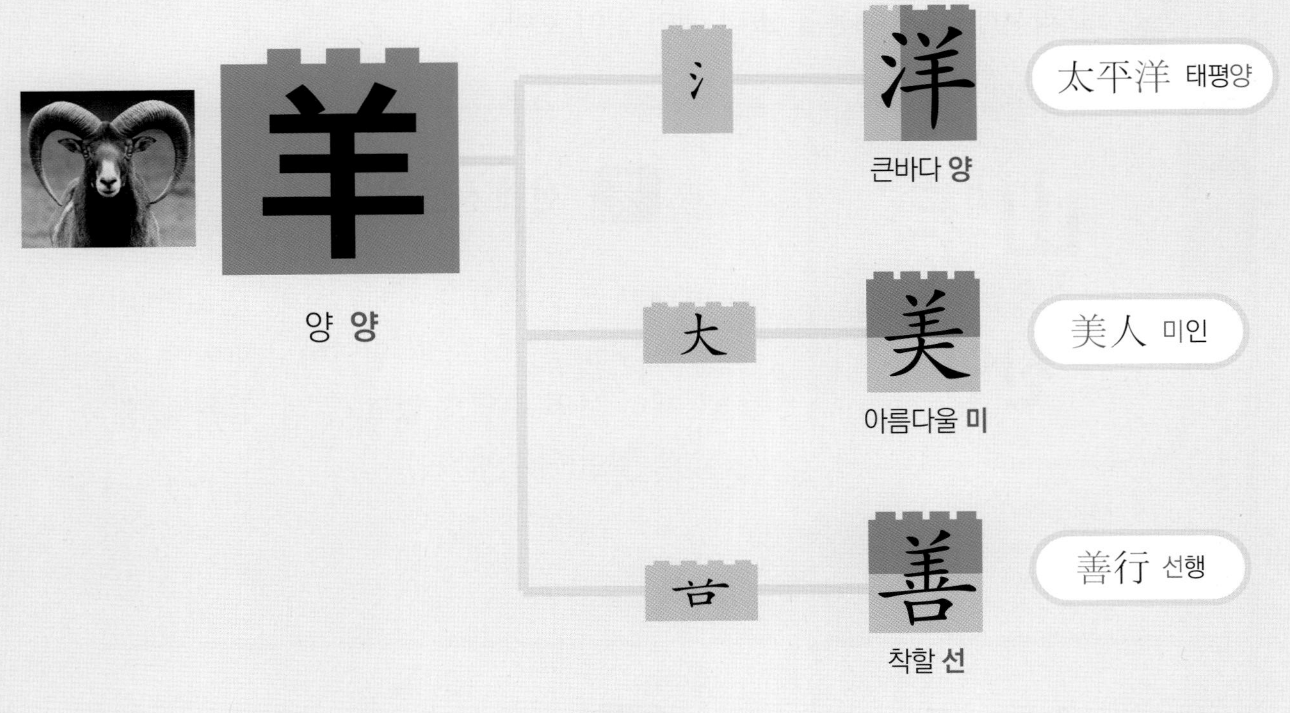

* 太 클 태, 平 평평할 평

洋

큰바다 양

물을 뜻하는 氵물 수와 함께 羊을 쓰면 洋큰바다 양이 됩니다. 태평양, 대서양, 인도양 그리고 오대양 등에 쓰이는 양이 바로 이 洋이랍니다.

太平洋 뜻 크고 평화로운 바다

태 평 양  太平洋처럼 'ㅇㅇ양'으로 불리는 바다는 매우 크다.

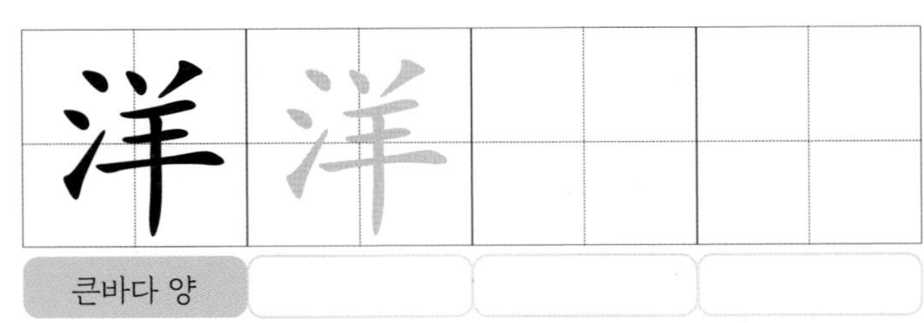

美

아름다울 미 6급

羊 아래에 大큰 대를 붙여 쓰면 美아름다울 미가 됩니다. 羊의 아래로 나온 부분을 깔끔하게 자르고 大를 썼는데, 통통하게 살찐 큰 양을 아름답게 여겼던 옛날 사람들의 마음이 들어 있는 글자입니다.

아름다운 사람

미 인

옛날에는 美人을 평가하는 기준이 오늘날과 많이 달랐다고 한다.

아름다울 미

善

착할 선 5급

羊 아래에 㕣와 같이 생긴 글자를 쓰면 善착할 선이 됩니다. 평화롭게 艹풀 초를 뜯는 양의 口입 구를 그려 착한 모습을 나타내었습니다. 善惡선악, 善行선행과 같은 말에 쓰입니다.

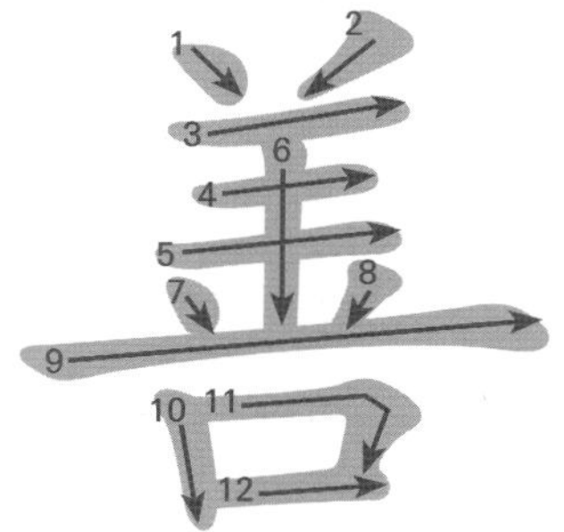

善行 뜻 착한 행동

선 행

그녀의 善行은 「만덕전」이라는 글로 지어졌다.

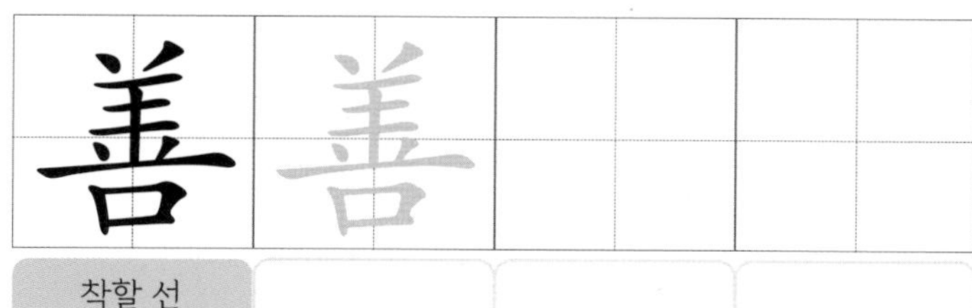

착할 선

문제 풀기

1 네모칸에 알맞은 글자를 넣어 보아요.

2 한자의 음과 뜻을 알맞게 이어 보아요.

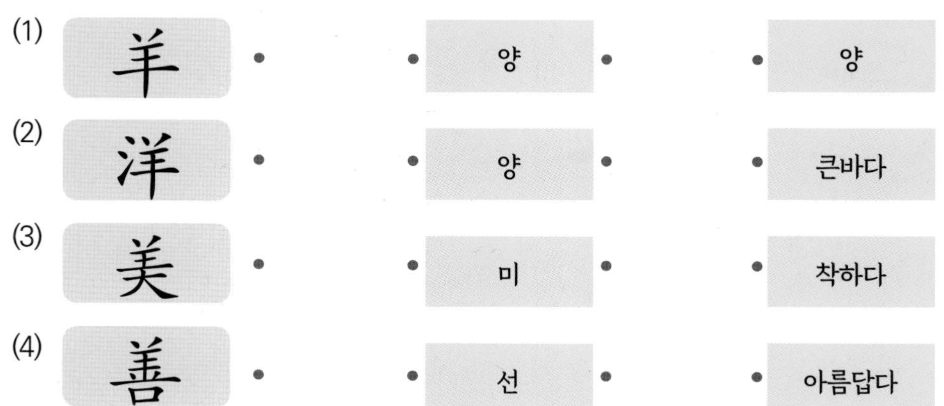

3 빈칸에 알맞은 한자를 써 보아요.

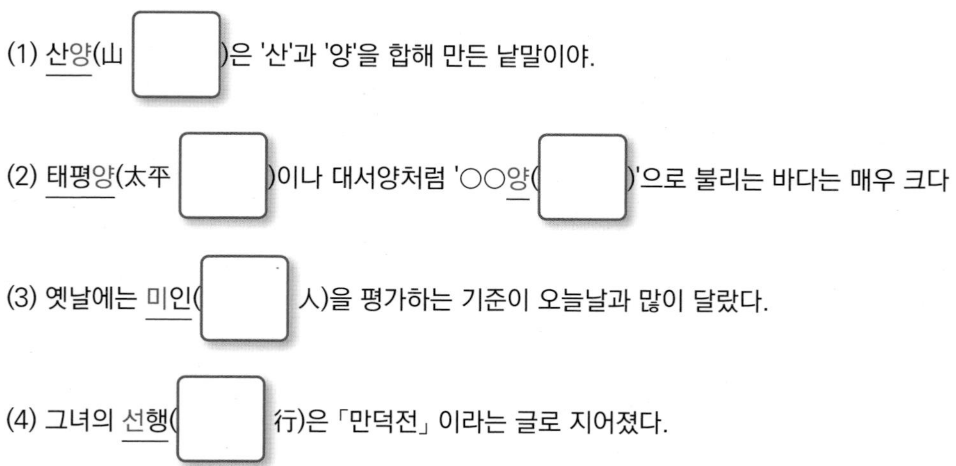

*정답 : 244쪽

4 내용을 소리 내어 읽고 한자를 한글로 써 보세요.

장사로 큰돈을 번 김만덕은 제주에 큰 흉년이 들어 많은 백성이 굶어 죽자, 그동안 모은 돈으로 쌀을 사서 굶주린 백성에게 나눠 주었다. 그녀의 善行은 정조의 명에 따라 「만덕전」이라는 글로 지어졌다.

*사회 6

*行:다닐 행, 행할 행

5 열쇠의 뜻 풀이를 이용하여 가로 세로 단어 퍼즐을 완성해 보세요.

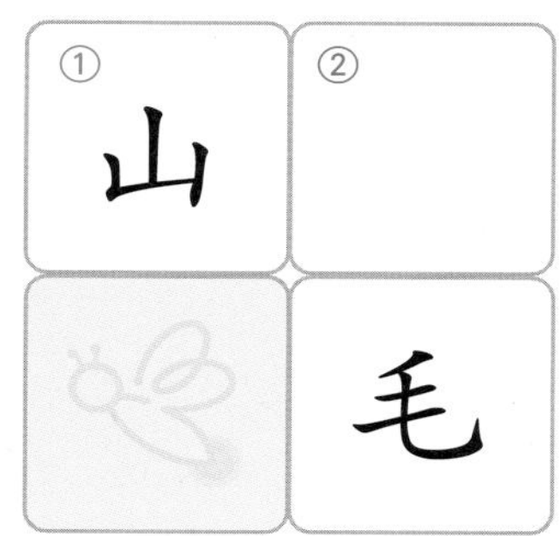

[가로열쇠 ①] 산에 사는 양

[세로열쇠 ②] 양의 털

6 QR코드를 찍어 영상을 본 후, 문제를 풀어 보아요.

(1) 음: 뜻:

관련단어:

핵심 한자

월 일

4급

콩, 제기 두

豆 알아 보기

豆는 '콩 두'로 더 많이 알려져 있지만, 원래는 제사를 지내는 큰 그릇의 모양을 본뜬 글자입니다. 옛 글자를 보면 다리가 긴 그릇에 무언가를 얹어 둔 모습이 보입니다. 홀로 쓰일 때는 콩, 다른 글자의 구성 요소로 쓰일 때는 주로 제사지내는 그릇의 뜻을 지닙니다.

豆 따라 쓰기

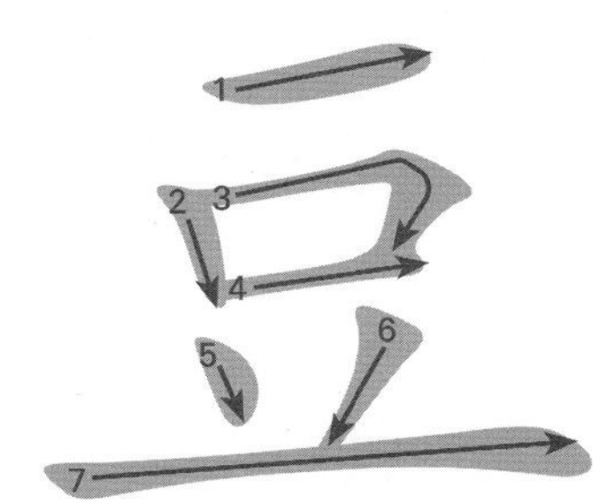

7획

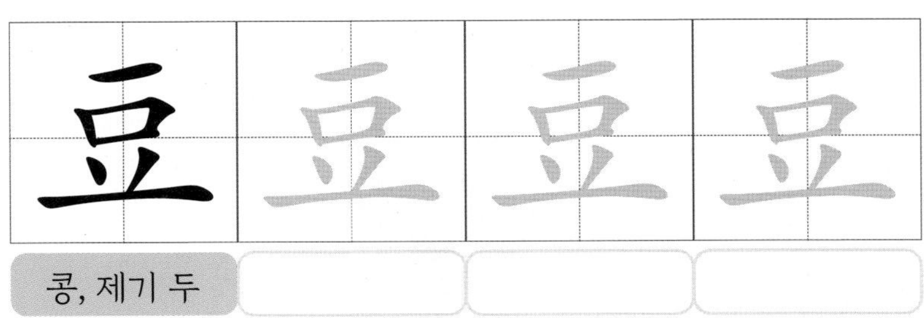

콩, 제기 두

찍으면 획순 영상이 나옵니다.

교과서 핵심 단어

66블록
豆

교과서에 나온 내용을 소리 내어 읽어 보아요.

과학 5

豆腐
콩 두 썩을 부
두부

뜻 콩을 쪄서 만든 음식

염기성 용액에 삶은 달걀 흰자를 넣으면 시간이 지나면서 삶은 달걀은 흰자가 녹아 흐물흐물해집니다. 또 豆腐를 넣으면 시간이 지남에 따라 두부가 녹아 흐물흐물해지며 용액이 뿌옇게 흐려집니다.

교과서 밖

豆乳
콩 두 젖 유
두유

뜻 콩으로 만든 우유

豆乳는 염기성 식품으로 칼륨과 인이 풍부하게 들어 있다. 따라서 고기류 섭취가 많아 산성화된 우리의 체질을 중화시켜 신체의 균형을 유지하는 데 도움을 준다.

핵심한자 완성하기!

*정답 : 244쪽

(1) 두부(　　腐)를 넣으면 시간이 지남에 따라 두부가 녹아 흐물흐물해지며 용액이 뿌옇게 흐려집니다.

(2) 두유(　　乳)는 염기성 식품으로 칼륨과 인이 풍부하게 들어 있다.

블록 한자

콩, 제기 두

부수	한자	음훈	단어
頁	頭	머리 두	頭目 두목
矢	短	짧을 단	長短點 장단점
癶	登	오를 등	登校 등교

* 目 눈 목, 長 길 장, 點 점 점, 校 학교 교

頭 머리 두 6급

豆에 頁머리 혈을 붙인 것으로, 제기 앞에서 머리를 숙인 모습을 본뜬 글자입니다. 머리를 강조한 모습에서 '머리, 꼭대기'라는 뜻을 가집니다. 옆의 그림과 같은 상황을 표현한 것이죠.

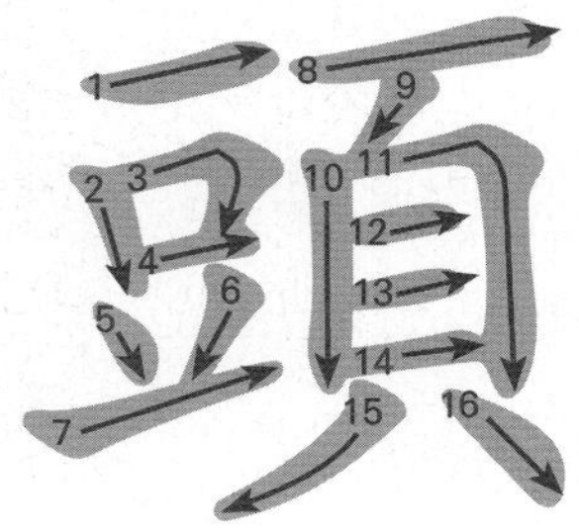

頭目 두 목

 뜻 우두머리

 예 홍길동은 집을 떠나 도적떼의 頭目이 되어 벼슬아치를 벌했다.

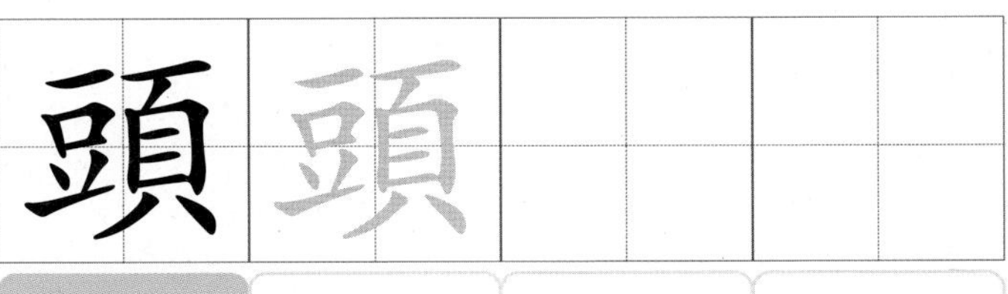

短

짧을 단

豆 앞에 矢화살 시를 붙이면 短짧을 단이 됩니다. 투호라는 놀이 아시나요? 큰 그릇에 화살을 던져 넣는 놀이인데 그 거리가 '짧아서' 생긴 글자입니다. 기준에 못 미친다는 점에서 '모자라다, 결점'을 뜻하기도 합니다.

뜻 좋은 점과 나쁜 점

장 단 점

발표를 잘 듣고 의견마다 長短點이 무엇인지 살펴봐요.

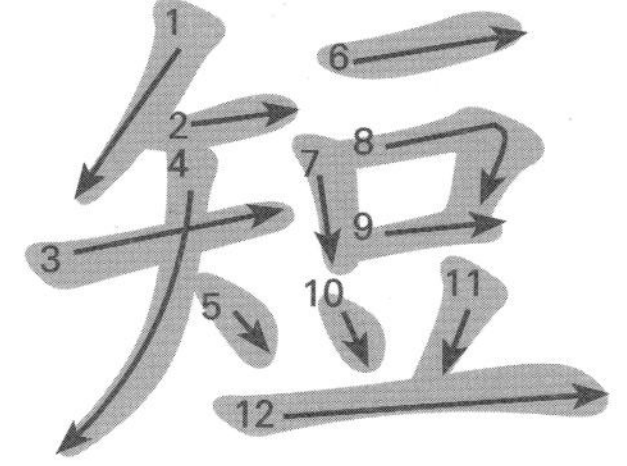

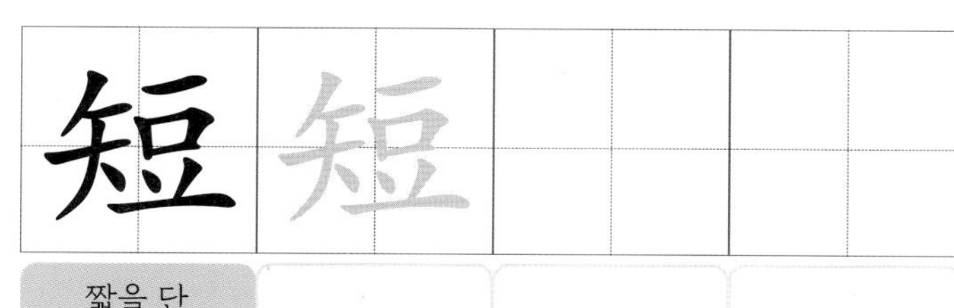

짧을 단

登

오를 등

豆에 癶두발모양 발을 쓴 登오를 등은 무언가를 밟고 올라가는 모습을 나타낸 글자입니다. 말을 탈 때 임시로 밟고 올라가는 단을 설치하기도 하는데 그것이 큰 그릇과 닮아 있어 豆를 쓴 것입니다.

登校 **뜻** 학교에 오름

등 교 **예** 어머니께서 登校하는 우리에게 마스크를 단단히 씌워주셨다.

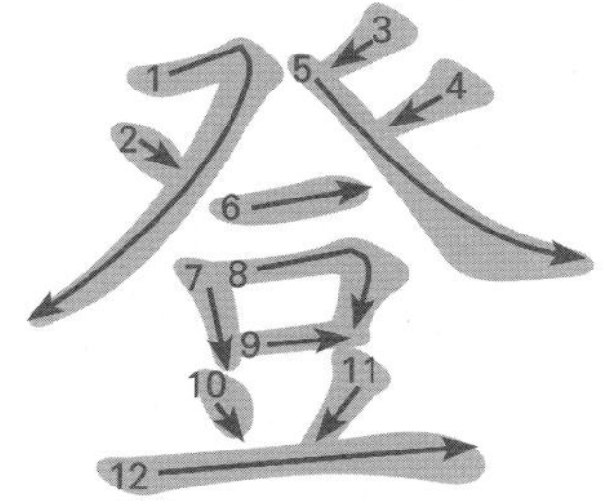

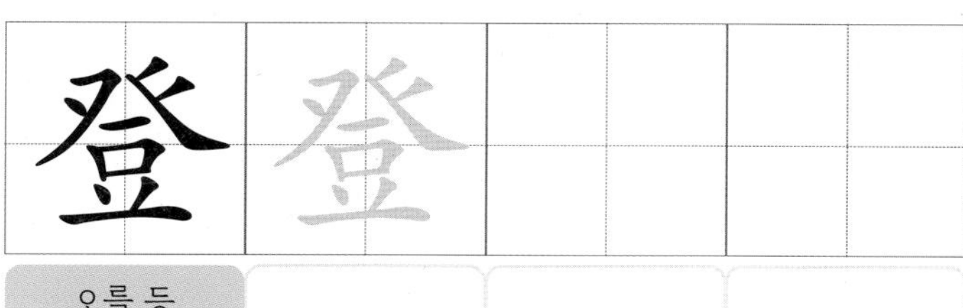

오를 등

문제 풀기

1 네모칸에 알맞은 글자를 넣어 보아요.

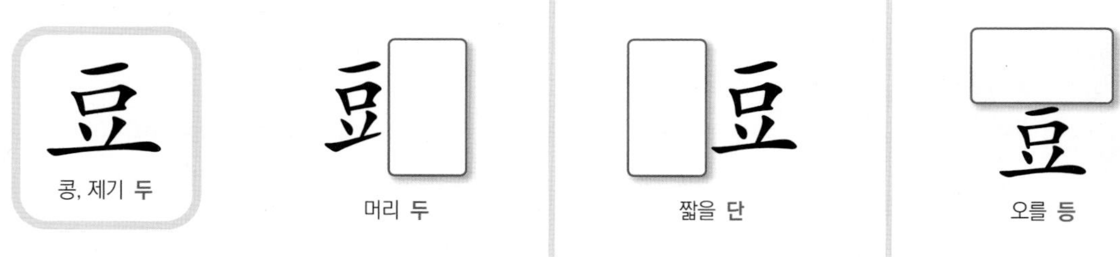

2 한자의 음과 뜻을 알맞게 이어 보아요.

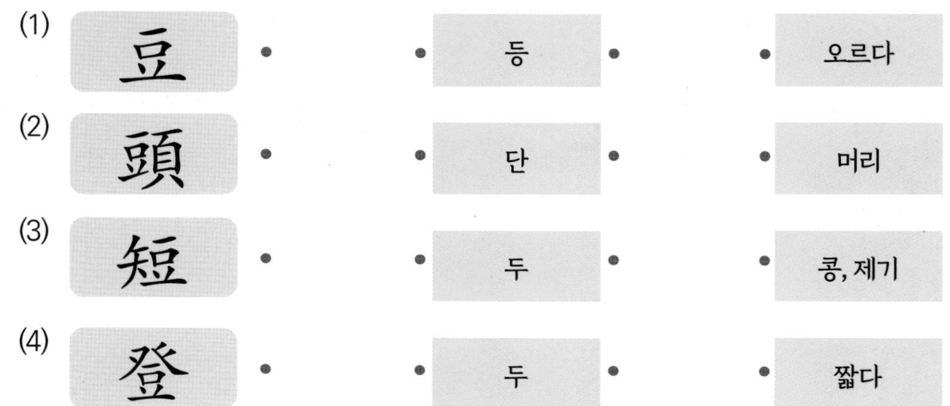

3 빈칸에 알맞은 한자를 써 보아요.

(1) "엄마 심부름 좀 해 줄래? 두부(□腐) 사는 걸 깜빡 했어."

(2) 홍길동은 집을 떠나 도적떼의 두목(□目)이 되어 벼슬아치를 벌했다.

(3) 발표를 잘 듣고 의견마다 장단점(長□點)이 무엇인지 살펴봐요.

(4) 어머니께서 등교(□校)하는 우리에게 마스크를 단단히 씌워주셨다.

*정답 : 244쪽

4 내용을 소리 내어 읽고 한자를 한글로 써 보세요.

광복 후 처음 登校하는 날, 우리는 교과서도 없이 강의를 받았다. 생전 처음으로 우리말 국어 강의를 받은 그 날의 환희와 감격은 정말 벅찼다.

*국어 5

5 열쇠의 뜻 풀이를 이용하여 가로 세로 단어 퍼즐을 완성해 보세요.

[가로열쇠 ①] 콩으로 만든 우유

[세로열쇠 ①] 콩을 쪄서 만든 음식

6 QR코드를 찍어 영상을 본 후, 문제를 풀어 보아요.

(1) 음: ______ 뜻: ______

관련단어: ______

만화로 배우는

한자성어

용두사미 (龍頭蛇尾)

용의 머리에 뱀의 꼬리. 거창하게 시작해서 초라하게 끝을 맺음.
[용 龍, 뱀 蛇, 꼬리 尾]

무슨 일이 있었는지
물어봐야겠지…

푼아~ 왜 그래! 그렇게 죽상을 하고선!
무슨 일 있어~?
바다야…

잘 보던 웹사이트 연재 작품이 있었어….
시작은 엄청 좋았거든?
사정 청취 중

잘 짜인 탄탄한 세계관.
매력적인 등장인물.
이건 틀림없는 인생 작품이다….
그리 생각하고 꾸준히 챙겨 봤는데….

갑자기 전개가 삼천포로 빠지더니,
설정 충돌을 일으키질 않나 캐릭터 설정은 붕괴하고!
기어코 마무리를 아주 말아먹었어!!

잘 보던 작품이 용두사미 龍頭蛇尾가 되어버려서 상심했구나~
망겜! 亡 GAME 망할 망 게임
BAD END
나도 잘 알지 그 심정…

인생 작품이라고 생각했는데~~!
다시는 이런 가슴 뛰는 작품을 못 만날 거야~ㅠ
에이 또 그런다~ 좋은 작품을 찾을 수 있을 거야~

며칠 후
이거 봐! 이번에 새로 론칭된 작품인데 도입부가 장난이 아니야~!!
이번에야말로 인생 작품을 찾은 게 틀림없어!!
음~ 그렇구나!

동영상으로 익히는

블록한자

* 아래 QR을 찍으면 동영상이 나옵니다. 동영상을 따라서 한눈에 정리해보아요.

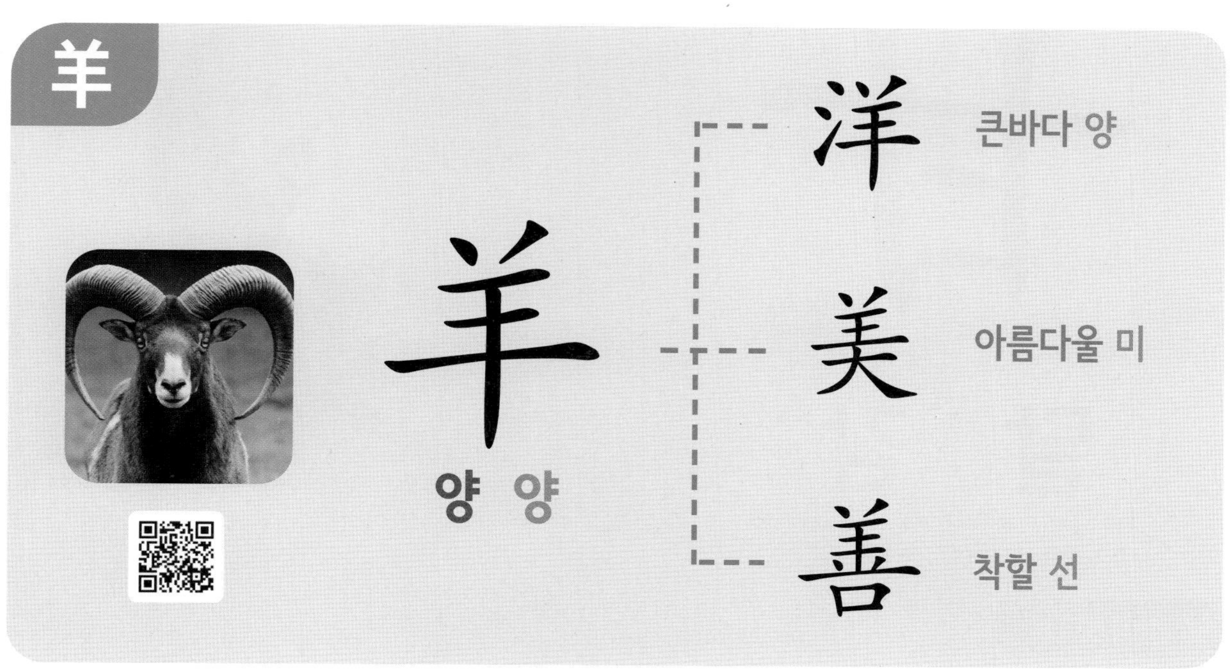

핵심 한자

월 일

4급

달 감

甘 알아 보기

옛 한자

甘은 쏙 내민 혀와 그 위의 달콤한 느낌을 표현한 글자입니다. 廿은 혀의 모습을, 가운데 그은 一은 달콤한 혀끝의 느낌을 상징적으로 표현한 것입니다.

甘 따라 쓰기

5획 一 十 廿 廿 甘

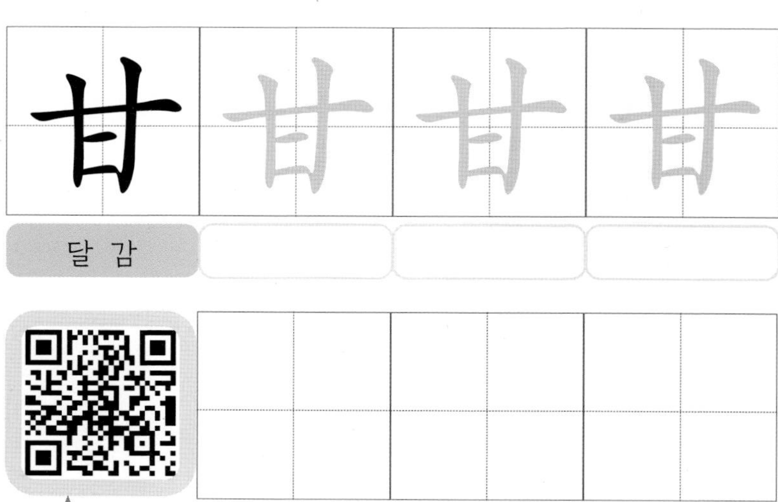

찍으면 획순 영상이 나옵니다.

교과서 핵심 단어

67블록 甘

교과서에 나온 내용을 소리 내어 읽어 보아요.

사회 6

甘味
달 감 맛 미

감미

뜻 달고 맛있음

여러분은 甘味로운 초콜릿을 살 때 무엇을 보고 고르나요? 겉으로 보기에는 모두 똑같아 보이지만 그 초콜릿이 우리 손에 들어오기까지의 과정은 제품에 따라 매우 다를 수 있습니다.

교과서 밖

苦盡甘來
괴로울 고 다할 진 달 감 올 래

고진감래

뜻 괴로움이 다하면 달콤한 것이 옴

苦盡甘來는 '괴로움이 다하면 달콤한 것이 온다'는 뜻이다. 괴롭고 힘든 시간이 지나면 그 후에는 달콤하고 편한 시간이 다가오기 마련이라는 인생의 진리를 담고 있다.

핵심한자 완성하기!

*정답 : 244쪽

(1) 여러분은 감미(☐味)로운 초콜릿을 살 때 무엇을 보고 고르나요?

(2) 고진감래(苦盡☐來)는 인생의 진리이다.

블록 한자

달 감

밀감 감

蜜柑 밀감

木 / 某 / 言

아무개 모

꾀 모

某月某日 모월모일

無謀 무모

*蜜 꿀 밀, 月 달 월, 日 날 일, 無 없을 무

柑 밀감 감

甘에 木나무 목을 붙이면 柑밀감 감이 됩니다. 귤을 단맛을 지닌 과일의 대표로 본 것입니다.

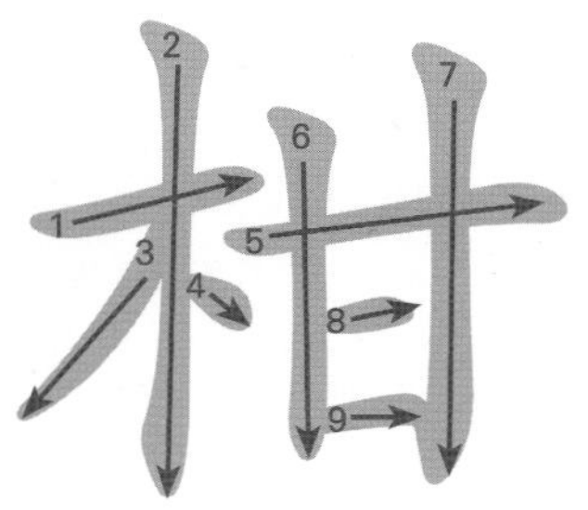

蜜柑 밀감

뜻 귤, 단귤

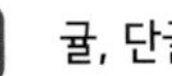

예 아빠가 퇴근하면서 蜜柑을 한 봉지 사 오셨다.

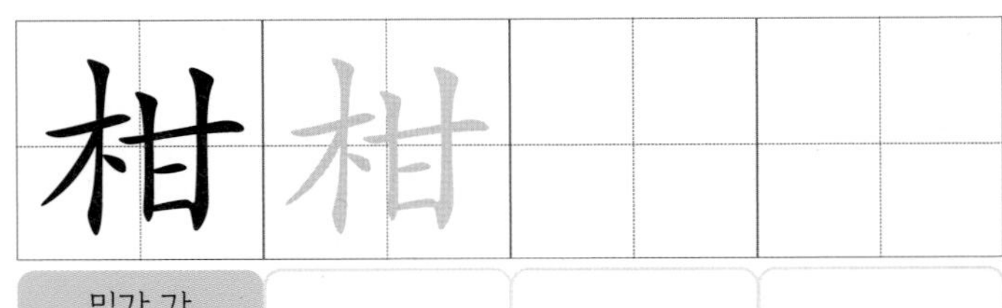

밀감 감

某

아무개 모 3급

木을 甘 아래에 붙인 글자도 있습니다. 某아무개 모가 그것입니다. 원래 이 글자는 단맛 나는 매실을 뜻했는데, 매실을 梅매화 매로 더 많이 씀에 따라 이 글자는 '아무개 모'를 뜻하는 말로 쓰게 되었습니다.

아무 달 아무 날

모 월 모 일 예 某月某日로 잡혔으니 참석하여 달라는 것이 그 편지의 요지였다.

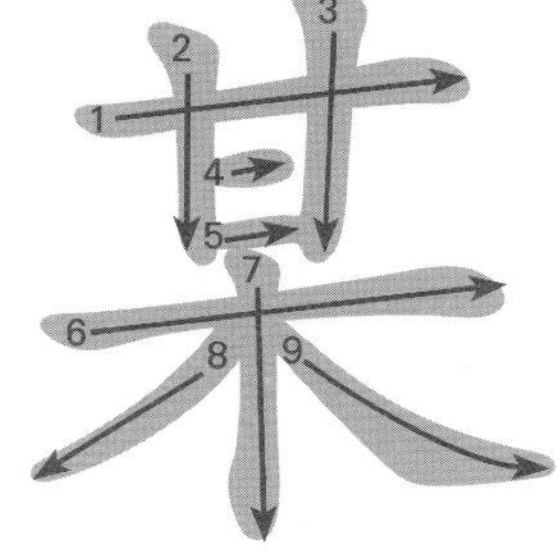

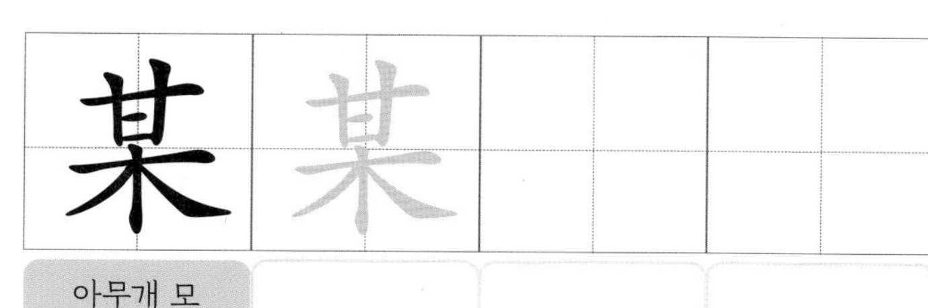

아무개 모

謀

꾀 모 3급

某에 言말씀 언을 쓰면 謀꾀 모가 됩니다. 말을 달콤하게 하여 일을 잘 꾸며 낸다는 데에서 '꾀'라는 뜻을 가집니다. 圖謀도모, 無謀무모 등의 단어에 쓰입니다.

無謀 뜻 꾀가 없음

무 모 예 無謀한 투자는 결국 빚이 되어 돌아왔고 그는 회사를 떠나야 했다.

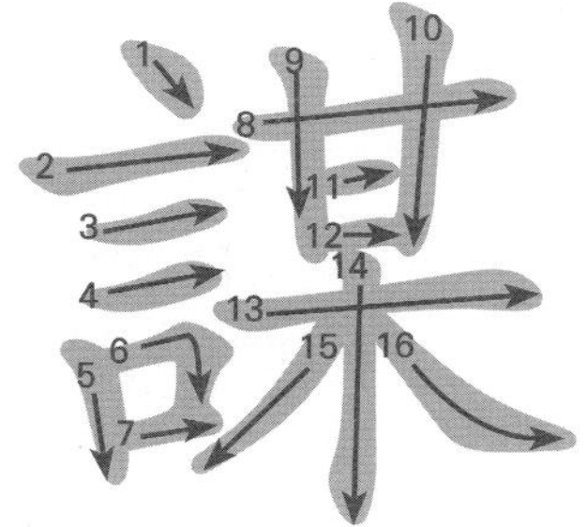

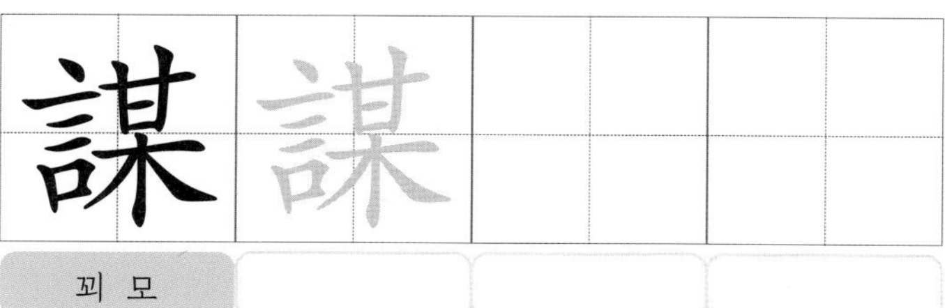

꾀 모

문제 풀기

1 네모칸에 알맞은 글자를 넣어 보아요.

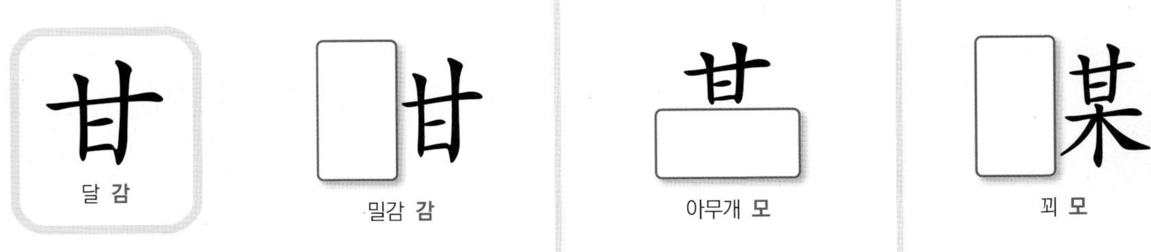

2 한자의 음과 뜻을 알맞게 이어 보아요.

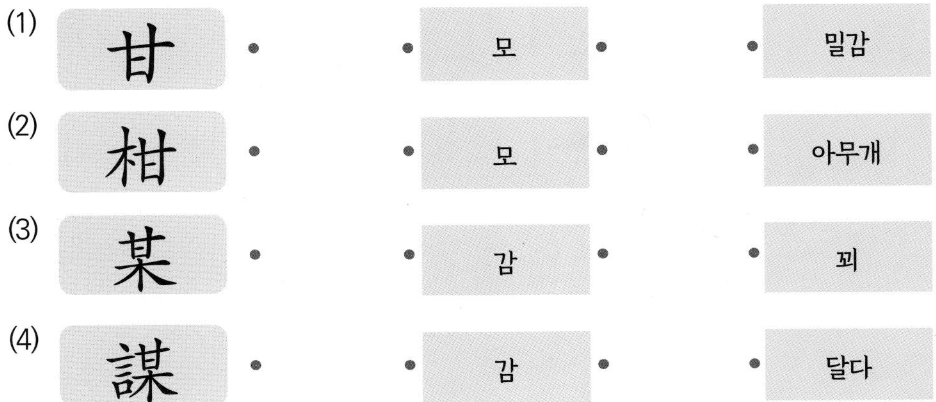

3 빈칸에 알맞은 한자를 써 보아요.

(1) 입에서 살살 녹아내리는 솜사탕은 감미(味)로웠다.

(2) 아빠가 퇴근하면서 밀감(蜜)을 한 봉지 사 오셨다.

(3) 결혼식 날짜가 모월모일(月 日)로 잡혔으니 참석하여 달라는 것이 그 편지의 요지였다.

(4) 무모(無)한 투자는 결국 빚이 되어 돌아왔고 그는 회사를 떠나야 했다.

*정답 : 244쪽

4 내용을 소리 내어 읽고 한자를 한글로 써 보세요.

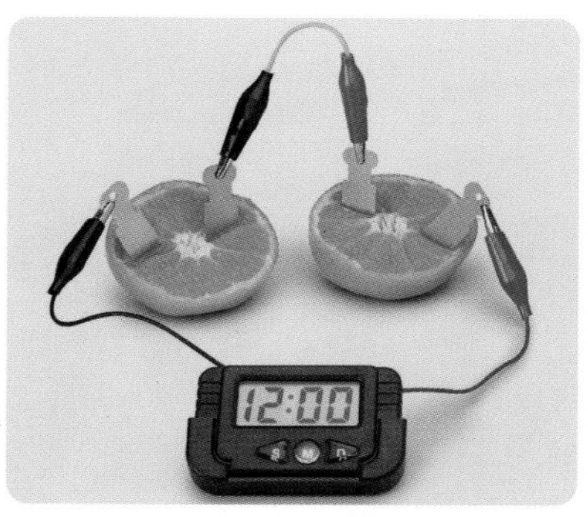

蜜甘에 꽂아 둔 나머지 구리판과 아연판에 전자시계를 연결한 뒤, 전자시계가 작동하는지 확인합니다.

*과학 6 응용

5 열쇠의 뜻 풀이를 이용하여 가로 세로 단어 퍼즐을 완성해 보세요.

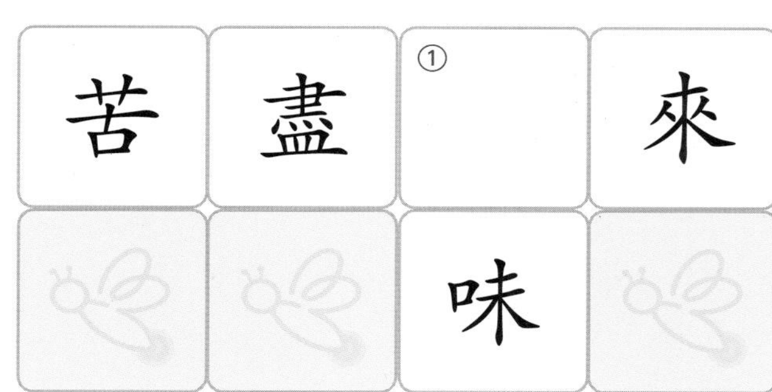

[가로열쇠 ①] 괴로움이 다하면 달콤함이 옴

[세로열쇠 ①] 달고 맛있음

6 QR코드를 찍어 영상을 본 후, 문제를 풀어 보아요.

(1) 음: ________ 뜻: ________

관련단어: ________

핵심 한자

월 일

4급

샘 천

泉 알아 보기

옛한자

泉은 白색의 맑은 水가 흘러나오는 모양을 표현한 글자입니다. 이런 물이 나오는 곳은 어디일까요? 그렇습니다. 산속 깊은 곳의 '샘'입니다.

泉 따라 쓰기

9획

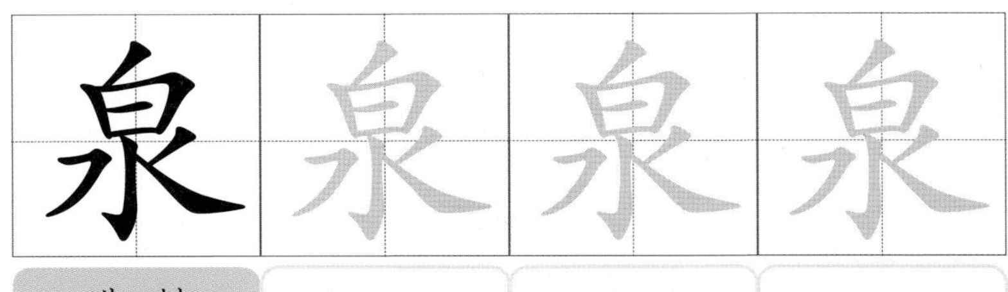

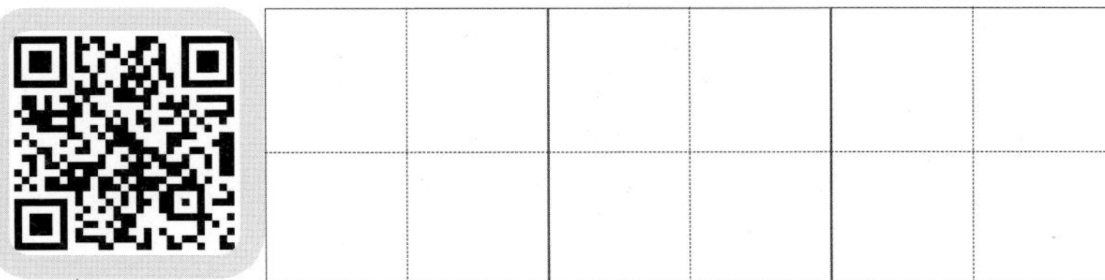

찍으면 획순 영상이 나옵니다.

교과서 핵심 단어

68블록
泉

교과서에 나온 내용을 소리 내어 읽어 보아요.

과학 4

溫泉
따뜻할 온 샘 천

온천

뜻 따뜻한 물이 나오는 샘

화산재는 땅을 기름지게 하여 농작물이 자라는 데 도움을 주기도 합니다. 땅속의 높은 열은 溫泉 개발이나 지열 발전에 활용합니다.

국어 6

源泉
근원 원 샘 천

원천

뜻 물이 처음 시작되는 샘

지금은 로봇 산업 발전에 투자해야 한다. 특히 로봇 개발에 필요한 源泉기술에 더 집중해야 한다. 그래야 우리나라가 로봇 산업을 이끌어 가는 힘을 가질 수 있다.

핵심한자 완성하기!

*정답 : 244쪽

(1) 땅속의 높은 열은 온천(溫 ☐) 개발에 활용합니다.

(2) 로봇 개발에 필요한 원천(源 ☐)기술에 더 집중해야 한다.

블록 한자

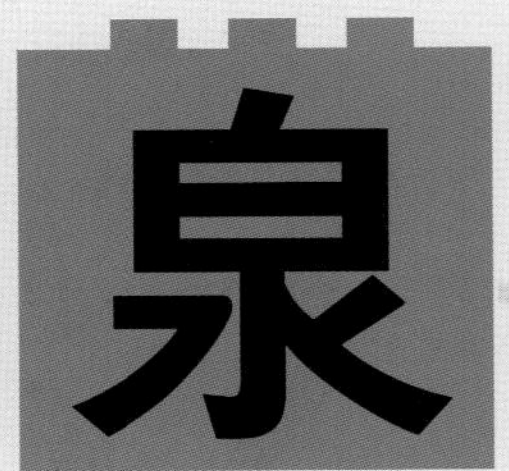

泉

샘 천

厂 → 原 근원, 평원 원 — 原理 원리

氵 → 源 근원 원 — 根源 근원

糸 → 線 줄 선 — 曲線 곡선

* 理 이치 이, 根 뿌리 근, 曲 굽을 곡

原

근원, 평원 원

泉 위에 절벽을 뜻하는 厂절벽 엄을 쓰면 절벽에서 쏟아지는 샘물을 뜻하는 말이 됩니다. 강이 처음 시작되는 곳이라는 점에서 '사물의 근원, 근본'을 뜻하게 되었습니다.

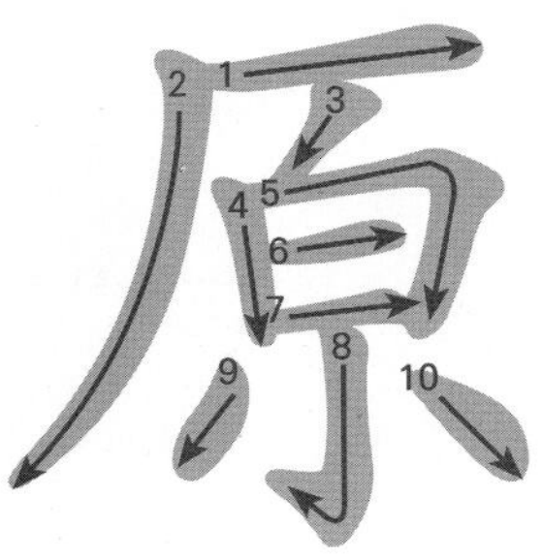

原理 원리

뜻 가장 밑바닥에 놓인 이치

예 태초로부터 존재하는 자연의 原理를 알고자 하는 것이 과학이다.

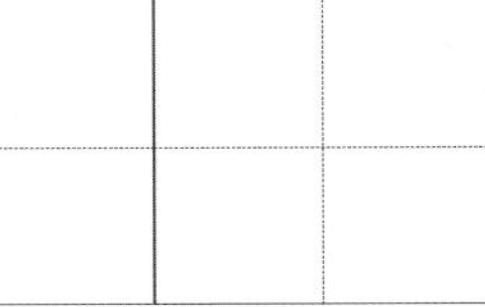

근원, 평원 원

源

근원 원 4급

原이 원리라는 뜻으로 더 많이 쓰이자, 氵를 붙여 물의 근원을 보다 분명하게 표시한 글자가 源근원 원입니다.

根源 뜻 뿌리와 샘

근 원 예 과도한 욕심은 모든 고통의 根源이다.

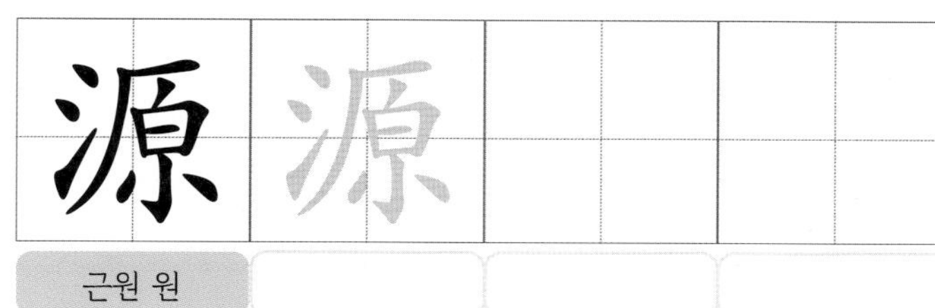

線

줄 선 6급

泉에 糸실 사를 붙이면 線줄 선이 됩니다. 샘에서 흘러나온 물이 길게 흘러가는 것은 줄과 비슷하죠?

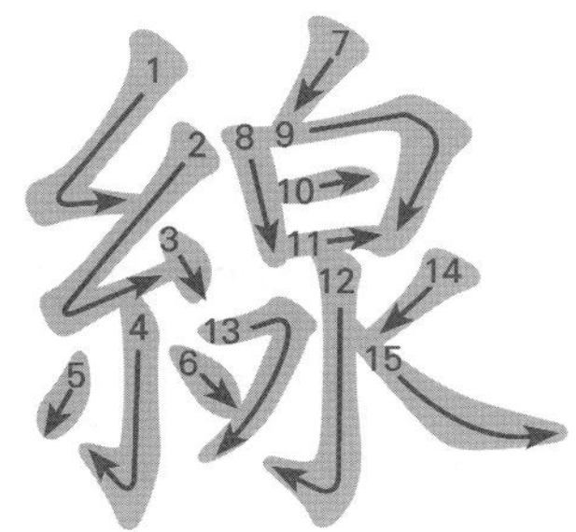

曲線 뜻 굽은 선

곡 선 예 한옥의 처마는 曲線을 이루어 좀 더 가볍고 산뜻한 느낌을 준다.

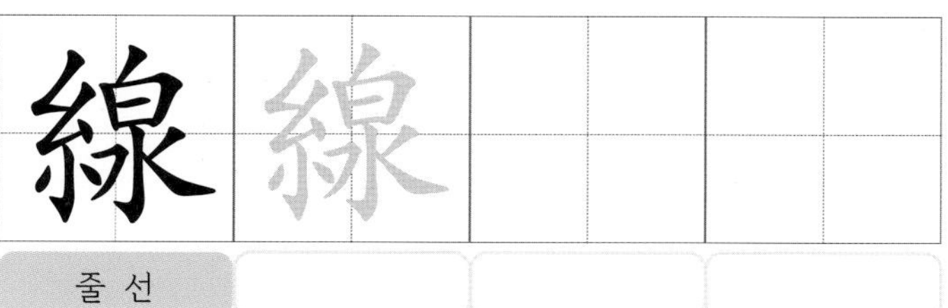

문제 풀기

1 네모칸에 알맞은 글자를 넣어 보아요.

2 한자의 음과 뜻을 알맞게 이어 보아요.

	한자	음	뜻
(1)	泉	선	근원, 평원
(2)	原	천	근원
(3)	源	원	샘
(4)	線	원	줄

3 빈칸에 알맞은 한자를 써 보아요.

(1) 땅 속의 열은 온천(溫 ☐)개발이나 지열 발전에 활용합니다.

(2) 태초로부터 존재하는 자연의 원리(☐ 理)를 알고자 하는 것이 과학이다.

(3) 과도한 욕심은 모든 고통의 근원(根 ☐)이다.

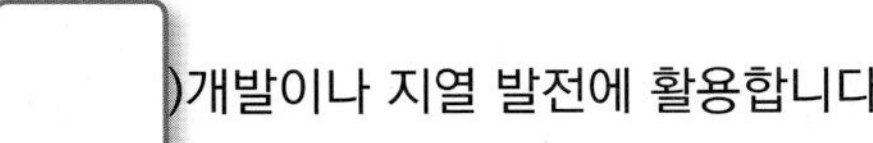

(4) 한옥의 처마는 곡선(曲 ☐)을 이루어 좀 더 가볍고 산뜻한 느낌을 준다.

4 내용을 소리 내어 읽고 한자를 한글로 써 보세요.

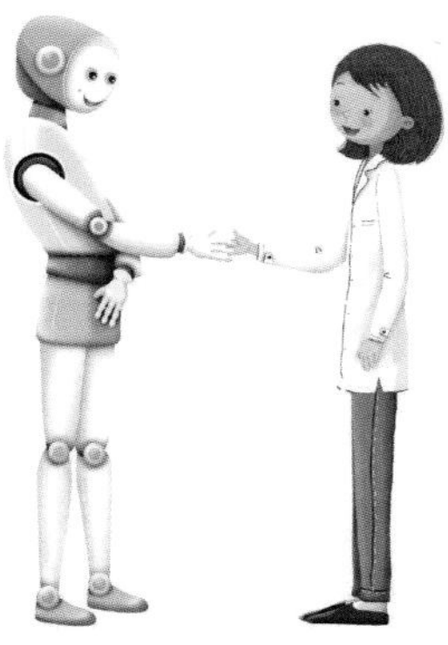

지금은 로봇 산업 발전에 투자해야 한다. 특히 로봇 개발에 필요한 源泉 기술에 더 집중해야 한다.

*사회 6

5 열쇠의 뜻 풀이를 이용하여 가로 세로 단어 퍼즐을 완성해 보세요.

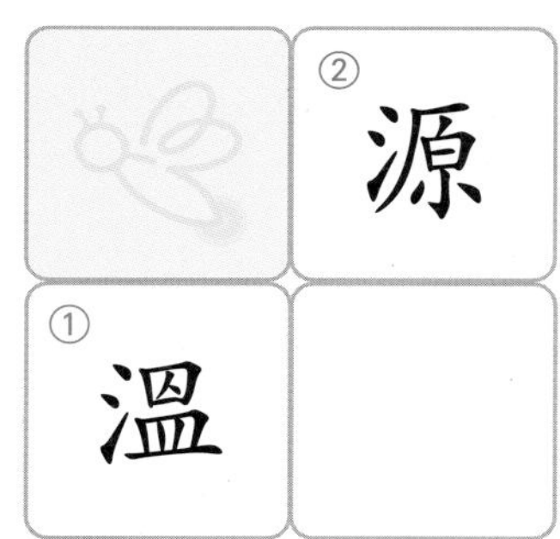

[가로열쇠 ①] 따뜻한 물이 나오는 샘

[세로열쇠 ②] 물이 처음 시작되는 샘

6 QR코드를 찍어 영상을 본 후, 문제를 풀어 보아요.

(1) 음: 뜻:

관련단어:

만화로 배우는

한자성어

감언이설 (甘言利說)

달콤한 말과 이로운 이야기. 듣기 좋은 말로 남을 꼬드김.
[말씀 言, 이로울 利, 이야기 說]

후…
혼내는 것도 쉬운 일이 아닌데 말이지….
끄응~
상담 중
요즘 라리가 사고를 많이 친다….
지끈!
반성의 기미는 없음.
선생님.
응?
제가… 항상 사고만 치는데도…
쭈뼛…
혼내기보단 먼저 말을 들어주셔서 감사해요. 그리고…
저도 되도록 선생님 기대에 부응하고 싶은데…
찌잉…
세상에, 라리가…
이렇게나 기특한 말을…!
그게… 마음처럼 잘되지 않아서… 늘 죄송해요.
아니에요! 라리가 이렇게 성장하는 게 무엇보다도 큰 기쁨인걸요.
훗….

크큭… 이런 감언이설 甘言利說에 홀라당 넘어가다니,
정말이지 순진하기 짝이 없네요 선생님!
크크
라리의 속마음
이 각박한 세상에서 어떻게 살아남으려고 이러시는지…
크큭…
크큭…
이제 한동안 어지간한 일로는 혼나지 않겠어….
감동~
크…
다만 라리가 간과한 것은
라리가 말뿐이라도 반성하는 태도를 보이다니….
선생님은 베테랑이라
성장했구나!
얄팍한 거짓말 따위는 진작에 다 들통났다는 점이다….

동영상으로 익히는

블록한자

* 아래 QR을 찍으면 동영상이 나옵니다. 동영상을 따라서 한눈에 정리해보아요.

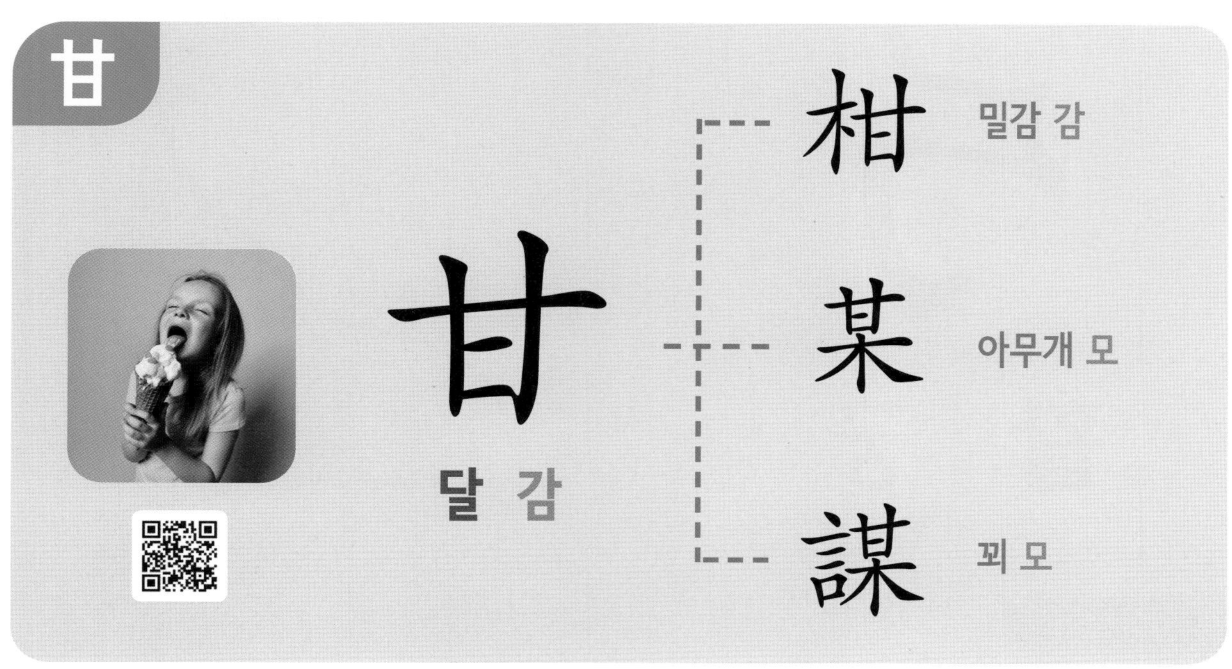

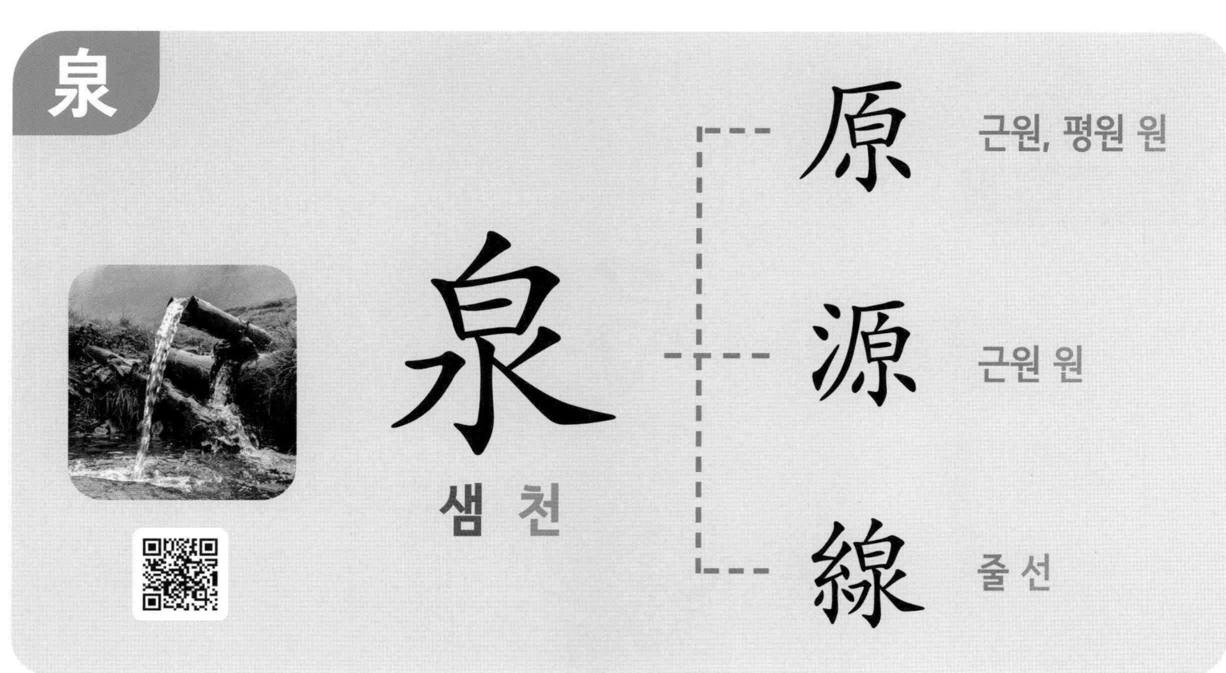

핵심 한자

월 일

3급

활 궁

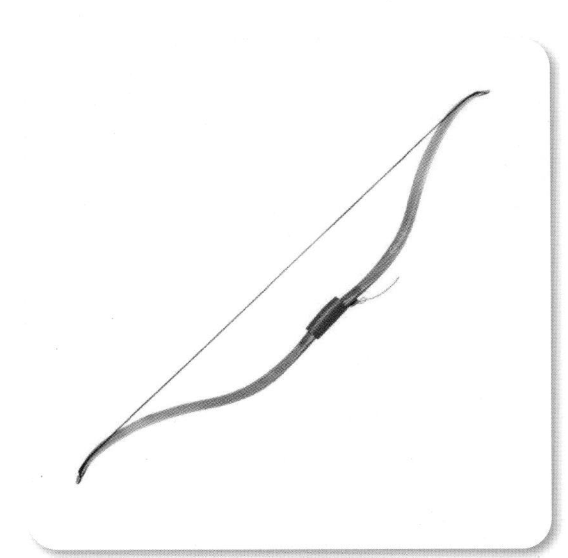

弓 알아 보기

옛 한자

弓은 활의 모양을 본뜬 글자입니다. 우리나라를 東夷동이라고 하는데, 夷오랑캐 이자를 잘 보면 大와 弓의 결합입니다. 그러니 우리 민족은 '동쪽에 사는 큰 활을 쏘는 사람들'이었습니다. 그래서일까요? 지금도 양궁은 세계 제일입니다.

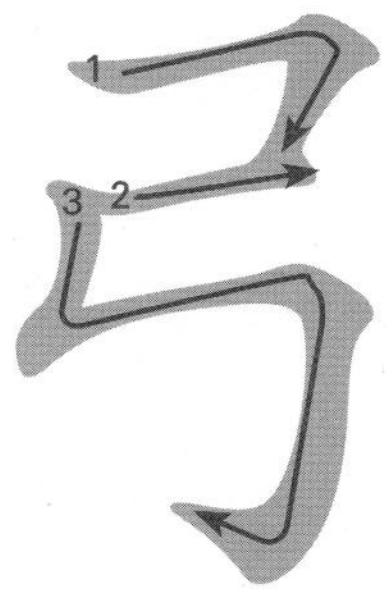

3획

弓	弓	弓	弓
활 궁			

찍으면 획순 영상이 나옵니다.

교과서 핵심 단어

69블록
弓

교과서에 나온 내용을 소리 내어 읽어 보아요.

수학 4

洋弓
큰바다 양 활 궁
양궁

뜻 서양의 활

우리나라는 올림픽 경기 종목 중 洋弓에서 금메달을 많이 획득하고 있습니다. 洋弓 경기 방법과 주어진 자료를 보고 선수를 정해 봅시다.

교과서 밖

弓手
활 궁 손 수
궁수

뜻 활 쏘는 사람

사람들은 북쪽 밤하늘의 밝은 별을 연결해 북두칠성, 카시오페이아자리, 弓手자리 등의 이름을 붙였습니다.

핵심한자 완성하기!

*정답 : 244쪽

(1) 우리나라는 올림픽 양궁(洋 ☐)에서 金메달을 많이 획득하고 있습니다.

(2) 사람들은 밤하늘의 밝은 별을 연결해 궁수(☐ 手)자리 등의 이름을 붙였습니다.

블록 한자

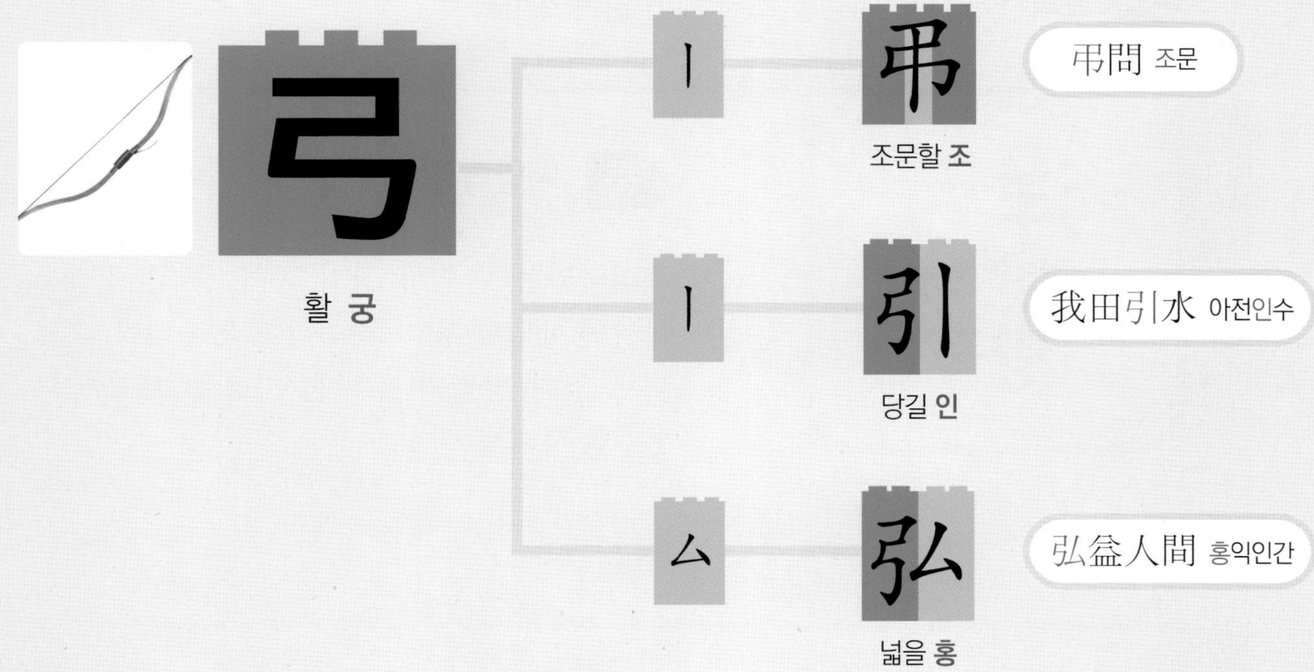

*問 물을 문, 我 나 아, 田 밭 전, 水 물 수, 益 이로울 익, 人 사람 인, 間 사이 간

弔

조문할 조 

弓을 긴 막대기 丨뚫을 곤에 걸면 弔조문할 조가 됩니다. 죽은 자의 무덤을 지나며 활을 걸어 주는 풍습이 연상되는 글자입니다. 弔問조문 등의 단어에 들어갑니다.

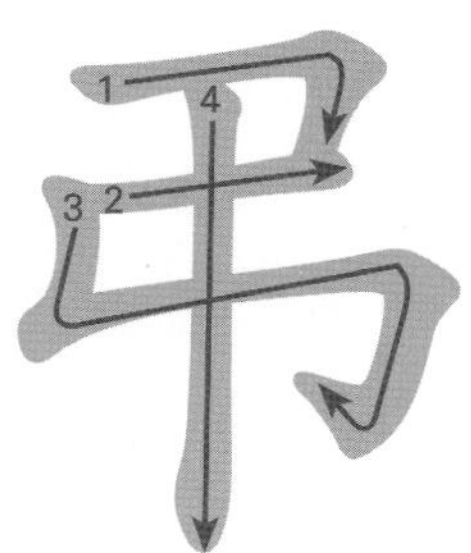

弔問 뜻 위로하여 물음

조 문 예 부친상을 당한 친구를 弔問하러 동창이 모였다.

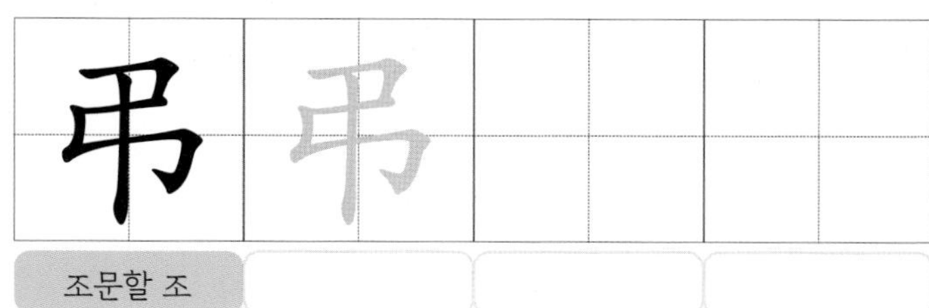

引

당길 인

弓과 丨뚫을 곤을 나란히 쓴 글자는 引당길 인입니다. 활의 시위는 끌어당겨서 쏘는 것이므로 그것을 본뜬 글자인데, 我田引水아전인수, 萬有引力만유인력(모든 것은 끌어당기는 힘이 있음) 등의 단어에 쓰입니다.

나의 밭으로 물을 끌어들임, 자신에게 유리하게 해석함

아 전 인 수

그들은 서로들 我田引水 격으로 각기 딴생각으로 일을 해석했다.

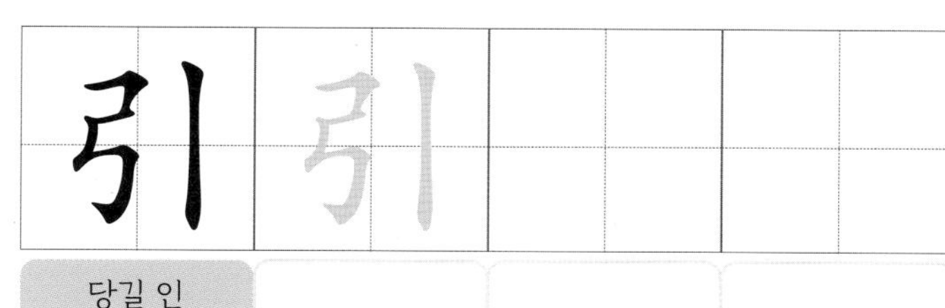

당길 인

弘

넓을 홍

弓에 厶나 사를 쓰면 弘넓을 홍이 됩니다. 引에 비해 잔뜩 더 당겨진 모습으로 '넓다'란 뜻을 가집니다. 弘益人間홍익인간이란 표현에서 볼 수 있습니다.

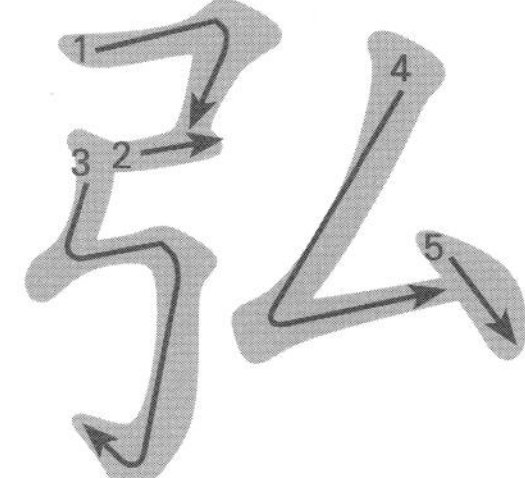

弘益人間 뜻 널리 인간을 이롭게 함

홍 익 인 간

弘益人間은 단군의 건국이념이다.

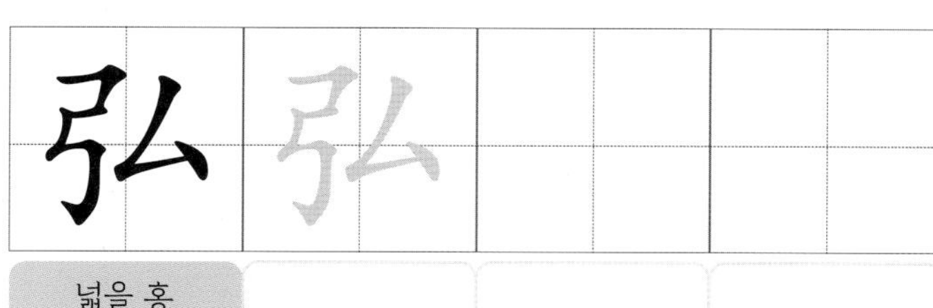

넓을 홍

문제 풀기

1 네모칸에 알맞은 글자를 넣어 보아요.

활 궁

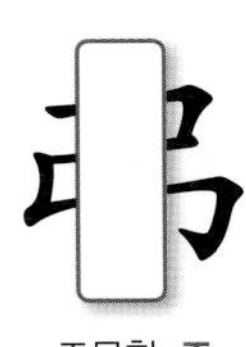
조문할 조

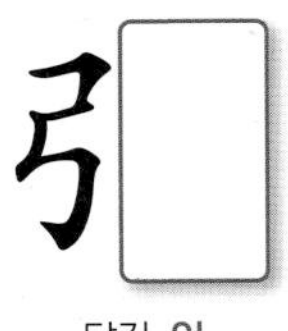
당길 인

넓을 홍

2 한자의 음과 뜻을 알맞게 이어 보아요.

	한자	음	뜻
(1)	弓	홍	넓다
(2)	弔	인	활
(3)	引	조	조문하다
(4)	弘	궁	당기다

3 빈칸에 알맞은 한자를 써 보아요.

(1) 누구를 양궁(洋 ☐)대표 선수로 정할까요?

(2) 부친상을 당한 친구를 조문(☐ 問)하러 동창이 모였다.

(3) 그들은 서로들 아전인수(我田 ☐ 水)격으로 각기 딴생각으로 일을 해석했다.

(4) 홍익인간(☐ 益人間)은 널리 사람을 이롭게 한다는 뜻으로, 단군의 건국이념이다.

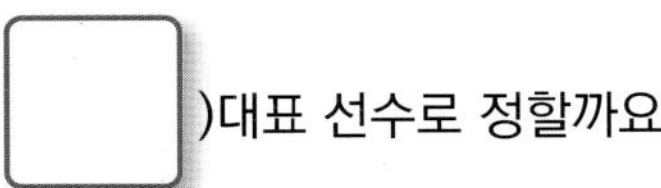

*정답 : 244쪽

4 내용을 소리 내어 읽고 한자를 한글로 써 보세요.

우리나라는 올림픽 경기 종목 중 洋弓에서 금메달을 많이 획득하고 있습니다. 洋弓 경기 방법과 주어진 자료를 보고 수일이와 슬기 중에서 洋弓 대표 선수를 정해 봅시다.

*수학 4

5 열쇠의 뜻 풀이를 이용하여 가로 세로 단어 퍼즐을 완성해 보세요.

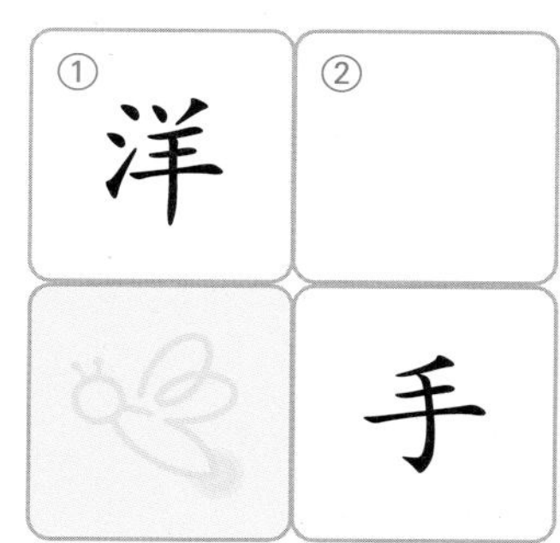

[가로열쇠 ①] 서양의 활

[세로열쇠 ②] 활 쏘는 사람

6 QR코드를 찍어 영상을 본 후, 문제를 풀어 보아요.

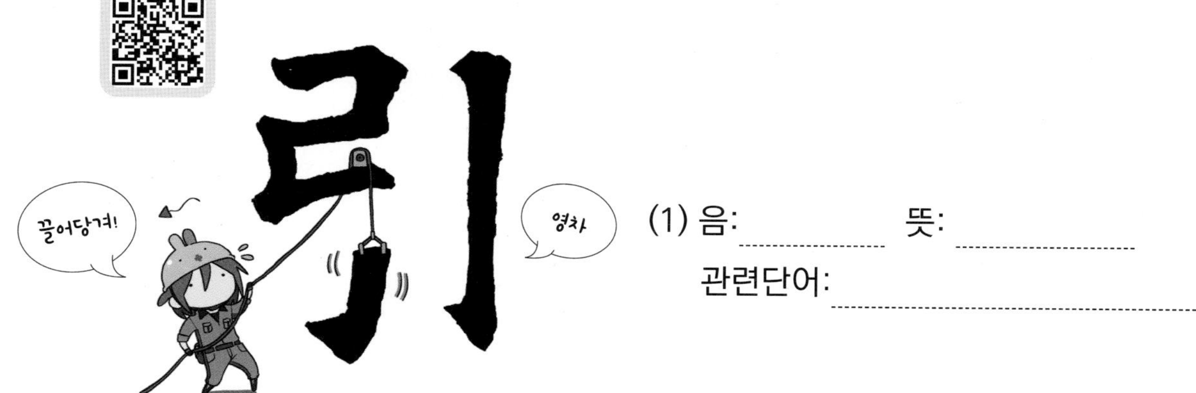

(1) 음: ______ 뜻: ______

관련단어: ______

핵심 한자

월 일

3급

화살 시

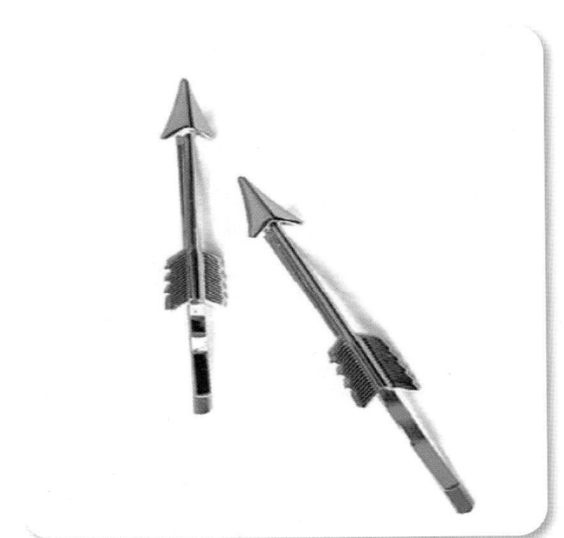

矢 알아 보기

옛 한자

矢는 화살의 모습을 본뜬 글자입니다. 위쪽 丿삐칠 별은 뾰족한 끝을, 아래쪽 人은 갈라진 화살 끝을 표현한 것입니다. 비슷한 글자에 失잃을 실이 있으니 주의하세요.

矢 따라 쓰기

5획 丿 𠂉 𠂉 矢 矢

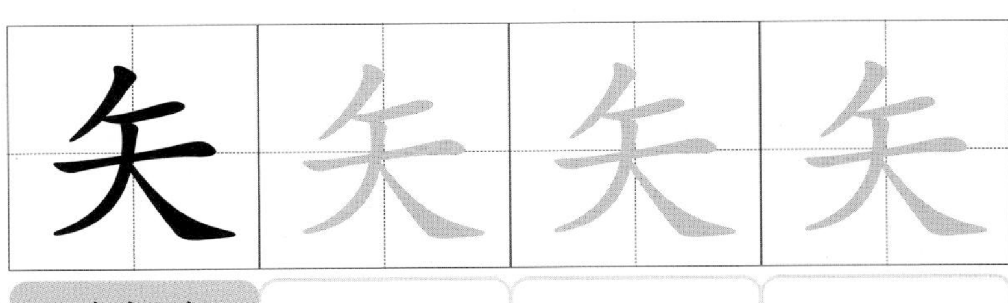

矢 矢 矢 矢

화살 시

↑ 찍으면 획순 영상이 나옵니다.

교과서 핵심 단어

교과서에 나온 내용을 소리 내어 읽어 보아요.

교과서 밖

嚆矢
울릴 효 화살 시
효시

뜻 우는 화살

전쟁에서 신호탄으로 쏘던 소리 나는 화살

嚆矢는 화살의 한 종류로, '우는 화살'이란 뜻에서 붙은 이름입니다. 이 화살은 쏘면 소리가 나도록 소리통이 달려 있어 전쟁의 신호탄으로 주로 사용되었습니다.

교과서 밖

已發之矢
이미 이 쏠 발 어조사 지 화살 시
이발지시

뜻 이미 쏜 화살

'已發之矢'는 '이미 쏜 화살'이란 뜻입니다. 돌이킬 수 없는 상황을 일컫는 말입니다. 비슷한 말로는 '엎질러진 물'이 있습니다.

핵심한자 완성하기!

*정답 : 244쪽

(1) 홍길동전은 한글로 쓴 소설의 효시(嚆 ☐)이다.

(2) '이발지시(已發之 ☐)는 '이미 쏜 화살'이란 뜻입니다.

블록 한자

* 未 아닐 미, 慧 지혜 혜, 手 손 수

知 알 지 7급

矢에 口입 구를 붙여 쓰면 知알 지가 됩니다. 화살이 과녁에 딱딱 적중하듯, 말마다 딱딱 들어맞는 그런 상태를 '안다'고 본 것입니다.

未知 뜻 알지 못함

미 지 예 많은 사람들이 未知의 세계에 대한 탐험을 꿈꾼다.

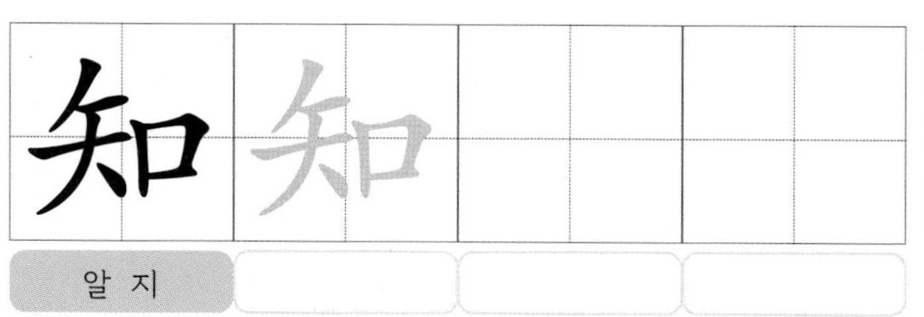

智

지혜 지

知에 日말할 왈을 붙이면 智지혜로울 지가 됩니다. 知는 후천적으로 배워서 알게 된 것, 智는 마음속에 있는 타고난 지혜를 뜻합니다.

智慧  지혜. 슬기롭고 총명함

지 혜  유관순은 놀라운 智慧와 용기로 일을 추진했다.

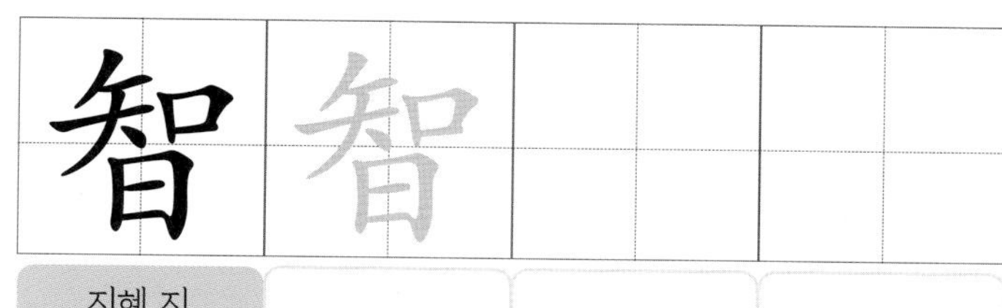

지혜 지

失

실수할 실

矢와 비슷한 글자에 失실수할 실이 있습니다. 화살 끝을 밖으로 좀 더 빼서 쓰면 됩니다. 失手실수 등의 단어에 쓰입니다.

失手  실수, 손에서 빠뜨림

실 수  사회자는 수상자의 이름을 바꾸어 부르는 失手를 저질렀다.

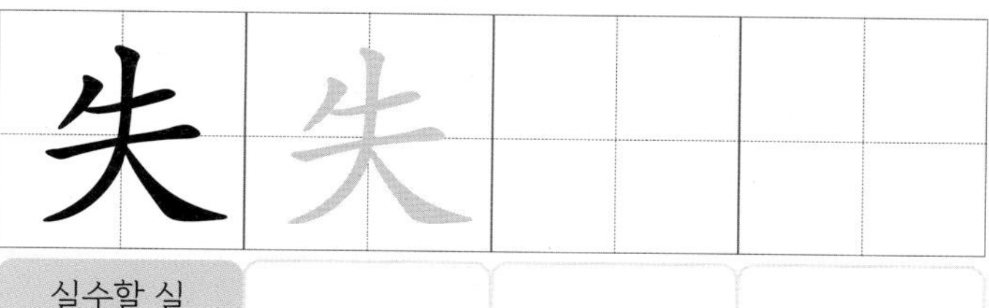

실수할 실

문제 풀기

1 네모칸에 알맞은 글자를 넣어 보아요.

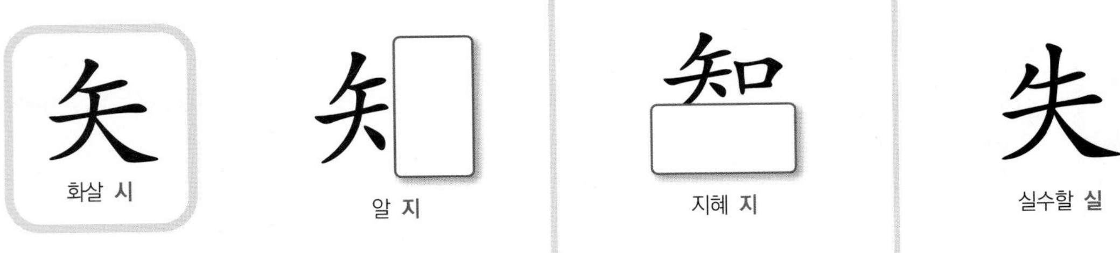

2 한자의 음과 뜻을 알맞게 이어 보아요.

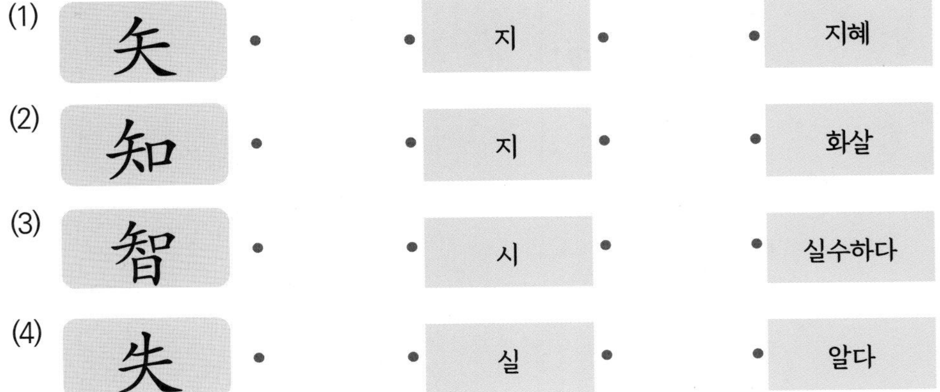

3 빈칸에 알맞은 한자를 써 보아요.

(1) 홍길동전은 한글로 쓴 소설의 효시(嚆)이다.

(2) 많은 사람들이 미지(未)의 세계에 대한 탐험을 꿈꾼다.

(3) 유관순은 소녀로서는 생각할 수 없을 만큼 놀라운 지혜(慧)와 용기로 일을 추진했다.

(4) 사회자는 수상자의 이름을 바꾸어 부르는 실수(手)를 저질렀다.

*정답 : 244쪽

4 내용을 소리 내어 읽고 한자를 한글로 써 보세요.

공 경기에서는 아쉽게도 공을 떨어뜨리는 失手를 했다. 경기 중에 失手를 하였지만 끝까지 포기하지 않고 경기를 한 내가 무척 자랑스러웠다.

*수학 4

5 열쇠의 뜻 풀이를 이용하여 가로 세로 단어 퍼즐을 완성해 보세요.

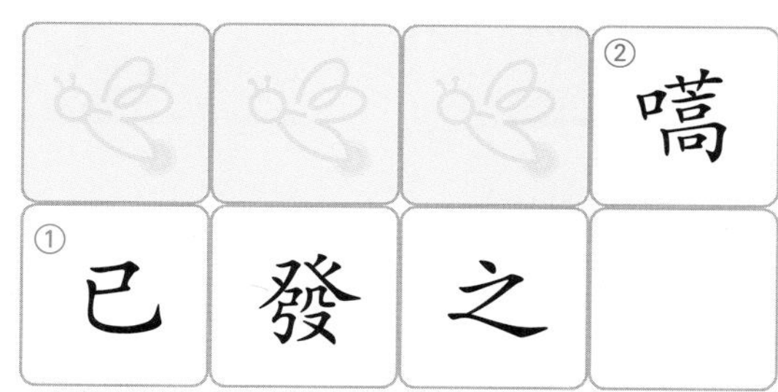

[가로열쇠 ①] 이미 쏜 화살

[세로열쇠 ②] 우는 화살

6 QR코드를 찍어 영상을 본 후, 문제를 풀어 보아요.

(1) 음: 뜻:

관련단어:

만화로 배우는

한자성어

효시 (嚆矢)

우는 화살. 옛날 전쟁터에서 이 화살을 쏘아 올리면 그 소리를 듣고 병사들이 전쟁을 시작함. 어떤 일의 첫 시작. [울 嚆]

흐음~
라리는 말이야...
응.
정말 성격이 독보적으로 더러운 편이지...
하이고~ 한바다 게임 X못 해~
그래서 엔딩은 보겠냐?
까불지 마라 은라리.
그러다 한 대 맞는 수가 있어.
아무래도 그런 편이지.
대체 언제부터 저렇게 된 걸까?
응애.
은라리(0살)
태어나 버렸네...
마 최선을 다해주이소.
암만 그래도 태어났을 때부터 저러진 않았겠지.
뭔가... 어릴적에,
성격을 버릴 만한 계기가 있었던 게 아닐까?
곰곰...
가령?
음... 부모님이랑 크게 갈등을 맺은 일이
효시嚆矢가 되어 저 모양이 되었다던지?
라리 상태: 반항기
보호자와의 관계: 안 좋음!
—아! 내 인생에 간섭 좀 그만 하라고요!
그럴싸 해.
그런 거면 저 성질 더러움도 납득이 되지.
어휴...
남의 집안 사정을 저렇게 함부로 말해도 돼?
안 되지...
그래도 알고 보면 제법 좋은 놈이고,
그냥 우리 편견인 걸 수도...
야!
빵집 가자. 내가 살게!
와, 정말?
아니?
ㅋ...
그냥 해본 말인데 그걸 믿냐?
...그냥 별다른 이유 없이 성격이 더러운 걸지도...

동영상으로 익히는

블록한자

* 아래 QR을 찍으면 동영상이 나옵니다. 동영상을 따라서 한눈에 정리해보아요.

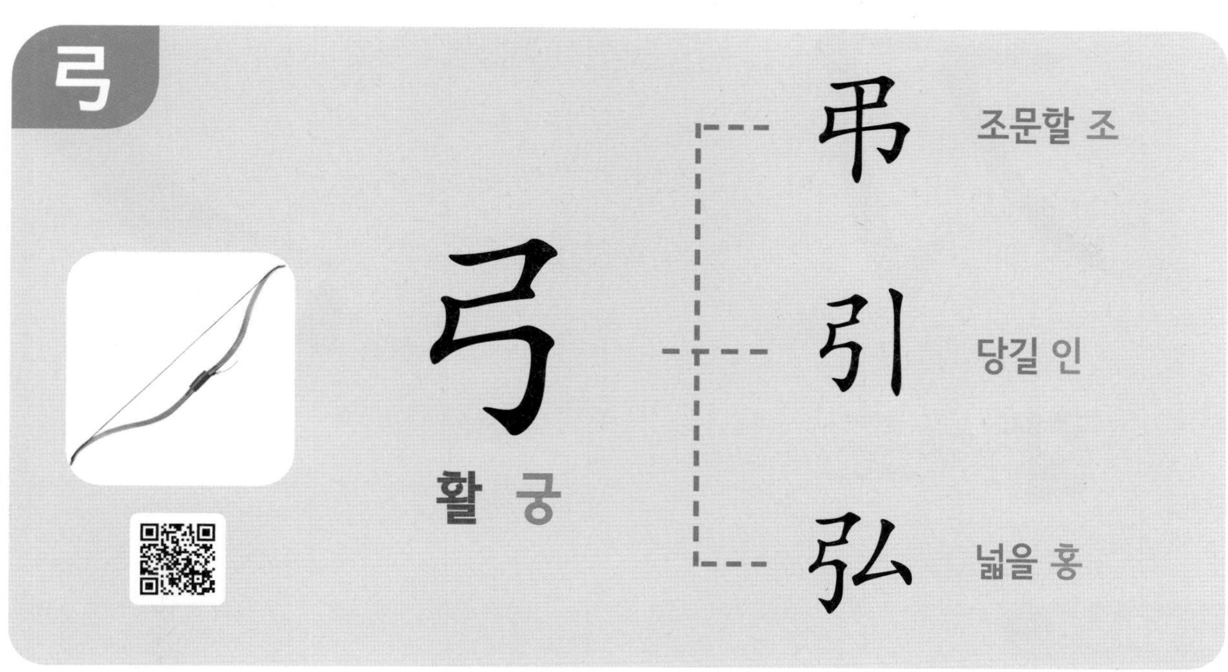

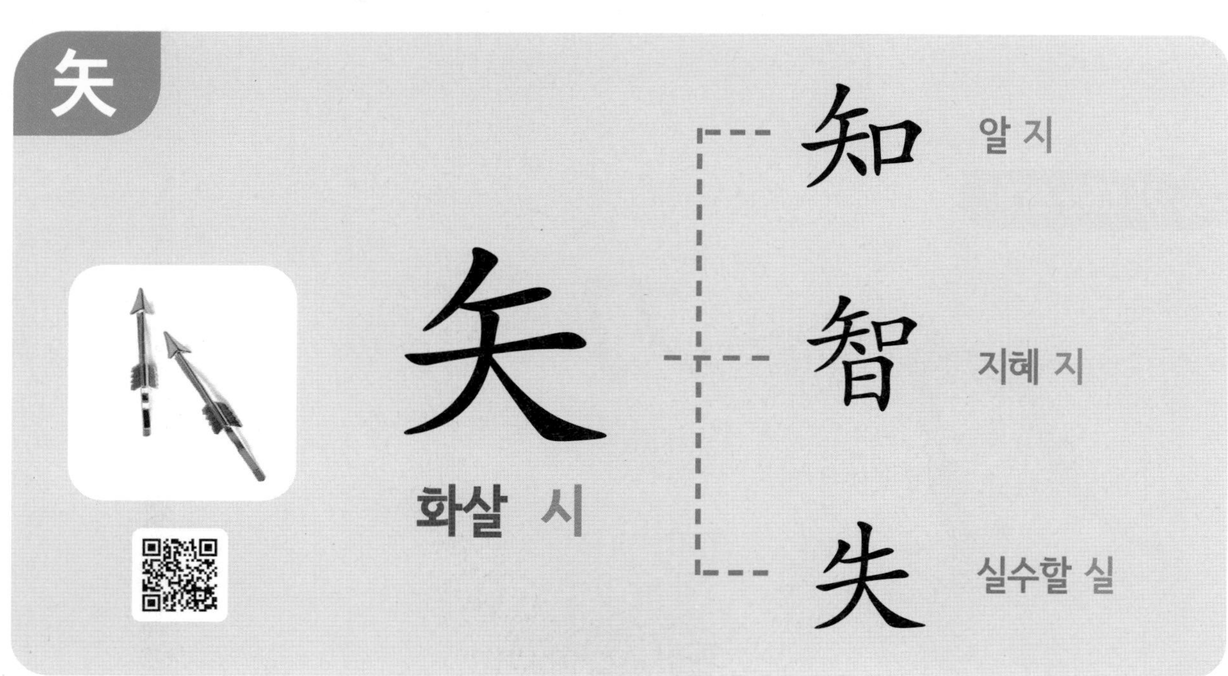

핵심 한자

월 일

3급

칼 도

刀 알아 보기

옛한자

刀는 칼의 모습을 본뜬 글자입니다. 반짝거리는 칼날을 강조하면 刃칼날 인이 됩니다. 칼날 부분에 점을 찍어 반짝거림을 표현한 것입니다. 부수로 쓰일 때는 刂로 간략히 표현되는데, 刂가 들어간 글자는 칼과 관련된, '날카롭다, 자르다'는 의미를 가집니다.

刀 따라 쓰기

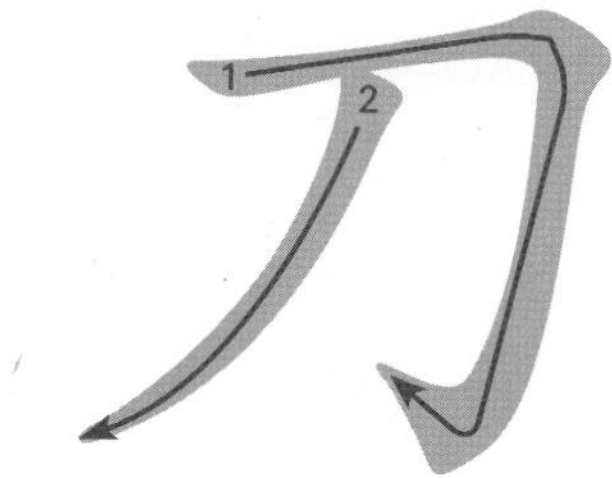

2획 ㄱ 刀

刀	刀	刀	刀
칼 도			

↑ 찍으면 획순 영상이 나옵니다.

교과서 핵심 단어

71블록
刀

교과서에 나온 내용을 소리 내어 읽어 보아요.

국어 5

彫刻刀
새길 조 새길 각 칼 도

조각도

뜻 조각할 때 쓰는 칼

상감 기법은 그릇을 빚고 굳었을 때 그릇 바깥쪽에 彫刻刀로 무늬를 새긴 다음, 검은색이나 흰색의 흙을 메운 뒤 무늬가 드러나도록 바깥쪽을 매끄럽게 다듬는 기법이다.

교과서 밖

面刀
얼굴 면 칼 도

면도

뜻 얼굴에 쓰는 칼

面刀는 이름에서 알 수 있듯 '얼굴에 쓰는 칼'이라는 뜻이다. 현대의 면도기가 발명되기 이전에는 날카로운 조개껍데기, 유리 조각, 칼, 도끼 등으로 수염을 깎았다고 한다.

핵심한자 완성하기!

*정답 : 244쪽

(1) 상감 기법은 그릇을 빚고 굳었을 때 그릇 바깥쪽에 조각도(彫刻 ☐)로 무늬를 새깁니다.

(2) 면도(面 ☐)는 이름에서 알 수 있듯 '얼굴에 쓰는 칼'이라는 뜻이다.

블록 한자

* 兩 두 양, 之 어조사 지, 劍 칼 검, 耐 견딜 내, 公 공평할 공

刃

칼날 인 2급

刀에 칼날이 반짝 빛나는 것을 점 하나를 찍어 표시한 글자가 刃칼날 인입니다. 이 글자는 현대 단어에는 따로 쓰이지 않지만 사자성어에는 남아 있습니다.

兩刃之劍 뜻 양날의 칼

양 인 지 검 예 현대 문명은 양날의 칼 즉, 兩刃之劍이라 할 수 있다.

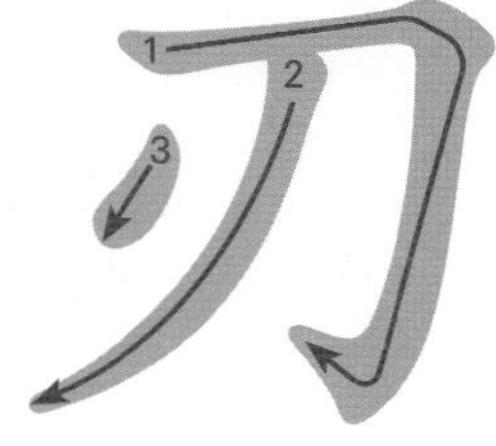

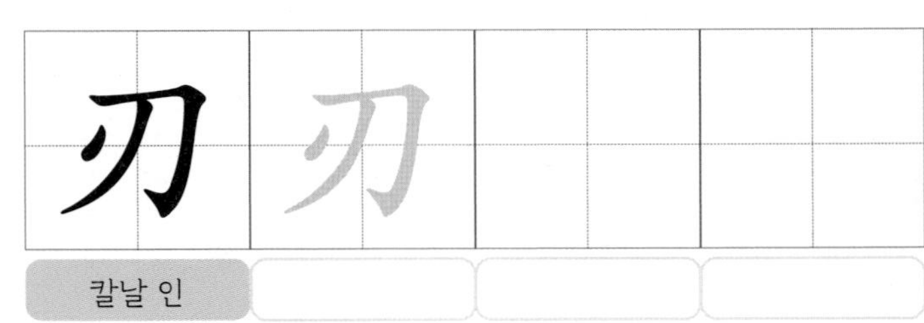

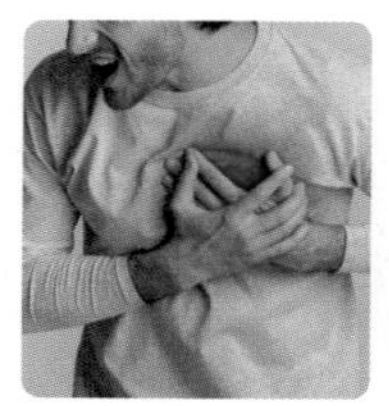

忍

참을 인 3급

刀에 心마음 심이 붙으면 忍참을 인이 됩니다 忍은 칼날이 심장을 찌르는 잔인한 모습을 표현한 것입니다. 그래서 '잔인하다, (아픔을) 인내하다'의 의미를 지닙니다.

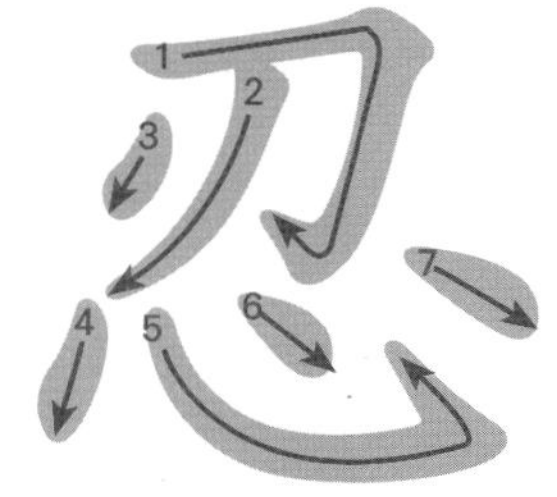

참고 견딤

인 내

그에겐 남들이 모르는 오랜 忍耐의 시간이 있었다.

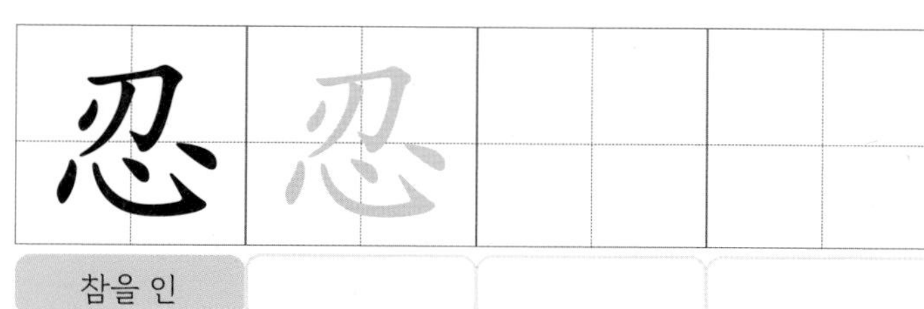

認

인정할 인 4급

忍은 다시 言말씀 언과 결합하여 認인정할 인이 됩니다. 말을 칼날처럼 날카롭게 분별할 줄 아는 마음을 표현한 것입니다. 여기에서 '알다, 인정하다'는 의미로 확장되었습니다. 公認공인, 認知인지 등의 단어에 들어갑니다.

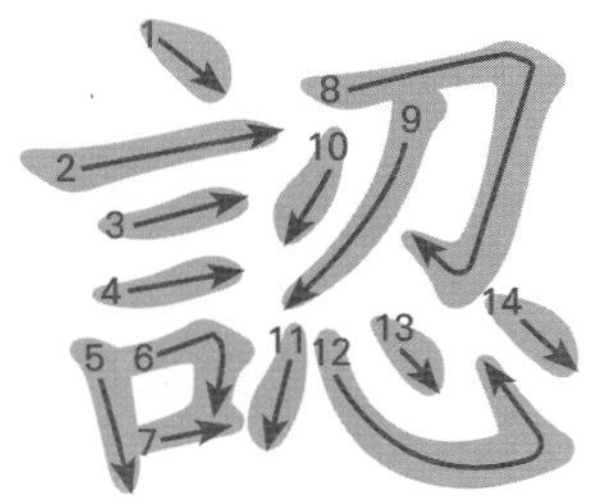

公認 뜻 공적으로 인정함

공 인 예 이번에 세운 기록은 국제적인 公認을 받지 못하였다.

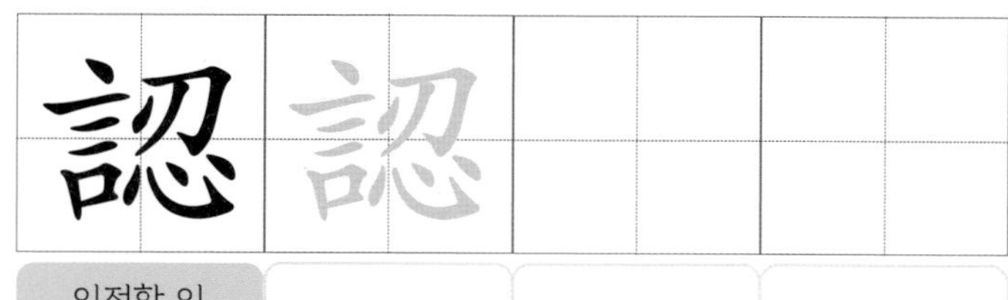

문제 풀기

1 네모칸에 알맞은 글자를 넣어 보아요.

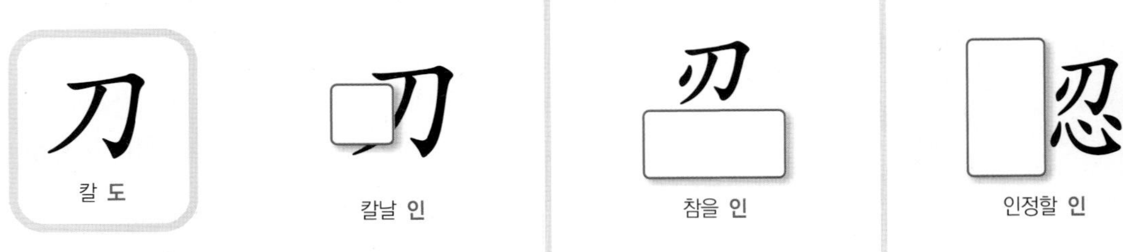

2 한자의 음과 뜻을 알맞게 이어 보아요.

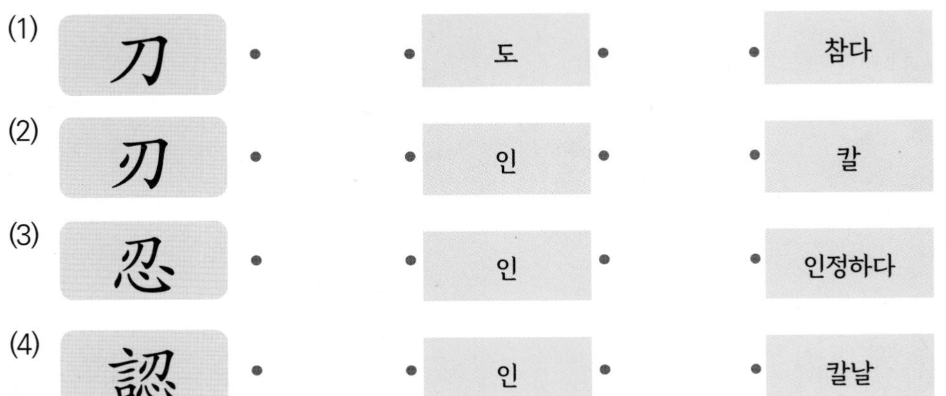

3 빈칸에 알맞은 한자를 써 보아요.

(1) 상감 기법은 그릇을 빚고 굳었을 때 그릇 바깥쪽에 <u>조각도</u>(彫刻 ☐)로 무늬를 새깁니다.

(2) 현대 문명은 양날의 칼 즉, <u>양인지검</u>(兩 ☐ 之劍)이라 할 수 있다.

(3) 그에겐 남들이 모르는 오랜 <u>인내</u>(☐ 耐)의 시간이 있었다.

(4) 이번에 세운 기록은 국제적인 <u>공인</u>(公 ☐)을 받지 못하였다.

*정답 : 244쪽

4 내용을 소리 내어 읽고 한자를 한글로 써 보세요.

이슬람교를 믿는 사람들은 라마단 기간에는 해가 떠 있을때 음식을 먹지 않는다. 이는 가난한 사람들의 고통을 함께 느껴보고 스스로 忍耐心을 키워 신앙심을 굳건히 하려는 것이다.

*사회 6

5 열쇠의 뜻 풀이를 이용하여 가로 세로 단어 퍼즐을 완성해 보세요.

[가로열쇠 ①] 얼굴에 쓰는 칼

[세로열쇠 ②] 조각할 때 쓰는 칼

6 QR코드를 찍어 영상을 본 후, 문제를 풀어 보아요.

(1) 음: ____________ 뜻: ____________

관련단어: ____________

핵심 한자

월 일

3급

도끼 근

斤 알아보기

옛 한자

斤은 도끼의 모습을 본뜬 글자입니다. 옛 한자를 보면 날카로운 날이 보입니다. 도끼라는 뜻 외에, 도끼로 끊어낸 고기 한 덩이의 무게라는 뜻도 있습니다. 고기 한 斤은 600g입니다.

4획

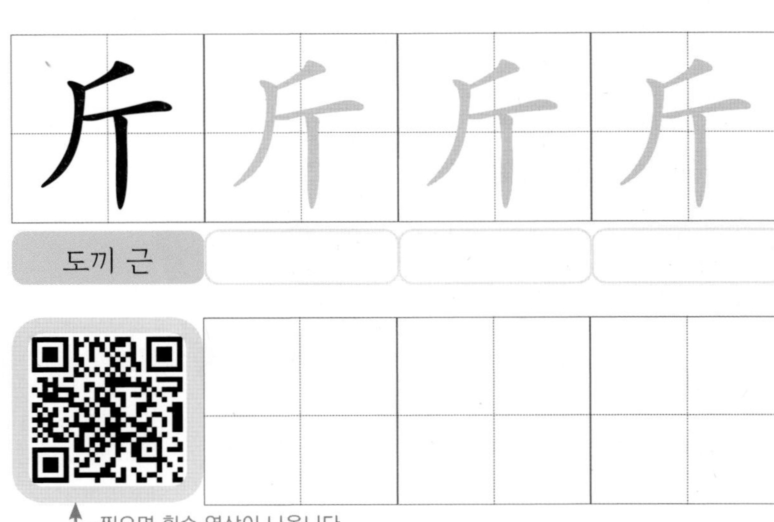

찍으면 획순 영상이 나옵니다.

교과서 핵심 단어

72블록
斤

교과서에 나온 내용을 소리내어 읽어 보아요.

국어 4

斤
무게 근
근

뜻 무게 단위, 600g

"바우야, 쇠고기 한 斤만 줘라." "박서방, 쇠고기 한 斤만 주게." 이 두 양반의 말을 들은 노인의 기분은 어땠을까요?

교과서 밖

千斤萬斤
일천 천 도끼 근 일만 만 도끼 근
천근만근

뜻 천근과 만근, 매우 무거움

봄기운이 만연하면서 나른함을 호소하는 사람들이 적지 않다. 몸이 千斤萬斤 무겁고 무기력해지는 느낌을 받는다. 생활에 활력이 떨어지고 식욕도 줄어든다.

핵심한자 완성하기!

*정답 : 244쪽

(1) "박서방, 쇠고기 한 근(　　)만 주게."

(2) 몸이 천근만근(千　　萬　　) 무겁고 무기력해지는 느낌을 받는다.

블록 한자

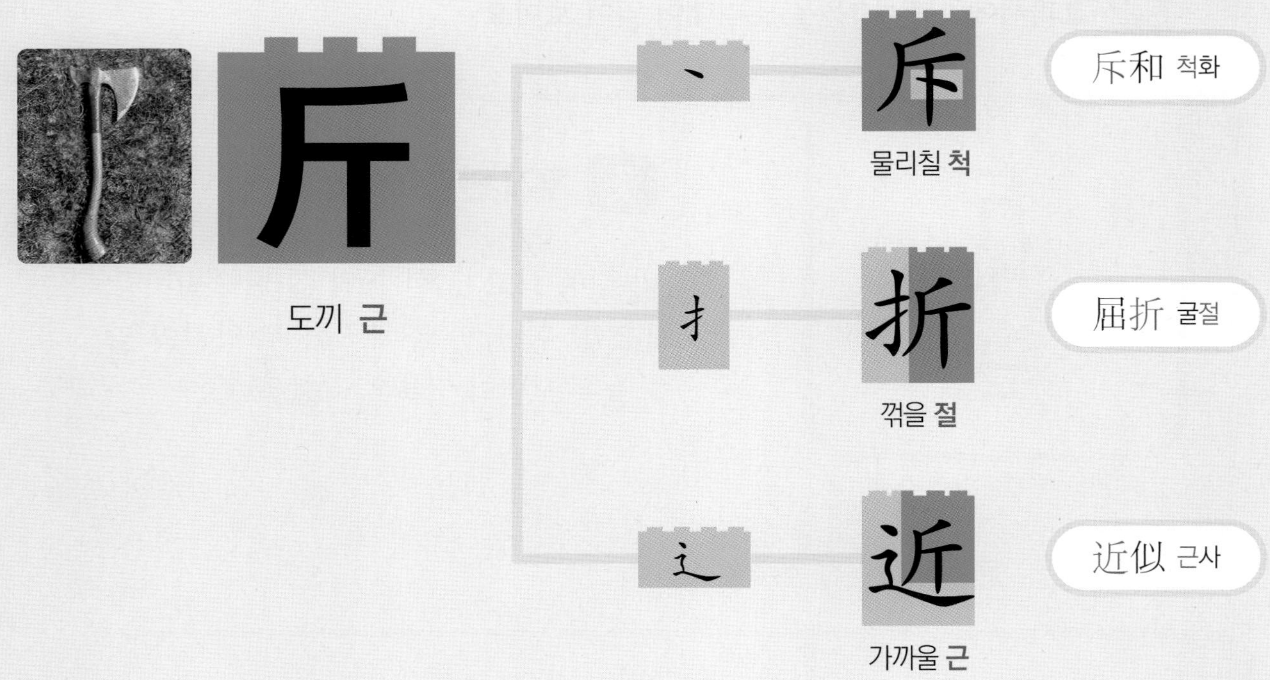

＊和 화할 화, 屈 굽을 굴, 似 비슷할 사

물리칠 척 

3급

斤에 도끼의 날이 반짝 빛나는 것을 점을 찍어 표현한 글자가 斥물리칠 척입니다. 排斥배척, 斥和척화 등의 단어에 들어갑니다.

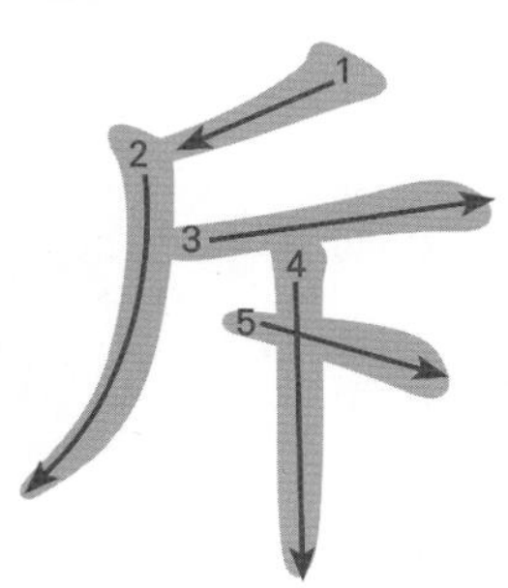

斥和 뜻 (서양과) 평화롭게 지내자는 주장을 물리침

척 화  흥선 대원군은 전국 각지에 斥和비를 세워 서양을 외면했다.

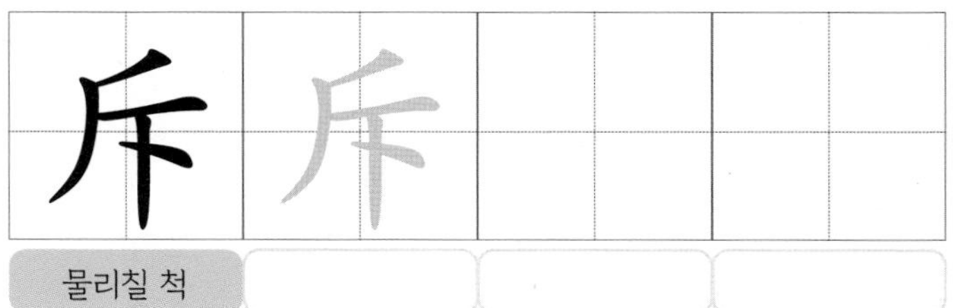

折

꺾을 절 

折꺾을 절은 손[扌= 手]으로 도끼를 잡은 모습입니다. 도끼로 나무를 툭 꺾는 모습을 표현하여, '꺾는다'는 뜻을 지닙니다.

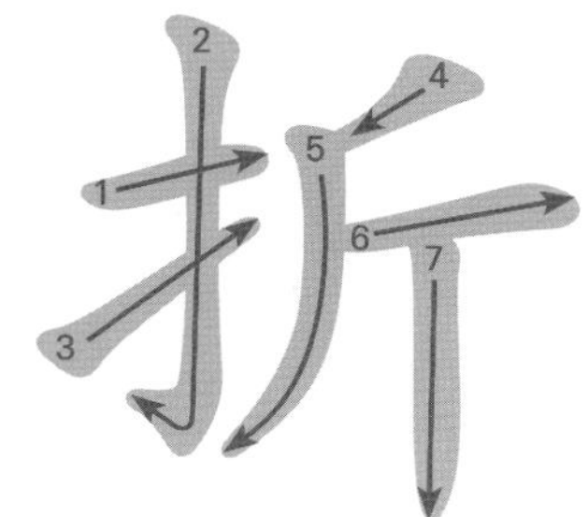

屈折 굴 절 

뜻 굽고 꺾임

예 서로 다른 물체를 지날 때 빛이 꺾이는 현상을 屈折이라고 합니다.

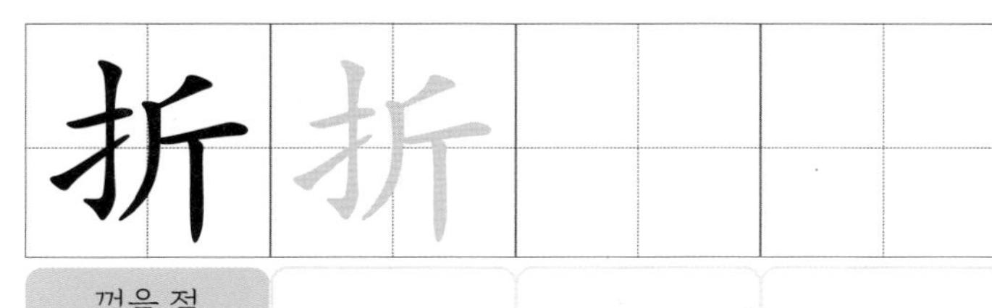

가까울 근 

斤에 움직임을 나타내는 辶걸을 착을 같이 쓰면 近가까울 근이 됩니다. 가까운 거리를 나타내는 近似근사, 遠近원근 등의 단어에 쓰입니다.

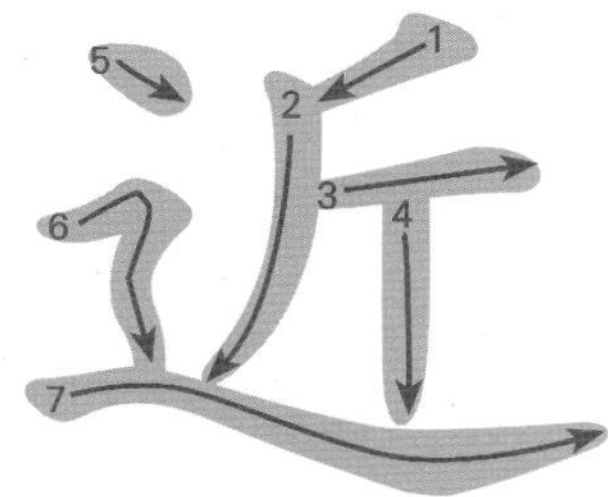

近似 근 사

뜻 가깝고 비슷함

예 가상 프로그램이 현실과 近似한 결과를 보여 주었다.

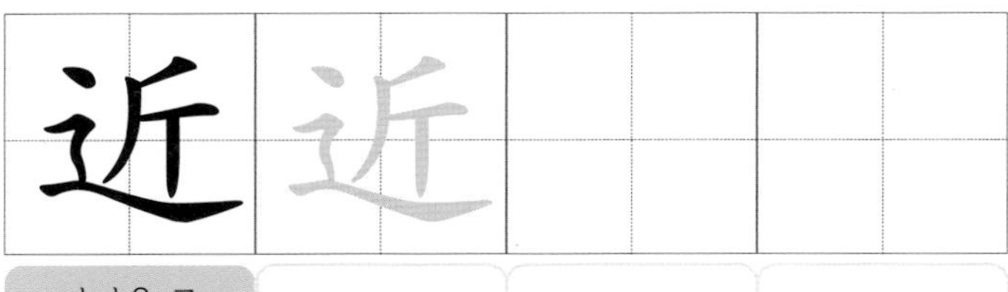

문제 풀기

1 네모칸에 알맞은 글자를 넣어 보아요.

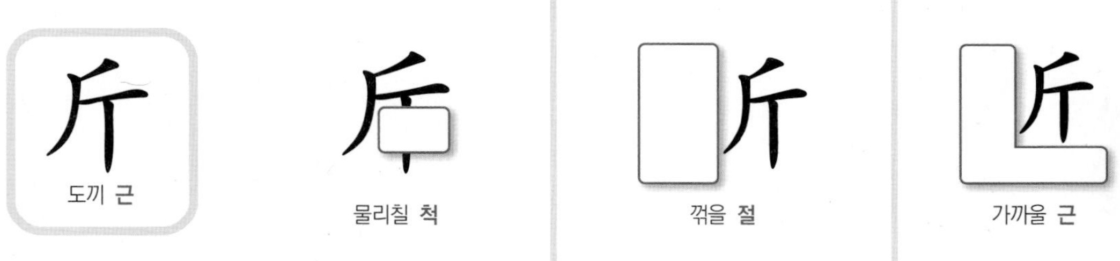

2 한자의 음과 뜻을 알맞게 이어 보아요.

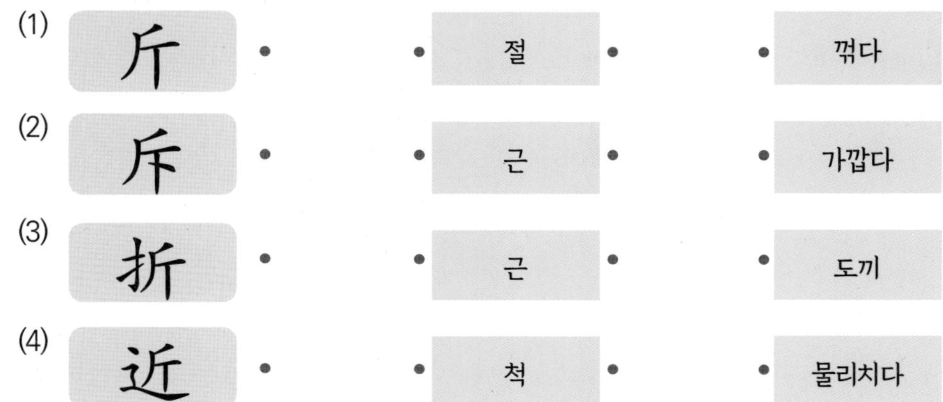

3 빈칸에 알맞은 한자를 써 보아요.

(1) 오래 걸었더니 신발조차 천근만근(千 ☐ 萬 ☐)무겁게 여겨졌다.

(2) 흥선 대원군은 한양과 전국 각지에 척화(☐ 和)비를 세워 서양을 외면했다.

(3) 서로 다른 물체를 지날 때 빛이 꺾이는 현상을 굴절(屈 ☐)이라고 합니다.

(4) 가상 프로그램이 현실과 근사(☐ 似)한 결과를 보여주었다.

*정답 : 244쪽

4 내용을 소리 내어 읽고 한자를 한글로 써 보세요.

〈斥和비〉

斥和비에는 "외세가 침범했는데 싸우지 않는 것은 곧 나라를 파는 것이다." 라는 내용의 글이 새겨져 있다.

*사회 5

5 열쇠의 뜻 풀이를 이용하여 가로 단어 퍼즐을 완성해 보세요.

① 千		萬	

[가로열쇠 ①] 천근과 만근, 매우 무거움

6 QR코드를 찍어 영상을 본 후, 문제를 풀어 보아요.

(1) 음: ____________ 뜻: ____________
관련단어: ____________

만화로 배우는

한자성어

소중유도 (笑中有刀)

웃음 속에 칼이 있음. [웃음 笑, 가운데 中, 있을 有]

꾹 꾹

끼에에에

꾹

끼웨에에

달칵

덜컹

오오오오...

어머나, 라리! 게임을 하는 건가요?

선생님.

무슨 게임?

음... 횡스크롤 호러 어드벤처 게임인데,

플레이어

퍼즐이나 수수께끼 요소가 많아요.

흐음, 그렇구나~

...재밌나요?

네, 뭐...

앗, 이러다 죽겠다.

어제 땡땡이 친 것만큼 재밌나요?

네, 뭐...

꽈득...

그랬구나~ 땡땡이 친 것만큼 재밌구나~

그런데 수업에 출석하는 것도 엄청 재밌을 것 같지 않아요?

소중유도 笑中有刀 였구나...

비질 비질

GAME OVER

동영상으로 익히는

블록한자

* 아래 QR을 찍으면 동영상이 나옵니다. 동영상을 따라서 한눈에 정리해보아요.

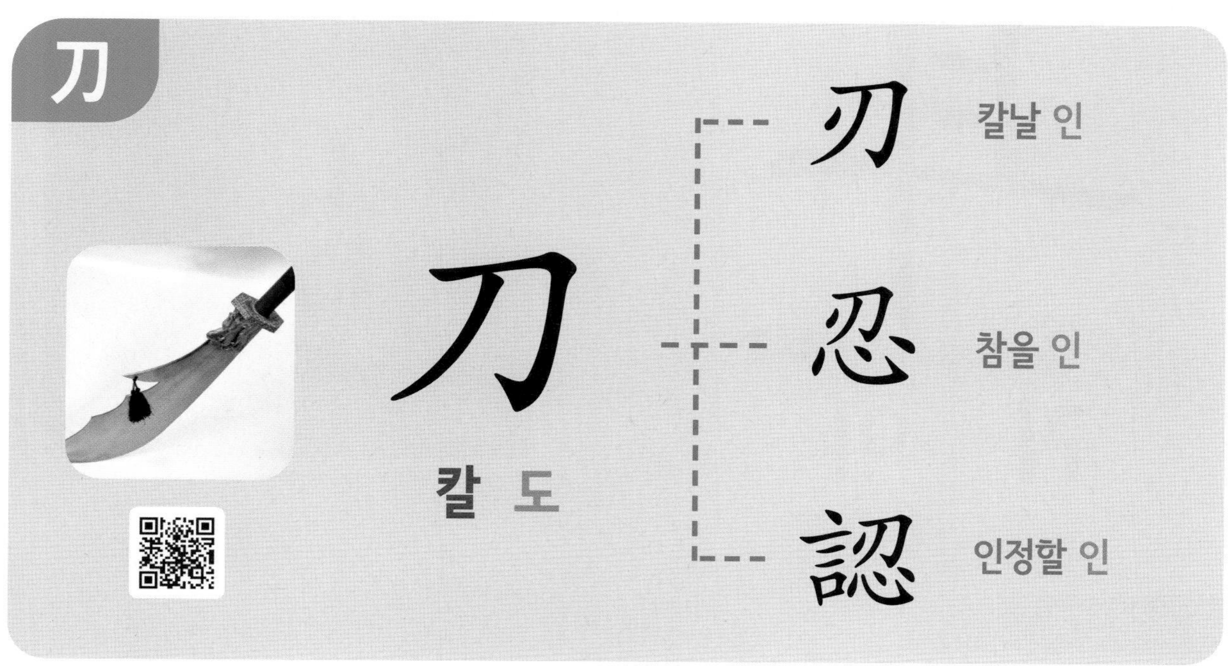

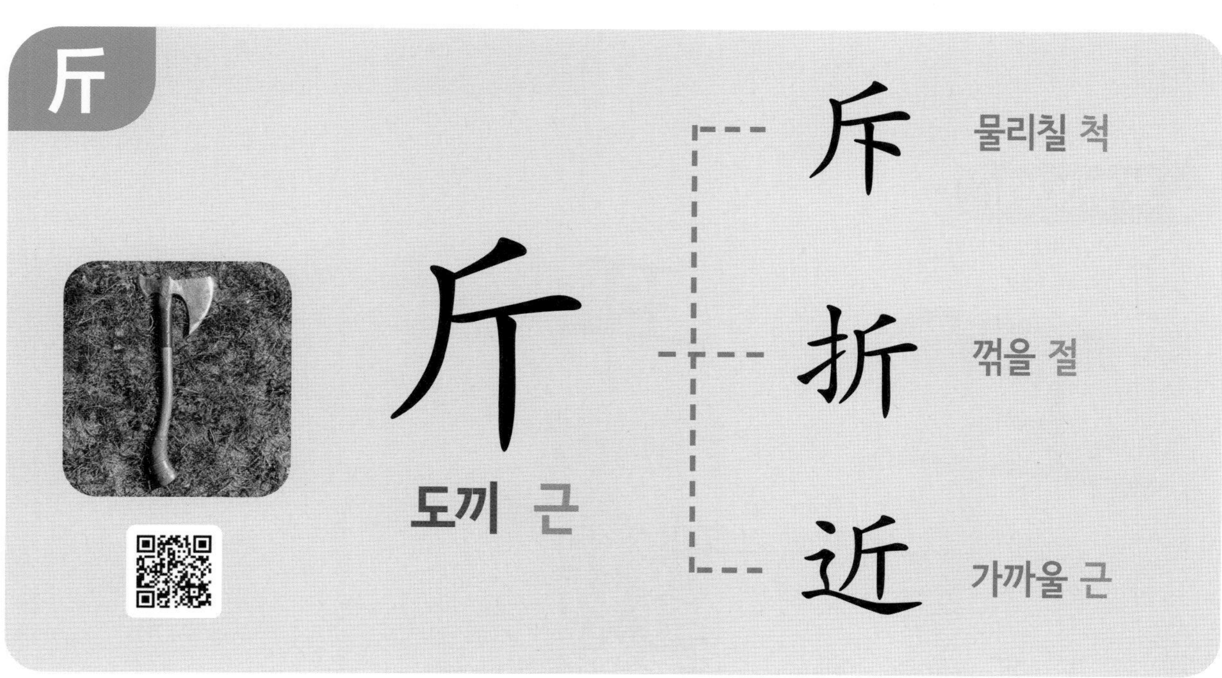

핵심 한자

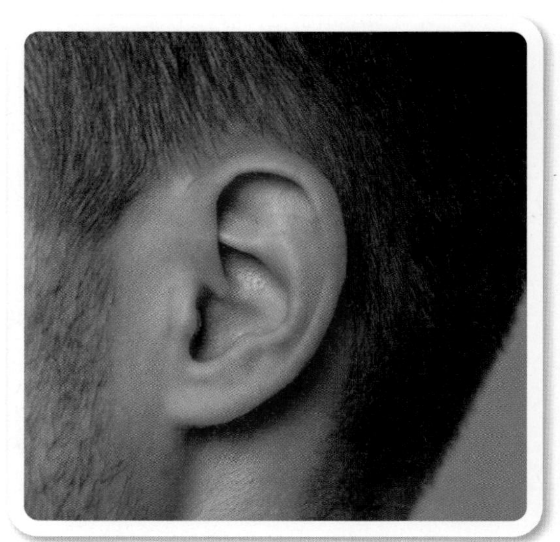

耳 알아 보기

옛 한자

耳는 귀의 모습을 본뜬 글자입니다. 옛 한자에서 네모나게 그린 귀의 모습이 잘 보입니다.

6획 一 丅 F F E 耳

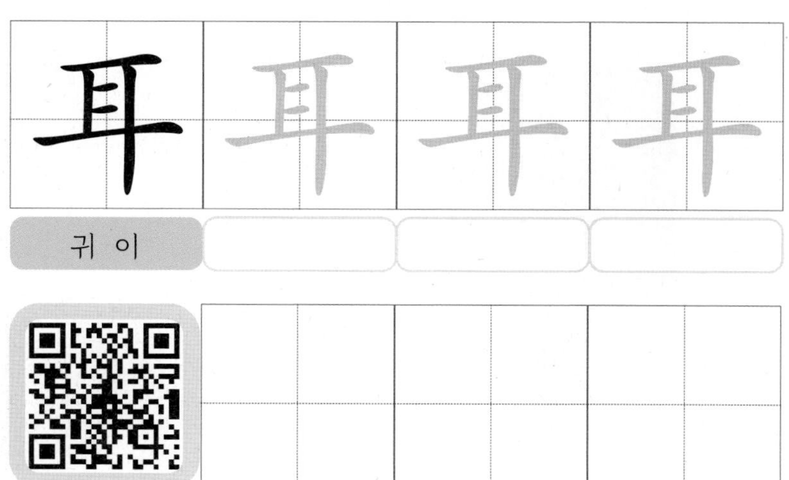

찍으면 획순 영상이 나옵니다.

교과서 핵심 단어

73블록
耳

교과서에 나온 내용을 소리 내어 읽어 보아요.

국어 5 응용

耳目
귀 이 눈 목
이목

뜻 귀와 눈, 관심 어린 시선

주제는 자신이 글로 나타내고 싶은 생각을 말해요. 좋은 주제와 제목은 읽는 사람의 耳目을 끌어 읽고 싶은 생각이 들게 해요.

과학 6

中耳炎
가운데 중 귀 이 불꽃 염
중이염

뜻 귀 안의 염증

우리는 살아가면서 中耳炎, 천식 등 여러 가지 질병에 걸립니다. 질병을 진단하고 치료하는 것도 중요하지만 예방하는 것이 더 중요합니다.

핵심한자 완성하기!

*정답 : 245쪽

(1) 주제와 제목은 읽는 사람의 이목(　　目)을 끌어 읽고 싶은 생각이 들게 해요.

(2) 귓속에 염증이 생겨 통증과 가려움이 나타나는 것을 중이염 (中　　炎)이라고 합니다.

블록 한자

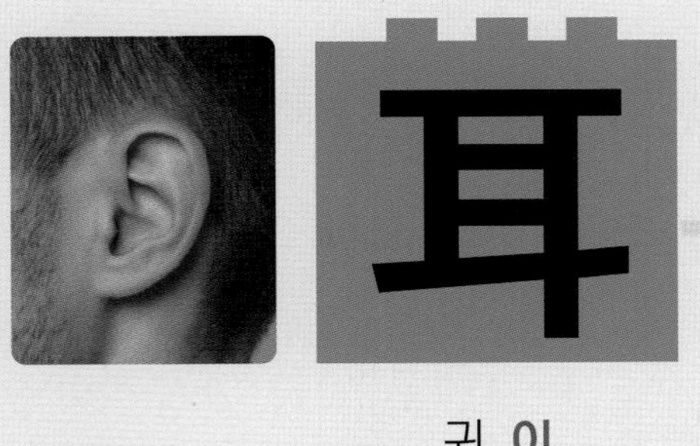

귀 이

* 鹿 사슴 록, 問 물을 문, 人 사람 인

茸

녹용 용 1급

耳위에 艸풀 초를 쓰면 茸녹용 용이 됩니다. 사슴의 귀 부위에 풀처럼 생겨나는 뿔을 표현하였습니다.

鹿茸 뜻 사슴의 뿔

녹 용 예 김만덕은 鹿茸, 전복 같은 제주도의 특산물에 눈길을 돌렸다.

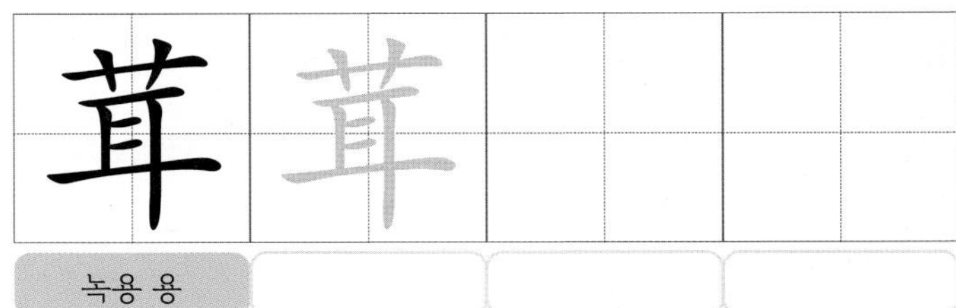

恥

부끄러울 치 3급

耳와 心마음 심을 함께 쓰면 恥부끄러울 치가 됩니다. 부끄러운 마음이 들 때 귀가 빨개지는 것을 경험한 적이 있나요? 그런 마음을 표현한 것입니다.

不恥下問  뜻 아랫사람에게 묻는 걸 부끄러워하지 않음

불 치 하 문  예 그는 언제든 不恥下問할 줄 아는 사람이었다.

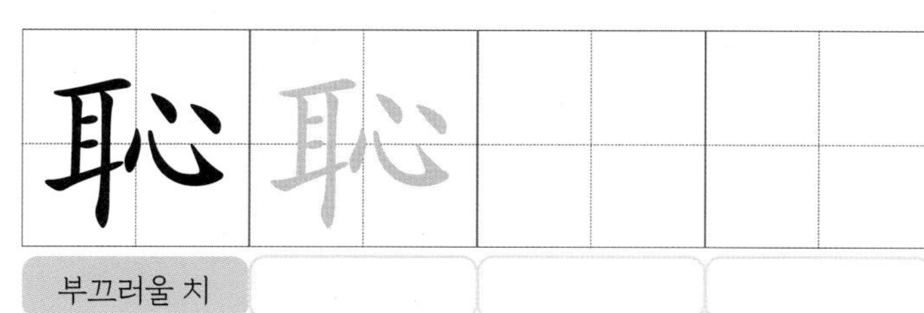

聖

성인 성  4급

耳로 잘 듣고, 口입 구로 말을 잘하는 王왕 왕을 나타낸 글자가 聖성인 성입니다. 耳를 먼저 썼죠? 훌륭한 사람은 듣는 것이 먼저라는 것을 잊지 마세요.

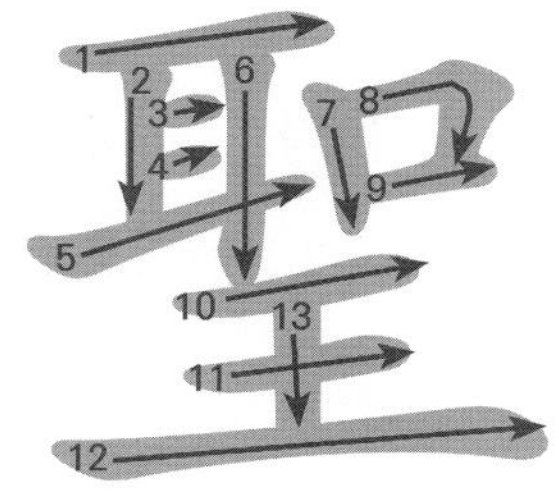

聖人 뜻 성스런 사람

성 인 예 위대한 聖人의 삶과 사상은 후세 사람들에게 큰 영향을 미쳤다.

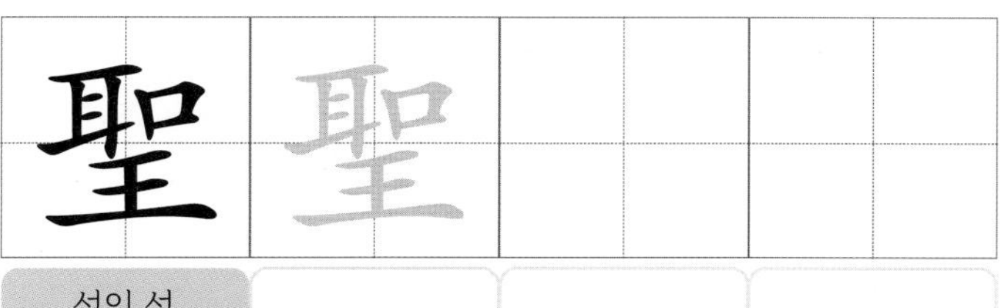

문제 풀기

1 네모칸에 알맞은 글자를 넣어 보아요.

2 한자의 음과 뜻을 알맞게 이어 보아요.

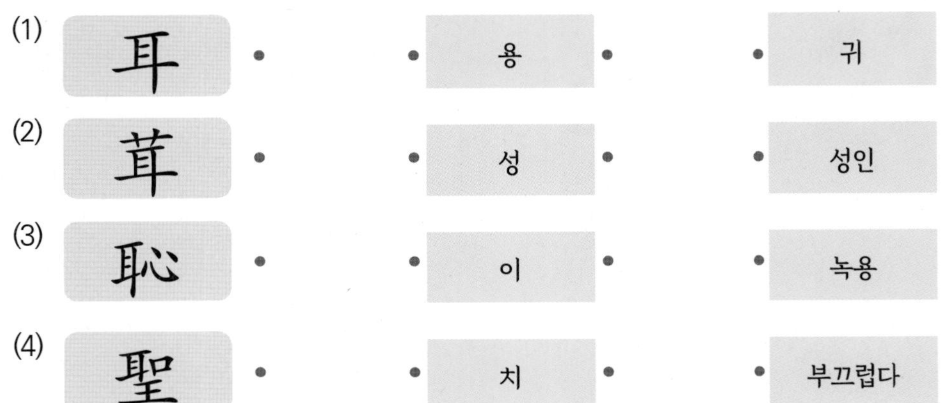

3 빈칸에 알맞은 한자를 써 보아요.

(1) 그는 남의 이목(□目) 때문에 아무 일도 못했다.

(2) 김만덕은 녹용(鹿□), 귤, 전복 같은 제주도의 특산물에 눈길을 돌렸다.

(3) 그는 모르는 것이 있을 때에는 언제든 불치하문(不□下問)할 줄 아는 사람이었다.

(4) 역사상 위대한 성인(□人)의 삶과 사상은 후세 사람들에게 지대한 영향을 미쳤다.

*정답 : 245쪽

4 내용을 소리 내어 읽고 한자를 한글로 써 보세요.

이탈리아 토스카나주에는 피사의 사탑이 있습니다. 55미터 높이로 세운 이 탑은 완성한 뒤 조금씩 한쪽으로 기울기 시작해 현재 모습이 되었습니다. 그 아슬아슬한 모습은 관광객들의 耳目을 많이 끕니다.

*국어 5 응용

5 열쇠의 뜻 풀이를 이용하여 가로 세로 단어 퍼즐을 완성해 보세요.

[가로열쇠 ①] 귀와 눈, 관심 어린 시선

[세로열쇠 ②] 귀 안의 염증

6 QR코드를 찍어 영상을 본 후, 문제를 풀어 보아요.

(1) 음: 뜻:

관련단어:

핵심 한자

월 일

6급

눈 목

目 알아 보기

옛 한자

目은 눈의 모습을 본뜬 글자입니다. 안에 그은 두 줄은 눈동자를 표현한 것입니다. 한자는 동그라미가 없으므로 네모나게 표현하였지만 옛 한자를 세워 보면 현대 한자와 닮았습니다.

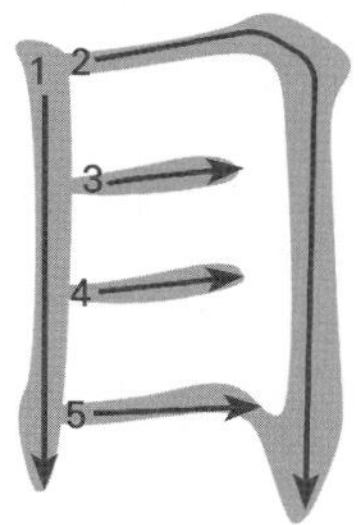

5획 丨 冂 月 月 目

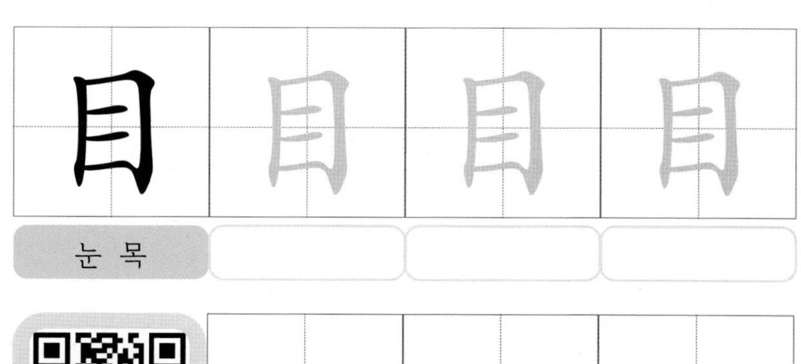

찍으면 획순 영상이 나옵니다.

교과서 핵심 단어

74블록
目

교과서에 나온 내용을 소리 내어 읽어 보아요.

국어 3

目的
눈 목 과녁 적

목적

뜻 눈이 향하는 과녁

꽃집에서 파는 꽃이나 정원의 꽃은 함부로 먹으면 안 됩니다. 반드시 식용을 目的으로 따로 안전하게 재배되는 꽃만 먹어야 합니다.

국어 5

注目
쏟아부을 주 눈 목

주목

뜻 눈길을 쏟음

고려청자는 무엇보다 아름다운 빛깔로 더욱 注目받았다. 청자의 빛깔은 맑고 은은한 푸른 녹색이다.

핵심한자 완성하기!

*정답 : 245쪽

(1) 반드시 식용을 목적(□的)으로 따로 안전하게 재배되는 꽃만 먹어야 합니다.

(2) 고려청자는 무엇보다 아름다운 빛깔로 더욱 주목(注□)받았다.

블록 한자

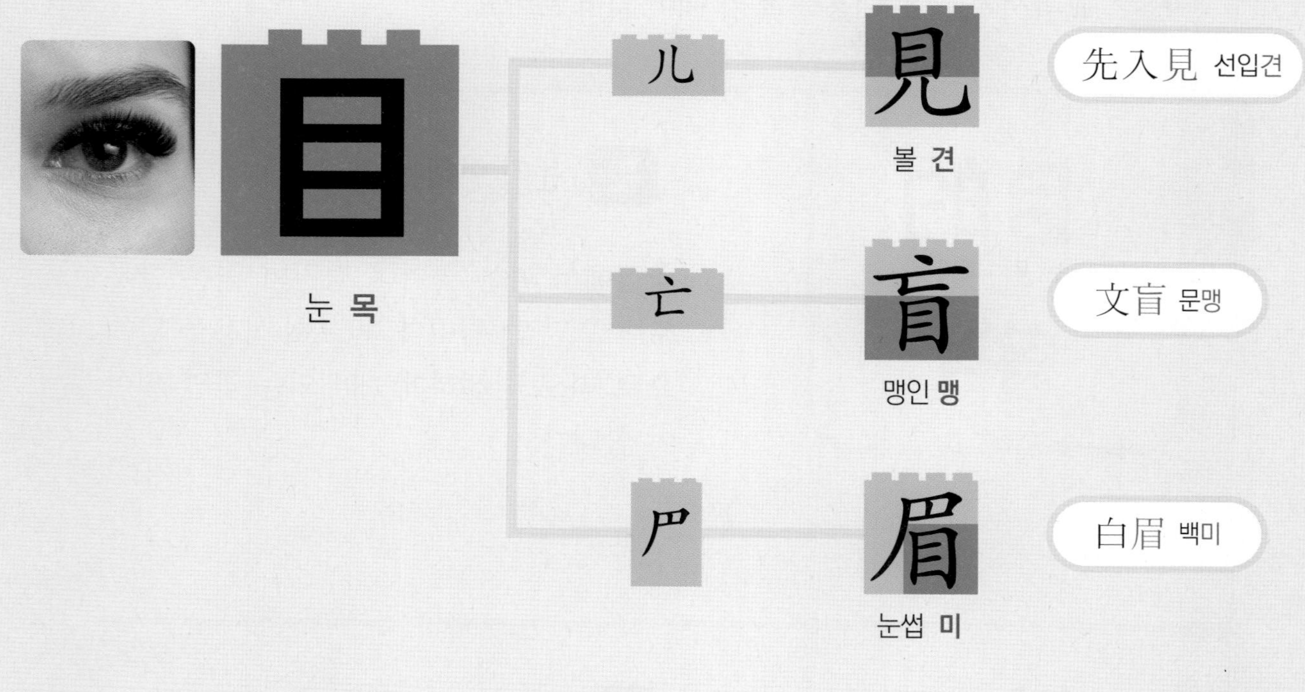

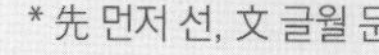
* 先 먼저 선, 文 글월 문

見

볼 견 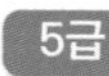

目에 儿어진 사람 인을 붙이면 見볼 견이 됩니다. 目에 사람의 다리 모양[儿]을 그려 강조한 것이죠. 見聞견문, 先入見선입견 등의 단어에 들어갑니다.

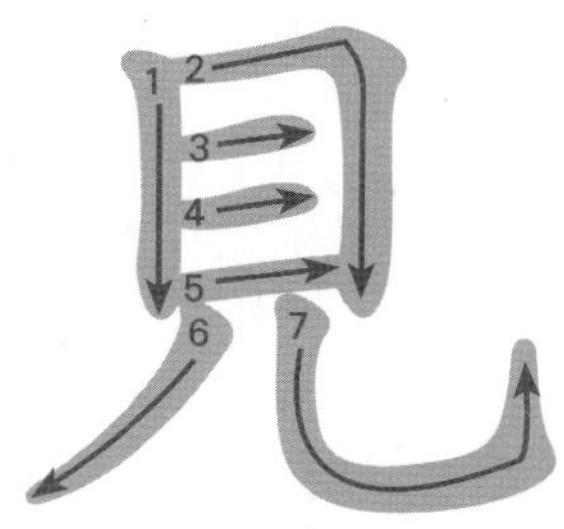

先入見  뜻 먼저 들어와 있는 견해

선 입 견  예 세상은 先入見이라는 색안경을 벗고 보아야 참모습을 알 수 있다.

74블록 目

盲 맹인 맹 3급

目 위에 亡망할 망을 붙이면, 盲맹인 맹이 됩니다. 亡은 '없다'는 뜻도 함께 가지고 있는데, 그래서 盲은 눈이 없는 상태를 뜻합니다. 盲目맹목, 文盲문맹 등의 단어에 들어갑니다.

文盲 문 맹

뜻 글자 맹인, 글자를 모르는 사람

예 한국인의 文盲률이 낮은 것은 바로 한글 덕분이다.

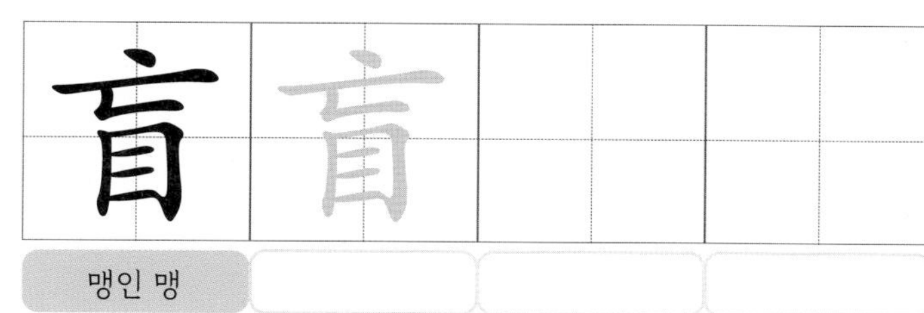

맹인 맹

眉 눈썹 미 3급

目 위에 눈썹의 모습을 본뜬 尸를 쓰면 眉눈썹 미가 됩니다. 眉間미간, 白眉백미 등의 단어를 만듭니다.

白眉 백 미

뜻 흰 눈썹, 뛰어난 것

예 다보탑과 석가탑은 신라 석탑의 白眉로 불린다.

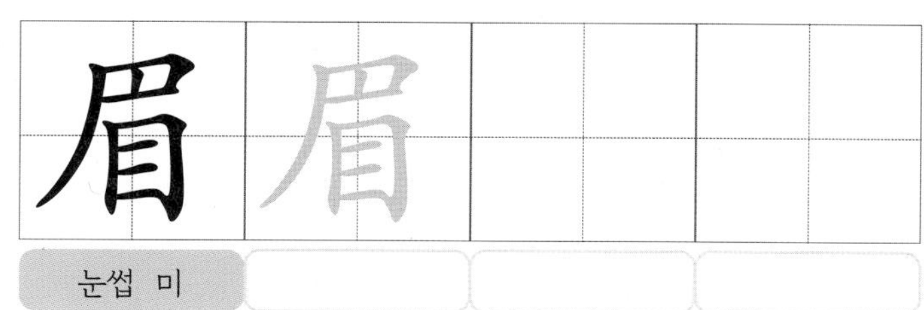

눈썹 미

문제 풀기

1 네모칸에 알맞은 글자를 넣어 보아요.

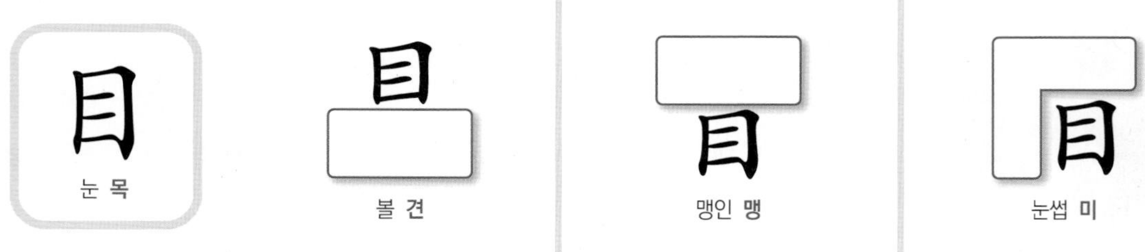

2 한자의 음과 뜻을 알맞게 이어 보아요.

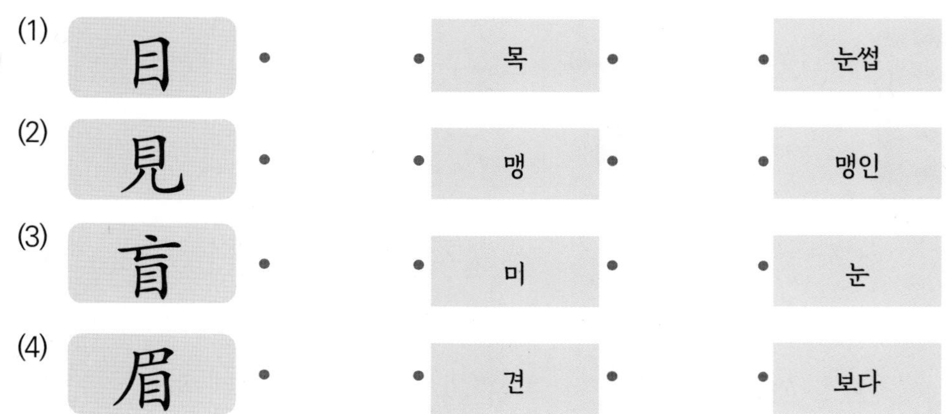

3 빈칸에 알맞은 한자를 써 보아요.

(1) 미래 사회는 어떤 직업이 주목(注 ☐)받을까?

(2) 세상은 선입견(先入 ☐)이라는 색안경을 벗고 보아야 참모습을 알 수 있다.

(3) 한국인의 문맹(文 ☐)률이 낮은 것은 바로 한글 덕분이다.

(4) 다보탑과 석가탑은 신라 석탑의 백미(白 ☐)로 불린다.

*정답 : 245쪽

4 내용을 소리 내어 읽고 한자를 한글로 써 보세요.

*국어 5

5 열쇠의 뜻 풀이를 이용하여 가로 세로 단어 퍼즐을 완성해 보세요.

[가로열쇠 ①] 눈길을 쏟음

[세로열쇠 ②] 눈이 향하는 과녁

6 QR코드를 찍어 영상을 본 후, 문제를 풀어 보아요.

(1) 음: ________ 뜻: ________

관련단어: ________

만화로 배우는

한자성어

후안무치 (厚顔無恥)

얼굴이 두꺼워 부끄러움이 없음.
[두꺼울 厚, 얼굴 顔, 없을 無]

아~~~~!!!!
그거 우리끼리 먹으려고 사온 빵인데!
버럭!!
마음대로 집어먹으면 어떡해!
우물 우물
남의 걸 함부로 집어 먹으면 안 되지!
이렇게 집어가기 쉬운 곳에 둔 사람이 바보지.
그렇게 중요한 거면 사물함에라도 넣어두지 그랬어.
아무튼 내 잘못은 아닌 듯?
뻔
뻔!!
와~ 낯 두꺼운 것 좀 봐!!
아, 이 후안무치 厚顔無恥한 자식~~~~!!
어, 그거 우등이 빵인데...
아~
내가 좋아하는 빵...
음료수 사 왔어~
어라?
빵은?
어, 라리가 보더니 요 앞 빵 가게 빵이 더 맛있다며,
자기 돈으로 새 빵을 사 오겠다지 뭐야~!
그전에 산 빵은 남자애들에게 줬어!
호호호~!
천하의 라리도 차마 우등이 앞에선 뻔뻔한 낯짝이 될 수 없었나보지...
9,500원 입니다~

동영상으로 익히는

블록한자

* 아래 QR을 찍으면 동영상이 나옵니다. 동영상을 따라서 한눈에 정리해보아요.

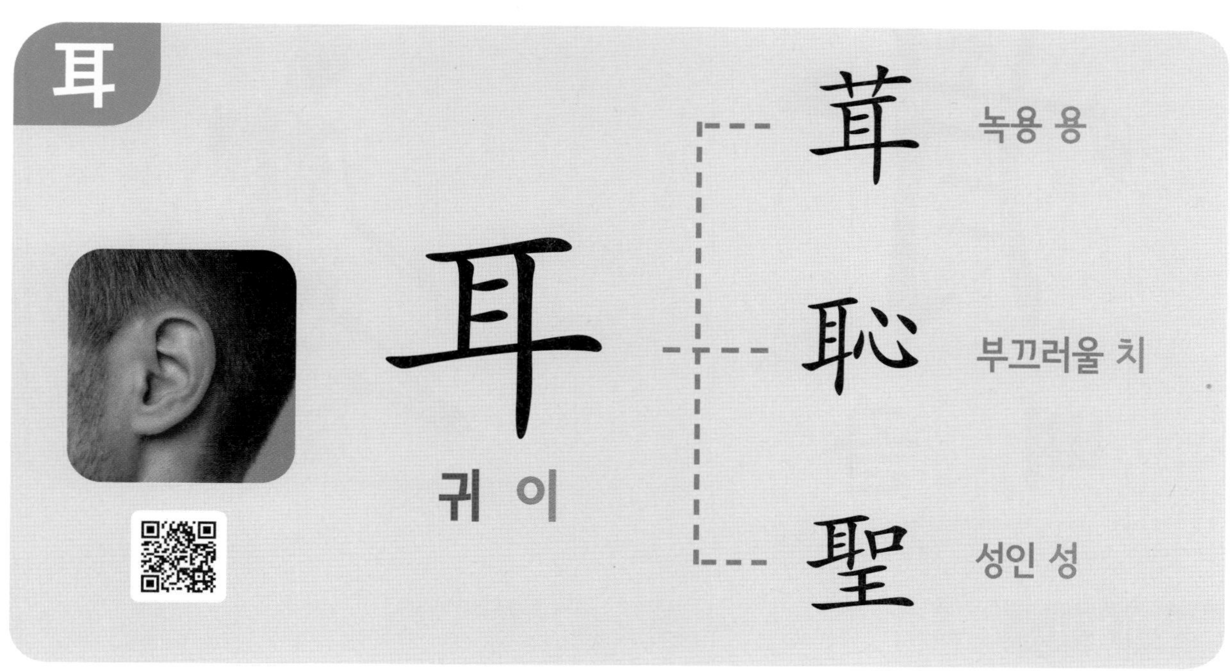

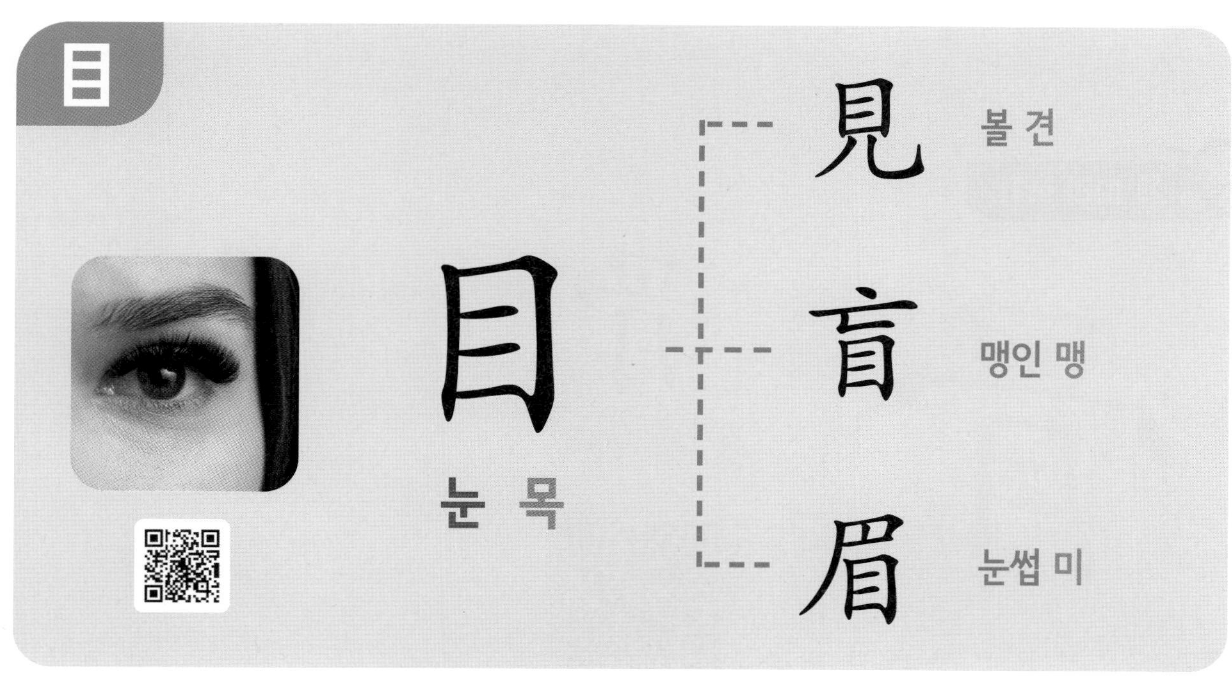

핵심 한자

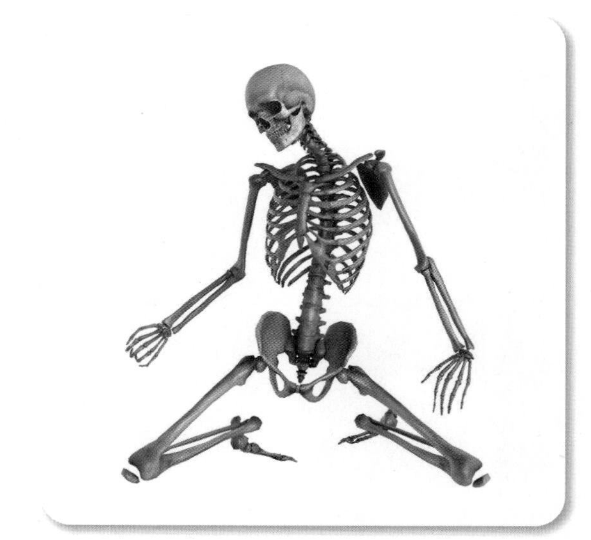

骨 알아 보기

옛 한자

骨은 뼈의 모습을 본뜬 글자입니다. 옛 글자에서 앙상하게 남은 뼈의 모습을 볼 수 있습니다.

骨 따라 쓰기

10획

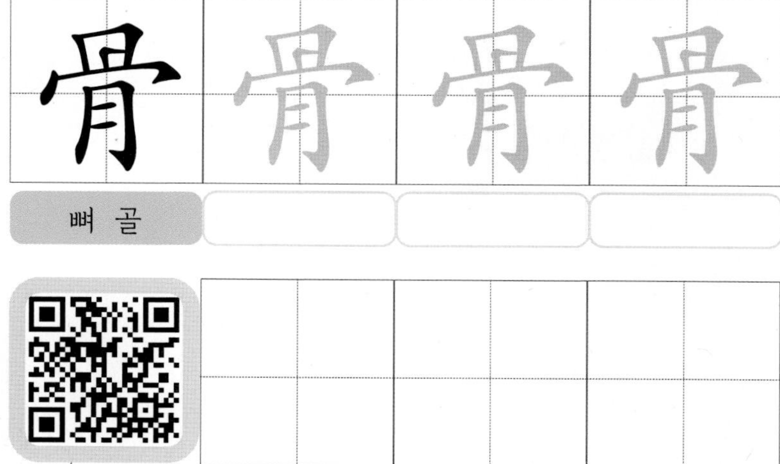

찍으면 획순 영상이 나옵니다.

교과서 핵심 단어

75블록
骨

교과서에 나온 내용을 소리 내어 읽어 보아요.

국어 6

白骨
흰 백 뼈 골

백골

뜻 흰 뼈

이 몸이 죽고 죽어 일백 번 고쳐 죽어
白骨이 진토 되어 넋이라고 있고 없고
임 향한 일편단심이야 가실 줄이 있으랴

과학 6

骨格
뼈 골 격식 격

골격

뜻 뼈의 격식, 어떤 일의 중요한 틀

근육이 뼈에 어떻게 작용하는지 알아봅시다. 인체 骨格모형, 한쪽 끝에 구멍이 있는 납작한 빨대 두 개를 준비해 주세요.

핵심한자 완성하기!

*정답 : 245쪽

(1) 백골(白 ☐)이 진토 되어 넋이라도 있고 없고.

(2) 인체 골격 (☐ 格) 모형과 납작한 빨대 두 개를 준비해 주세요.

블록 한자

뼈 골

미끄러울 활

滑走路 활주로

豊 體 禮

몸 체

身體 신체

예의 예

茶禮 차례

*走 달릴 주, 路 길 로, 身 몸 신, 茶 차 차

滑

미끄러울 활 2급

骨에 氵물 수를 결합하면 滑미끄러울 활이 됩니다. 물이 묻어 미끌미끌하게 된 뼈를 뜻합니다. 滑走路활주로와 같은 단어에 들어갑니다.

활 주 로

미끄러지듯 달리는 길

비행기가 부드럽게 滑走路로 들어섰다.

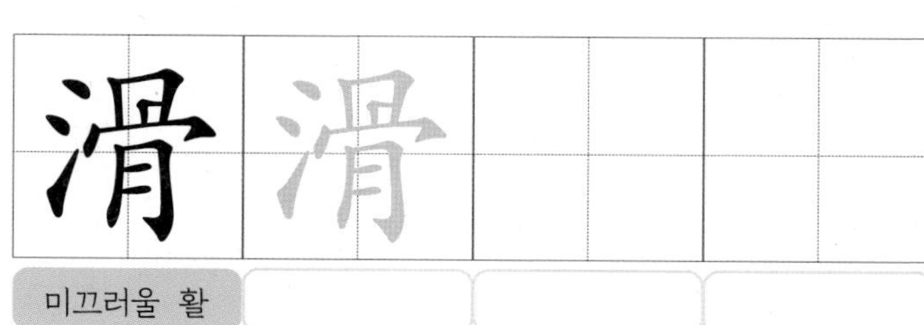

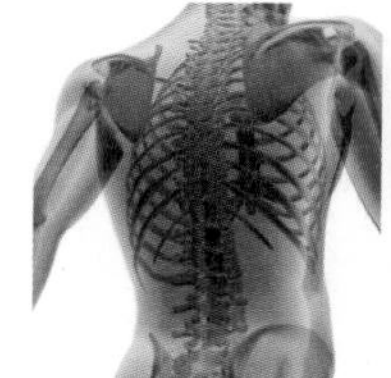

體

몸 체

骨에 豊풍성할 풍을 합치면 몸을 뜻하는 體몸 체가 됩니다. 이 때 豊은 제사 지내는 그릇[豆] 위에 곡식을 풍성하게 얹어 둔 모습을 표현한 것입니다. 體는 뼈와 뼈에 풍성하게 붙은 살을 합한 몸을 뜻합니다.

身體 뜻 몸

신 체 예 身體 부위인 다리와 두 곳을 잇는 다리는 서로 다른 낱말이에요.

예의 예

體와 비슷한 글자로 禮예의 예가 있습니다. 骨 대신 示제단 기를 쓴 것으로, 제단에 음식을 풍성하게 차려두고 신에게 의례를 행하는 것을 뜻하는 글자입니다.

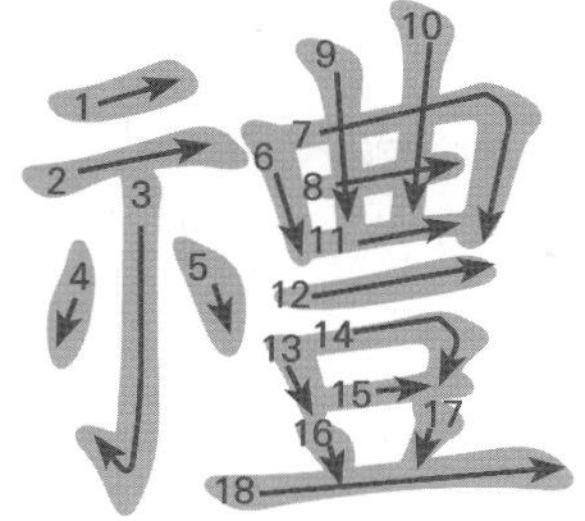

茶禮 뜻 차를 올리는 예식

차 례 예 실향민들은 올해 설도 임진각에서 합동 茶禮를 지냈다.

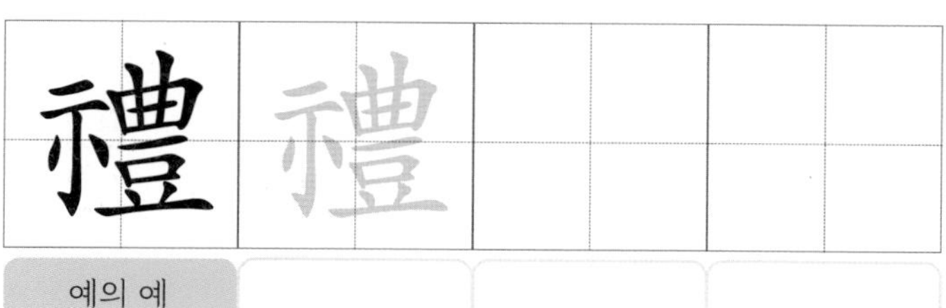

문제 풀기

1 네모칸에 알맞은 글자를 넣어 보아요.

2 한자의 음과 뜻을 알맞게 이어 보아요.

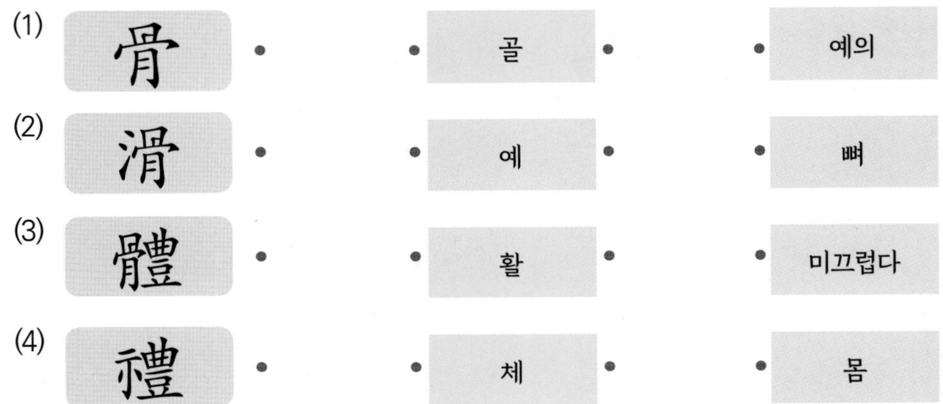

3 빈칸에 알맞은 한자를 써 보아요.

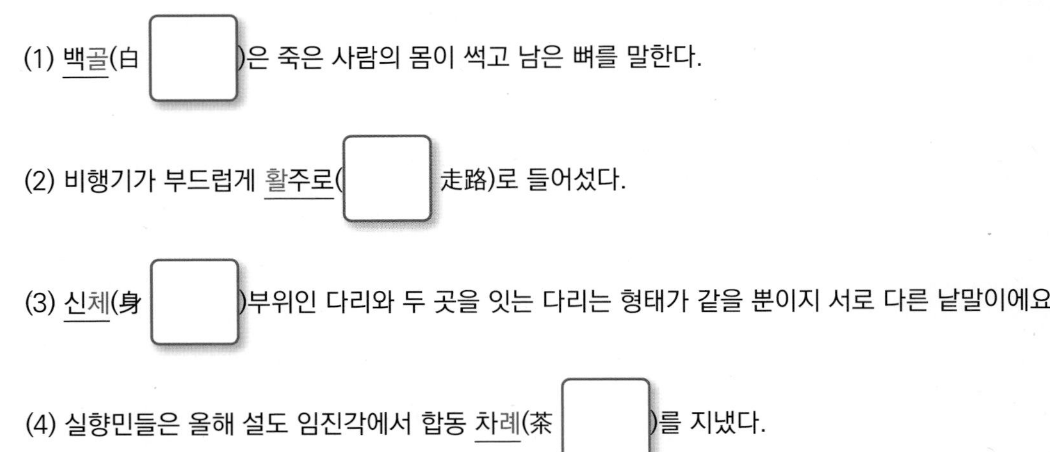

*정답 : 245쪽

4 내용을 소리 내어 읽고 한자를 한글로 써 보세요.

단심가

정몽주

이 몸이 죽고 죽어 일백 번 고쳐 죽어
白骨이 진토 되어 넋이라도 있고 없고
임 향한 일편단심이야 가실 줄이 있으랴

*국어 6 ______________

5 열쇠의 뜻 풀이를 이용하여 가로 세로 단어 퍼즐을 완성해 보세요.

[가로열쇠 ①] 흰 뼈

[세로열쇠 ②] 뼈의 격식, 어떤 일의 중요한 틀

6 QR코드를 찍어 영상을 본 후, 문제를 풀어 보아요.

(1) 음: ______ 뜻: ______

관련단어: ______________

핵심 한자

월 일

4급

고기 육

肉 알아 보기

肉은 크게 자른 덩어리 고기와 고기의 결을 본뜬 글자입니다. 冂멀 경은 고깃덩이를, 仌은 고기의 결을 촘촘하게 그린 것입니다. 肉의 옛 한자는 月달 월과 많이 닮아 있습니다. 그래서 다른 한자와 같이 쓰일 때는 月육달 월로 간략하게 씁니다.

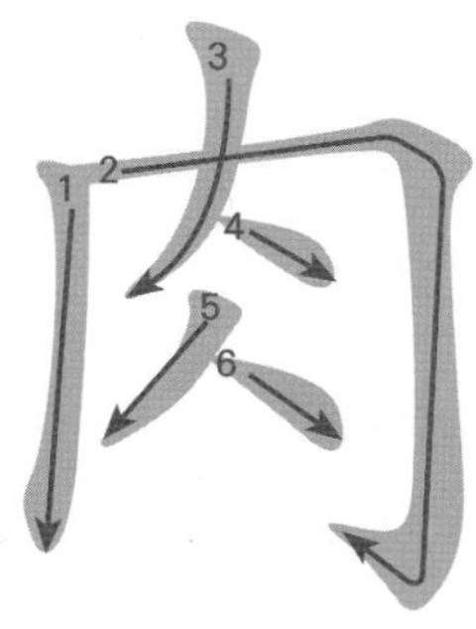

6획 丨 冂 内 内 肉 肉

肉	肉	肉	肉
고기 육			

찍으면 획순 영상이 나옵니다.

교과서 핵심 단어

76블록 肉

교과서에 나온 내용을 소리 내어 읽어 보아요.

과학 6

筋肉
힘줄 근 고기 육
근육

뜻 힘줄과 살(=고기)

뼈는 우리 몸의 형태를 만들어 주고, 몸을 지지하는 역할을 하며 심장이나 폐, 뇌 등을 보호합니다. 筋肉은 길이가 줄어들거나 늘어나면서 뼈를 움직이게 합니다.

사회 6

肉類
고기 육 무리 류
육류

뜻 고기 종류

케밥은 초원 지대와 사막 지역에서 유목 생활을 하던 유목민들이 肉類를 쉽고 간단하게 먹으려고 조각내어 구워 먹던 것에서 비롯되었다.

핵심한자 완성하기!

*정답 : 245쪽

(1) 근육(筋 ☐)은 길이를 조절하면서 뼈를 움직이게 합니다.

(2) 케밥은 유목민들이 육류(☐ 類)를 간단하게 조각내어 구워 먹던 것에서 비롯되었다.

블록 한자

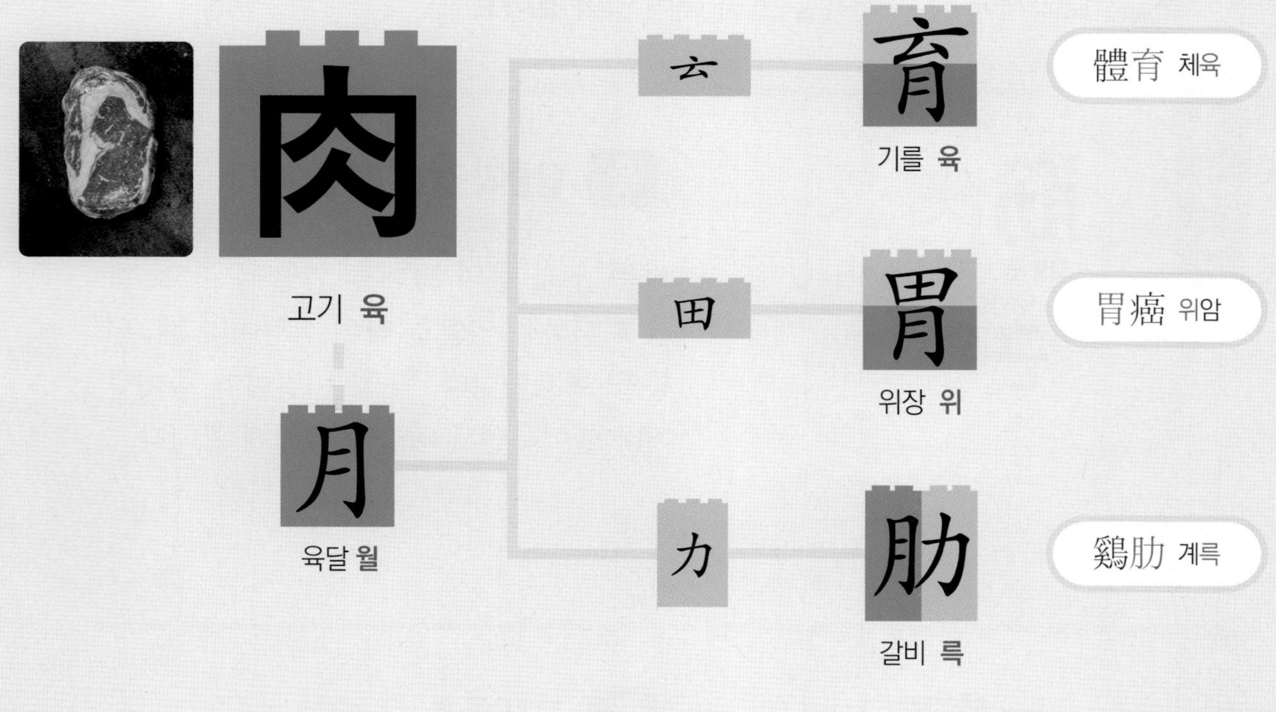

* 體 몸 체, 癌 암 암, 鷄 닭 계

育

기를 육 

肉은 신체 부위를 나타낼 때 月육달 월로 쓰입니다. 月 위에 쓴 글자 𠫓는 원래 어린 아이의 모습을 표현한 것입니다. 育기를 육은 어린 아이의 몸에 살이 붙고 자라도록 기른다는 뜻을 지닙니다.

體育 뜻 몸을 기름

체 육 예 오늘 비가 와서 3교시 體育 수업은 體育관에서 한대!

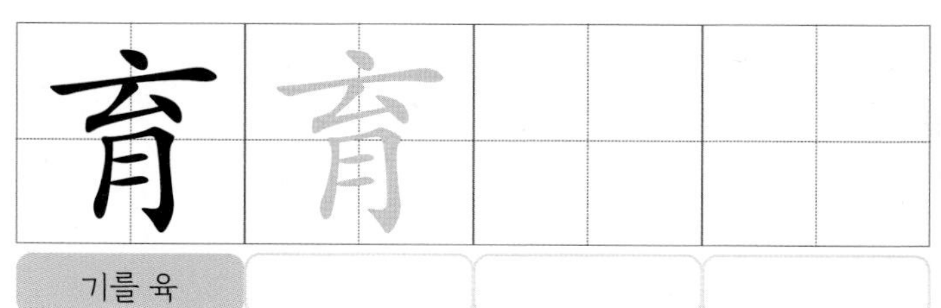

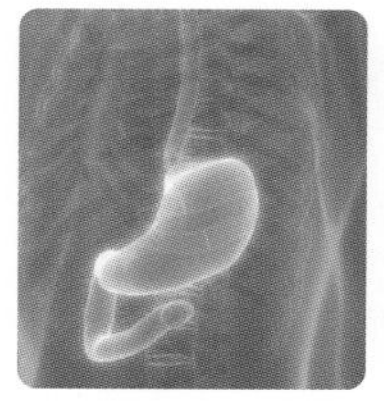

胃

위장 위 

月[=肉] 위에 田밭 전을 붙이면 신체 중 하나인 위장을 뜻하는 胃위장 위가 됩니다. 이때 田은 둥근 위(밥통)와 그 속의 내용물을 네모와 선으로 간략히 표현한 것입니다.

胃癌 (위 암)  위에 생긴 암

 태운 생선이나 육류가 胃癌 발생률을 높이는 것으로 추측된다.

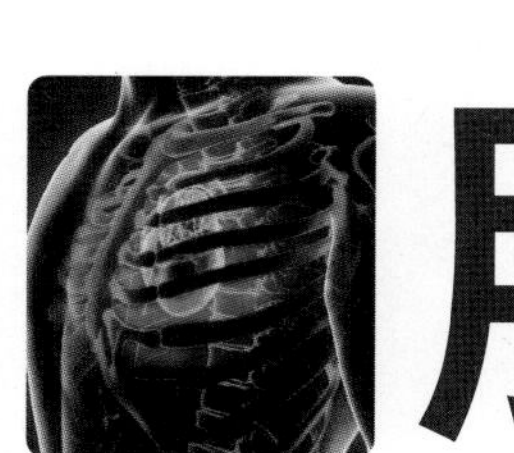

肋

갈비 륵 1급

月에 力을 쓰면 갈비뼈를 나타내는 글자 肋갈비 륵이 됩니다. 힘을 쓸 때 중심이 되는 신체 부위라는 뜻입니다.

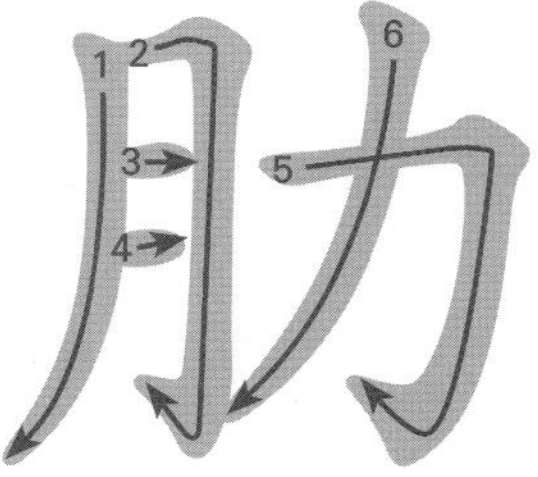

鷄肋 (계 륵)  닭의 갈비

예 鷄肋은 먹으려니 먹을 게 없고, 버리려니 아까운 상태를 표현한다.

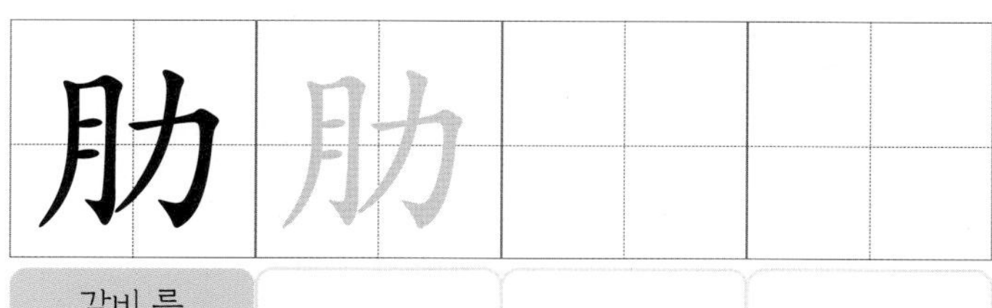

문제 풀기

1 네모칸에 알맞은 글자를 넣어 보아요.

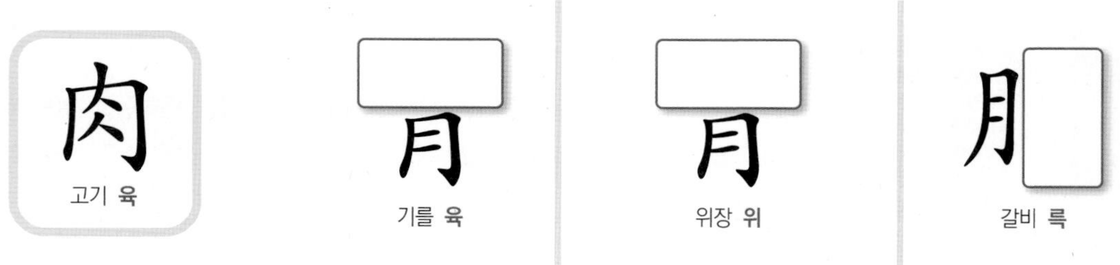

2 한자의 음과 뜻을 알맞게 이어 보아요.

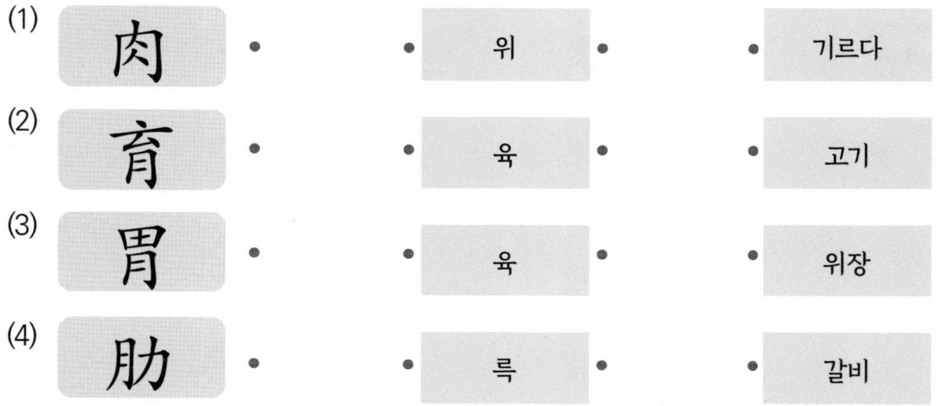

3 빈칸에 알맞은 한자를 써 보아요.

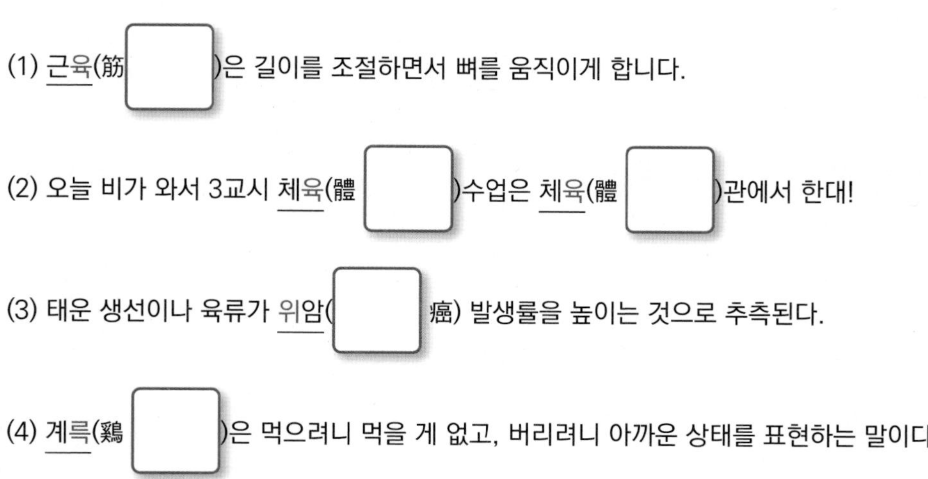

*정답 : 245쪽

4 내용을 소리 내어 읽고 한자를 한글로 써 보세요.

터키의 음식, 케밥

케밥은 얇게 썬 고기 조각을 구워 먹는 터키의 대표적인 요리이다. 국민 대부분이 이슬람교를 믿는 터키 사람들은 주로 양고기로 케밥을 만든다. 초원 지대와 사막 지역에서 유목 생활을 하던 유목민들이 肉類를 쉽고 간단하게 먹으려고 조각내어 구워 먹던 것에서 비롯되었다.

*국어 6

5 열쇠의 뜻 풀이를 이용하여 가로 세로 단어 퍼즐을 완성해 보세요.

[가로열쇠 ①] 힘줄과 살(=고기)

[세로열쇠 ①] 고기 종류

6 QR코드를 찍어 영상을 본 후, 문제를 풀어 보아요.

(1) 음: ________ 뜻: ________

관련단어: ________

만화로 배우는

한자성어

계란유골
(鷄卵有骨)

계란에도 뼈가 있음. 운수가 나쁜 사람은 모처럼 좋은 기회를 만나도 역시 일이 잘 안됨을 이르는 말. [닭 鷄, 알 卵, 있을 有]

동영상으로 익히는

블록한자

* 아래 QR을 찍으면 동영상이 나옵니다. 동영상을 따라서 한눈에 정리해보아요.

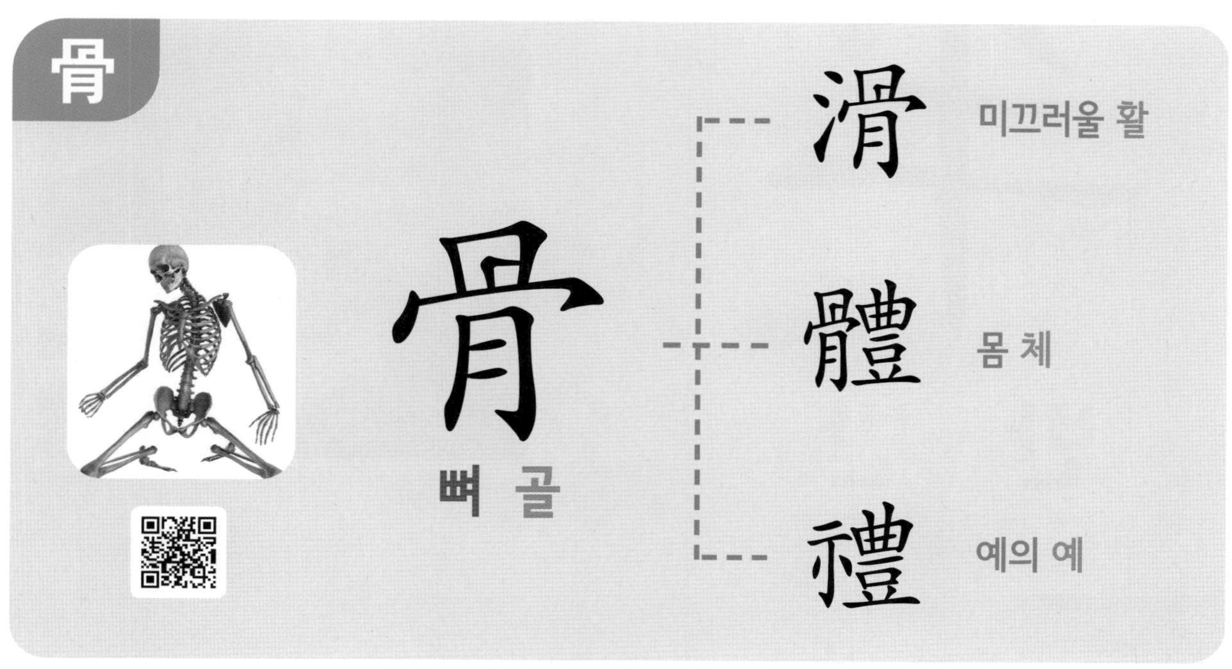

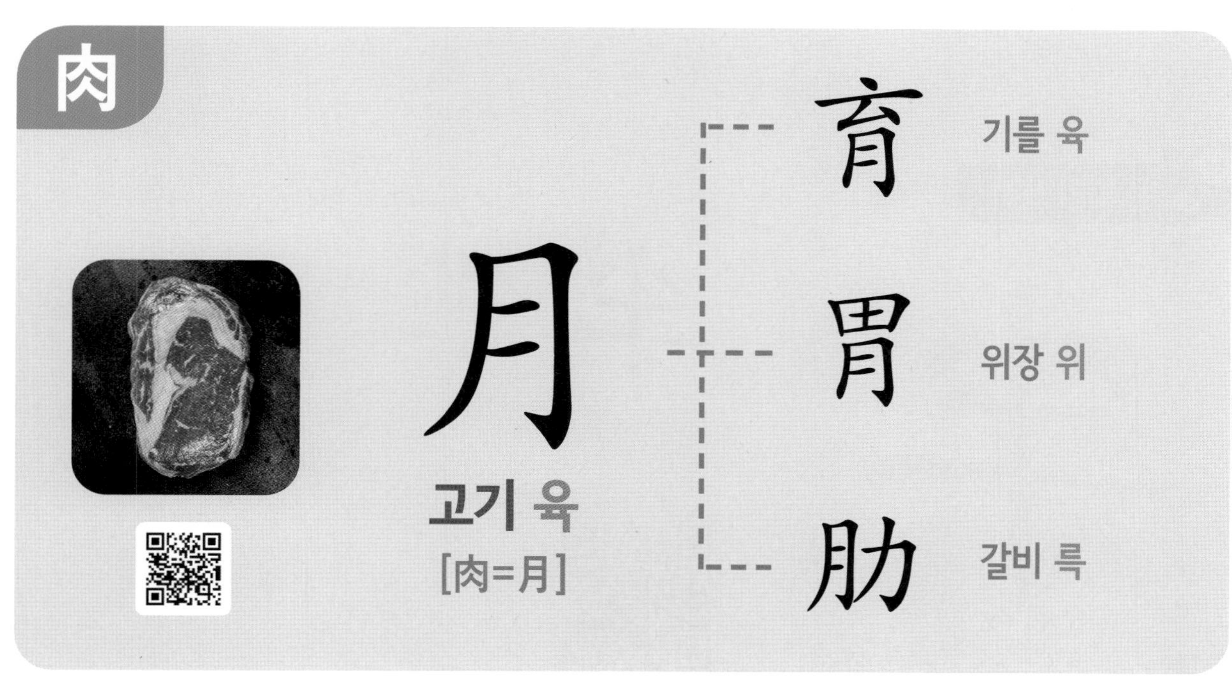

핵심 한자

6급

반 반

半 알아 보기

옛 한자

半은 쌓여 있는 세 장의 판을 절반으로 가르는 모습의 글자입니다. 제일 윗장은 반으로 갈라져 八로 그려졌고, 나머지 두[二] 장도 갈라지기 직전입니다. '1/2', 즉 반을 뜻합니다.

半 따라 쓰기

5획 丶 丷 䒑 兰 半

半	半	半	半
반 반			

↑ 찍으면 획순 영상이 나옵니다.

교과서 핵심 단어

77블록
半

교과서에 나온 내용을 소리 내어 읽어 보아요.

과학 5

半지름

반 반

반지름

뜻 지름의 반

태양의 半지름은 지구의 半지름보다 약 109배가 큽니다. 그래서 태양과 지구를 비교하면 지구는 작은 점처럼 보입니다.

사회 6

半島

반 반 섬 도

반도

뜻 반이 섬의 모양인 지형

세계 여러 나라의 영토 모양은 매우 다양하다. 아라비아半島에 있는 사우디아라비아는 국경선이 단조로운 편이며, 대서양 북쪽에 있는 아이슬란드는 해안선이 복잡하다.

핵심한자 완성하기!

*정답 : 245쪽

(1) 태양의 반(　　)지름은 지구의 반(　　)지름보다 약 109배가 큽니다.

(2) 아라비아반도(　　島)에 있는 사우디아라비아는 국경선이 단조로운 편이다.

블록 한자

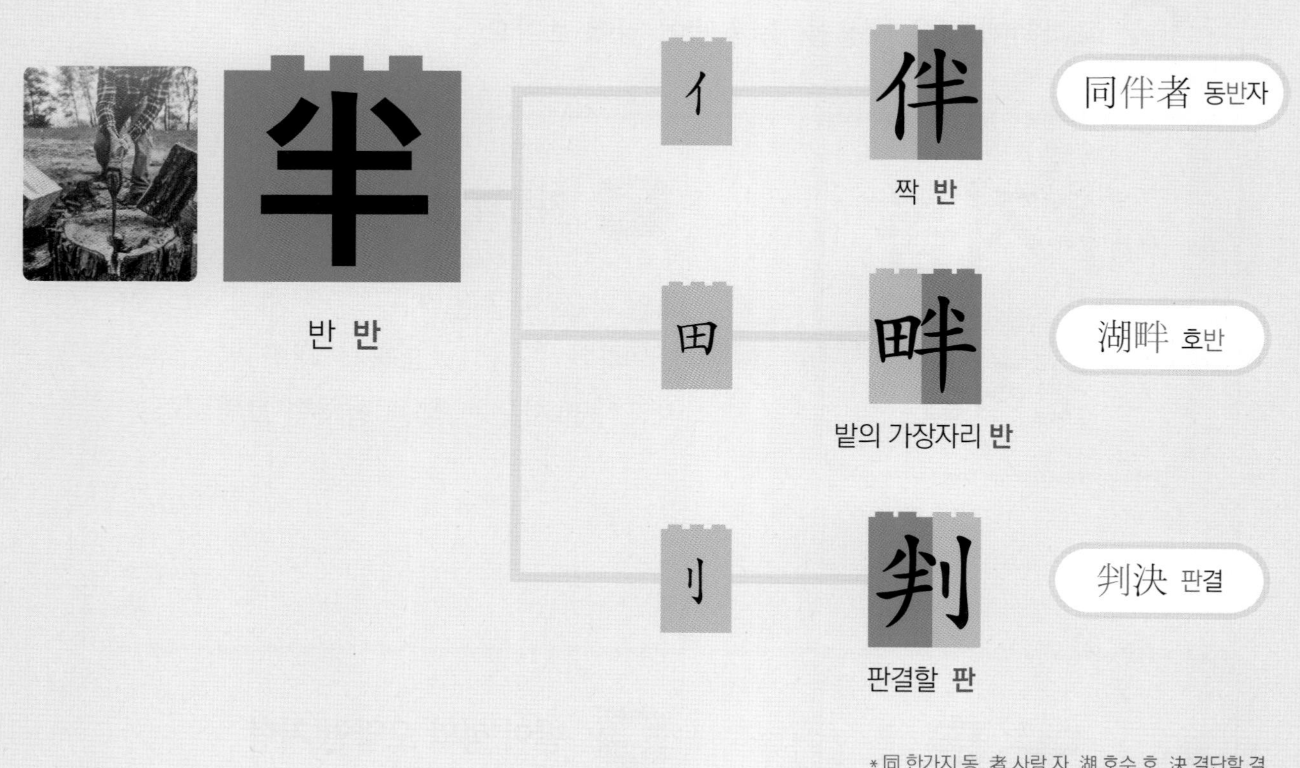

* 同 한가지 동, 者 사람 자, 湖 호수 호, 決 결단할 결

伴

짝 반 3급

半 앞에 亻사람 인을 쓰면 伴짝 반이 되는데, '누군가의 반쪽'을 뜻합니다. '人生의 同伴者동반자'라는 말을 들어 보았나요? 동반자는 '함께 짝이 되는 사람'이라는 뜻입니다.

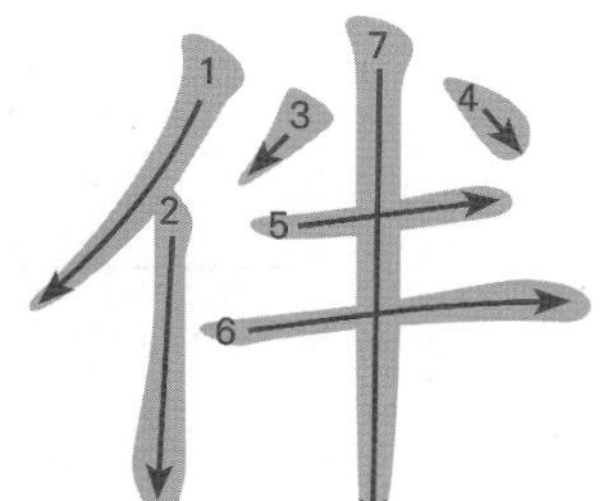

同伴者 동반자

뜻 함께 짝이 되는 사람

예 그 부부는 50년간 평생의 同伴者로 살았다.

畔

밭의 가장자리 반 1급

䍗 앞에 田밭 전과 함께 쓰면 畔밭의 가장자리 반이 됩니다. 밭을 반으로 가르는 역할을 하는 곳이란 뜻이죠. '湖畔호반의 도시'라는 말이 있는데 '호숫가의 도시'라는 뜻입니다.

湖畔 호 반

뜻 호숫가

예 영진은 湖畔의 도시 춘천에서 벌어진 마라톤 대회에서 우승을 하였다.

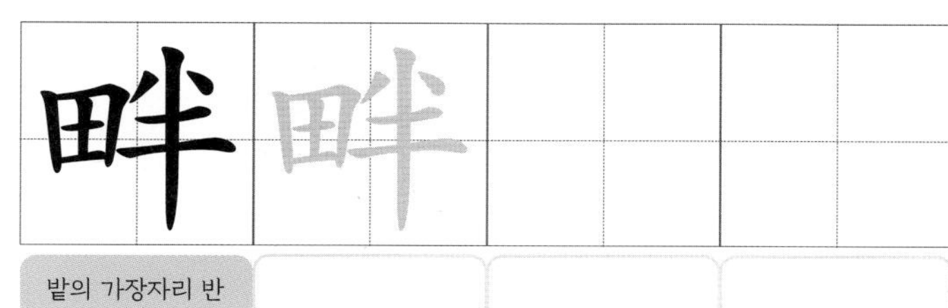

밭의 가장자리 반

判

판결할 판 4급

䍗에 刂칼 도를 함께 쓰면 判판결할 판이 됩니다. 칼로 딱 반을 자르는 것처럼 분명하게 '가르다, 판단하다'는 뜻을 지닙니다. 判斷판단, 判決판결 등의 단어에 쓰입니다.

判決 판 결

뜻 (옳고 그름을) 가리어 결정함

예 그는 투옥되었다가 무죄 判決을 받고 풀려났다.

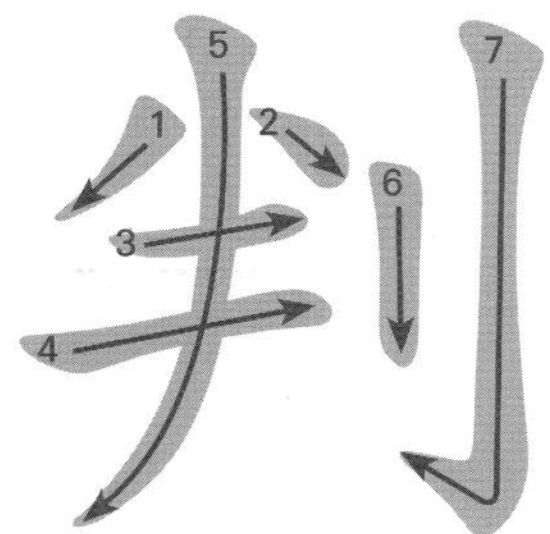

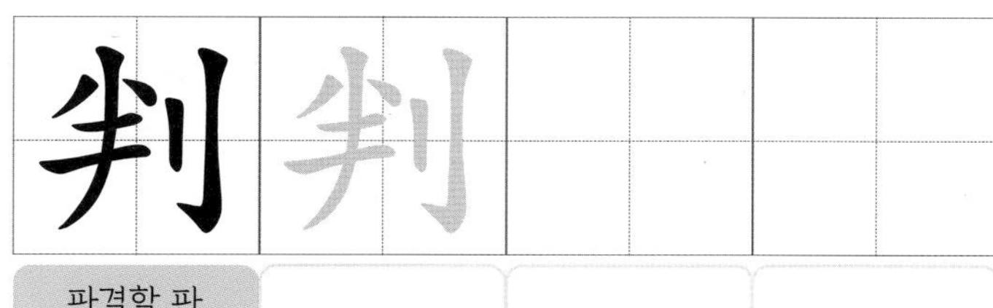

판결할 판

문제 풀기

1 네모칸에 알맞은 글자를 넣어 보아요.

2 한자의 음과 뜻을 알맞게 이어 보아요.

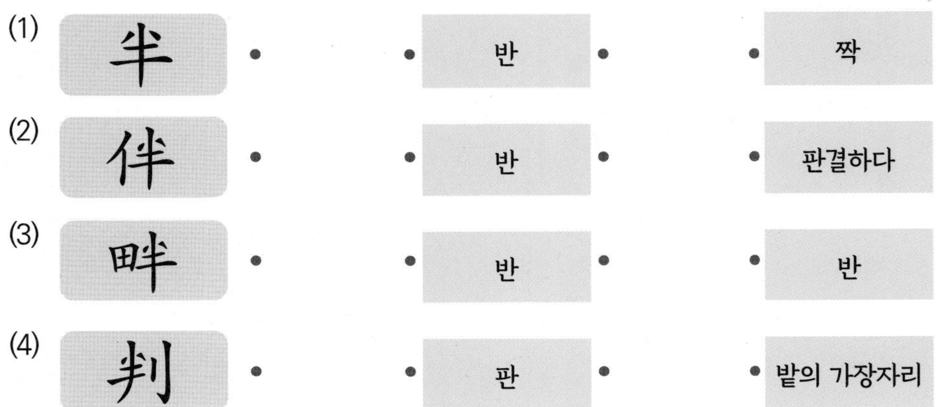

3 빈칸에 알맞은 한자를 써 보아요.

(1) 구의 중심에서 구의 겉면의 한 점을 이은 선분을 구의 반( )지름이라고 한다.

(2) 그 부부는 50년간 평생의 동반자(同 者)로 살았다.

(3) 영진은 호반(湖)의 도시 춘천에서 벌어진 마라톤 대회에서 우승을 하였다.

(4) 그는 투옥되었다가 무죄 판결(決)을 받고 풀려났다.

*정답 : 245쪽

4 내용을 소리 내어 읽고 한자를 한글로 써 보세요.

판사: 피고인, 마지막으로 더 하실 말씀이 있습니까?
피고인 : 판사님. 죄송합니다. 앞으로 영화를 누리집에 함부로 올리지 않겠습니다.
판사: 의견 잘 들었습니다. 그럼 判決을 선고하겠습니다.

*사회 5

5 열쇠의 뜻 풀이를 이용하여 가로 세로 단어 퍼즐을 완성해 보세요.

[가로열쇠 ①] 지름의 반

[세로열쇠 ①] 반이 섬 모양인 지형

6 QR코드를 찍어 영상을 본 후, 문제를 풀어 보아요.

(1) 음: ________ 뜻: ________

관련단어: ________

핵심 한자

월 일

6급

나눌 분

分 알아 보기

옛 한 자

分은 칼로 어떤 사물을 두 조각으로 나누는 모습을 본뜬 글자입니다. 위의 八은 나누어진 물체를, 아래의 刀칼 도는 칼입니다.

分 따라 쓰기

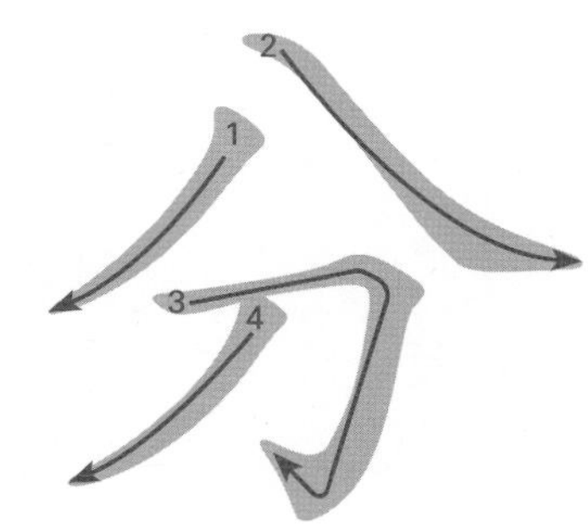

4획 丿 八 分 分

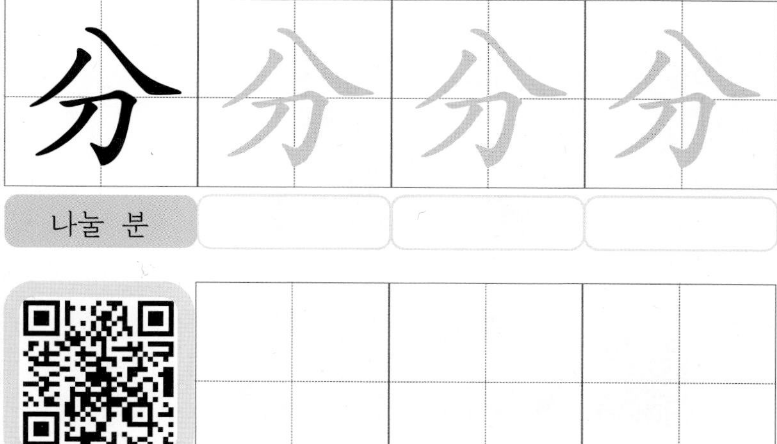

찍으면 획순 영상이 나옵니다.

교과서 핵심 단어

78블록 分

교과서에 나온 내용을 소리 내어 읽어 보아요.

수학 3

線分
선 선 나눌 분

선분

뜻 선의 토막 ㄱ ㄴ

두 점을 곧게 이은 선을 線分이라고 합니다. 점 ㄱ과 점 ㄴ을 이은 線分을 線分ㄱㄴ 또는 線分ㄴㄱ이라고 합니다.

수학 3

分數
나눌 분 셈 수

분수

뜻 나누어진 수

전체를 똑같이 2로 나눈 것 중의 1을 $\frac{1}{2}$이라 쓰고 '2분의 1'이라고 읽습니다. $\frac{1}{2}$, $\frac{2}{3}$와 같은 수를 分數라고 합니다. 分數는 나누어진 수라는 뜻입니다.

핵심한자 완성하기!

*정답 : 245쪽

(1) 두 점을 곧게 이은 선을 선분(線 ☐)이라고 합니다.

(2) 분수(☐ 數)는 나누어진 수라는 뜻입니다.

블록 한자

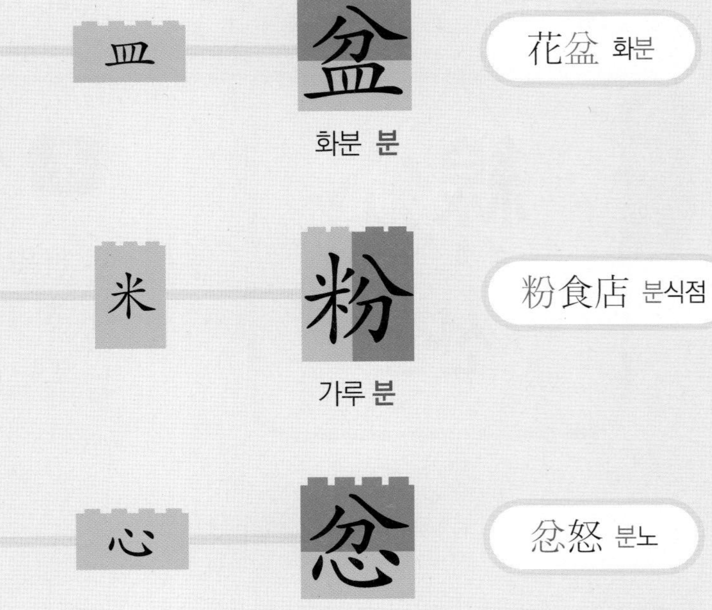

* 花 꽃 화, 食 음식 식, 店 가게 점, 怒 성낼 노

盆 화분 분 1급

分 아래에 皿그릇 명을 쓰면 盆화분 분이 됩니다. 나무를 나누어 심는 그릇이라는 데서 화분의 뜻을 지니게 되었습니다.

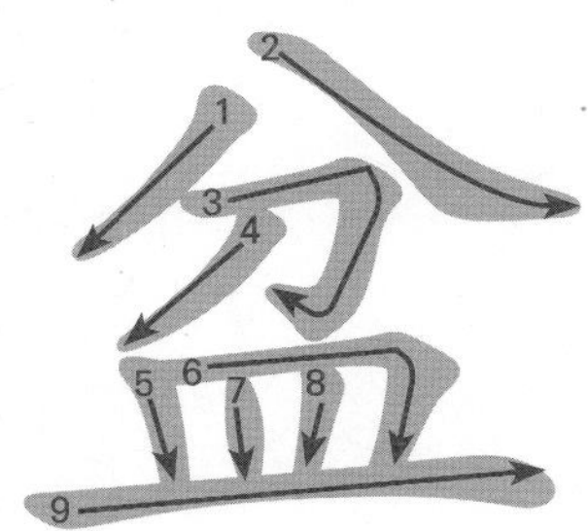

花盆 화 분

뜻 꽃을 심어 가꾸는 분

예 꽃씨를 얻어다가 花盆에 심어 책상 위에 놓아두었다.

粉

가루 분 4급

米쌀 미와 分을 함께 쓰면 粉가루 분이 됩니다. 쌀을 자잘하게 나눈 것, 즉 (쌀)가루를 나타내는 말입니다. 이 글자가 들어가는 단어로는 粉食店분식점, 粉筆분필 등이 있는데 분필은 가루로 된 연필이란 뜻을 지니고 있습니다.

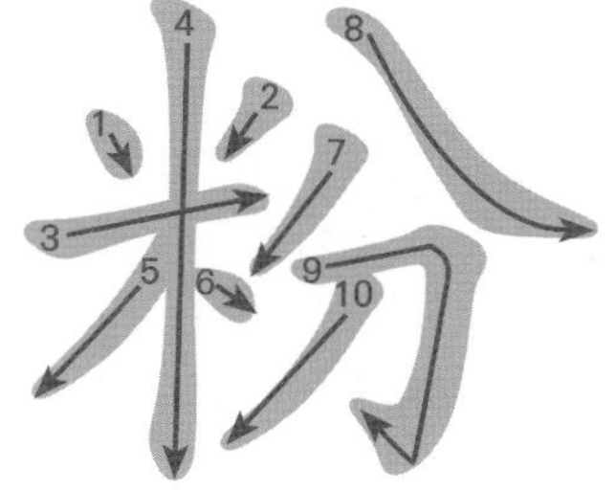

분 식 점

뜻 밀가루 음식을 파는 가게

예 학교에서 돌아오는 길에 粉食店에 들러서 떡볶이를 먹었다.

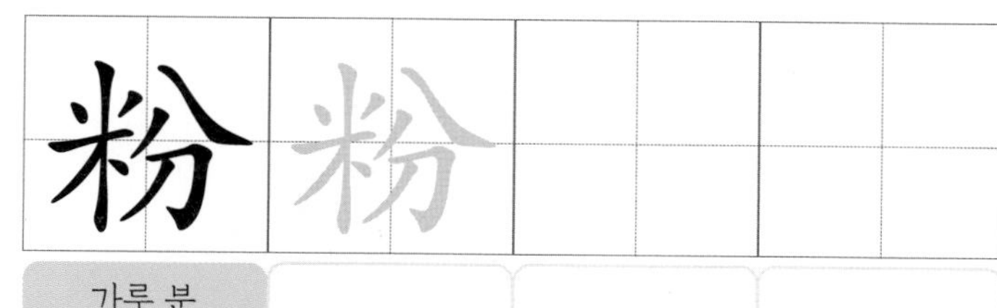

가루 분

忿

화날 분 1급

分 아래에 心마음 심을 쓰면 忿화날 분이 됩니다. 화가 나서 마음이 갈라진 상태, 그런 마음을 표현한 것입니다.

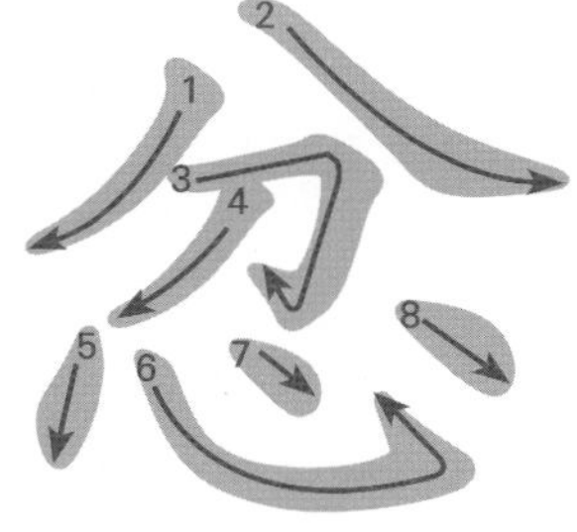

忿怒 뜻 화가 나서 성을 냄

분 노 예 나는 그에게 속았다는 사실에 忿怒가 치밀어 올랐다.

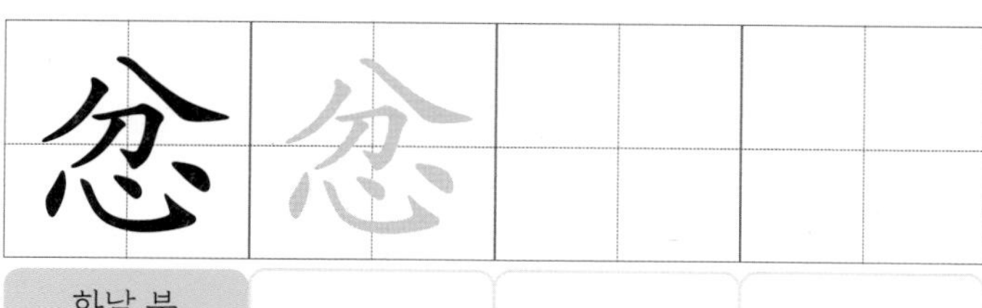

화날 분

문제 풀기

1 네모칸에 알맞은 글자를 넣어 보아요.

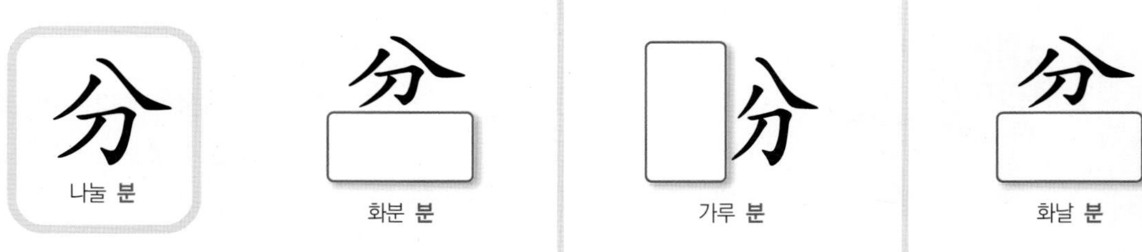

2 한자의 음과 뜻을 알맞게 이어 보아요.

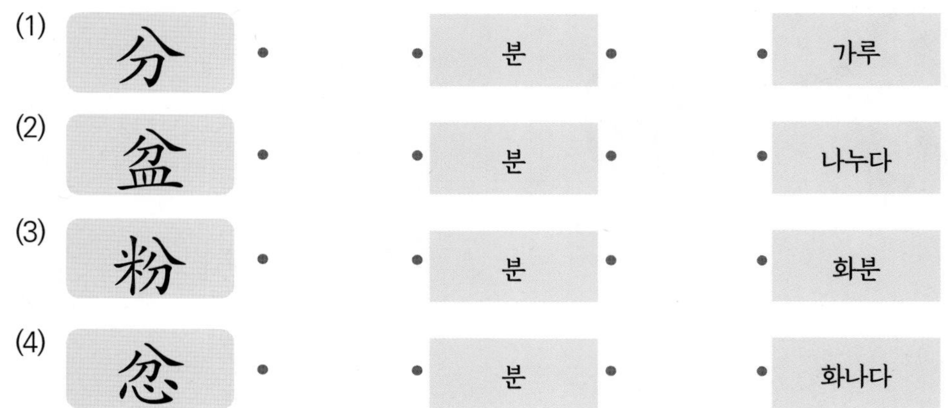

3 빈칸에 알맞은 한자를 써 보아요.

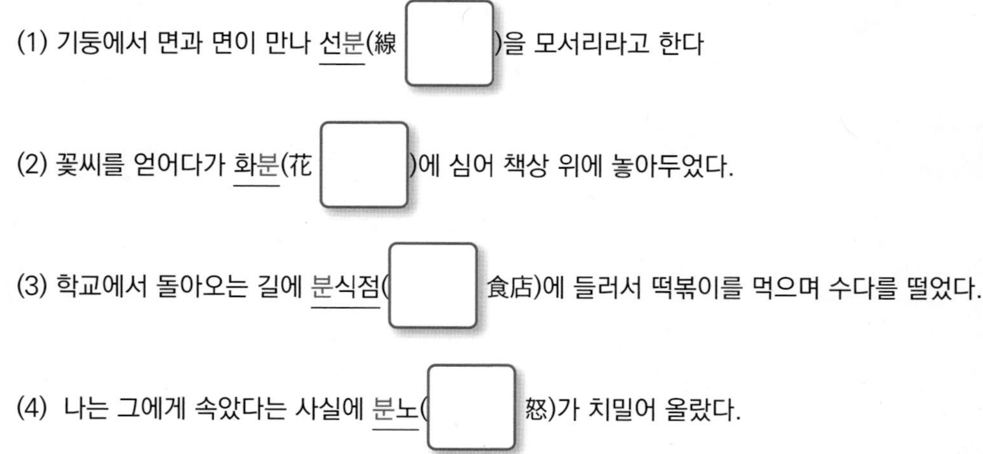

4 내용을 소리 내어 읽고 한자를 한글로 써 보세요.

두 점을 곧게 이은 선을 線分 이라고 합니다.
점 ㄱ과 점 ㄴ을 이은 선분을 線分 ㄱㄴ 또는
線分 ㄴㄱ이라고 합니다.

ㄱ ㄴ

*수학 4

5 열쇠의 뜻 풀이를 이용하여 가로 세로 단어 퍼즐을 완성해 보세요.

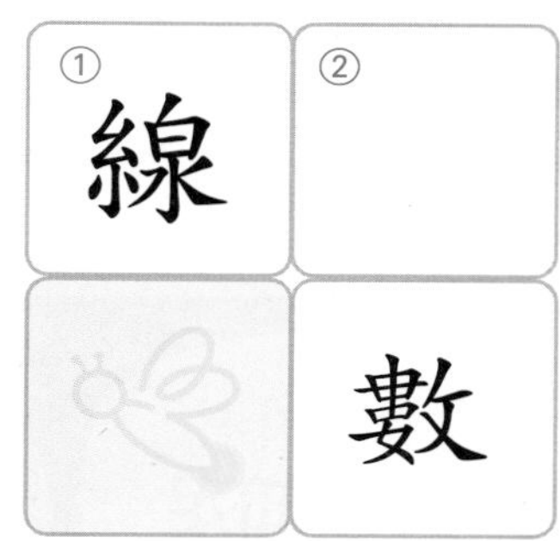

[가로열쇠 ①] 선의 토막

[세로열쇠 ②] 나누어진 수, 1/2, 2/3와 같이 표시하는 수

6 QR코드를 찍어 영상을 본 후, 문제를 풀어 보아요.

(1) 음: ____________ 뜻: ____________

관련단어: ____________

만화로 배우는

한자성어

안분지족
(安分知足)

자기 분수에 편안히 있으면서 만족함을 앎.
[편안할 安, 알 知, 만족할 足]

우와~
또 백점이야~! 우등이 대단하다!
우와~
에이, 그렇게 대단한 것도 아닌 걸.
저기, 우등이는 어떻게 그렇게 공부를 잘하는 거야?
뭔가 특별한 비결이라도 있으면 알려주라, 응?
비결 같은 건 아니지만…
음~ 내가 평소에 하는 방법이 있긴 한데 우선…
아침에 일어나서 전날 배운 걸 교과서 위주로 복습한다거나 부연설명 같은 게 있으면 그것도
날 배울 것들을 예습하고 쉬는 시간에 틈틈이 필기한
문제를 고 풀고나서 틀린 것들이 있으면 어째서 렸는지 오답노트 만든다거나
어…?
어…
응? 왜 그래?
어… 그게…
지는 그냥… 제 분수에 만족하며…
안분지족 安分知足 하렵니다…
그래…?

동영상으로 익히는

블록한자

* 아래 QR을 찍으면 동영상이 나옵니다. 동영상을 따라서 한눈에 정리해보아요.

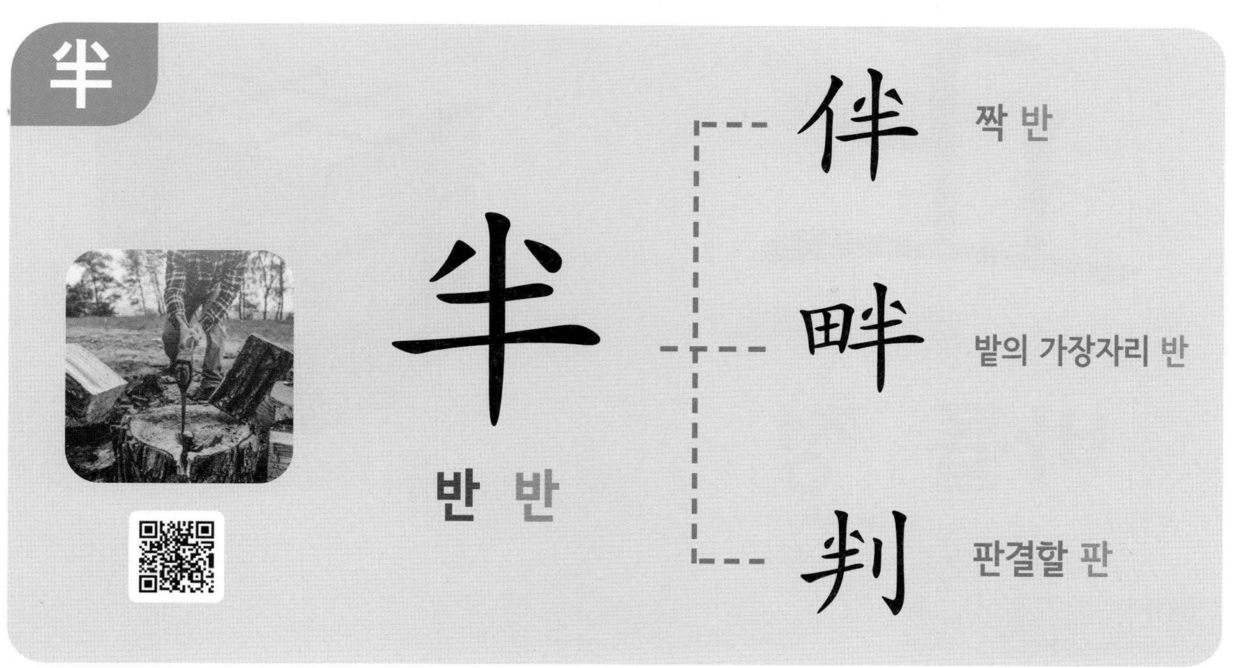

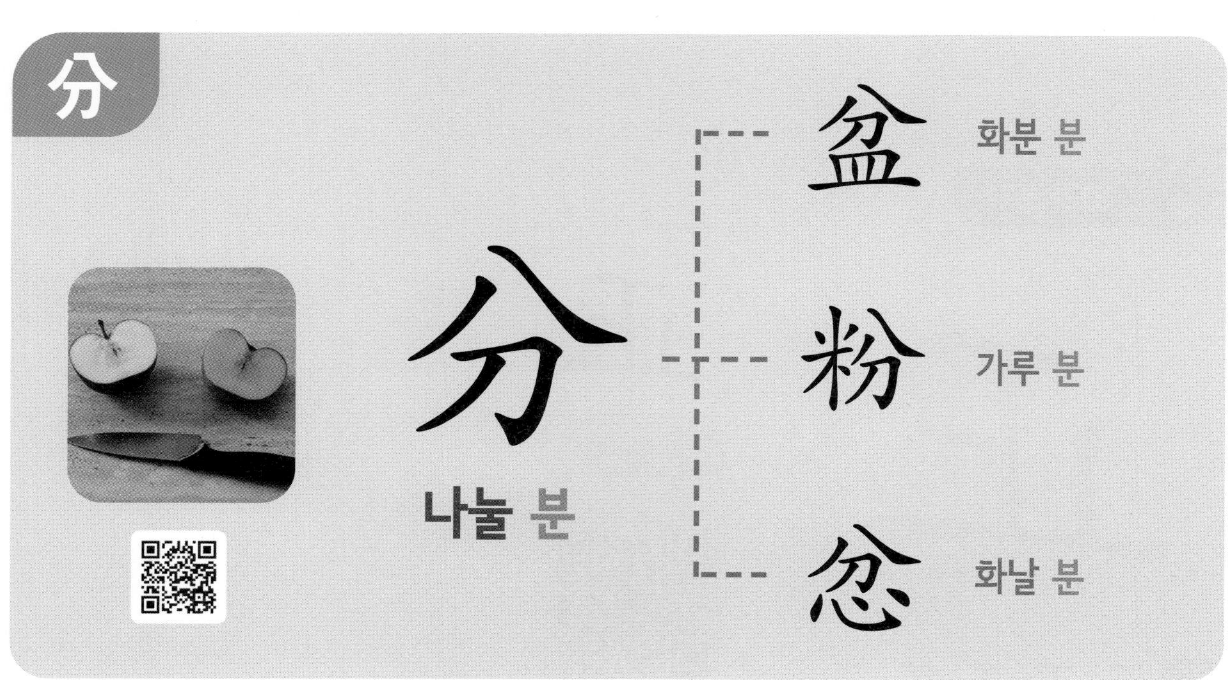

핵심 한자

월 일

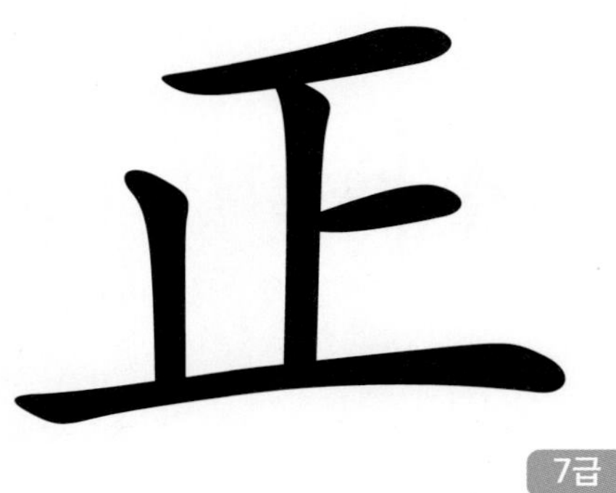

7급

바를 정

正 알아 보기

옛 한자

正은 '바르다'는 뜻입니다. 모든 획이 반듯반듯한데 원래 반듯한 길거리 등을 본떠 만든 글자이기 때문입니다. 총 5획이라 득표수를 헤아릴 때 이 글자를 많이 활용합니다.

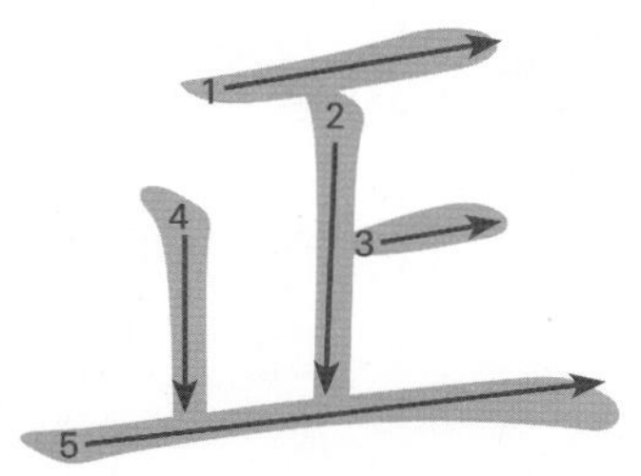

5획 一 丅 下 正 正

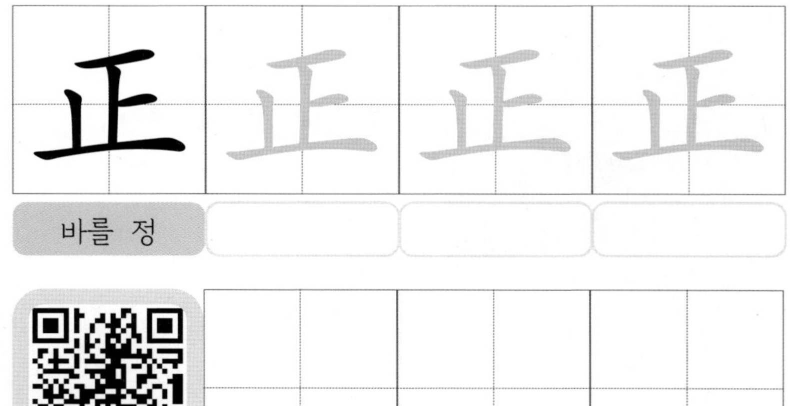

찍으면 획순 영상이 나옵니다.

교과서 핵심 단어

79블록
正

교과서에 나온 내용을 소리 내어 읽어 보아요.

국어 4

正直
바를 정 곧을 직
정직

뜻 **바르고 곧음**

김만덕은 장사를 하면서 세 가지 원칙을 지켰다. 그 중 하나가 반드시 신용을 지키고 正直한 거래를 한다는 것이다. 김만덕은 이러한 원칙을 철저히 지켰기 때문에 사업이 나날이 번창하였다.

수학 4

正多角形
바를 정 많을 다 뿔 각 모양형
정다각형

뜻 **바른 다각형**

변의 길이가 모두 같고, 각의 크기가 모두 같은 다각형을 正多角形이라고 합니다.

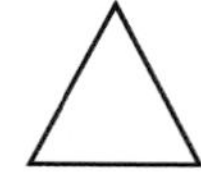 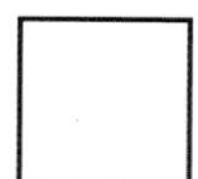 

핵심한자 완성하기!

*정답 : 245쪽

(1) 반드시 신용을 지키고 정직(　　直)한 거래를 한다.

(2) 변과 각의 크기가 모두 같은 다각형을 정다각형(　　多角形)이라고 합니다.

블록 한자

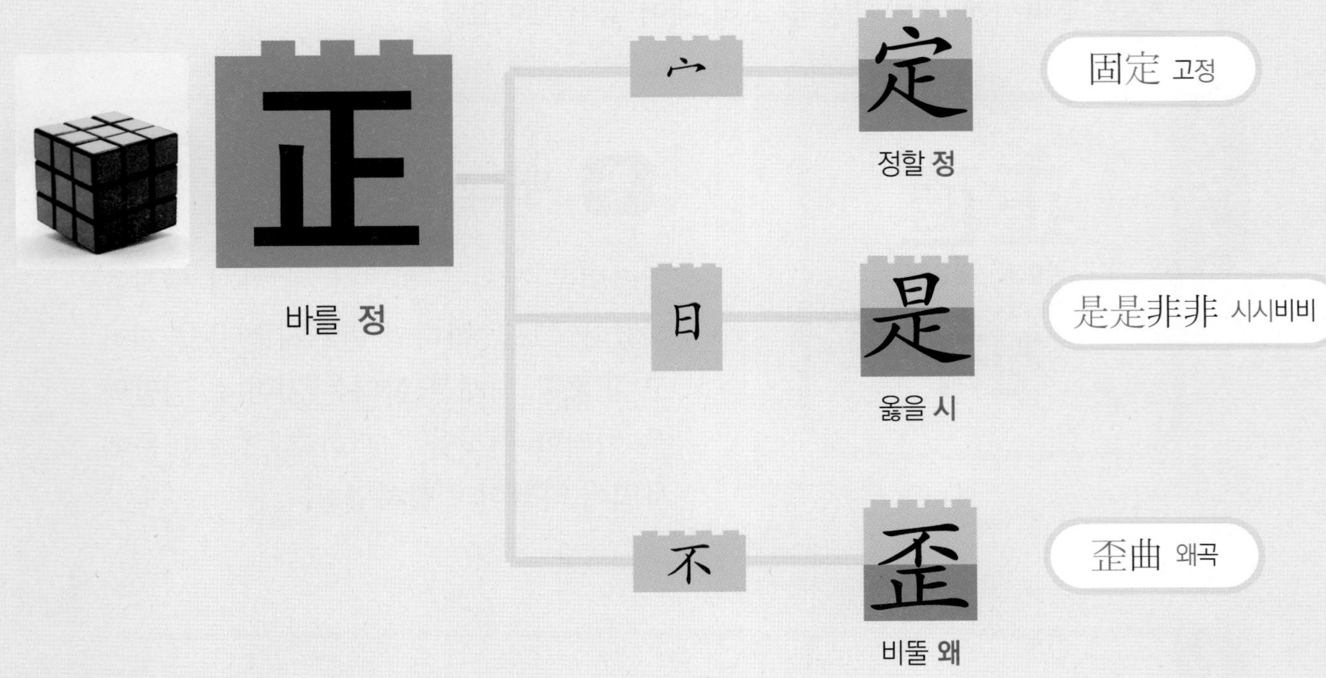

* 固 굳을 고, 非 아닐 비, 曲 굽을 곡

定

정할 정 6급

宀집 면 아래에 正을 쓰면 '집을 반듯하게 고정하다'는 뜻이 됩니다. 멋있게 쓰기 위해 正을 疋으로 썼습니다만, 모두 5획으로 같은 글자입니다.

固定 고 정

뜻 굳게 정해짐

예 바람에 유리창이 깨지지 않도록 테이프로 固定시킨다.

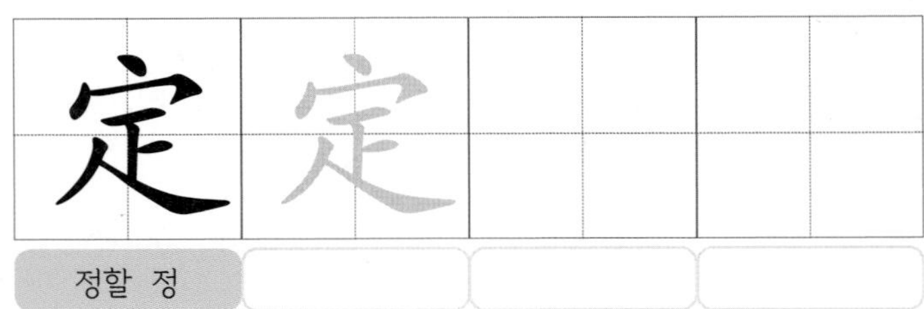

是

옳을 시 4급

日 아래 正을 쓰면 '옳다'는 뜻이 됩니다. 해처럼 밝고 바르다는 뜻입니다. 正은 멋있게 쓰기 위해 疋 형태로 썼습니다.

是是非非 뜻 옳은 것은 옳고 그른 것은 그름

시 시 비 비

예 누가 잘하고 잘못했는지 是是非非를 분명히 밝혀야 한다.

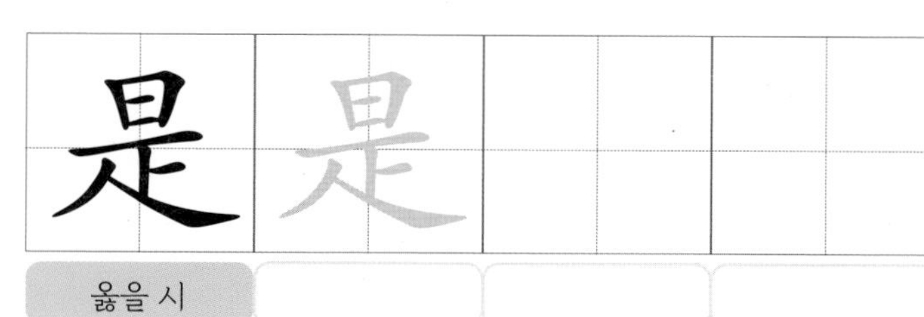

歪

비뚤 왜 2급

正 위에 부정을 뜻하는 不아니 불을 얹어 두면 歪비뚤 왜가 됩니다. '바르지 않다'에서 '기울다, 비뚤다'는 뜻을 지닙니다. 歪曲왜곡과 같은 단어에 쓰입니다.

歪曲 뜻 비뚤게 구부림

왜 곡

예 언론의 歪曲된 보도로 인해 그 가수는 마음에 큰 상처를 입었다.

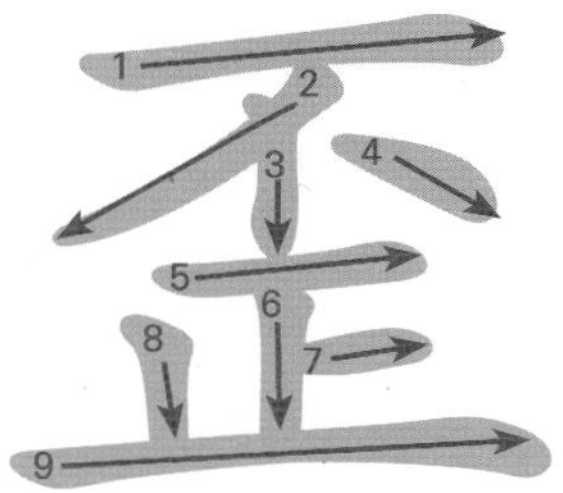

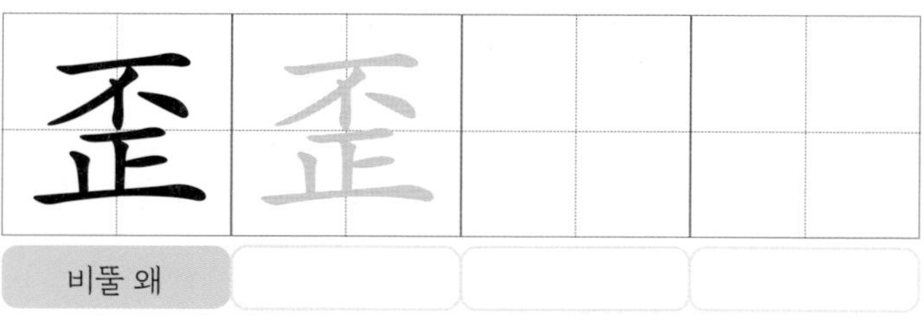

문제 풀기

1 네모칸에 알맞은 글자를 넣어 보아요.

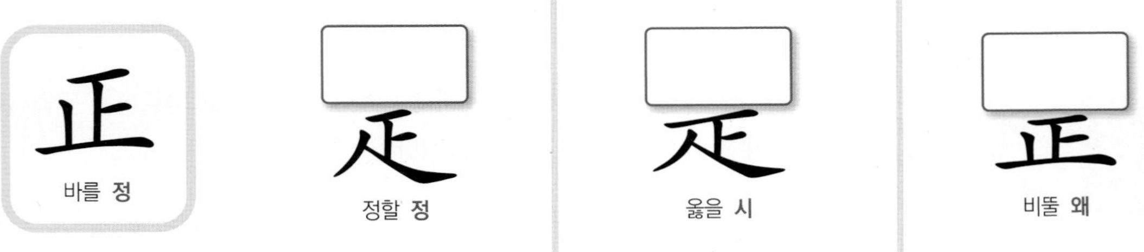

2 한자의 음과 뜻을 알맞게 이어 보아요.

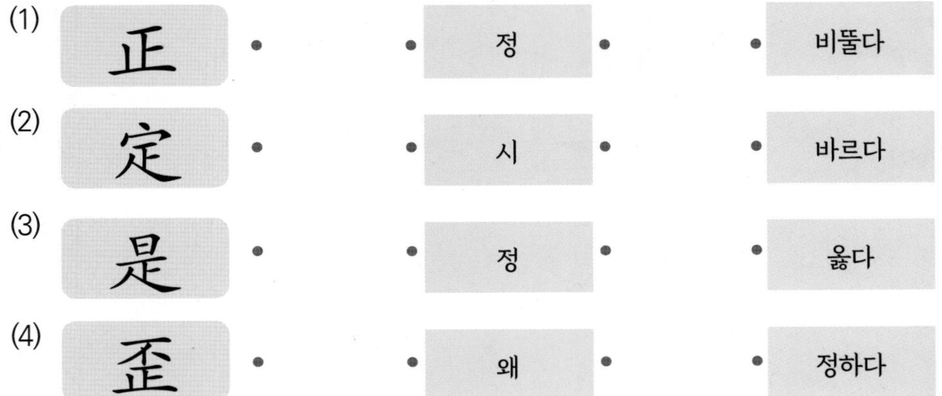

3 빈칸에 알맞은 한자를 써 보아요.

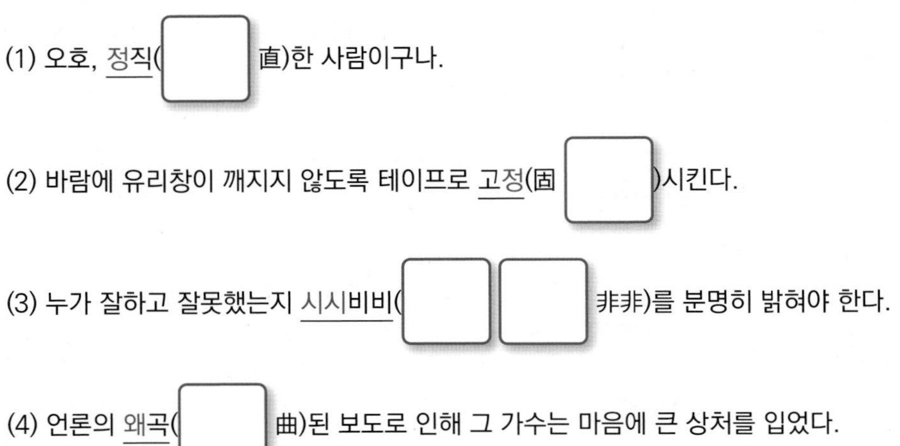

*정답 : 245쪽

4 내용을 소리 내어 읽고 한자를 한글로 써 보세요.

우리가 식민 지배를 받는 것이 당연하다고요?
우리의 역사를 歪曲하고 축소하고 있어요.

*사회 6

5 열쇠의 뜻 풀이를 이용하여 가로 세로 단어 퍼즐을 완성해 보세요.

①	多	角	形
直			

[가로열쇠 ①] 변의 길이가 모두 같고 각의 크기가 모두 같은 다각형

[세로열쇠 ①] 바르고 곧음

6 QR코드를 찍어 영상을 본 후, 문제를 풀어 보아요.

(1) 음: 뜻:
관련단어:

핵심 한자

월 일

6급

뒤집을 반

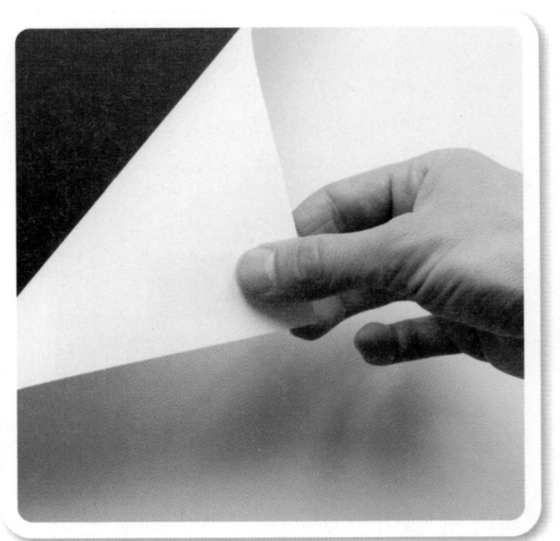

反 알아 보기

옛 한자 反

反은 厂와 又가 합쳐진 글자로, 어떤 물건을 뒤집는 손의 모양을 본뜬 글자입니다. '뒤집다, 되돌아보다, 어긋나다' 등의 뜻을 가지고 있습니다.

反 따라 쓰기

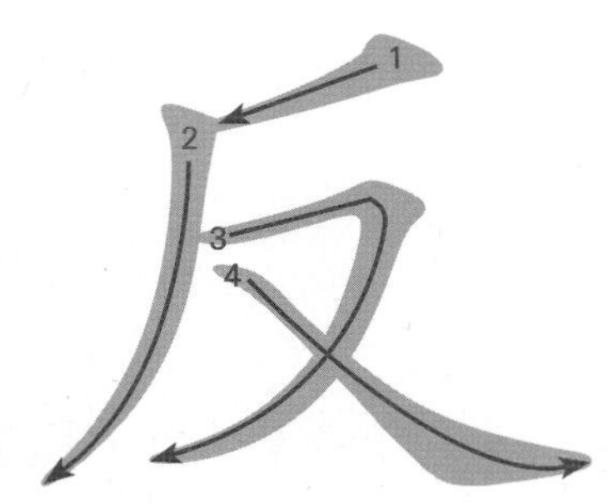

4획 一 厂 万 反

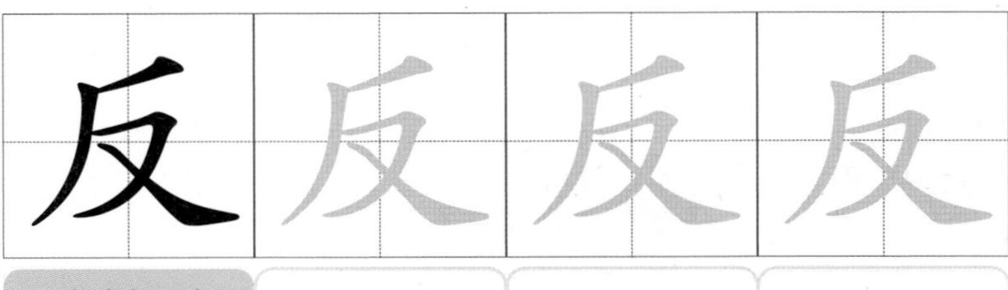

뒤집을 반

찍으면 획순 영상이 나옵니다.

교과서 핵심 단어

80블록
反

교과서에 나온 내용을 소리 내어 읽어 보아요.

국어 3

反對
뒤집을 반 마주할 대

반대

뜻 거꾸로 마주 봄

反對말은 서로 정반대되는 뜻을 담고 있는 한쌍의 낱말이에요. 짝과 함께 서로 뜻이 반대인 낱말들을 사용해 문장을 말해보세요.

과학 3

反射
뒤집을 반 쏠 사

반사

뜻 되돌려 씀

소리가 나아가다가 물체에 부딪혀 되돌아오는 성질을 소리의 反射라고 합니다. 소리는 딱딱한 물체에서는 잘 反射되지만, 부드러운 물체에서는 잘 反射되지 않습니다.

핵심한자 완성하기!

*정답 : 245쪽

(1) 반대(□對)말은 서로 정반대되는 뜻을 담고 있는 한쌍의 낱말이에요.

(2) 소리가 물체에 부딪쳐 되돌아오는 성질을 소리의 반사(□射)라고 합니다.

블록 한자

* 品 물건 품, 橋 다리 교, 賣 팔 매

返

되돌아올 반 3급

反에 辶걸을 착을 쓴 글자는 返되돌아올 반입니다. 辶을 결합하여 '(되돌아오는) 움직임'을 나타내었습니다. 返品반품 등의 단어에 쓰입니다.

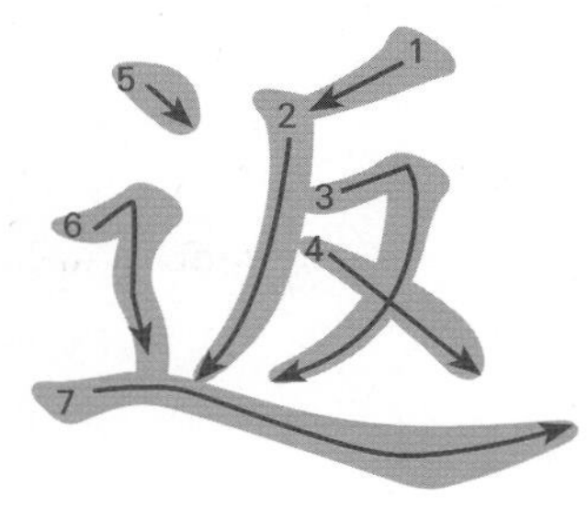

返品 반 품

뜻 물건을 돌려보냄

예 불량품에 대한 返品 항의가 빗발치자 회사는 대책을 세웠다.

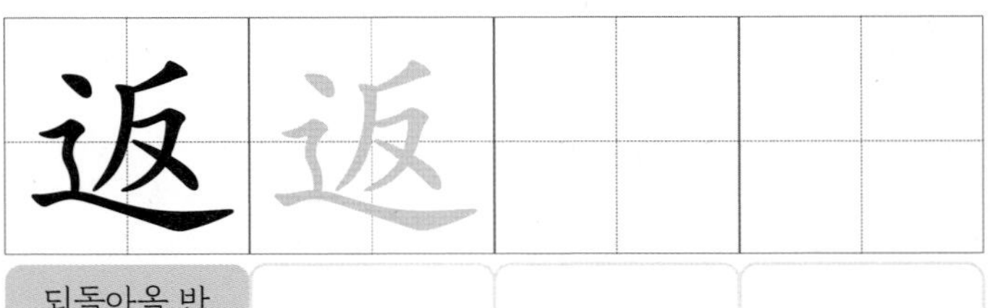

板

널빤지 판 

反에 木나무 목을 결합하면 板널빤지 판이 됩니다. 앞면이나 뒷면이나 되돌려도 같은 나무란 데서 나온 글자입니다. 板橋판교라는 지명 들어 보셨나요? 경기도의 신도시 중 하나인데 옛날에 널빤지 다리가 있었던 데서 유래했습니다.

板橋  널빤지로 만든 다리

판 교  경기도의 신도시인 板橋는 한국의 실리콘밸리로 불린다.

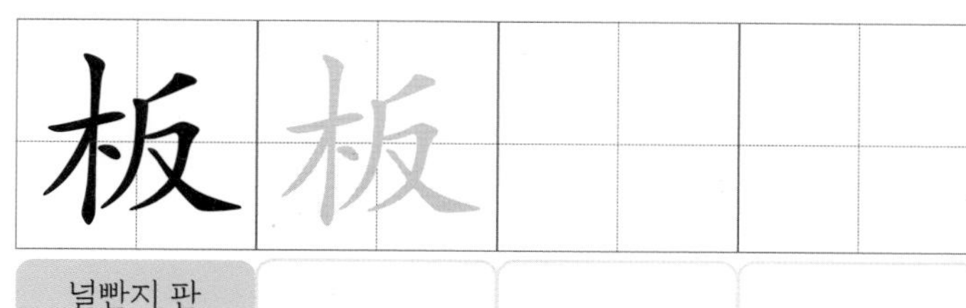

販

팔 판 

反에 현금이나 값나가는 물건을 뜻하는 貝조개 패를 붙이면 販이 됩니다. 자기가 가진 것을 남에게 되돌려 파는 것을 표현한 것으로, '팔다, 장사하다'는 뜻을 지닙니다.

販賣 뜻 상품을 팖

판 매 예 이곳은 다른 시장에 비해 농산물을 훨씬 싸게 販賣하고 있다.

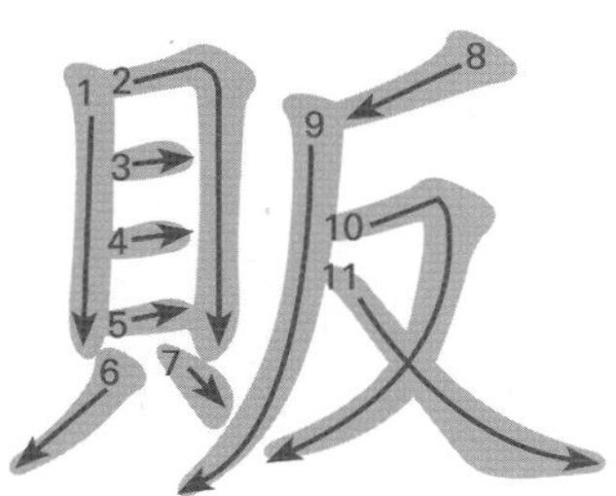

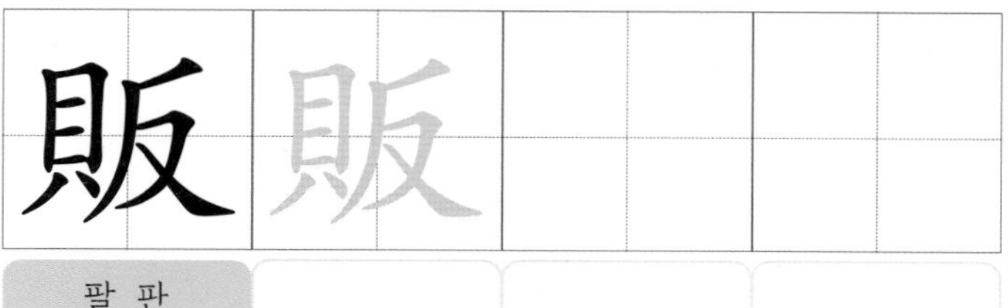

문제 풀기

1 네모칸에 알맞은 글자를 넣어 보아요.

2 한자의 음과 뜻을 알맞게 이어 보아요.

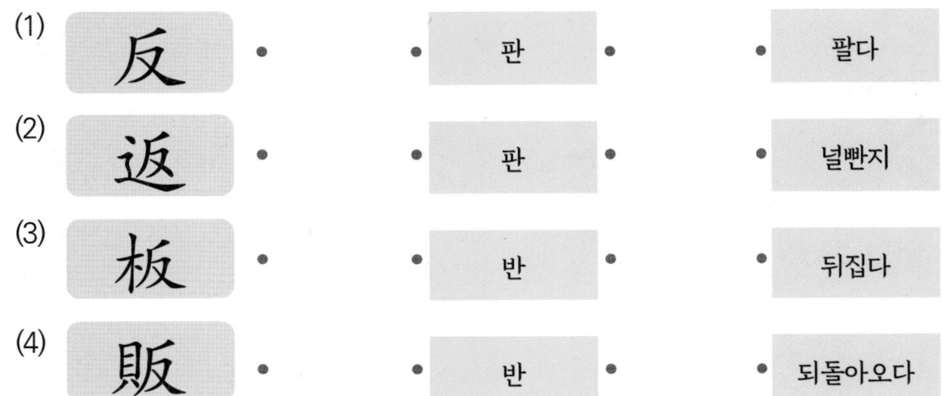

3 빈칸에 알맞은 한자를 써 보아요.

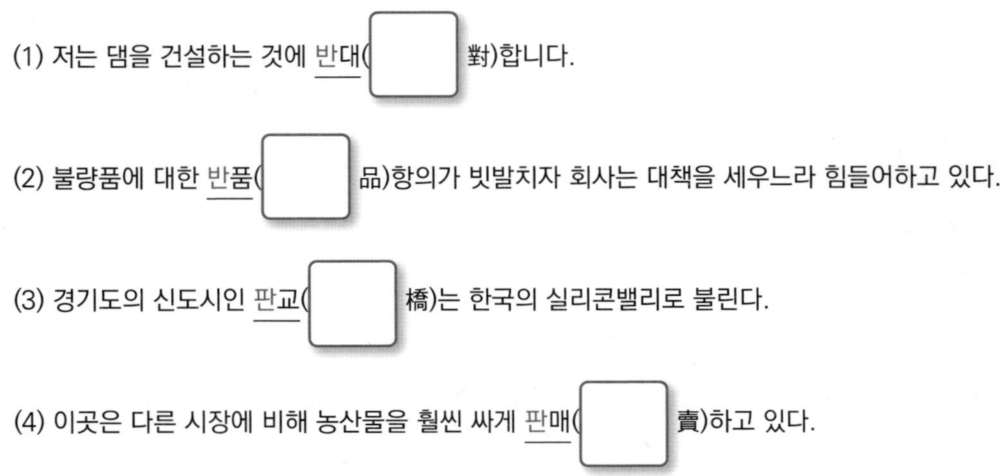

80블록 反

*정답 : 245쪽

4 내용을 소리 내어 읽고 한자를 한글로 써 보세요.

천장의 反射판을 이용하면 공연장 전체에 소리를 골고루 전달할 수 있어요.

*과학 3

5 열쇠의 뜻 풀이를 이용하여 가로 세로 단어 퍼즐을 완성해 보세요.

[가로열쇠 ①] 거꾸로 마주 봄

[세로열쇠 ①] 되돌려 쏨

6 QR코드를 찍어 영상을 본 후, 문제를 풀어 보아요.

(1) 음: ________ 뜻: ________

관련단어: ________

만화로 배우는

한자성어

회자정리 (會者定離)

만나는 사람은 이별이 정해져 있음.
[만날 會, 사람 者, 헤어질 離]

너무 오래 붙잡고 있었다는 생각은 해.

이제 헤어져야 할 때라는 감도 왔고.

그런데 막상 떠나보내려니 이런 생각이 딱 드는 거야.

내가 앞으로 얘보다 더 좋은 애를 만날 수 있을까…하고.

그렇게 헤어질 날을 차일피일 미루고…

그러다 보니 여기까지 와버렸네.

이대로… 괜찮은 걸까?

음….

회자정리 會者定離 라고 하잖아?

만남이 있으면 헤어짐은 반드시 뒤따라온다고…

하지만 반대로 생각해보면….

헤어진 후에는 반드시 새로운 만남이 찾아온다는 거야.

이별은 무척 아쉬운 일이지만….

무작정 헤어짐을 두려워 하기보다는,

새로운 만남을 기대해 보는 건 어떨까?

…… 새로운 만남을 위한 이별이라 이거지…

그래…. 네 말이 맞아.

잘 가…

-그동안 날 돌봐줘서 고마웠어! 널 잊지 않을게!

그리울 거야….

게임 〈환상 동물 레스큐 센터〉

상처 입은 환상 동물을 보호하고 돌봐준 뒤 방사하는 게임.

동영상으로 익히는

블록한자

* 아래 QR을 찍으면 동영상이 나옵니다. 동영상을 따라서 한눈에 정리해보아요.

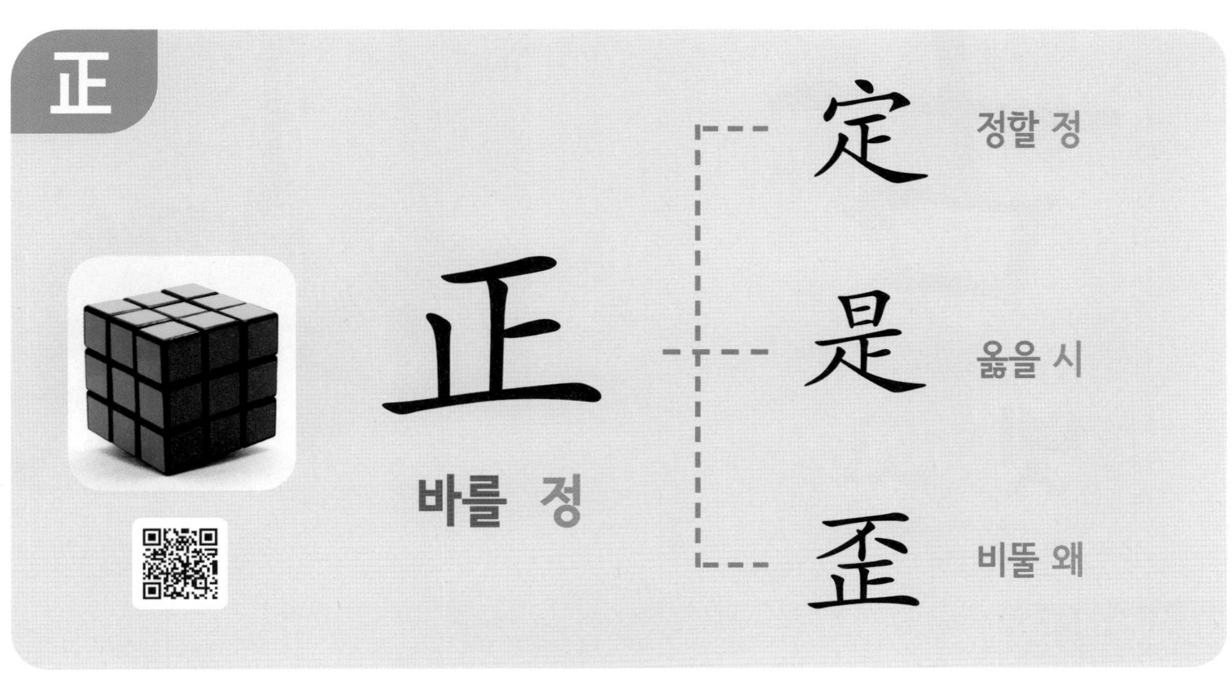

핵심 한자

6급

옛 고

古 알아 보기

옛 한자

古는 十과 口가 결합한 글자입니다. 형태는 마치 무덤에 십자가가 세워진 것처럼 보이는군요. 하지만 어원은 '여러 사람[十열 십]의 입[口입 구]을 통해 전해져 온 오래된 것'이라는 설이 유력합니다.

古 따라 쓰기

5획 一 十 𠦝 古 古

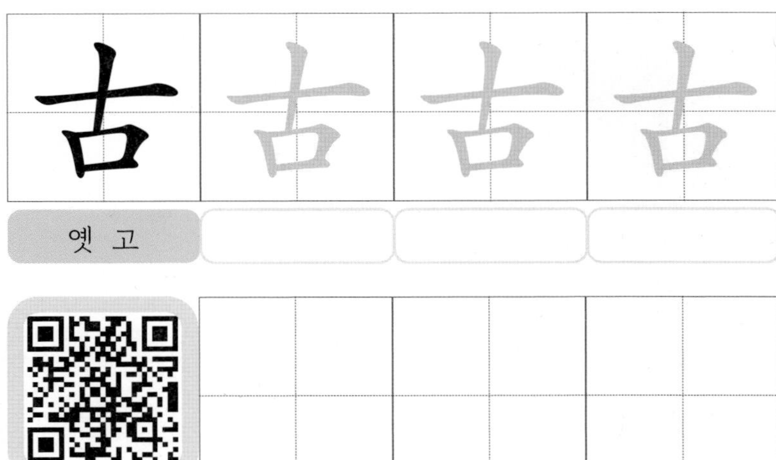

찍으면 획순 영상이 나옵니다.

교과서 핵심 단어

81블록
古

교과서에 나온 내용을 소리 내어 읽어 보아요.

국어 4

古物
옛 고 물건 물
고물

뜻 옛날 물건

"갑자기 흰머리 간달프가 나타나 말하더구나. 이 새 자전거가 네 자전거냐? 내가 말했지. 아닙니다, 제 자전거는 10년 다 된 古物 자전거입니다. 오호, 정직한 사람이구나. 이 새 자전거를……."

사회 6

古代
옛 고 시대 대
고대

뜻 옛 시대

멕시코는 마야 제국 등 古代문명이 발달했던 곳이다. 마야 사람들은 신들이 옥수수 가루를 빚어서 인간을 만들었다고 믿을 정도로 옥수수를 중요하게 여겼다.

핵심한자 완성하기!

*정답 : 246쪽

(1) 제 자동차는 10년 다 된 고물(☐物) 자동차입니다.

(2) 멕시코는 마야 제국 등 고대(☐代)문명이 발달했던 곳이다.

블록 한자

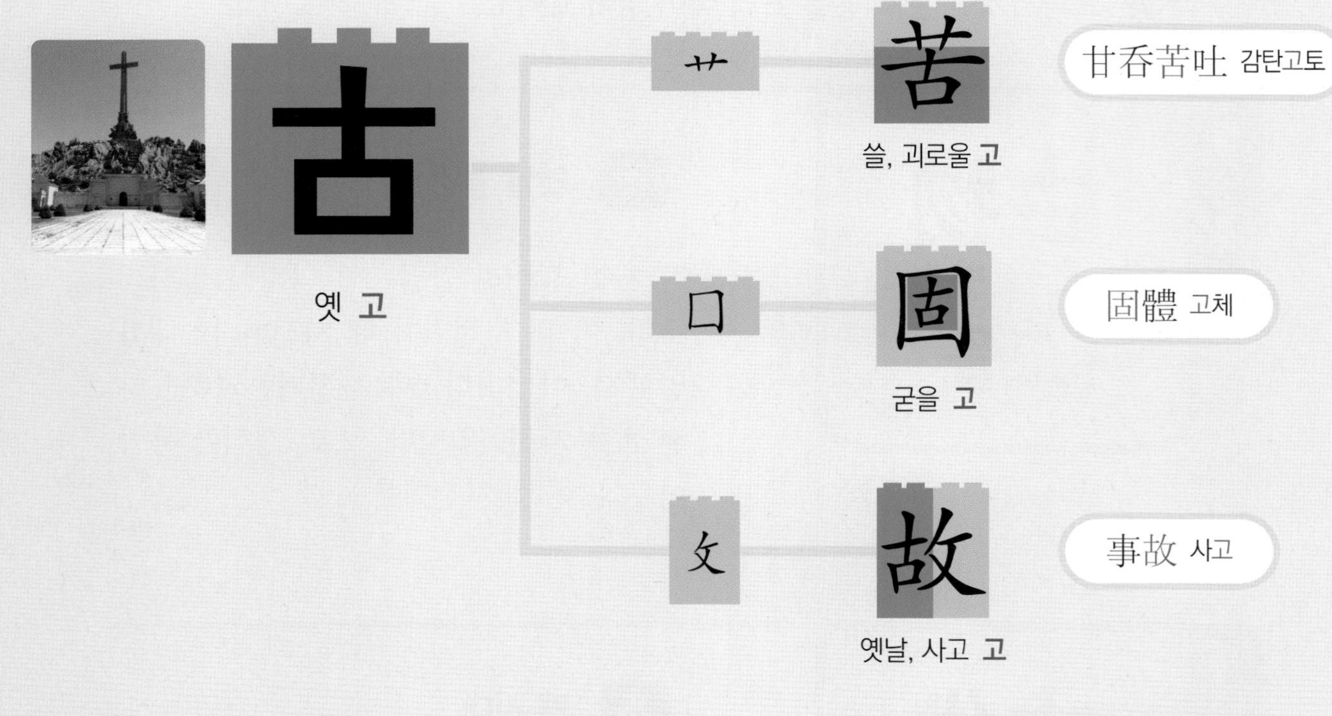

* 甘 달 감, 呑 삼킬 탄, 吐 토할 토, 體 몸 체, 事 일 사

苦 쓸, 괴로울 고  6급

古 위에 艹풀 초를 쓰면 苦쓸 고가 됩니다. '오래된 풀'은 맛이 쓴데 그것을 반영한 글자입니다. 苦生고생, 苦痛고통, 甘呑苦吐감탄고토 등에 들어가는 쓰임새가 많은 글자입니다.

甘呑苦吐 뜻 달면 삼키고 쓰면 뱉음

감 탄 고 토  예 정치인들이 보이는 甘呑苦吐의 자세에 실망이 이만저만 아니다.

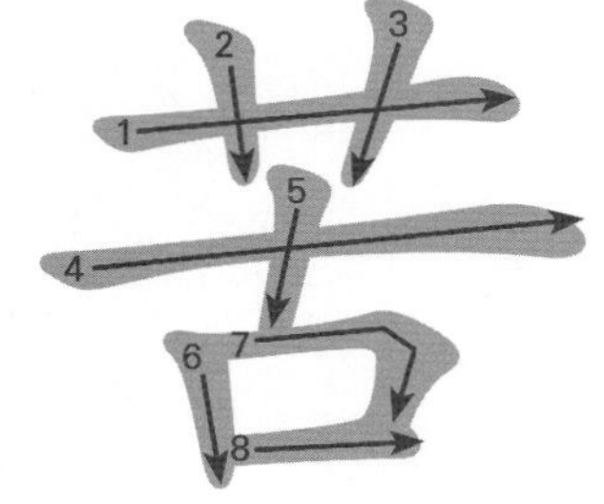

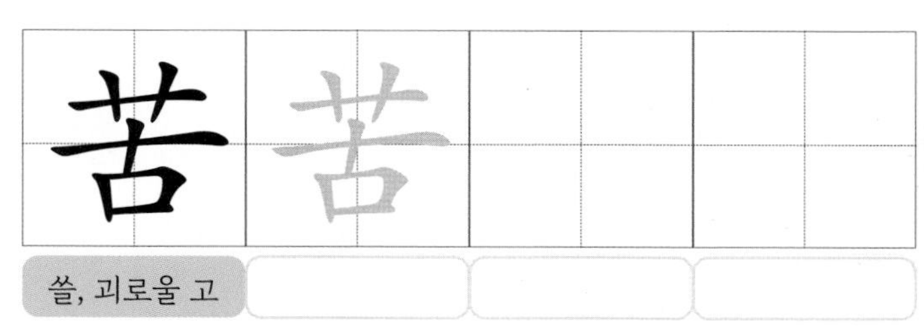

81블록 古

굳을 고 

古에 口입 구 형태의 테두리를 둘러싸면 固굳을 고가 됩니다. 사방에 성을 쌓은 것이 오래되어 딱딱하게 굳어진 것을 표현한 글자로, '굳다, 단단하다'는 뜻을 가집니다.

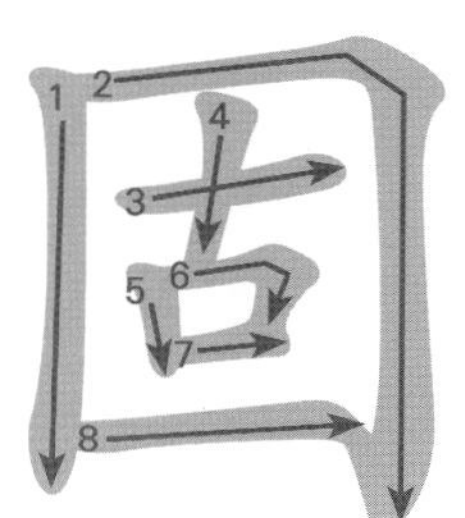

固體 뜻 굳은 물체

고 체 예 소리는 기체뿐만 아니라 철과 같은 固體를 통해서도 전달됩니다.

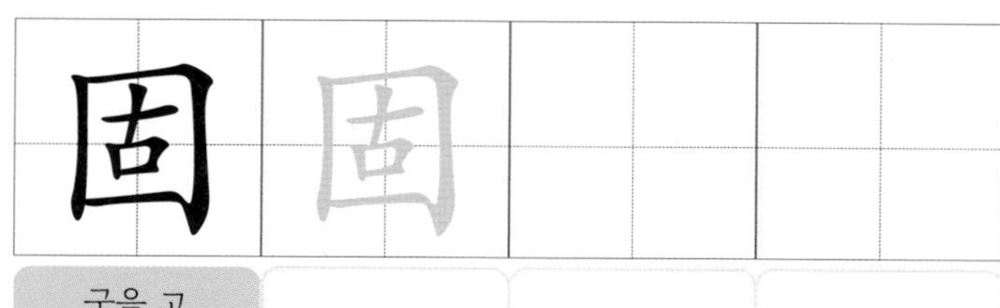

굳을 고

옛날, 사고 고 4급

古에 攵칠 복을 붙이면 故옛날, 사고 고가 됩니다. 오래된 것을 막대기로 때려 헌 물건을 만드는 모습의 글자인데 뜻은 다양합니다. '옛날, 까닭, 사고' 등 많은 뜻을 지니고 있습니다.

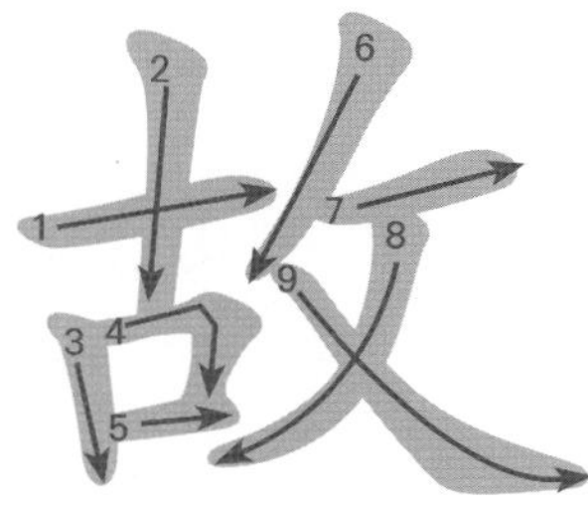

事故 뜻 일의 까닭. 뜻밖의 일

사 고 예 자동차가 많아지면서 교통 事故는 심각한 사회문제가 되었다.

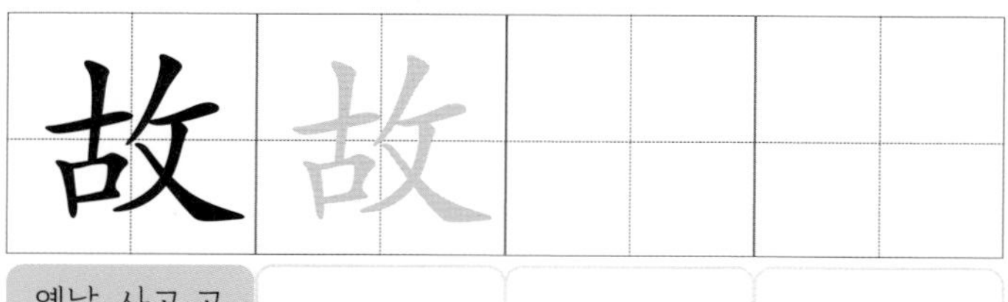

옛날, 사고 고

문제 풀기

1 네모칸에 알맞은 글자를 넣어 보아요.

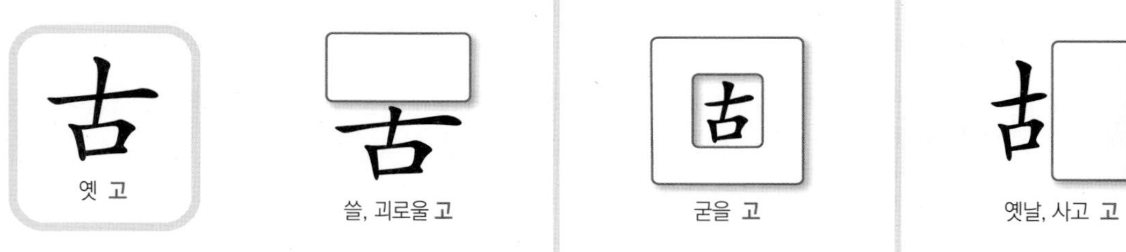

2 한자의 음과 뜻을 알맞게 이어 보아요.

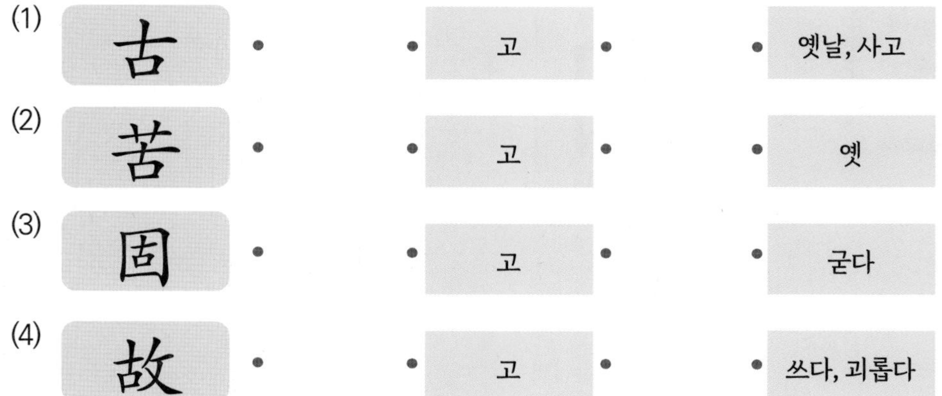

3 빈칸에 알맞은 한자를 써 보아요.

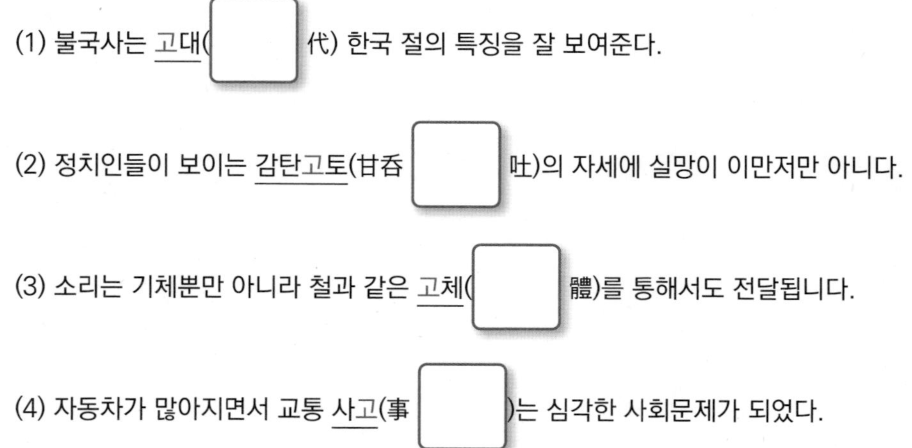

*정답 : 246쪽

4 내용을 소리 내어 읽고 한자를 한글로 써 보세요.

막대들을 여러 가지 모양의 그릇에 넣어도 그릇의 모양과 관계없이 막대의 모양은 변하지 않습니다. 이와 같이 담는 그릇이 바뀌어도 모양과 부피가 일정한 물질의 상태를 固體라고 합니다.

*과학 3

5 열쇠의 뜻 풀이를 이용하여 가로 세로 단어 퍼즐을 완성해 보세요.

[가로열쇠 ①] 옛 시대

[세로열쇠 ②] 옛날 물건

6 QR코드를 찍어 영상을 본 후, 문제를 풀어 보아요.

(1) 음: .... 뜻: ....

관련단어: ....

핵심 한자

6급

이제 금

今 알아 보기

옛 한자 

今은 亼모을 집과 ㄱ의 결합입니다. 집 안에 지금 무엇인가 있는 모습을 본뜬 글자로, '현재, 지금'의 의미를 나타냅니다.

今 따라 쓰기

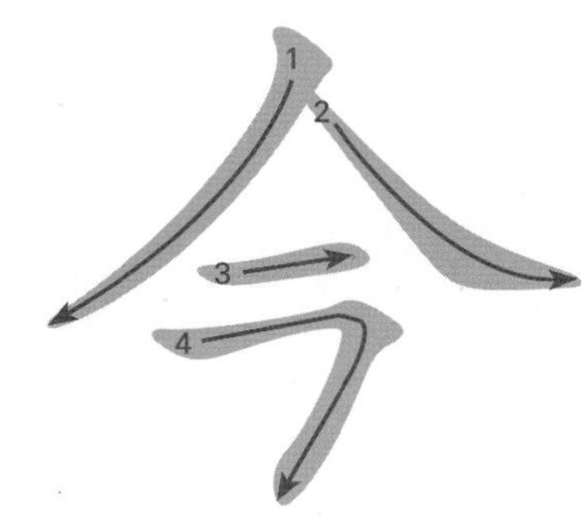

4획 ノ 人 亼 今

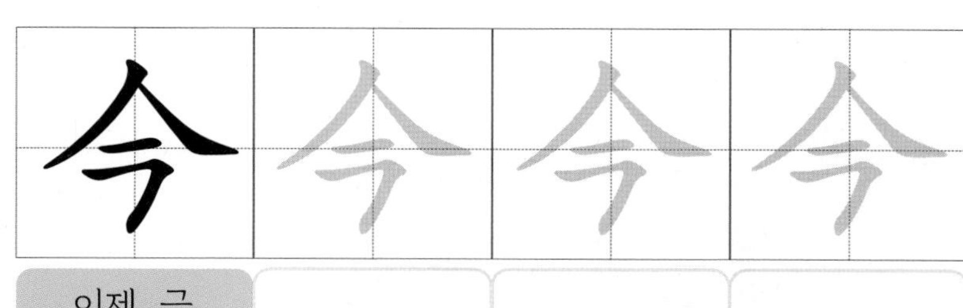

찍으면 획순 영상이 나옵니다.

교과서 핵심 단어

82블록
今

교과서에 나온 내용을 소리 내어 읽어 보아요.

국어 3

今方
이제 금 모 방
금방

뜻 지금 바로

"누나, 나 아파." 주혁이가 눈물이 그렁그렁한 얼굴로 말했다. "병원 다녀오면 今方 나을 거야." 나는 주혁이의 이마에 차가운 물수건을 얹어 주었다.

국어 4

只今
오직 지 이제 금
지금

뜻 바로 이때

자연계에도 어른을 공경하는 문화가 있다면 只今 인간에게 무시당하고 고통받는 많은 동물의 마음은 험한 욕을 듣고 흠씬 두들겨 맞았을 때의 느낌과 비슷할 거예요.

핵심한자 완성하기!

*정답 : 246쪽

(1) "병원 다녀오면 금방(☐方) 나을 거야."

(2) 지금(只☐) 인간에게 무시당하고 고통받는 많은 동물의 마음.

블록 한자

* 頭 머리 두, 命 명령, 목숨 명, 高 높을 고, 地 땅 지

念 생각할 념  5급

今의 아래에 心마음 심을 쓰면 念생각할 념이 됩니다. '지금 마음속'이라는 뜻을 지녔습니다. '念頭염두에 두세요'란 말이 있는데, '생각의 첫머리에 두세요'란 뜻입니다.

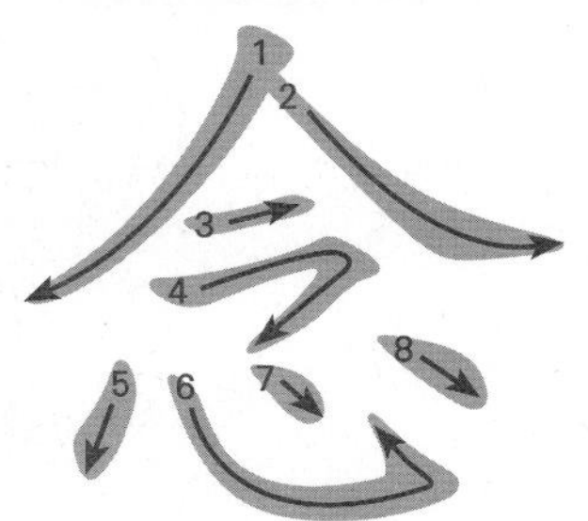

念頭 뜻 생각의 첫머리

염 두  예 이 작품을 쓰는 동안 나는 굳이 독자를 念頭에 두지 않았다.

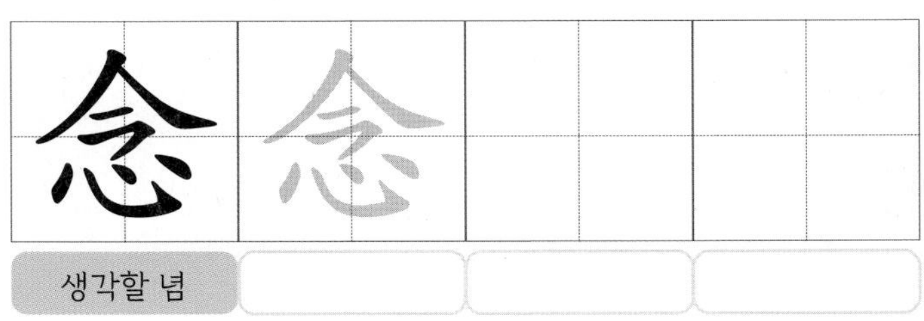

명령할 령 5급

令에 한 획을 세로로 그으면 令명령할 령이 됩니다. 원래 卩은 무릎 꿇은 사람의 모습인데 누군가를 무릎 꿇게 하여 일을 시키는 것을 표현한 것입니다. 이 때문에 '명령하다'는 뜻을 지닙니다.

命令 명령
뜻: 명하여 시킴
예: 정말 가기 싫었지만 대왕님의 命令이라 어쩔 수 없었지.

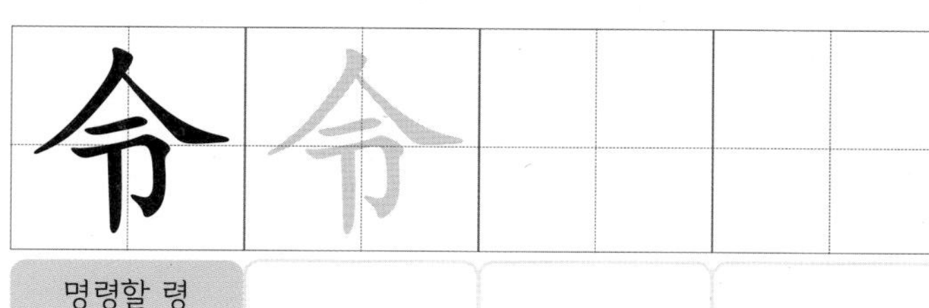

명령할 령

찰 냉 5급

令에 얼음을 뜻하는 冫을 찍으면 冷찰 냉이 됩니다. 꿇어 앉은 사람에게 명령하는 말이 마치 얼음처럼 차갑다는 데에서 '차다, 얼다'는 뜻을 가집니다. 冷은 高冷地 고랭지, 冷麵냉면 등의 단어에 들어갑니다.

高冷地 고랭지
뜻: 위치가 높고 기온이 찬 지역
예: 강원도에서는 싱싱한 高冷地 배추로 직접 김치를 담근다.

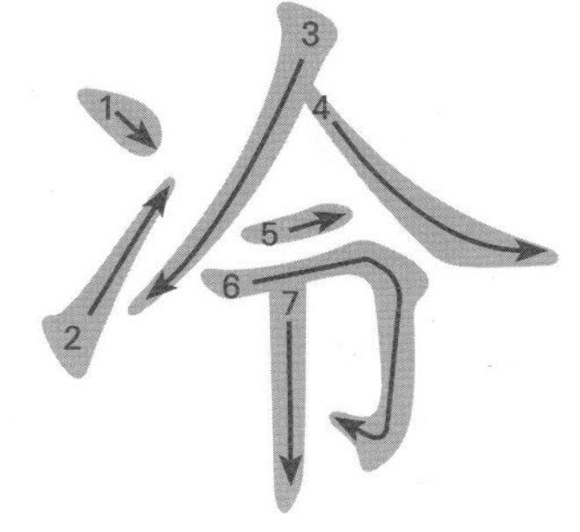

찰 냉

문제 풀기

1 네모칸에 알맞은 글자를 넣어 보아요.

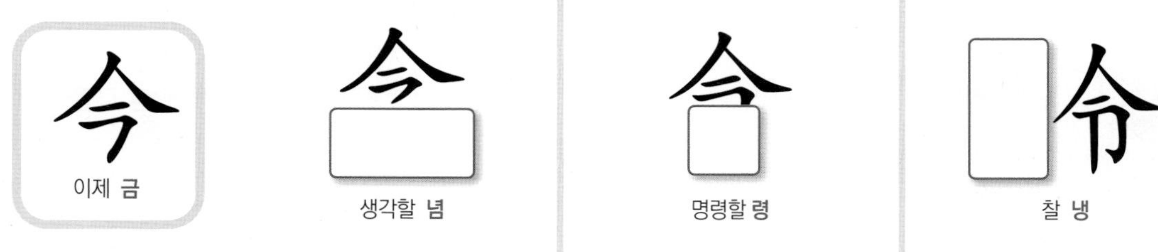

2 한자의 음과 뜻을 알맞게 이어 보아요.

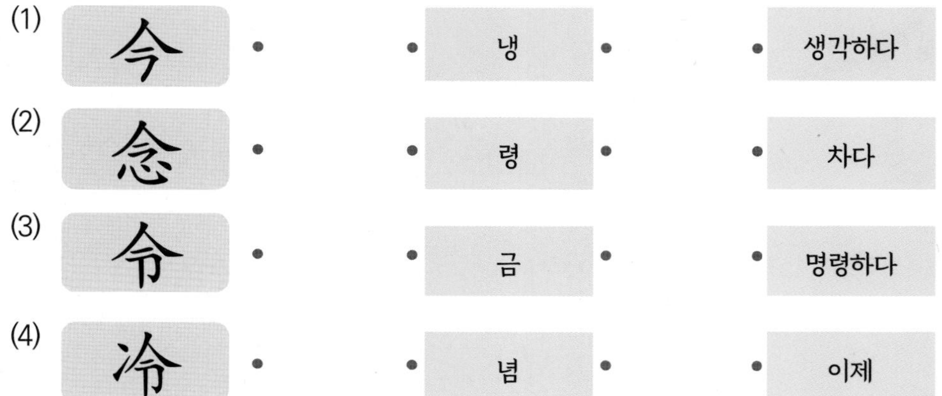

3 빈칸에 알맞은 한자를 써 보아요.

(1) 지금(只 □)은 더 훼손되는 것을 막으려고 유리로 막았다.

(2) 이 작품을 쓰는 동안 나는 굳이 독자를 염두(□ 頭)에 두지 않았다.

(3) 넓적 가자미는 정말 가기 싫었지만 대왕님의 명령(命 □)이라 어쩔 수 없었지.

(4) 강원도에서는 싱싱한 고랭지(高 □ 地)배추로 직접 김치를 담그는 체험 행사를 연다.

*정답 : 246쪽

4 내용을 소리 내어 읽고 한자를 한글로 써 보세요.

정약용은 정조의 비밀 命令을 받고 암행어사가 되었어요. 암행어사는 임금을 대신해 지방 관리들이 백성을 잘 다스리는지 알아보는 중요한 벼슬이었어요.

*국어 4

5 열쇠의 뜻 풀이를 이용하여 가로 세로 단어 퍼즐을 완성해 보세요.

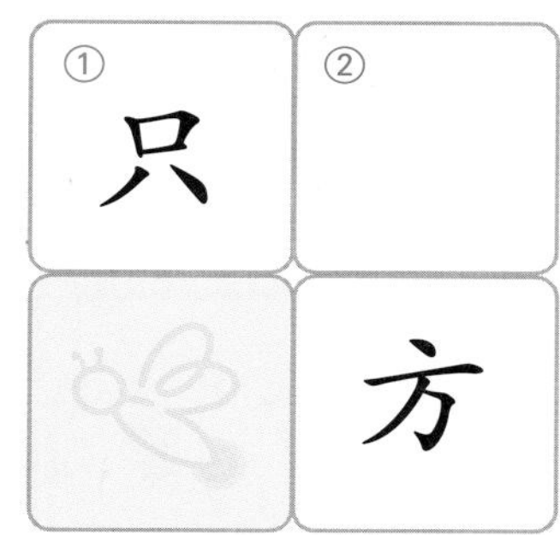

[가로열쇠 ①] 바로 이때

[세로열쇠 ②] 지금 바로

6 QR코드를 찍어 영상을 본 후, 문제를 풀어 보아요.

(1) 음: 뜻:

관련단어:

만화로 배우는

한자성어

동서고금 (東西古今)

동양과 서양, 옛날과 지금. 모든 곳 모든 때.
[동녘 東, 서녘 西]

야, 그거 이리 내놔.
응...? 하지만...
아, 잔말 말고 주기나 해.
어... 그래. 여기.
울컥...
라리~~~~~!!!!
저 놈 저거, 우등이 물건이나 빼앗고!
크헤헤
야~ 좋은 걸 가지고 있잖아~
좋은 말로 할 때 내놔!
아, 안돼... 이것만큼은...!
천하의 몹쓸 놈 같으니라구!
한 마디 해줘야겠어!
야, 은라리!
저벅
친구한테서 물건이나 빼앗고!
동서고금 東西古今 통틀어도 너 같은 놈은 없을 거다!
갑자기 뭔...
웬 시비야?
우등이에게서 빼앗은 물건이나 돌려줘!
앗 저기, 그게 아니야 용이야!
라리는 짐을 나눠 들어준 것뿐이야...
빼앗거나 한 게 아니라
어휴
....
넌 가끔 나를 천하의 몹쓸 놈으로 생각하는 것 같더라?
미안 합니다...
그래도 걱정해줘서 고마워~

동영상으로 익히는

블록한자

* 아래 QR을 찍으면 동영상이 나옵니다. 동영상을 따라서 한눈에 정리해보아요.

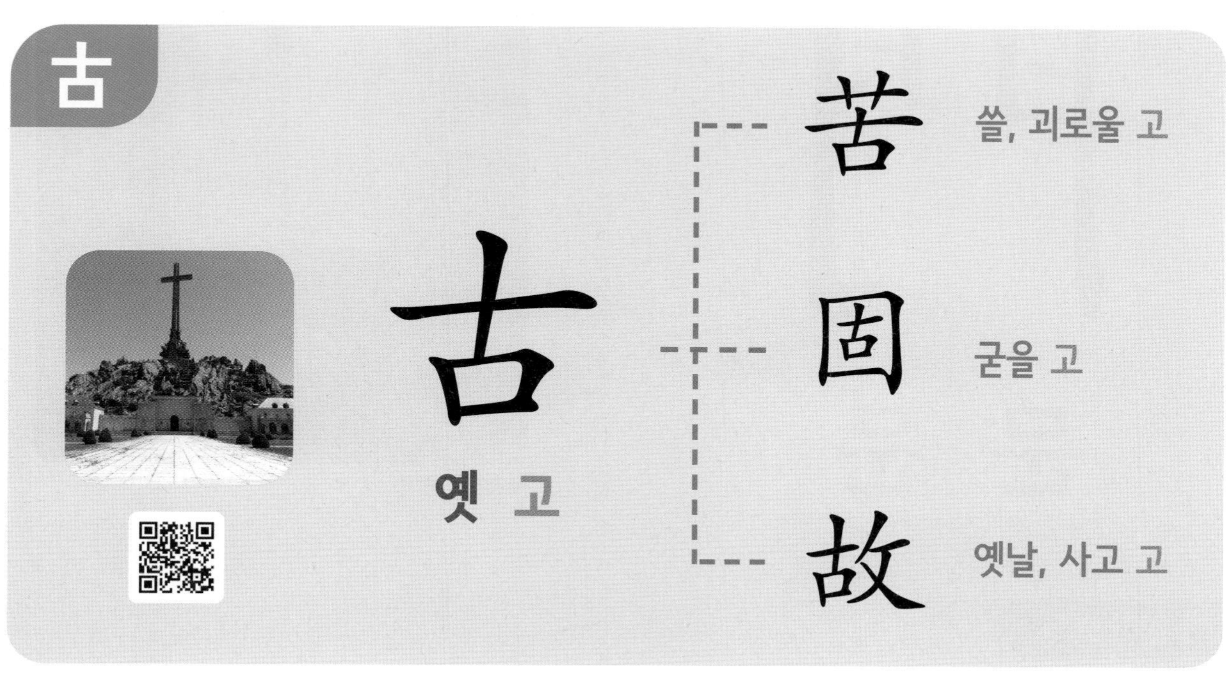

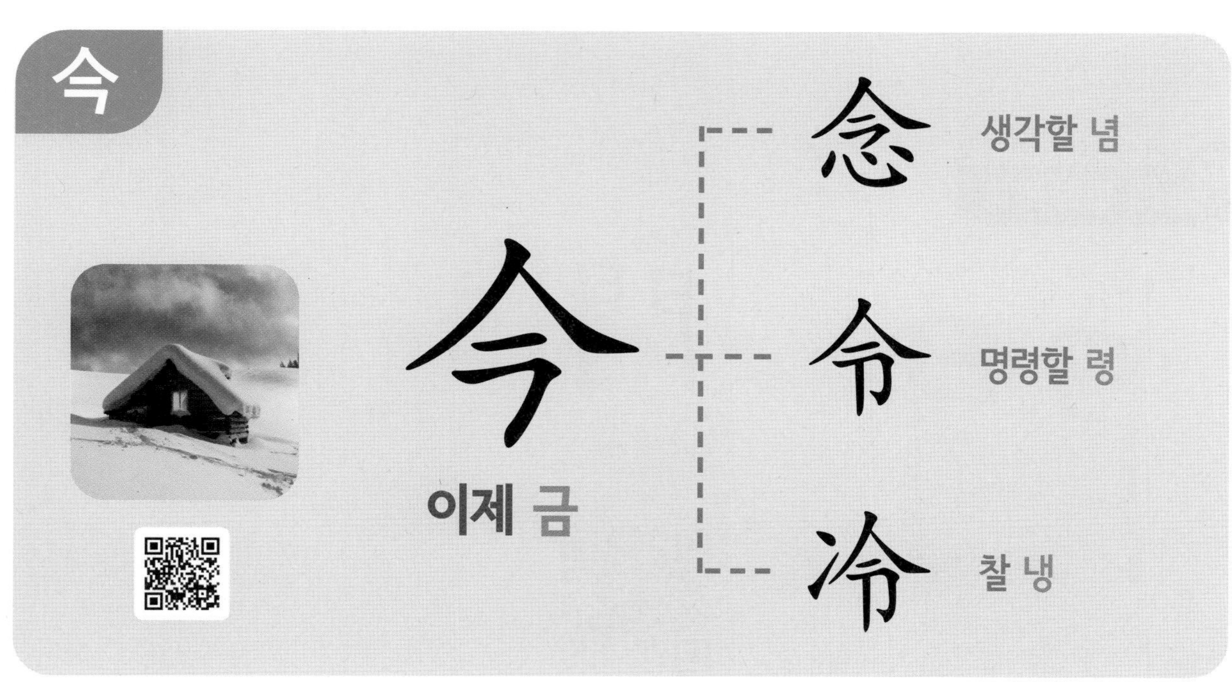

핵심 한자

월 일

8급

문 문

門 알아 보기

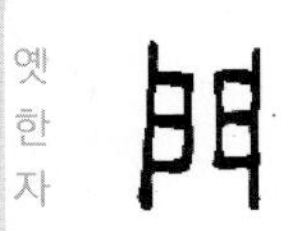

門은 문의 모양을 본뜬 글자입니다. 옛 글자와 요즘 글자 모두 양쪽으로 달린 문을 그대로 보여주고 있습니다. 門은 가운데 공간에 많은 글자들이 들어가 여러 뜻을 만들어 내는 글자입니다.

門 따라 쓰기

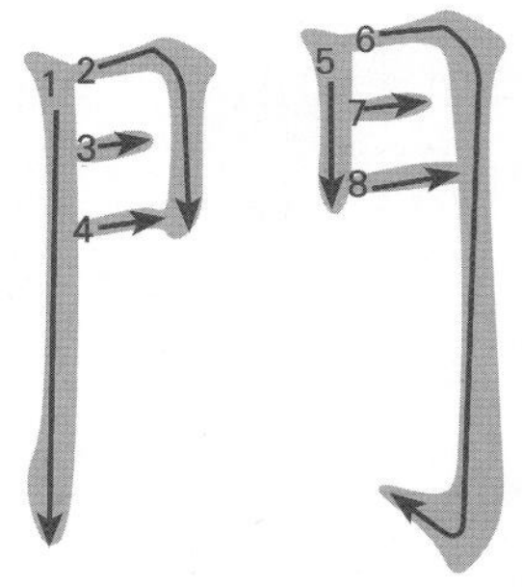

8획 丨 ㄱ ㄱ 戶 戶 門 門 門

門	門	門	門
문 문			

찍으면 획순 영상이 나옵니다.

교과서 핵심 단어

83블록
門

교과서에 나온 내용을 소리 내어 읽어 보아요.

국어 3

校門

학교 교 문 문

교문

뜻 학교의 문

"우리 어머니 만났어?" "校門 앞에서 만났는데, 시간이 없어서 그러신다며 나한테 물감을 대신 전해 달라고 하셨어."

사회 6

東門

동쪽 동 문 문

동문

뜻 동쪽의 문

전기수는 東門 밖에 살고 있다. 워낙 책 읽는 솜씨가 훌륭해서 많은 청중이 모여 들어 주위를 빙 둘러쌌다. 책을 읽다가 가장 긴요한 대목에 이르면 문득 소리를 멈춘다.

핵심한자 완성하기!

*정답 : 246쪽

(1) "우리 어머니 만났어?" "교문(校 □)앞에서 만났는데…"

(2) 전기수는 동문(東 □) 밖에 살고 있다.

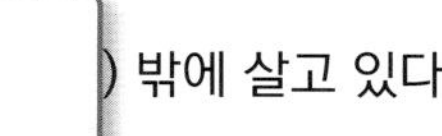

블록 한자

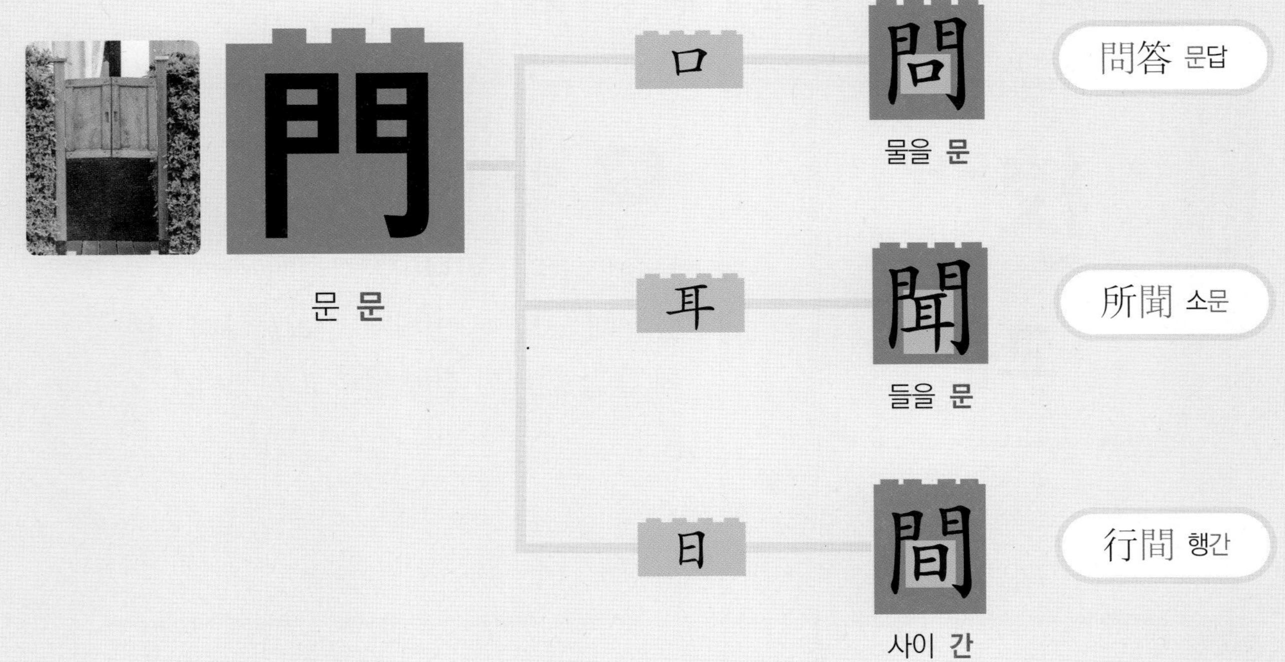

*答 대답할 답, 所 바 소, 行 줄 행

問 물을 문 7급

門에서 파생된 글자는 무척 많습니다. 門에 口입 구를 넣으면 입으로 무언가를 묻는다는 뜻의 問물을 문이 됩니다. 문을 열고 소리내어 묻는 모습을 생각하면 쉽습니다.

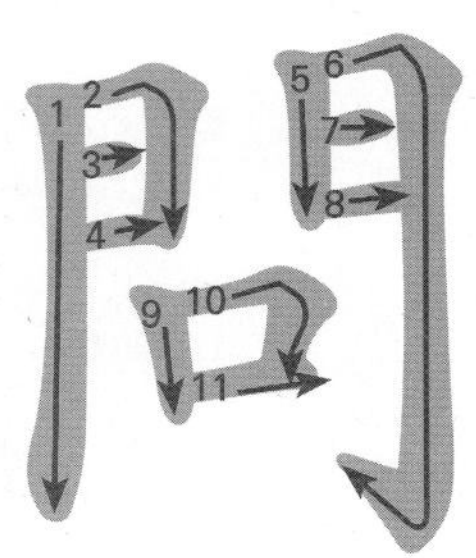

問答 뜻 묻고 답함

문 답 예 問答 시간을 가져 지루하지가 않았습니다.

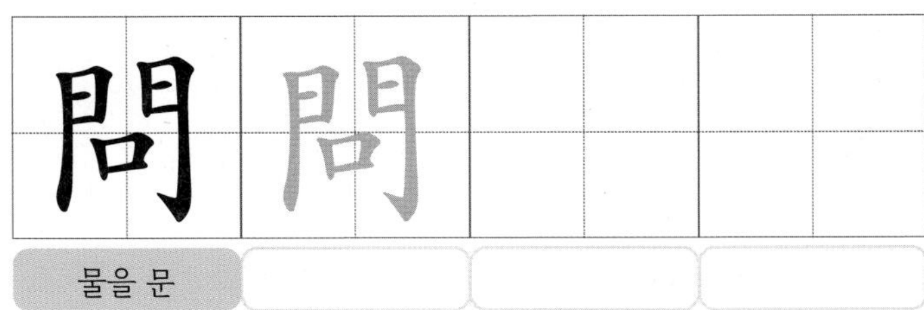

聞

들을 문 

門에 耳귀 이를 넣으면 귀로 무언가를 듣는다는 뜻의 聞들을 문이 됩니다. 문틈으로 귀를 대고 소리를 듣는 모습이 그려지죠?

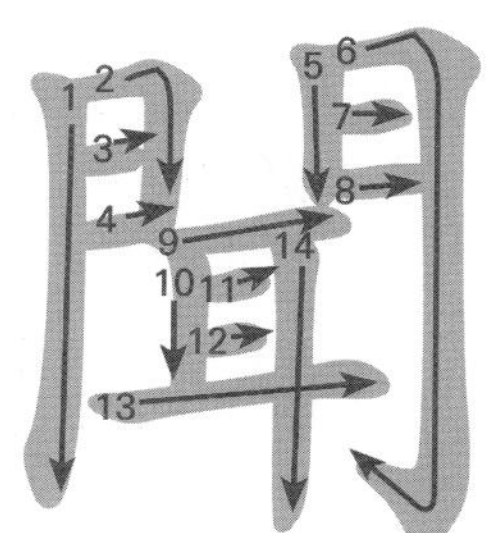

所聞  들리는 것(말)

소 문  젊어진다는 所聞을 들은 욕심쟁이 할아버지는 샘으로 달려갔습니다.

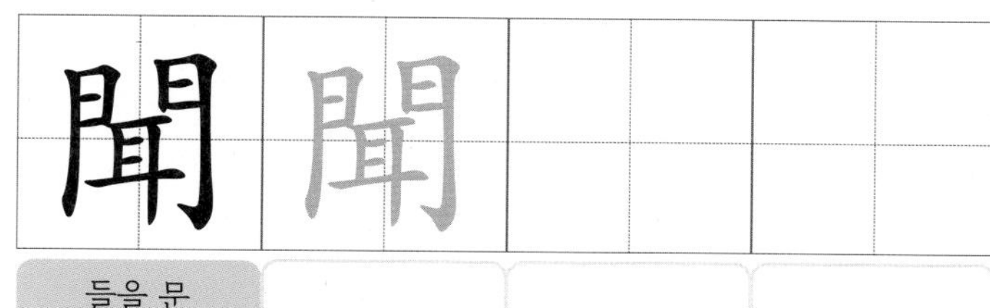

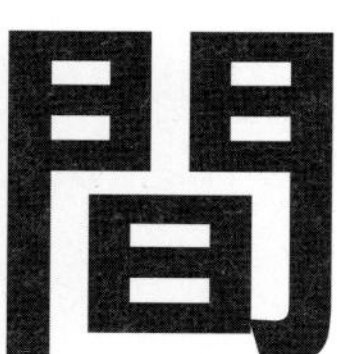

사이 간 

門에 日해 일을 넣으면 間사이 간이 됩니다. 문이 열린 사이로 햇살이 비치는 모습을 나타낸 것입니다.

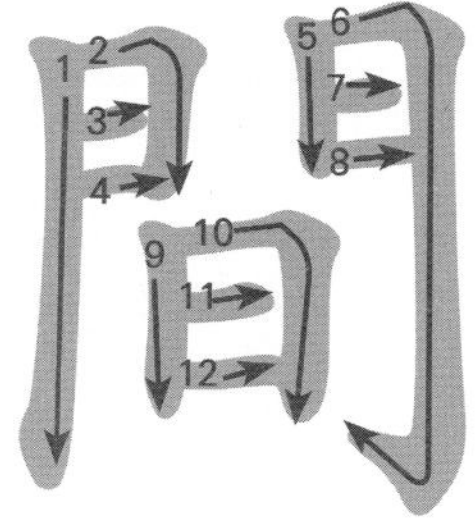

行間  줄과 줄 사이

행 간  글을 읽을 때는 行間의 뜻을 읽을 줄 알아야 한다.

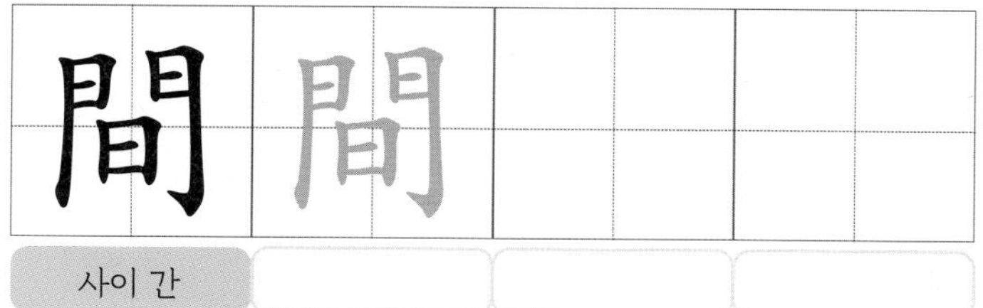

문제 풀기

1 네모칸에 알맞은 글자를 넣어 보아요.

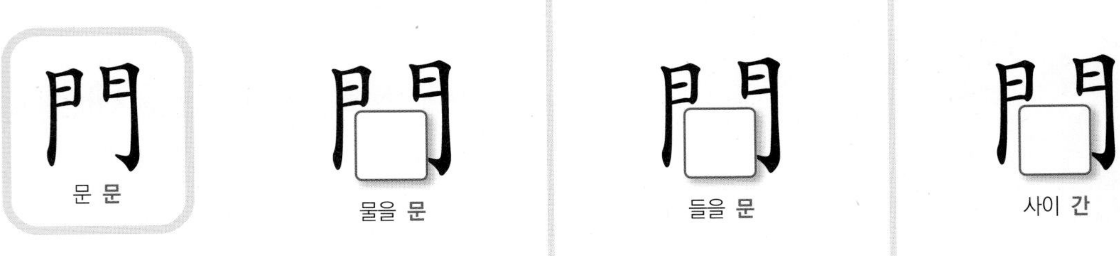

2 한자의 음과 뜻을 알맞게 이어 보아요.

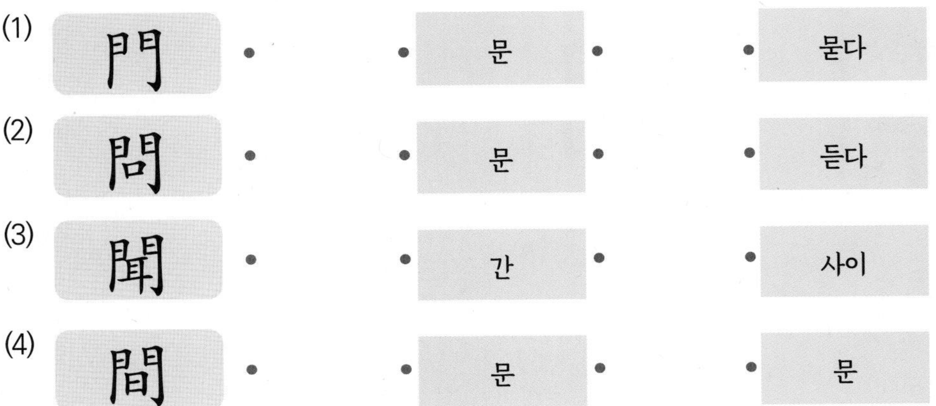

3 빈칸에 알맞은 한자를 써 보아요.

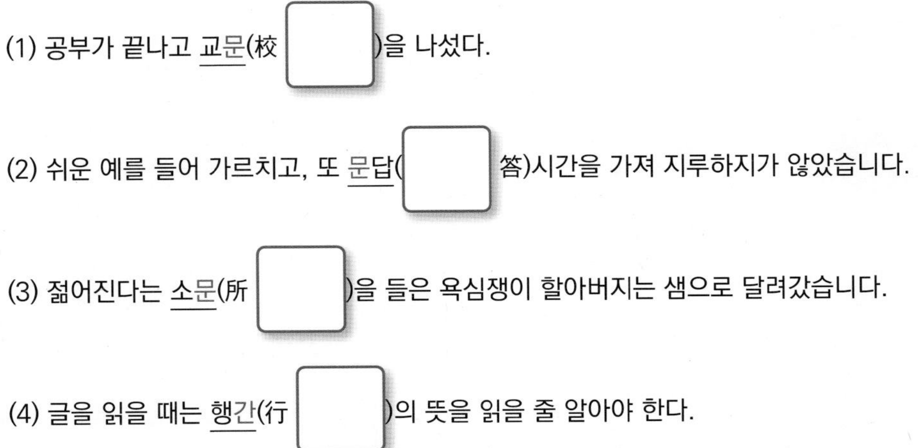

(1) 공부가 끝나고 교문(校)을 나섰다.

(2) 쉬운 예를 들어 가르치고, 또 문답(答)시간을 가져 지루하지가 않았습니다.

(3) 젊어진다는 소문(所)을 들은 욕심쟁이 할아버지는 샘으로 달려갔습니다.

(4) 글을 읽을 때는 행간(行)의 뜻을 읽을 줄 알아야 한다.

*정답 : 246쪽

4 내용을 소리 내어 읽고 한자를 한글로 써 보세요.

"난 운동회가 정말 싫어!"
기찬이는 校門 밖으로 후다닥 달려 나갔어요.
그때 이호가 소리쳤어요.
"저것 봐. 달리기도 엄청 느려!"
친구들이 손뼉을 치며 깔깔 웃었어요.

*국어 3

5 열쇠의 뜻 풀이를 이용하여 가로 세로 단어 퍼즐을 완성해 보세요.

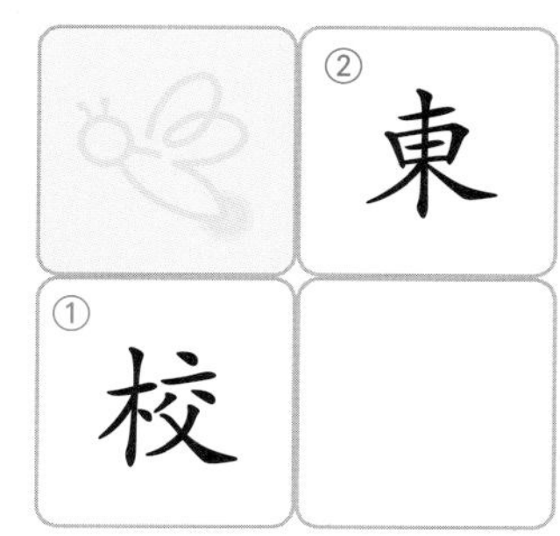

[가로열쇠 ①] 학교의 문

[세로열쇠 ②] 동쪽의 문

6 QR코드를 찍어 영상을 본 후, 문제를 풀어 보아요.

(1) 음: 뜻:
관련단어:

핵심 한자

월 일

4급

문 호

戶 알아 보기

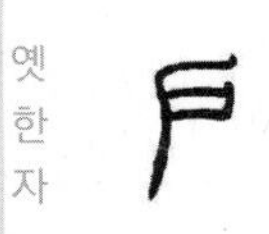

옛 한자

戶는 한쪽으로 달린 문의 모습을 본뜬 글자입니다. 門이 양쪽에 달린 문임에 비해 이 글자는 한쪽으로 달린 문을 뜻합니다. 예전에는 작은 문을 달고 사는 집들이 많았으므로 戶는 '집'이란 뜻도 가지고 있습니다.

戶 따라 쓰기

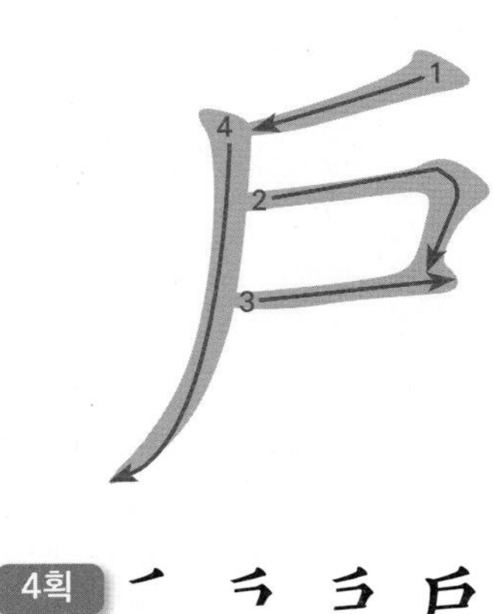

4획

찍으면 획순 영상이 나옵니다.

교과서 핵심 단어

84블록
戶

교과서에 나온 내용을 소리 내어 읽어 보아요.

교과서 밖

戶主
문 호 주인 주
호주

뜻 집의 주인

戶主제는 한 집을 대표하는 주된 사람을 법률로 정해 두는 제도이다. 집의 모든 법률적 책임은 이 戶主를 중심으로 돌아간다.

교과서 밖

家家戶戶
집 가 집 가 문 호 문 호
가가호호

뜻 집집마다

권학대라는 사람들이 家家戶戶 찾아다니며 처녀들을 공부시키자고 아무리 애를 써도 뻐대 있는 댁에서는 막무가내로 따님들을 내놓지 않았습죠.

핵심한자 완성하기!

*정답 : 246쪽

(1) 호주(　　主)제는 한 집을 대표하는 주된 사람을 법률로 정해 두는 제도이다.

(2) 사람들이 가가호호(家家　　　　) 찾아다니며 처녀들을 공부시키자고 설득했다.

블록 한자

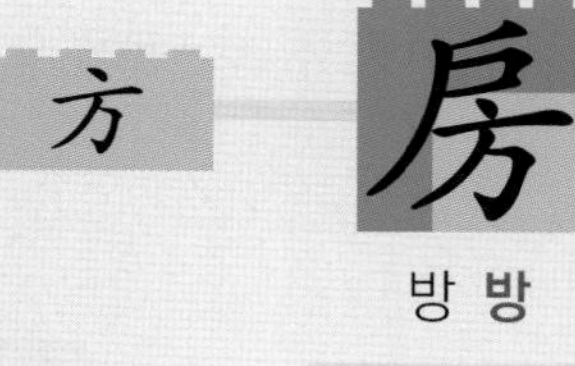

戶 문 호

方 → 房 방 방 — 冊房 책방

冊 → 扁 납작할 편 — 扁平 편평

竹 → 篇 책 편 — 長篇 장편

＊冊 책 책, 平 평평할 평, 長 길 장

房 방 방 4급

戶에 方모 방을 쓰면 집의 네모진 부분을 나타내게 됩니다. 그래서 房방 방은 '방'이란 뜻을 나타냅니다. 공부하는 방을 工夫房공부방, 무엇인가를 만드는 방을 工房공방, 冊책 책을 파는 방을 冊房책방이라고 하는데, 모두 이 글자를 씁니다.

冊房 책 방

뜻 책을 파는 방

예 그는 주말마다 冊房에 들러 꼭 한두 권의 책을 산다.

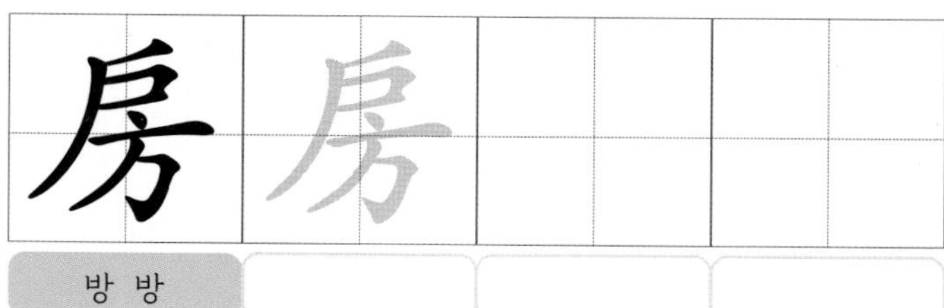

扁

납작할 편 1급

戶에 冊책 책을 넣으면 扁납작할 편이 됩니다. 문이나 책이나 모두 납작한 모습이기에 이 두 글자를 합쳐 그런 뜻을 나타내게 되었습니다.

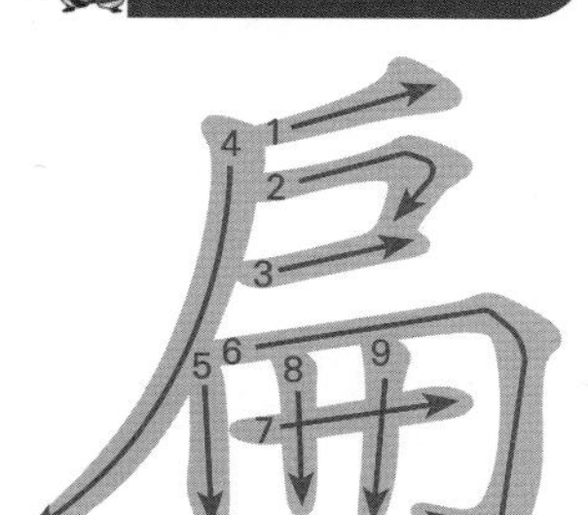

扁平 편 평

납작하고 평평함

그곳에는 땅을 깎아내어 扁平하게 만드는 작업이 한창이었다.

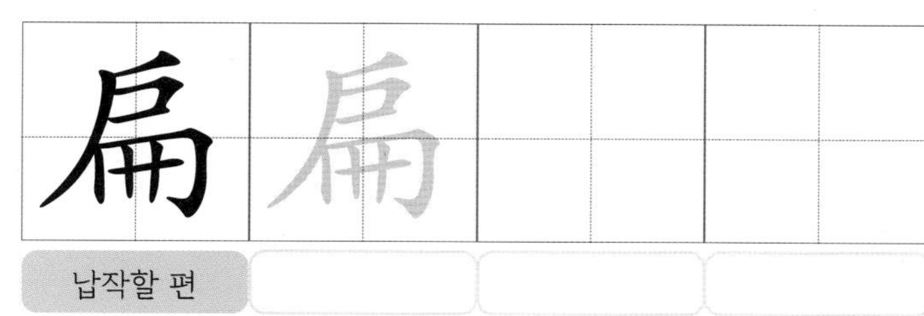

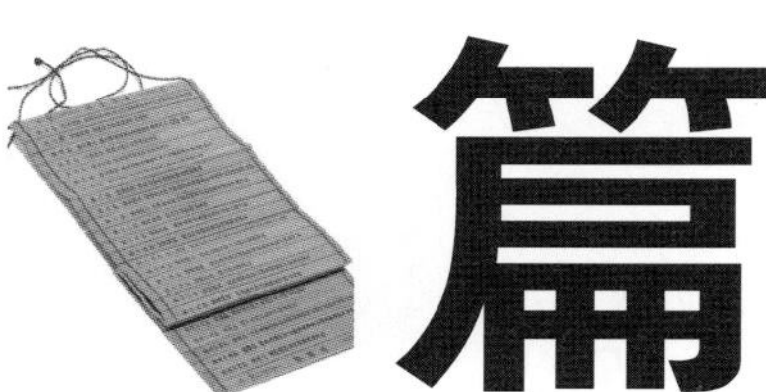

篇

책 편 4급

扁에 竹을 붙인 篇책 편은 대나무로 만든 납작한 책을 뜻하는 글자입니다. 옛날에는 종이가 없어 대나무를 쪼개어 그곳에 글자를 썼는데 그래서 竹이 들어갔습니다.

長篇 장 편

내용이 긴 책

이번 방학에는 長篇 소설을 읽을 예정이다.

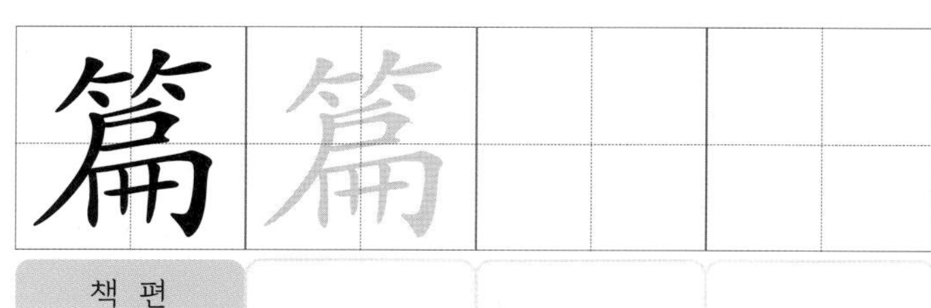

문제 풀기

1 네모칸에 알맞은 글자를 넣어 보아요.

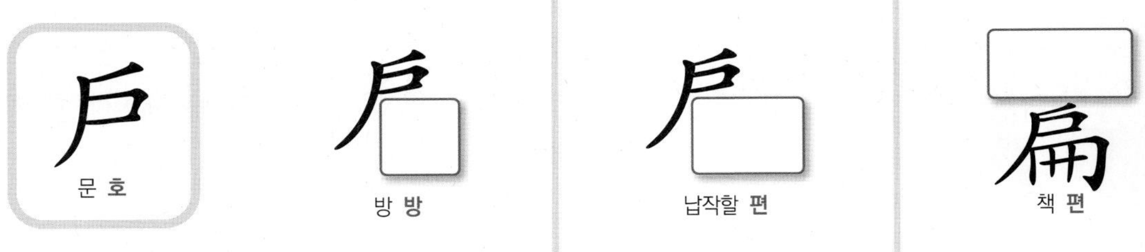

2 한자의 음과 뜻을 알맞게 이어 보아요.

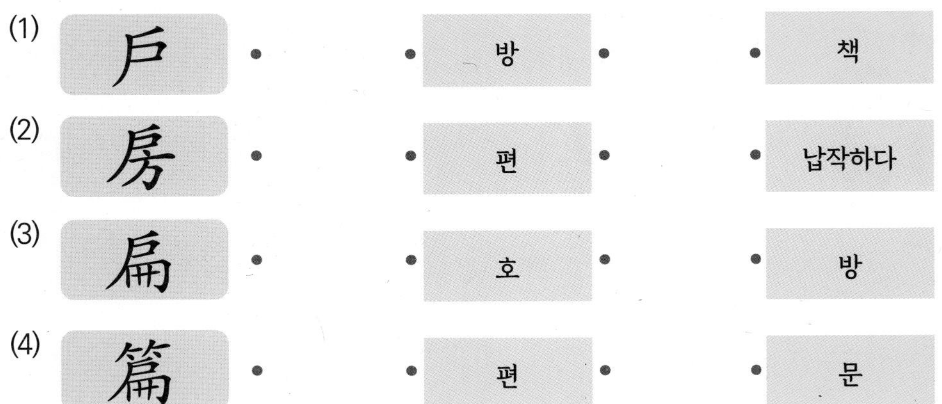

3 빈칸에 알맞은 한자를 써 보아요.

(1) 호주(主)제는 한 집을 대표하는 주된 사람을 법률로 정해 두는 제도이다.

(2) 그는 주말마다 책방(冊)에 들러 꼭 한두 권의 책을 산다.

(3) 그곳에는 울퉁불퉁한 땅을 깎아내어 편평(平)하게 만드는 작업이 한창이었다.

(4) 이번 방학에는 장편(長)소설을 읽을 예정이다.

4 내용을 소리 내어 읽고 한자를 한글로 써 보세요.

우리 조상들은 온돌을 사용해 추운 겨울을 따뜻하게 보낼 수 있었습니다. 온돌은 房바닥 아래에 넓은 돌을 여러 개 놓고 이 돌을 따뜻하게 데우는 난방 방법입니다.

*사회 4

5 열쇠의 뜻 풀이를 이용하여 가로 세로 단어 퍼즐을 완성해 보세요.

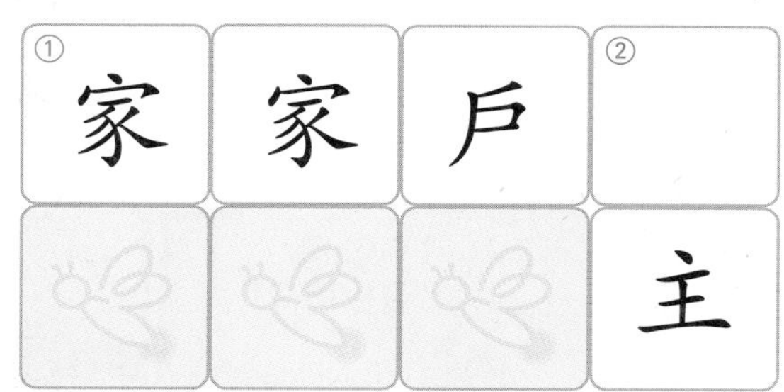

[가로열쇠 ①] 집집마다

[세로열쇠 ②] 집의 주인

6 QR코드를 찍어 영상을 본 후, 문제를 풀어 보아요.

(1) 음: 뜻:

관련단어:

만화로 배우는

한자성어

백문불여일견 (百聞不如一見)

백 번 듣는 것이 한 번 보는 것보다 못함.
[일백 百, 아니 不, 같을 如, 한 一, 볼 見]

[특종][속보]
"5학년 7반 담임
이선화 선생님….

두둥

쾅!!

?

…크리스마스트리를
입고와 파격적인
복장에 좌중 '술렁'."

트리를 입고
오다니….
트리 그림이
인쇄된 옷을
말하는 거야?

?

그런 건
특종이
아니지!

아!
트리처럼
꾸민 기발한
스웨터를
입었다든지?

그런 수준이
아니라니까?!

에잉,
이러다간
끝이 없겠어!

텁!!

여기서
스무고개나
할 게 아니라!

백문불여일견
百聞不如一見
이라 했겠다…

이렇게 된 이상
교무실로
쳐들어간다!

와~

불끈

곧 수업종
울릴 텐데
…

교무실

어머,
이 선생님.
색다른
복장이네?

아~ 곧
명절이라
….

분위기를
내보려고…

힘 좀
줘봤어요!

휘익,
멋진 걸~!

선물도
있어?

물론
챙겼죠~

다닥

다다

어머나~!
ㅋㅋㅋ
ㅋㅋ

생각했던
것보다
더 트리다
….

내가
말했잖아.

동영상으로 익히는

블록한자

* 아래 QR을 찍으면 동영상이 나옵니다. 동영상을 따라서 한눈에 정리해보아요.

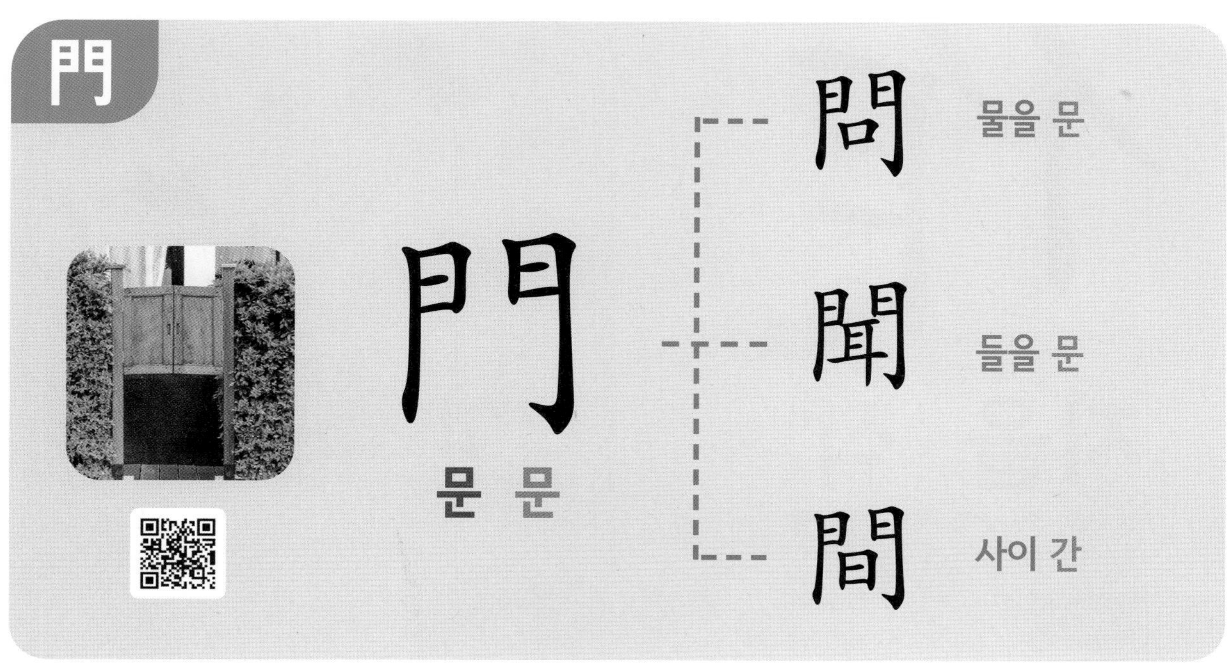

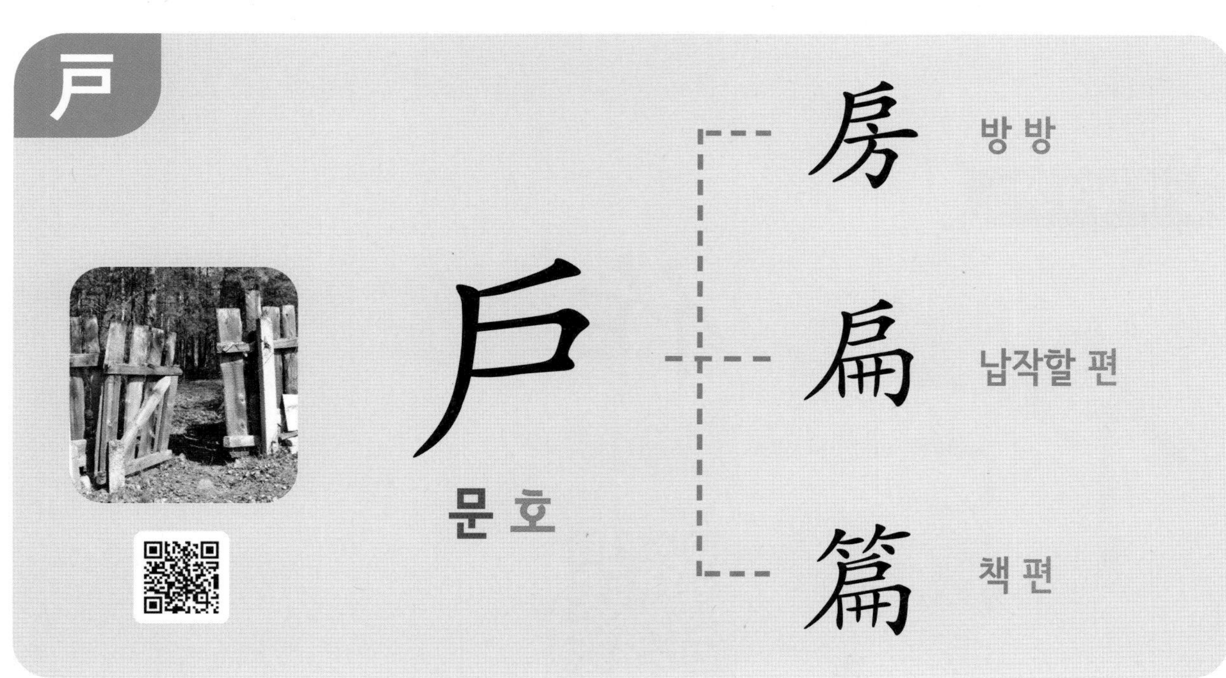

핵심 한자

월 일

6급

지을 작

作 알아 보기

옛 한 자

作은 옷을 만들고 있는 사람을 표현한 글자입니다. 사람(亻) 옆의 乍잠깐 사는 칼로 옷감을 자르는 모습을 나타냅니다. 여기서 '만들다, 짓다, 일하다'는 뜻을 갖게 되었습니다.

作 따라 쓰기

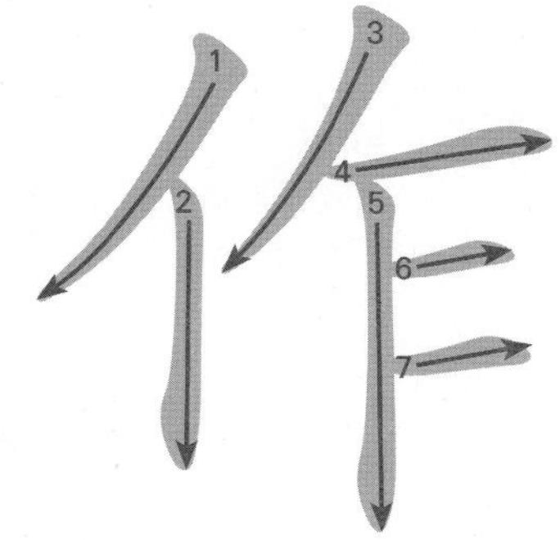

7획 丿 亻 亻 亻 作 作 作

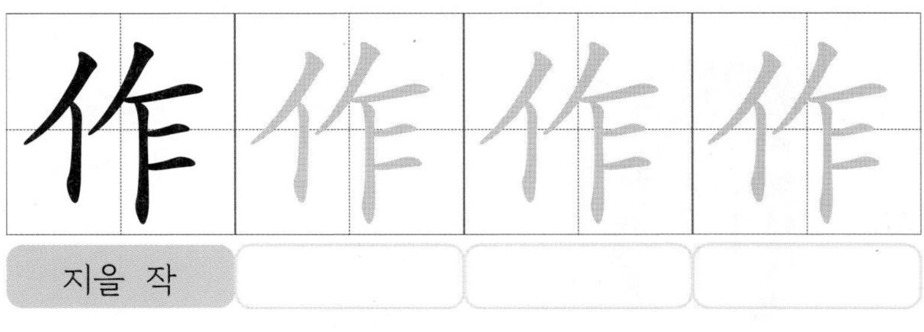

지을 작

찍으면 획순 영상이 나옵니다.

교과서 핵심 단어

85블록
作

교과서에 나온 내용을 소리 내어 읽어 보아요.

국어 3

作品
지을 작 물건 품
작품

뜻 만든 물건

선비들이 그린 격조 높은 산수화나 솜씨 좋은 화원이 그린 作品들은 오래 두고 감상하는 그림이지만, 민화는 어떤 특별한 목적을 위해 사용한 그림이지요.

과학 5

作動
지을 작 움직일 동
작동

뜻 움직이게 만듦

모래시계의 가운데 부분은 왜 오목할까? 모래시계는 어떤 원리로 作動하는 걸까? 오목을 두는데 필요한 모래시계를 만들 수 있을까? 그럼 1분을 측정하는 모래시계를 만들어 보자.

핵심한자 완성하기!

*정답 : 246쪽

(1) 선비들이 그린 격조 높은 산수화나 솜씨 좋은 화원이 그린 작품(□品)들은 오래 두고 감상합니다.

(2) 모래시계는 어떤 원리로 작동(□動)하는 걸까?

블록 한자

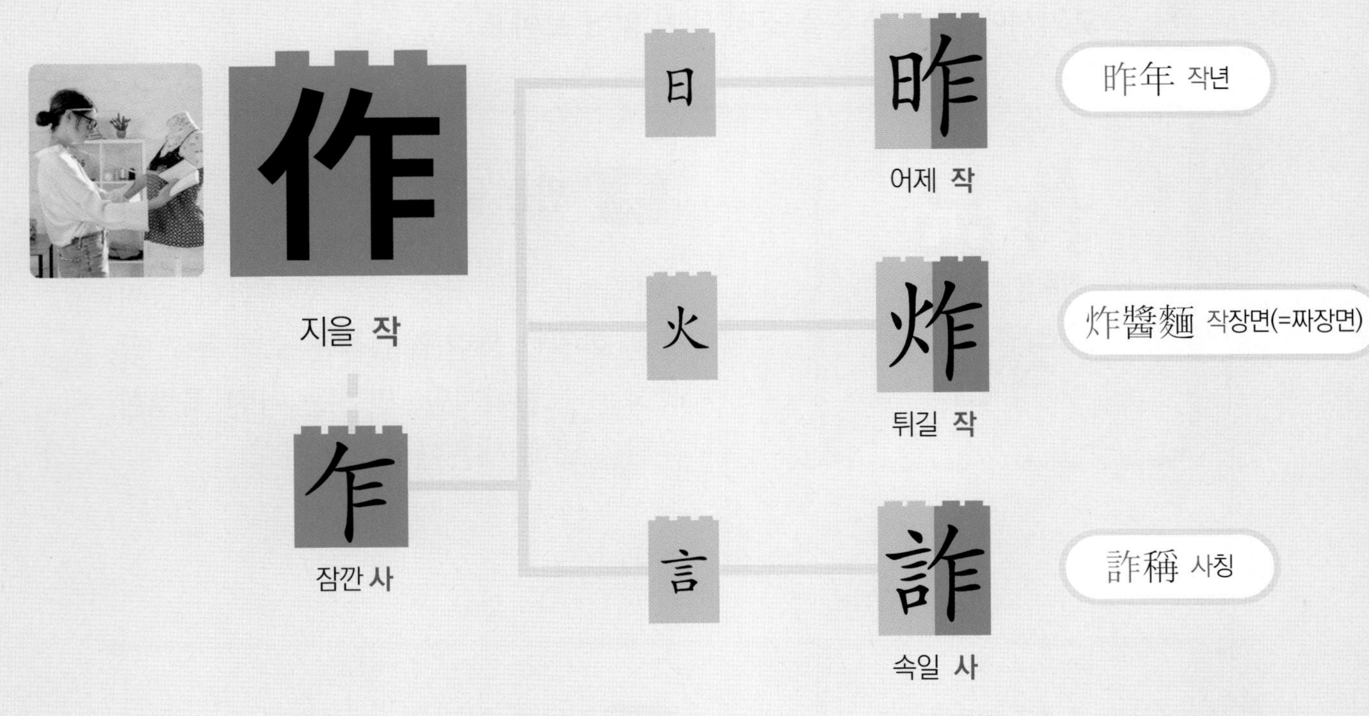

* 年 해 년, 醬 장 장, 麵 국수 면, 稱 일컬을 칭

昨

어제 작 

乍잠깐 사 앞에 日을 붙이면 昨어제 작이 됩니다. 잠깐 사이에 지나가 버린 날, 즉 어제란 뜻입니다. 昨日작일, 昨年작년 등의 단어를 만듭니다.

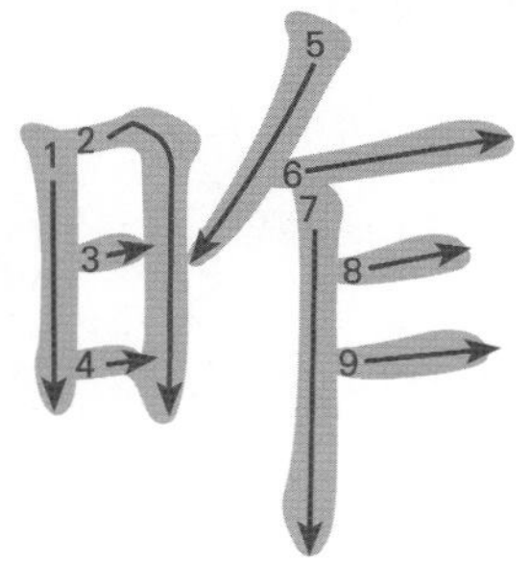

昨年 작 년

뜻 지난해

예 장터에서 특산물이 많이 팔려 昨年보다 2배의 이익을 얻었어요.

炸

튀길 작 

乍잠깐 사 앞에 火를 쓰면 불을 순간적으로 사용한다는 뜻의 炸튀길 작이 됩니다. '장을 튀겨 만든 국수'란 뜻의 음식이 있는데, 무엇인지 알겠나요? 네 그렇습니다. 짜장면의 원래 이름이 炸醬麵작장면입니다.

장을 튀겨서 만든 국수 (= 짜장면)

오늘은 외식하려고 하는데 먹고 싶은 거 있니? 炸醬麵요.

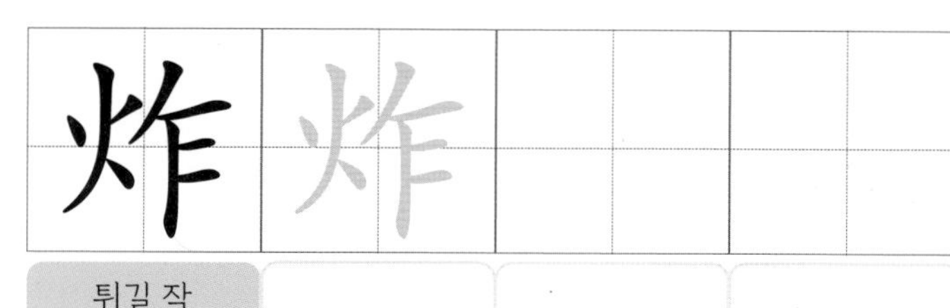

詐

속일 사 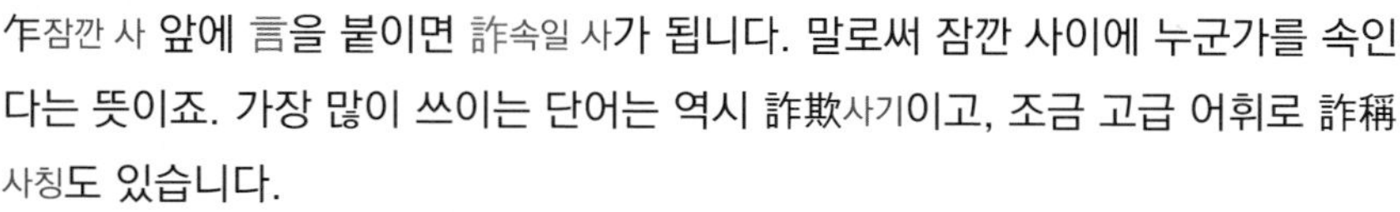

乍잠깐 사 앞에 言을 붙이면 詐속일 사가 됩니다. 말로써 잠깐 사이에 누군가를 속인다는 뜻이죠. 가장 많이 쓰이는 단어는 역시 詐欺사기이고, 조금 고급 어휘로 詐稱사칭도 있습니다.

거짓말로 칭함

남의 글을 베껴 자신의 글인 양 詐稱하는 사람이 있다.

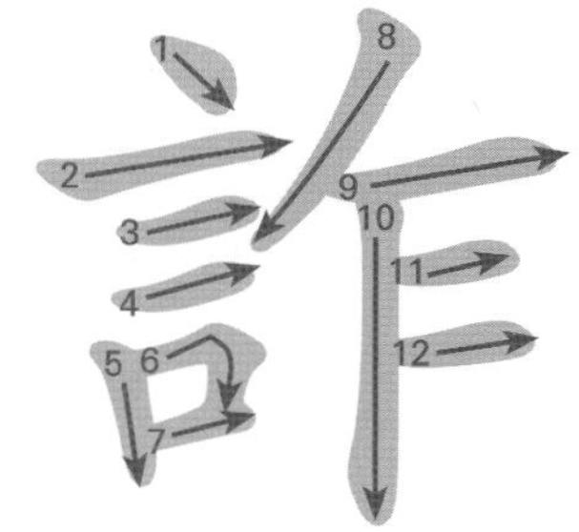

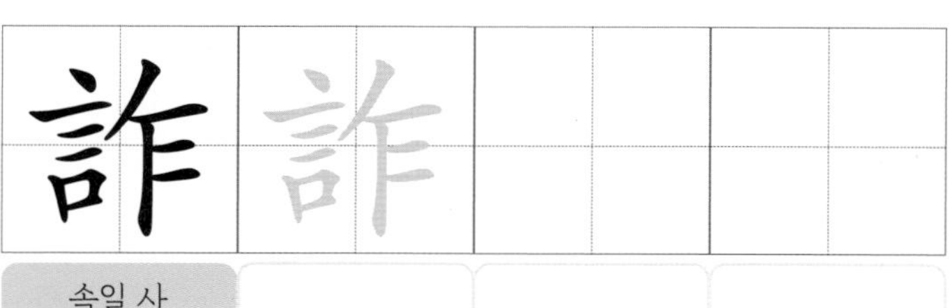

문제 풀기

1 네모칸에 알맞은 글자를 넣어 보아요.

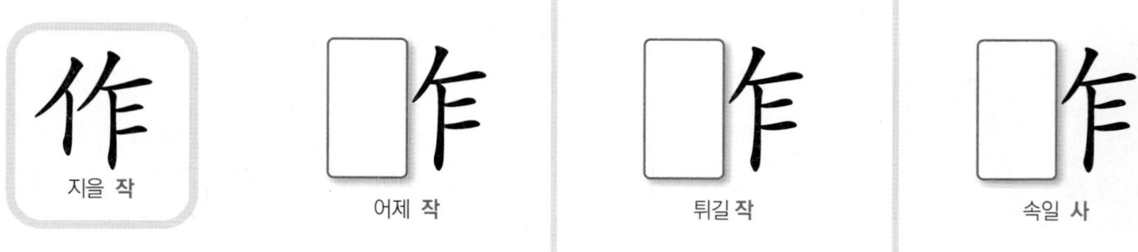

2 한자의 음과 뜻을 알맞게 이어 보아요.

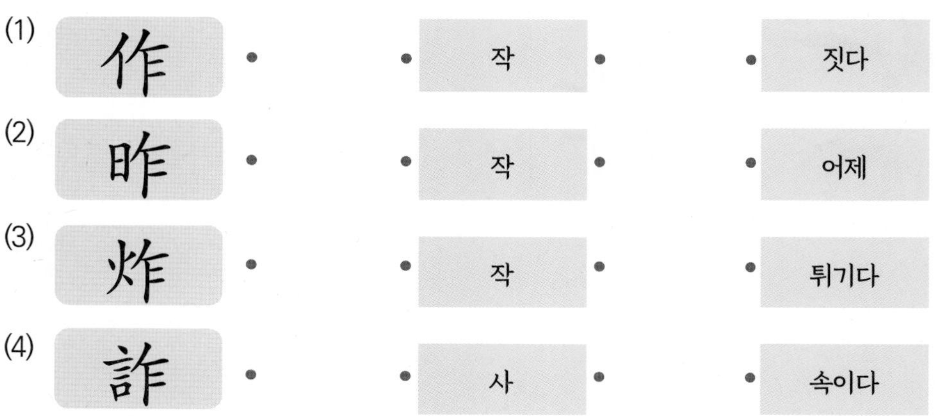

3 빈칸에 알맞은 한자를 써 보아요.

(1) 내가 만든 작품(品)을 보고 있으면 기분이 좋습니다.

(2) 장터에서 특산물이 많이 팔려 작년(年)보다 2배의 이익을 얻었어요.

(3) 오늘은 외식하려고 하는데 먹고 싶은 거 있니? 짜장면[작장면](醬麵)요.

(4) 남의 글을 베껴 자신의 글인 양 사칭(稱)하는 사람이 있다.

*정답 : 246쪽

4 내용을 소리 내어 읽고 한자를 한글로 써 보세요.

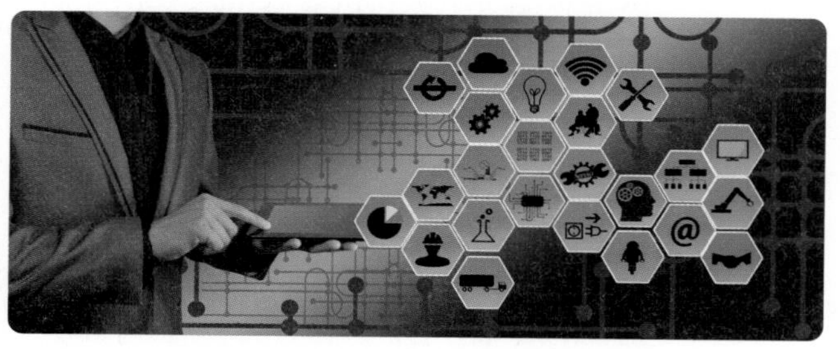

사람들은 인터넷으로 다양한 정보와 지식을 빠르게 얻습니다. 밖에서도 휴대전화로 가전제품을 作動할 수 있어요.

*사회 4

5 열쇠의 뜻 풀이를 이용하여 가로 세로 단어 퍼즐을 완성해 보세요.

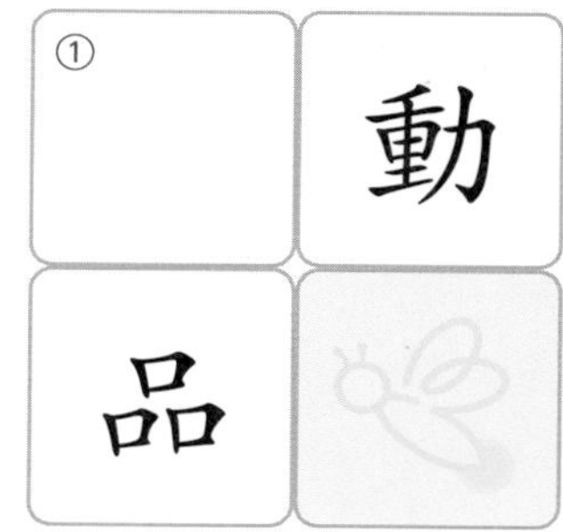

[가로열쇠 ①] 일하기 위한 움직임

[세로열쇠 ①] 만든 물건

6 QR코드를 찍어 영상을 본 후, 문제를 풀어 보아요.

(1) 음: 뜻:

관련단어:

핵심 한자

월 일

6급

勇 알아 보기

옛한자

勇은 甬종꼭지 용과 力이 합쳐진 글자입니다. 甬은 종의 모양을 본뜬 글자로 첫 두 획이 종의 꼭지, 아랫부분이 둥근 몸통에 해당합니다. 밑을 깔끔하게 잘라내고, 아래에 力을 쓰면 무거운 종을 쉽게 옮기는 날래고 용감한 사람을 뜻하게 됩니다.

勇 따라 쓰기

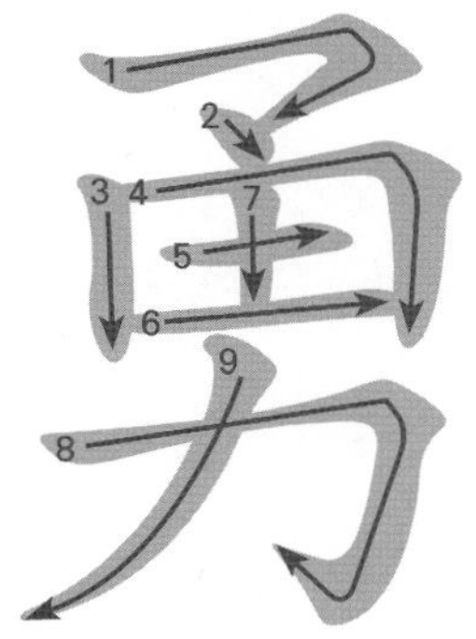

9획

勇	勇	勇	勇
날랠 용			

찍으면 획순 영상이 나옵니다.

교과서 핵심 단어

86블록
勇

교과서에 나온 내용을 소리 내어 읽어 보아요.

사회 3

勇氣
날랠 용 기운 기
용기

뜻 **용감한 기운**

가족은 우리가 실수했을 때에도 이해해 주고 자신감과 勇氣를 가질 수 있도록 항상 격려해 줍니다. 가족은 그 가족구성원들에게 중요한 보금자리입니다.

사회 4

勇敢
날랠 용 굳셀 감
용감

뜻 **날래고 굳셈**

고래는 그물에 걸린 친구를 구하기 위해 그물을 물어뜯는가 하면, 다친 동료와 고래잡이배 사이에 勇敢하게 뛰어들어 사냥을 방해하기도 합니다.

핵심한자 완성하기!

*정답 : 246쪽

(1) 가족은 우리가 자신감과 용기(　　氣)를 가질 수 있도록 항상 격려해 줍니다.

(2) 다친 동료와 고래잡이배 사이에 용감(　　敢)하게 뛰어들어 사냥을 방해하기도 합니다.

블록 한자

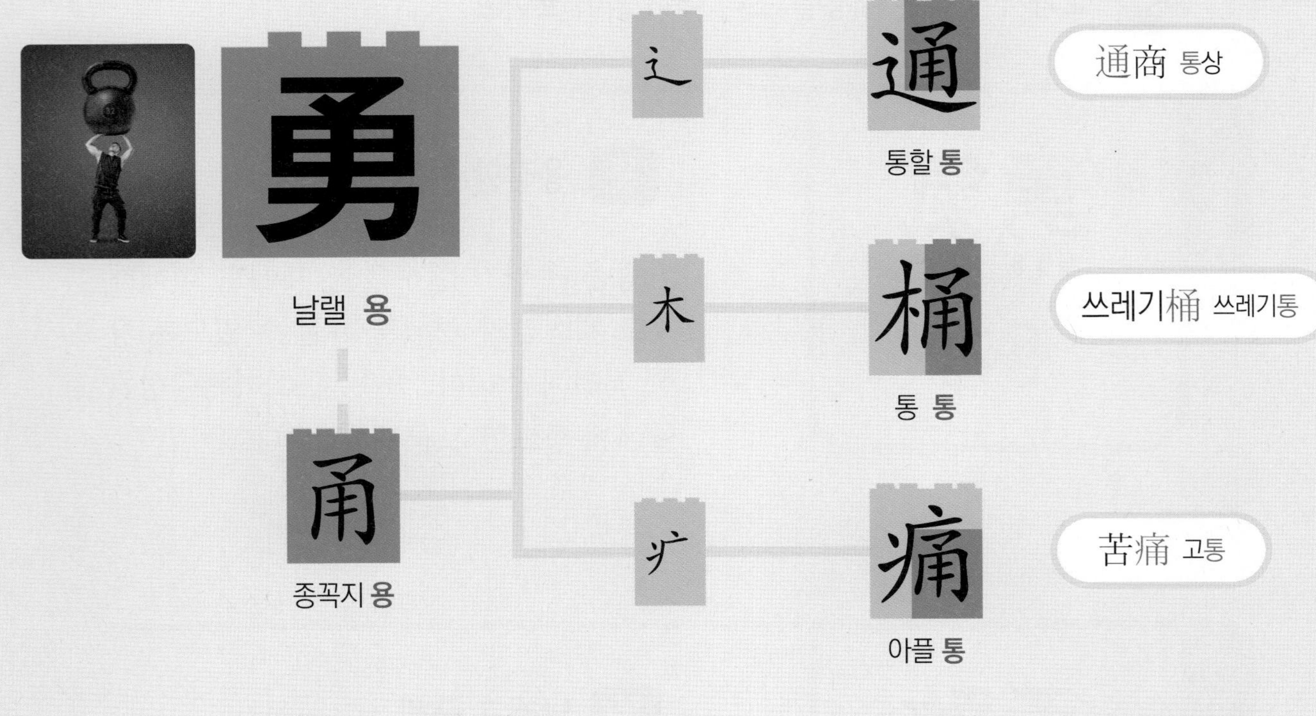

* 商 장사 상, 苦 괴로울 고

通

통할 통 6급

甬에 움직임을 나타내는 辶움직일 착을 붙이면 통과하다는 뜻이 됩니다. 종 속이 뻥 뚫려 있는데 그 속을 지나가다는 의미입니다. 通過통과, 通商통상 등 많은 단어를 만드는 글자입니다.

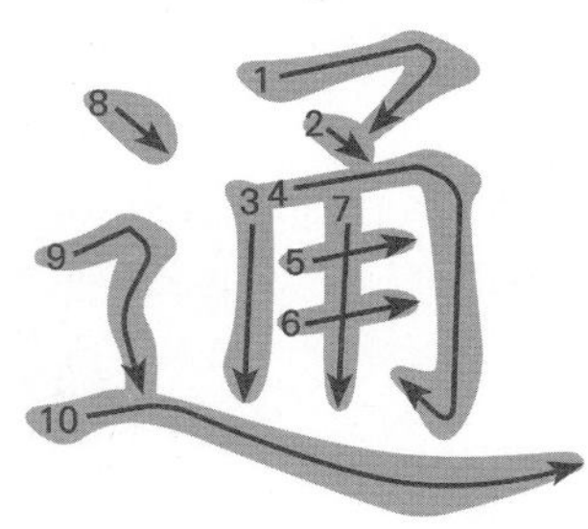

通商 통 상

뜻 상업을 통함

예 프랑스가 通商을 요구하며 강화도를 침략했다.

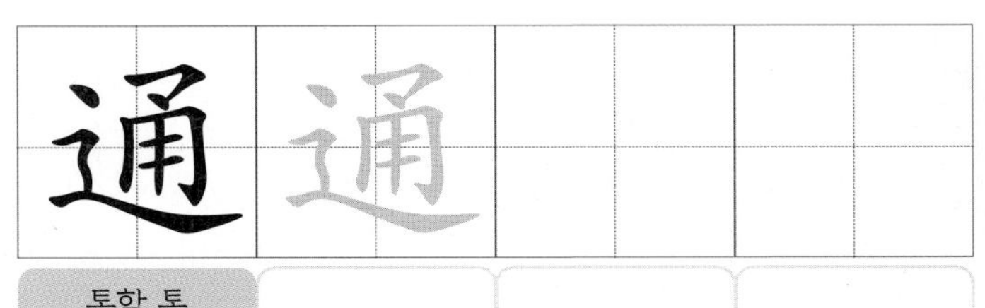

桶 통 통 1급

桶통 통은 바구니나 통을 뜻하는 글자입니다. 통과 종은 아래위가 바뀌었을 뿐, 비슷하게 생겼는데 甬종 용에 木을 붙여 나무로 만든 통의 재료를 표현하였습니다.

쓰레기桶 뜻 쓰레기통

쓰 레 기 통 예 깨끗한 교실을 위해 교실의 쓰레기는 쓰레기桶에 버립시다.

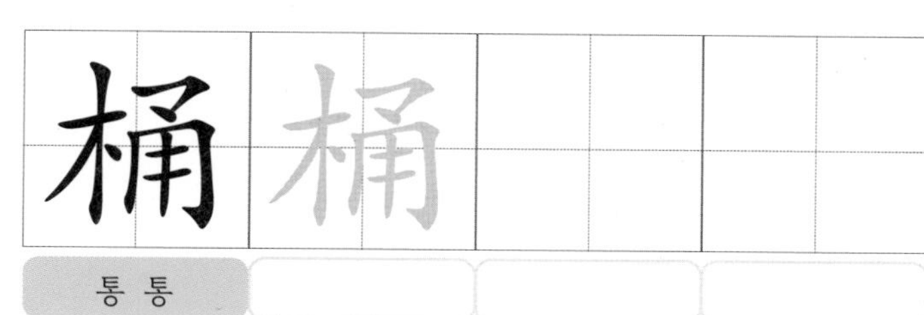

痛 아플 통 4급

疒병 녁은 아픈 상태를 표현하는 말이며 甬종 용은 소리를 담당합니다. '용'이 '통'으로 소리가 변하여 아픈 상황을 표현합니다.

苦痛 뜻 괴롭고 아픔

고 통 예 문화가 다르다는 이유로 차별에 苦痛받는 사람들이 있다.

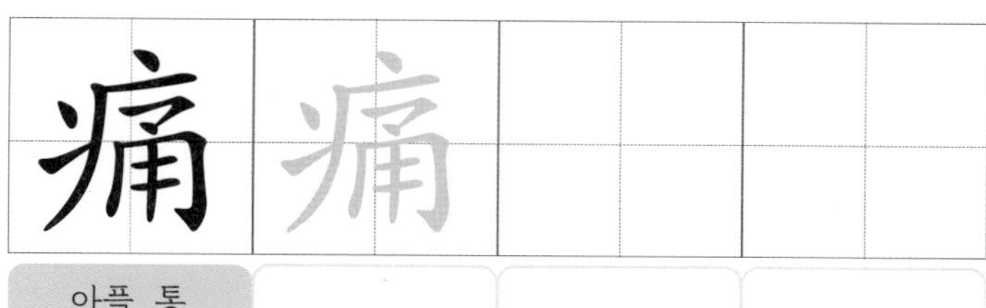

문제 풀기

1 네모칸에 알맞은 글자를 넣어 보아요.

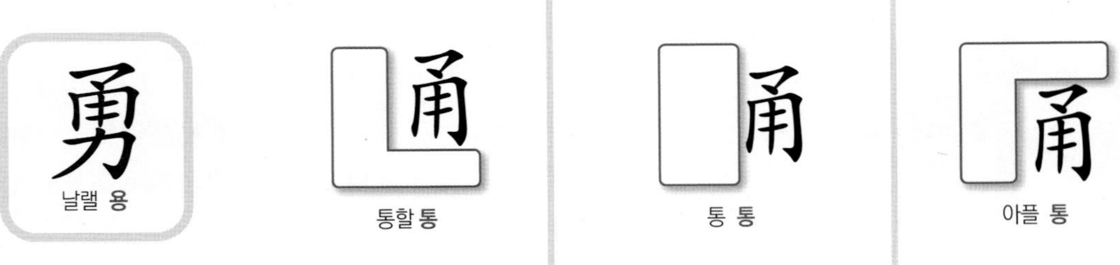

2 한자의 음과 뜻을 알맞게 이어 보아요.

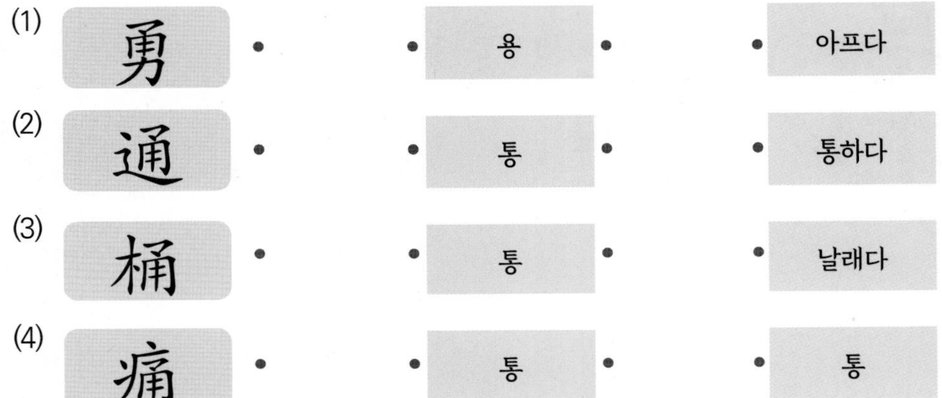

3 빈칸에 알맞은 한자를 써 보아요.

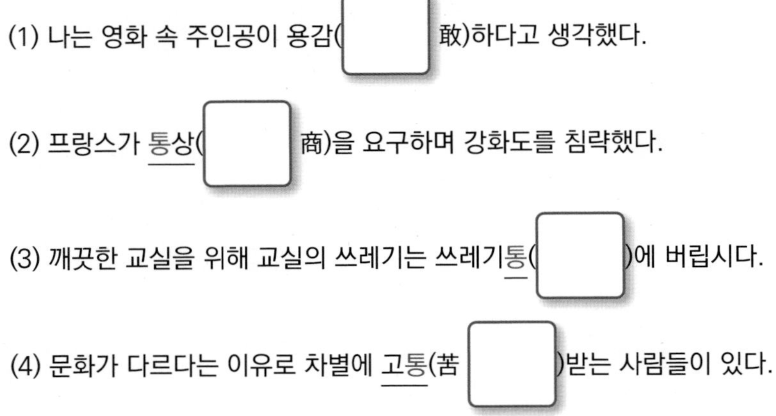

*정답 : 246쪽

4 내용을 소리 내어 읽고 한자를 한글로 써 보세요.

유관순은 가족과 함께 밤새워 태극기를 만들었다. 나이 어린 소녀로서는 생각할 수 없을 만큼 놀라운 지혜와 勇氣로 일을 추진했다.

*국어 5

5 열쇠의 뜻 풀이를 이용하여 가로 세로 단어 퍼즐을 완성해 보세요.

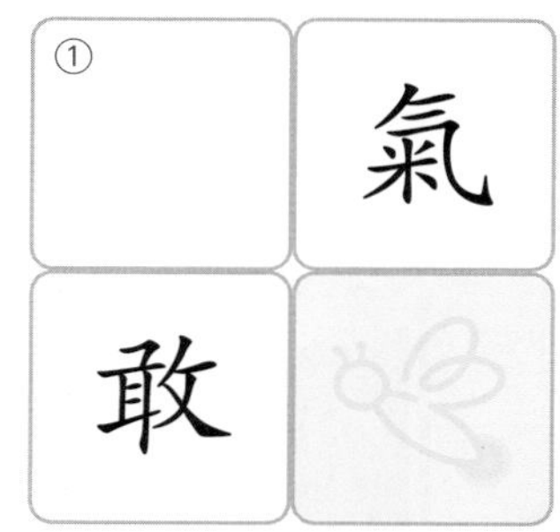

[가로열쇠 ①] 용감한 기운

[세로열쇠 ①] 날래고 굳셈

6 QR코드를 찍어 영상을 본 후, 문제를 풀어 보아요.

(1) 음: 뜻:

관련단어:

만화로 배우는

한자성어

작심삼일 (作心三日)

마음을 작정하면 3일이 감. [마음 心, 석 三, 날 日]

결심했어. 이번엔 진짜 달라질 거야.

결연!

4일에 한 번은 듣는 말이네.

아, 들어봐!

말해봐.

이번엔 진짜! 우등이처럼 계획도 세워서 매일 실행할 거고, 완~전 새 사람이 될 거라고!

흥!

와! 응원할게!

필요한 참고서도 다 샀다고!

시간 재봐.

그래.

째깍 째깍

다 좋은데 중간에 의욕이 다 바닥나서,

작심삼일 作心三日이 되지 않으면 좋겠네.

정푼의 의욕 게이지

MAX!!

펑!

흐음~

크

악!!

안 그럴 거야!

내 의욕은 만땅인 걸!

1일 차

끼익

휙

후다닥

2일 차

푼아, 이따가 빙수 먹으러 안 갈래?

NO!!

헉

척!

나 오늘 목표치 달성하려면 바로 집 가서 공부해야 해!

그래~

중얼

푼이가 정말 열심이네~

그러게~

째깍 째깍

3일 차

시간은?

54시간 경과.

이틀하고 여섯 시간…

정확히 사흘째에 의욕이 바닥났군.

정푼의 의욕 게이지

푼이

…….

그야말로 작심삼일 作心三日의 모범 케이스네.

동영상으로 익히는

블록한자

* 아래 QR을 찍으면 동영상이 나옵니다. 동영상을 따라서 한눈에 정리해보아요.

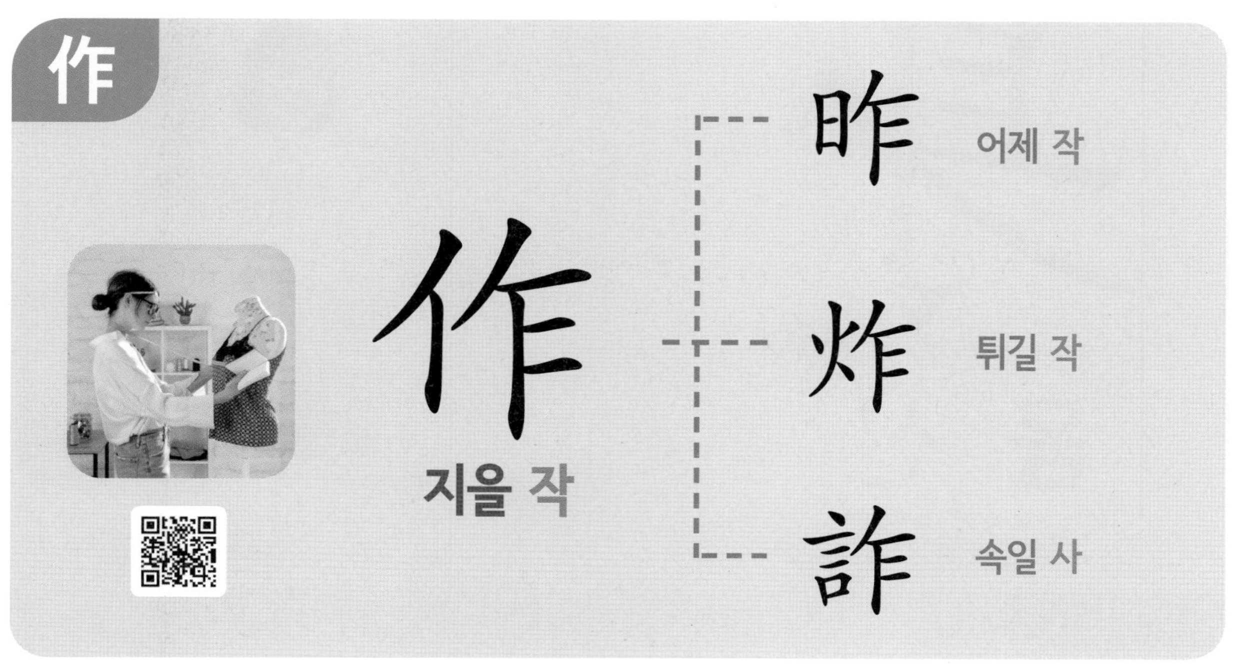

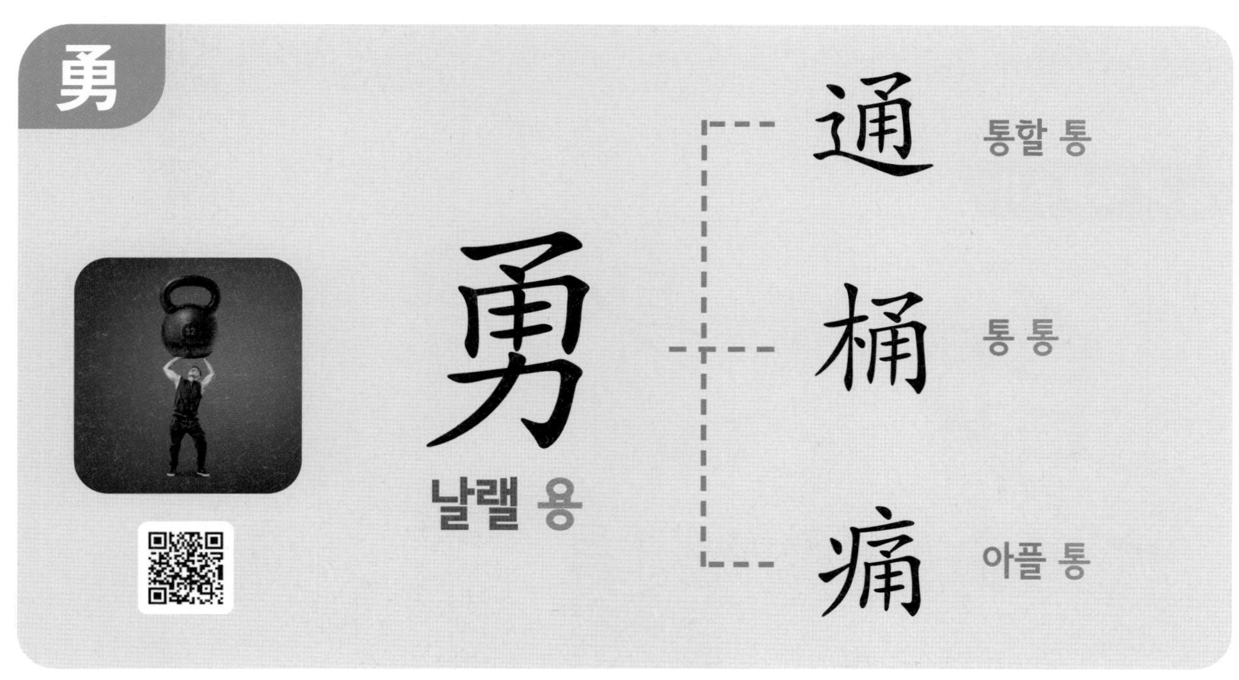

핵심 한자

월 일

6급

몸 신

身 알아 보기

옛 한자

身은 사람의 옆모습을 본뜬 글자입니다. 학자에 따라서는 임신한 여인의 몸을 표현한 글자라고도 합니다. 옛 글자를 보면 배가 유난히 강조되어 임신부의 모습을 닮아있기도 합니다.

身 따라 쓰기

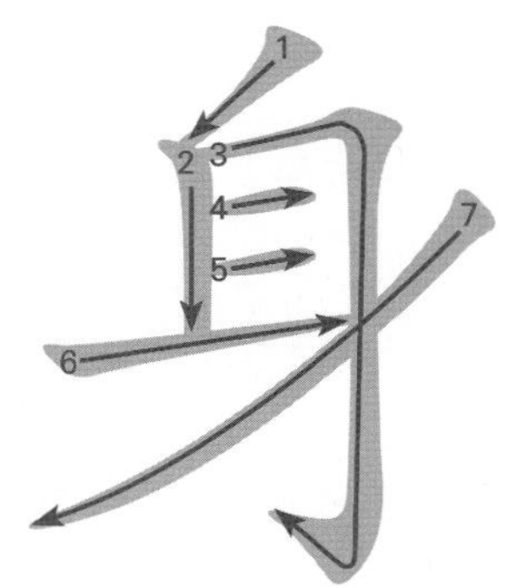

7획 ㇒ ㇒ 𠂆 𠂆 自 身 身

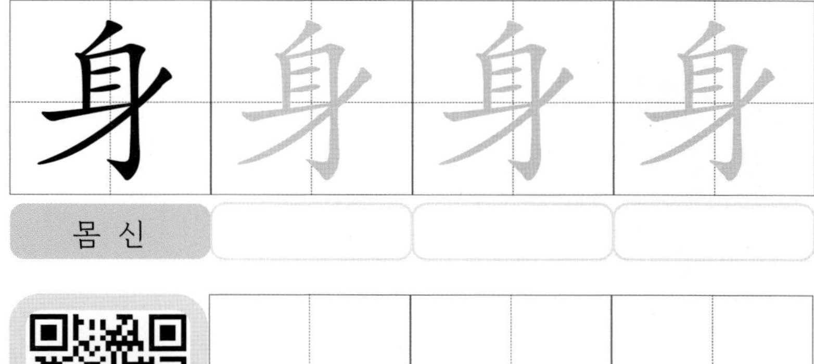

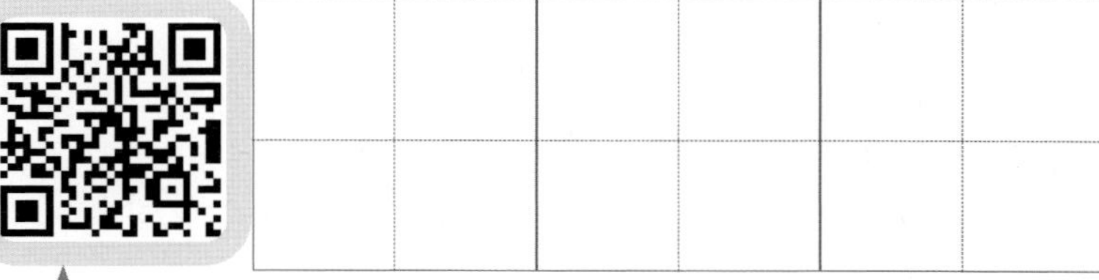

찍으면 획순 영상이 나옵니다.

교과서 핵심 단어

87블록 身

교과서에 나온 내용을 소리 내어 읽어 보아요.

국어 4

亡身
망할 망 몸 신
망신

뜻 망한 몸

목도 얼굴도 화끈화끈하네! 애들이 내 얼굴 빨개졌다고 놀리면 어떻게 하지? 이 답이 아니면 어떻게 하지? 애들이 보고 웃을 텐데, 틀리면 무슨 亡身이냐.

사회 5

身體
몸 신 몸 체
신체

뜻 몸

身體 부위인 다리와 두 곳을 잇는 다리는 형태가 같을 뿐이지 서로 다른 낱말이에요. 이처럼 형태는 같지만 뜻이 서로 다른 낱말을 형태가 같은 낱말 또는 동형어라고 해요.

핵심한자 완성하기!

*정답 : 246쪽

(1) 애들이 보고 웃을 텐데, 틀리면 무슨 망신(亡 ☐)이냐.

(2) 신체(☐ 體) 부위인 다리와 두 곳을 잇는 다리는 형태가 같을 뿐이지 서로 다른 낱말이에요.

블록 한자

* 發 필 발, 行 다닐 행, 理 이치 리

射

쏠 사 4급

射쏠 사는 身에 寸마디 촌을 붙인 글자입니다. 활을 쏠 때 손가락 마디로 줄을 당기는데 그것을 확대하여 표현한 것입니다. 發射발사, 注射주사 등의 단어를 만듭니다.

發射 뜻 쏘아서 출발시킴

발 사 예 우리나라도 인공위성을 發射해서 우주시대를 열어가고 있군.

躬

몸 궁

身에 활을 뜻하는 弓을 붙이면 躬몸 궁이 됩니다. 弓은 발음을 위해 붙은 글자이긴 하지만 외울 때는 활처럼 휘어진 몸을 생각하면 쉽습니다.

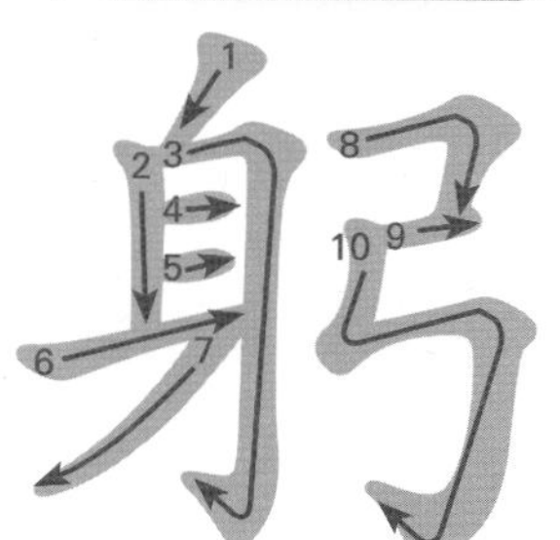

躬行  몸소 행함

궁 행

예 평소 인권신장을 위해 다문화가정 돕기를 실천 躬行했습니다.

躬	躬		
몸 궁			

窮

다할 궁

躬에 동굴을 뜻하는 穴구멍 혈을 씌우면 窮다할 궁이 됩니다. 동굴 속을 끝까지 파고 들어간다는 뜻인데, 무엇을 끝까지 탐구하거나, 끝에 도달하여 궁한 처지에 몰린 뜻을 나타냅니다.

窮理 뜻 이치에 대한 생각을 다함, 깊이 연구함

궁 리

예 홍길동은 집을 나가 산속으로 들어갈 窮理를 했다.

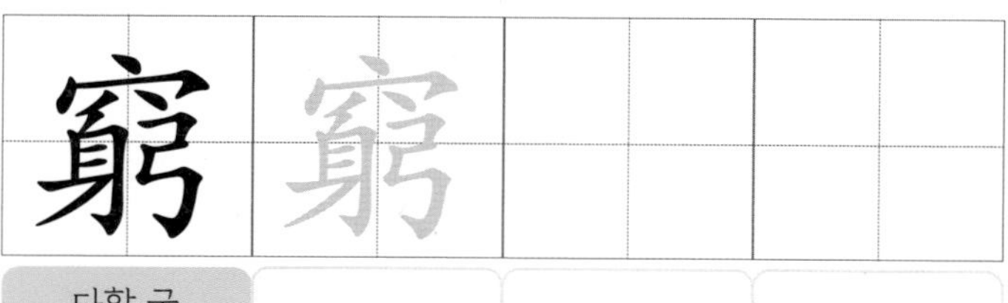

窮	窮		
다할 궁			

문제 풀기

1 네모칸에 알맞은 글자를 넣어 보아요.

2 한자의 음과 뜻을 알맞게 이어 보아요.

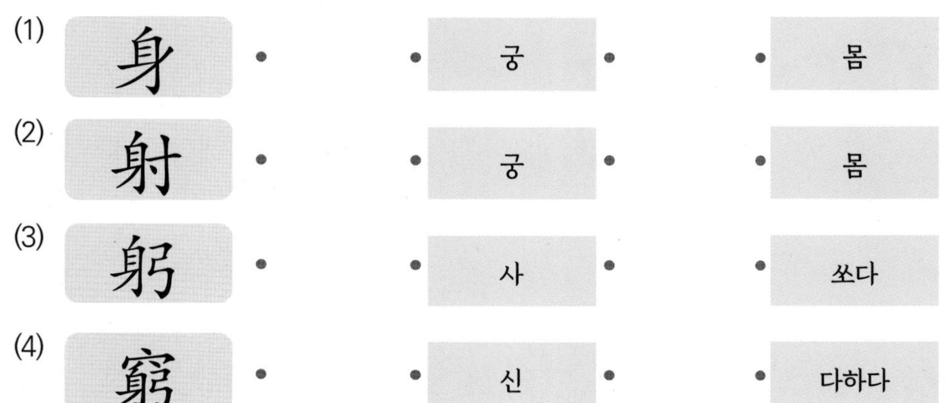

3 빈칸에 알맞은 한자를 써 보아요.

(1) 건강한 신체(　　體)에 건전한 정신이 깃든다.

(2) 우리나라도 인공위성을 발사(發　　) 해서 우주시대를 열어가고 있군.

(3) 귀하는 평소 인권신장을 위해 다문화가정 돕기를 실천 궁행(　　行)했습니다.

(4) 홍길동은 이를 견디지 못하고 집을 나가 산속으로 들어갈 궁리(　　理)를 했다.

*정답 : 246쪽

4 내용을 소리 내어 읽고 한자를 한글로 써 보세요.

"이 답이 아니면 어떻게 하지? 애들이 보고 웃을 텐데, 틀리면 무슨 亡身이냐. 아... ... 틀렸나봐."

*국어 4

5 열쇠의 뜻 풀이를 이용하여 가로 세로 단어 퍼즐을 완성해 보세요.

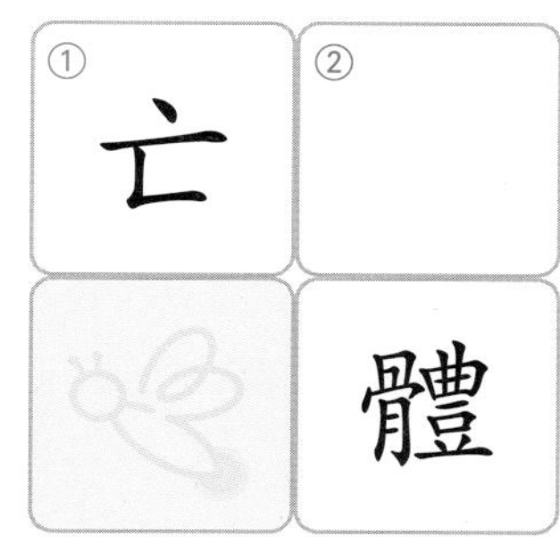

[가로열쇠 ①] 망한 몸

[세로열쇠 ②] 몸

6 QR코드를 찍어 영상을 본 후, 문제를 풀어 보아요.

(1) 음: __________ 뜻: __________

관련단어: __________

월 일

6급

병 병

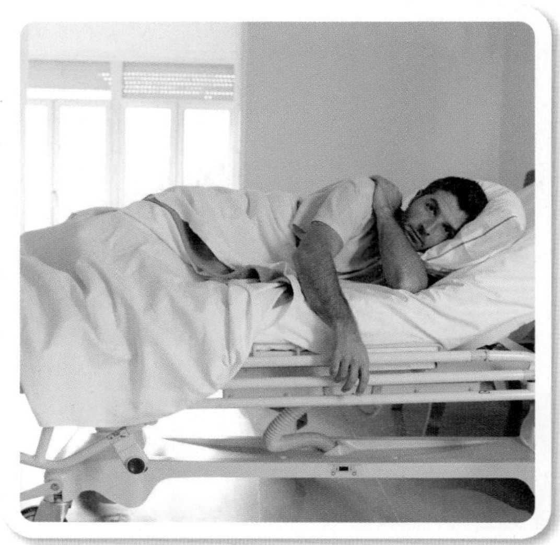

病 알아보기

옛한자

病은 疒기댈 녁과 丙남쪽 병으로 이루어진 글자입니다. 疒은 환자가 기댄 침상을 본뜬 글자입니다. 이 글자가 들어가는 한자에 '病, 疾, 症, 痛 …' 등이 있는데 모두 '병, 아픔'과 관련된 뜻을 지니고 있습니다.

病 따라 쓰기

10획 丶 亠 广 广 疒 疒 疒 疔 病 病 病

病	病	病	病
병 병			

찍으면 획순 영상이 나옵니다.

교과서 핵심 단어

88블록
病

교과서에 나온 내용을 소리 내어 읽어 보아요.

사회 4

病院
병 병 집 원

병원

뜻 병을 치료하는 집

○○면 주민들은 읍내에 있는 病院에 가려면 하루 두 번 운행하는 버스를 이용해야 한다. 그래서 이들에게 가장 반가운 손님은 문 앞까지 찾아오는 이동 보건소의 '건강 버스'이다.

사회 5

日射病
날 일 쏠 사 병 병

일사병

뜻 햇빛에 쬐여 생긴 병

폭염은 하루 최고 기온이 33℃ 이상 올라가는 심한 더위이다. 폭염으로 日射病, 열사병 등의 온열 질환이 유발될 수 있으므로 야외 활동을 자제하고 수분을 충분히 섭취해야 한다.

핵심한자 완성하기!

*정답 : 246쪽

(1) ○○면 주민들은 읍내에 있는 병원(☐院)에 가려면 하루 두 번 운행하는 버스를 이용해야 한다.

(2) 폭염으로 일사병(日射☐), 열사병 등의 온열 질환이 유발될 수 있다.

블록 한자

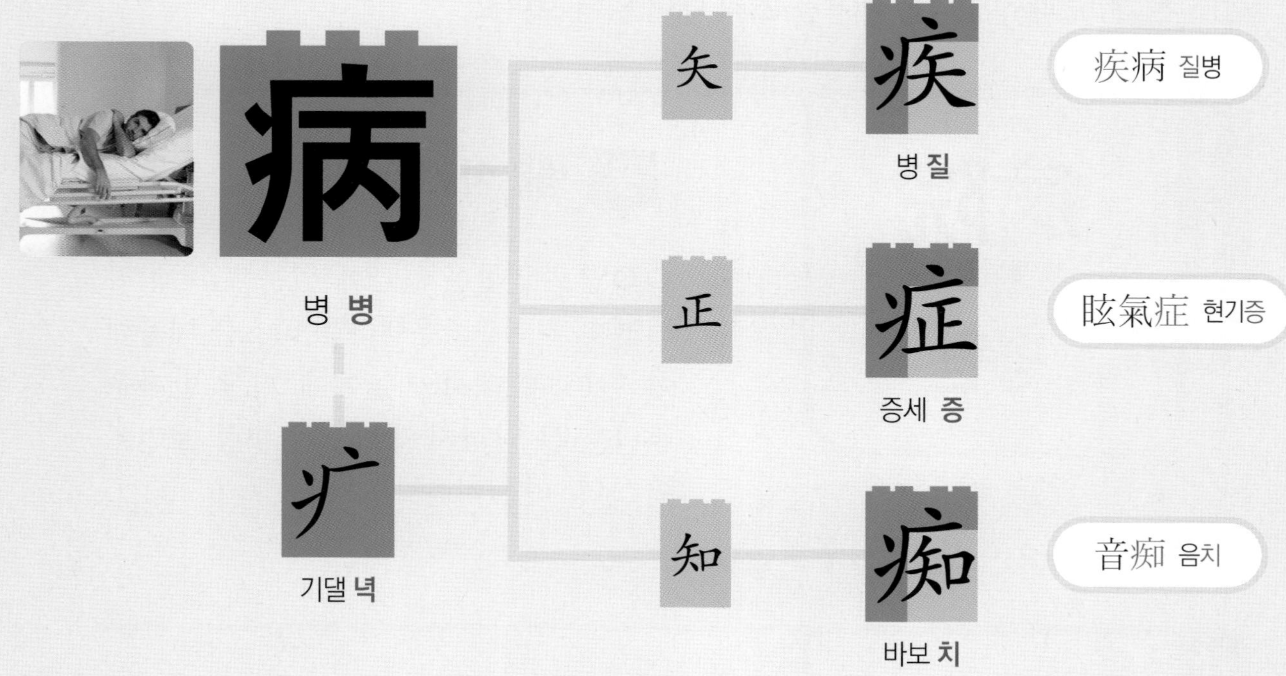

* 眩 아찔할 현, 氣 기운 기, 音 소리 음

疾

병 질 

疒기댈 녁 속에 화살을 뜻하는 矢화살 시를 넣으면 疾병 질이 됩니다. 화살에 맞아서 병든 사람을 연상하면 쉽습니다.

疾病  병

질 병  세균은 음식을 상하게 하고 疾病을 일으키기도 합니다.

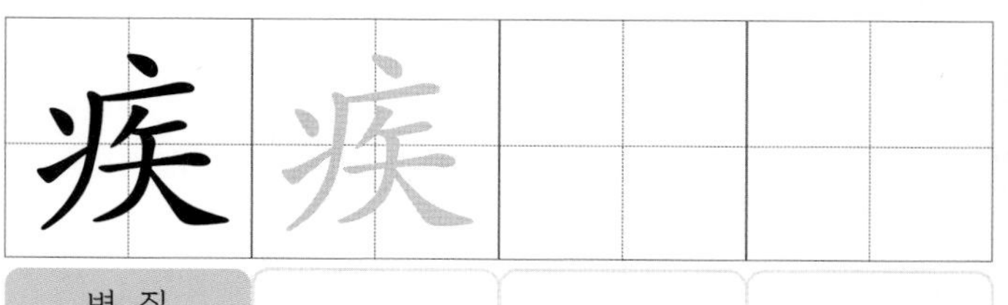

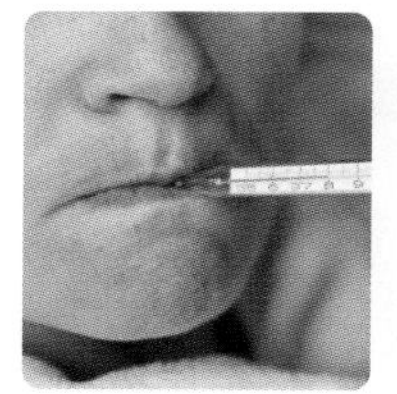

症

증세 증 3급

疒 속에 正을 넣으면 症증세 증이 됩니다. 正은 症의 발음인 '증'을 표현하기 위해 넣은 것입니다.

眩氣症 뜻 아찔한 기운이 나는 증세
현 기 증 예 갑자기 가슴이 뻐근해지고, 어질어질 眩氣症이 일었습니다.

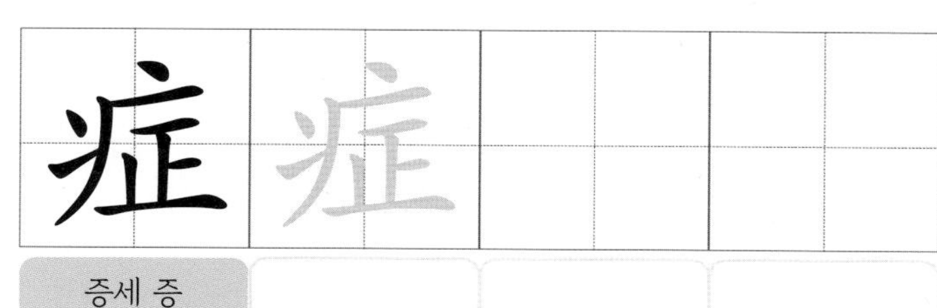

바보 치 특급

疒 속에 知알 지를 넣으면 痴바보 치가 됩니다. 아는 것에 병이 났다는 뜻입니다.

音痴 뜻 음에 대한 바보, 노래 못 부르는 사람
음 치 예 이 노래는 音痴라도 쉽게 부를 수 있는 노래이다.

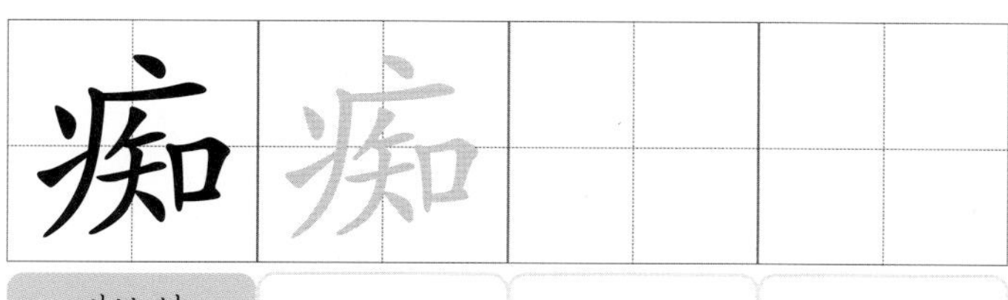

문제 풀기

1 네모칸에 알맞은 글자를 넣어 보아요.

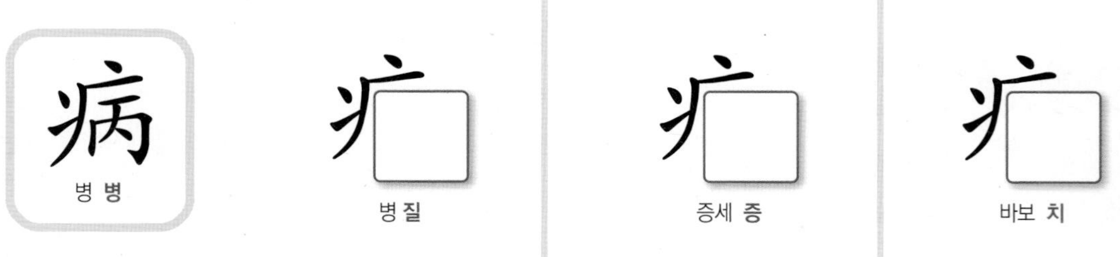

2 한자의 음과 뜻을 알맞게 이어 보아요.

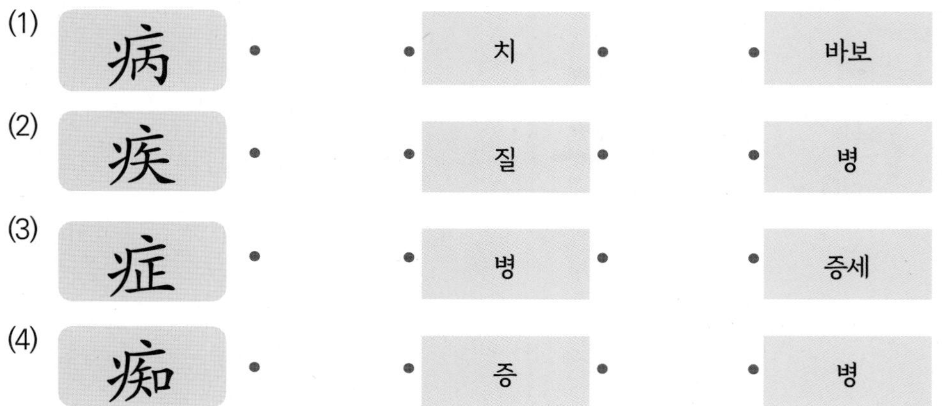

3 빈칸에 알맞은 한자를 써 보아요.

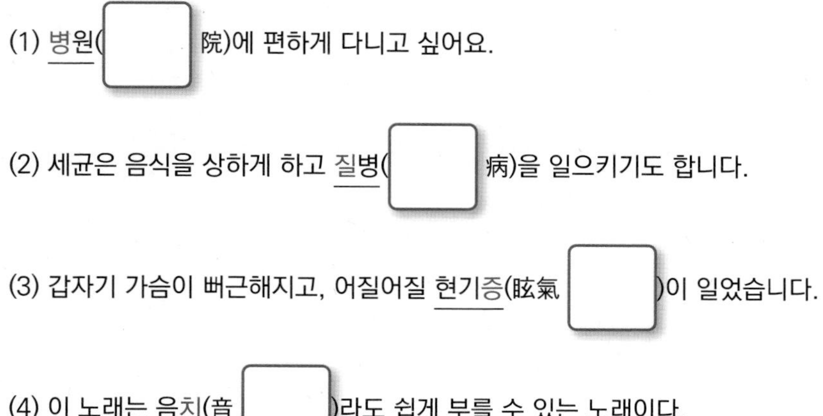

(1) 병원(院)에 편하게 다니고 싶어요.

(2) 세균은 음식을 상하게 하고 질병(病)을 일으키기도 합니다.

(3) 갑자기 가슴이 뻐근해지고, 어질어질 현기증(眩氣)이 일었습니다.

(4) 이 노래는 음치(音)라도 쉽게 부를 수 있는 노래이다.

*정답 : 246쪽

4 내용을 소리 내어 읽고 한자를 한글로 써 보세요.

폭염으로 日射病, 열사병 등의 온열 질환이 유발될 수 있으므로 야외 활동을 자제하고 수분을 충분히 섭취해야 한다.

*사회 5

5 열쇠의 뜻 풀이를 이용하여 가로 세로 단어 퍼즐을 완성해 보세요.

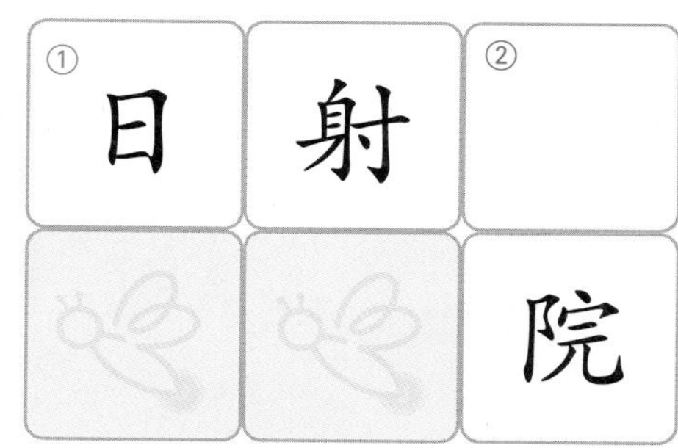

[가로열쇠 ①] 햇빛에 쬐여 생긴 병

[세로열쇠 ②] 병을 치료하는 집

6 QR코드를 찍어 영상을 본 후, 문제를 풀어 보아요.

(1) 음: 뜻:
관련단어:

만화로 배우는

한자성어

동병상련
(同病相憐)

같은 병으로 서로 딱하게 여김.
[같을 同, 서로 相, 딱하게 여길 憐]

에휴….
중얼…
사랑이란 뭘까….
멈칫…
바다도 사랑에 관한 고민을 하니?
응? 으응….
음~ 말하자면,
이루어질 가능성이 희박한 사랑에 대한 고민… 이라고 해야 하나?
음~
바다가… 달콤쌉싸래한 사랑의 고민을…?
쿠구궁!!
맨날 게임만 하던 바다가….
연애엔 눈곱만치도 관심이 없던 그 바다가!
현실 인간은 관심 밖입니다.

바다야….
동병상련 同病相憐 이라는 말이 있듯이….
앞으로 우리 서로의 고민과 아픔을 공유하자.
같은 아픔과 고민을 가진 처지끼리….
뭐? 반짝이 너도 같은 고민을 하니?
응, 나도 짝사랑에 대한….
그, 그럼 혹시!
너도 이 캐릭터 공략이 안 돼서 고민하는 거야?
이 설정과 외관으로 공략 불가능한 조연 캐릭터라니
두둥!!
말이 안 된다고 생각하지 않아?!
분명 공략 가능한 히든 루트가 있을 텐데
게임 얘기였구나….

동영상으로 익히는

블록한자

* 아래 QR을 찍으면 동영상이 나옵니다. 동영상을 따라서 한눈에 정리해보아요.

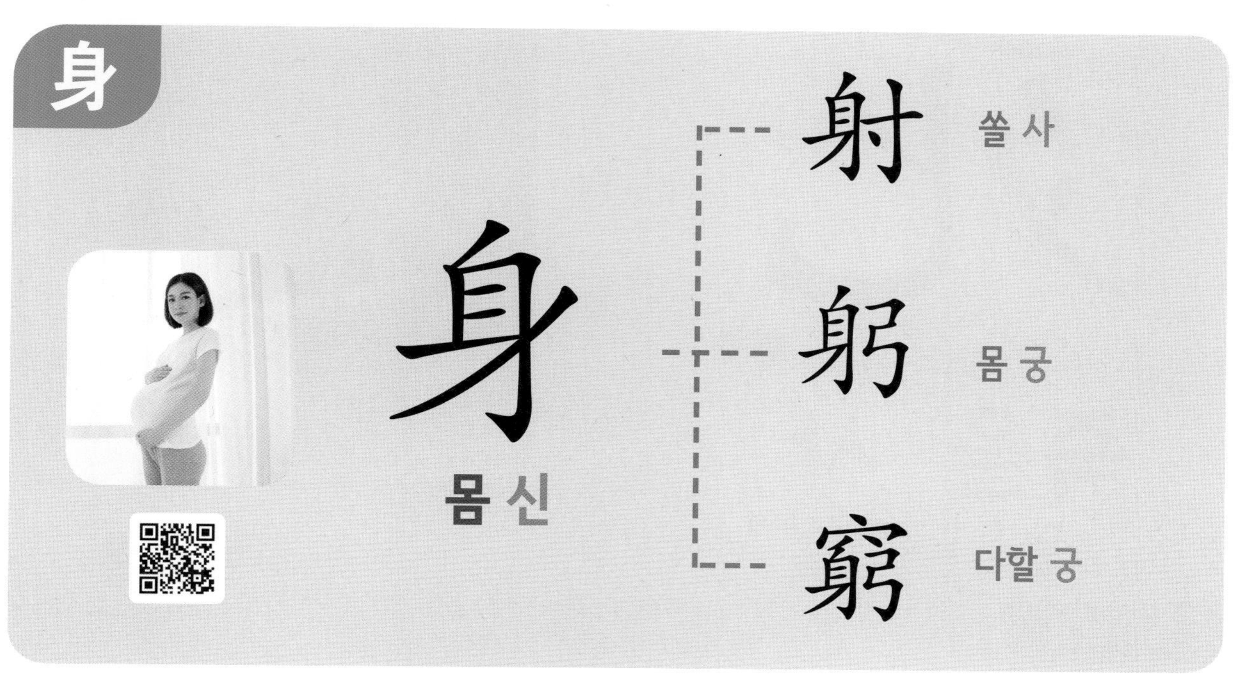

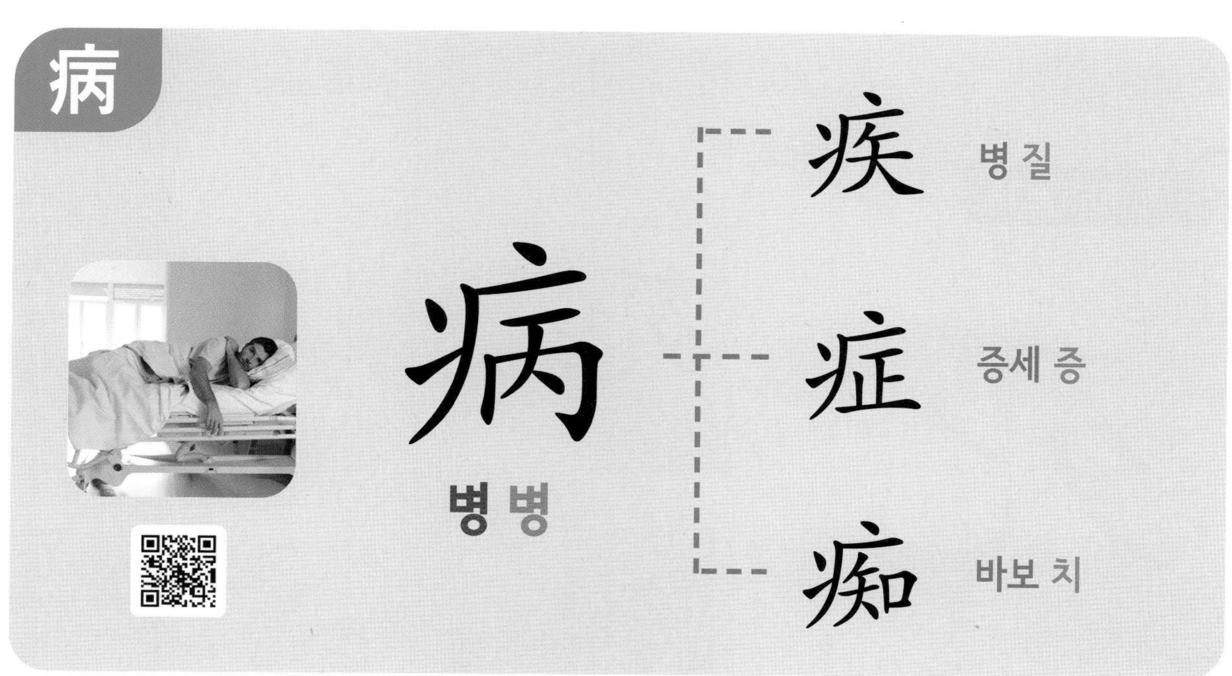

핵심 한자

월 일

6급

죽을 사

死 알아보기

옛 한자

死는 歹부수어진 뼈 알과 匕비수 비가 결합된 글자입니다. 사람의 뼈에 비수가 꽂혀 있는 것을 표현하여 죽음을 나타내었습니다. 生死생사, 死亡사망 등 많은 글자를 만듭니다.

死 따라 쓰기

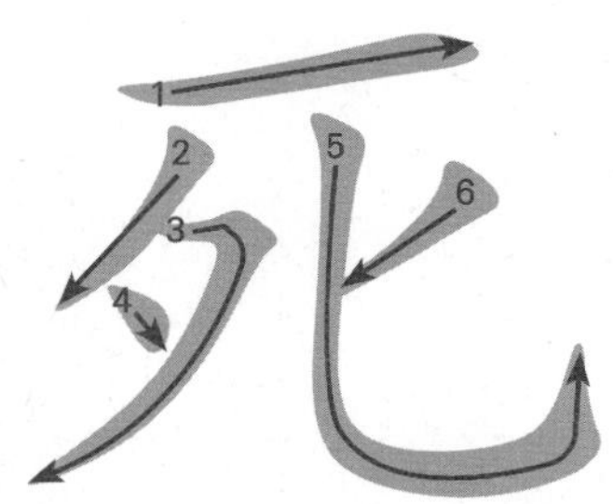

6획 一 𠂆 歹 歹 歺 死

찍으면 획순 영상이 나옵니다.

교과서 핵심 단어

89블록
死

교과서에 나온 내용을 소리 내어 읽어 보아요.

사회 5

生死
날 생 죽을 사

생사

뜻 삶과 죽음

6·25전쟁 중에 국군과 국제 연합군뿐만 아니라 많은 민간인이 다치거나 죽었고, 가족이 흩어져 서로 生死를 확인하기 어려운 경우가 많았다.

교과서 밖

不死鳥
아닐 불 죽을 사 새 조

불사조

뜻 죽지 않는 새

不死鳥는 영원히 죽지 않는 새이다. 생명을 해치지 않고 이슬만 먹고 살아가고 향기로운 풀과 돌을 좋아한다. 500년마다 자신의 몸을 불 태우고 다시 태어난다고 한다.

핵심한자 완성하기!

*정답 : 247쪽

(1) 가족이 흩어져 서로 생사(生 ☐)를 확인하기 어려운 경우가 많았다.

(2) 불사조(不 ☐ 鳥)는 영원히 죽지 않는 새이다.

블록 한자

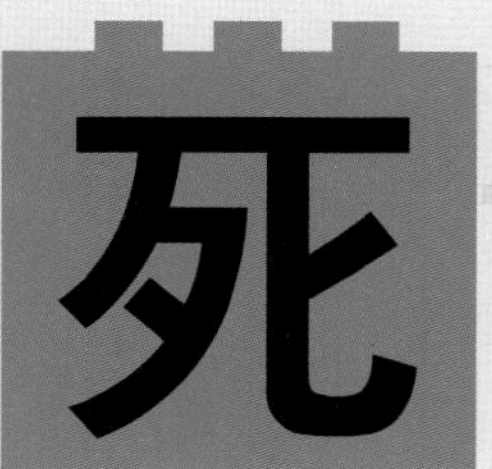

죽을 사

부수어진뼈 알

廾

葬

장사지낼 장

火葬 화장

刂

列

벌일 열

羅列 나열

灬

烈

세찰 열

烈士 열사

* 羅 벌일 라, 士 선비 사

葬 장사지낼 장 3급

죽은 사람[死]의 아래에 널판지[廾]를 놓고 그 위로는 풀[艹]을 덮은 모양입니다. 옛날의 장례식 모습을 표현한 것으로, '장사지내다'라는 뜻을 가집니다.

火葬 화 장

뜻 불에 태워 장사지냄

예 부친의 유언에 따라 부친의 시신을 火葬하였다.

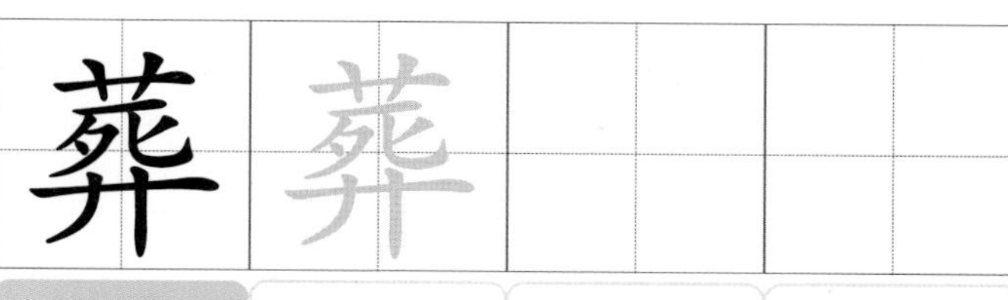

列

벌일 열 

歹에 刂를 붙이면 칼로 뼈를 발라 늘어 놓는다는 뜻이 됩니다. 列擧열거, 羅列나열 등의 단어에 들어갑니다.

  펼쳐서 늘어놓음

羅列 나 열

 알맞은 카드를 골라 羅列해 보세요.

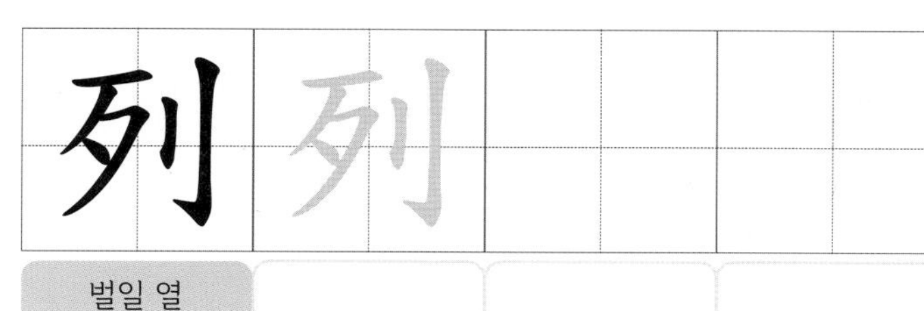

烈

세찰 열 

列 밑에 灬를 붙이면 불처럼 맵고 세차다는 의미를 지니게 됩니다. 烈女열녀, 烈士열사라는 말을 들어 보았죠? 의지가 세찬 분들을 칭하는 말입니다.

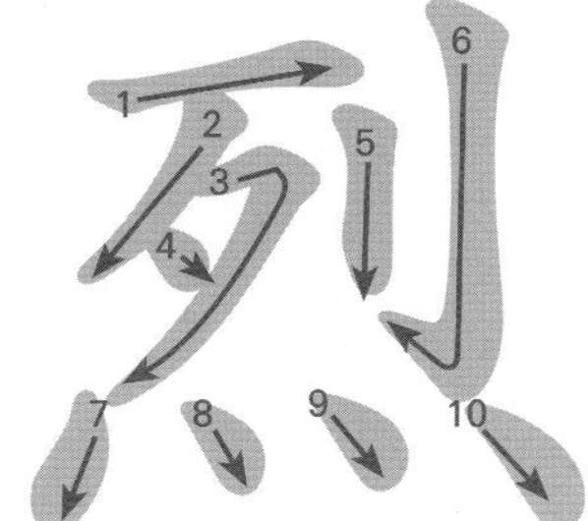

烈士 열 사

 뜻이 세찬 선비

 유관순 烈士님, 안녕하세요? 烈士님께 묻고 싶은 것이 많습니다.

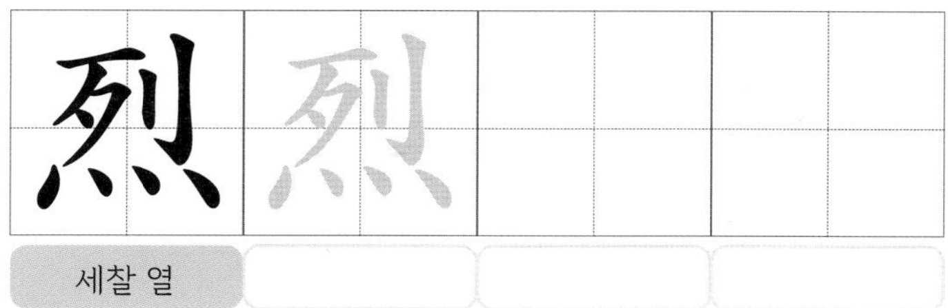

문제 풀기

1 네모칸에 알맞은 글자를 넣어 보아요.

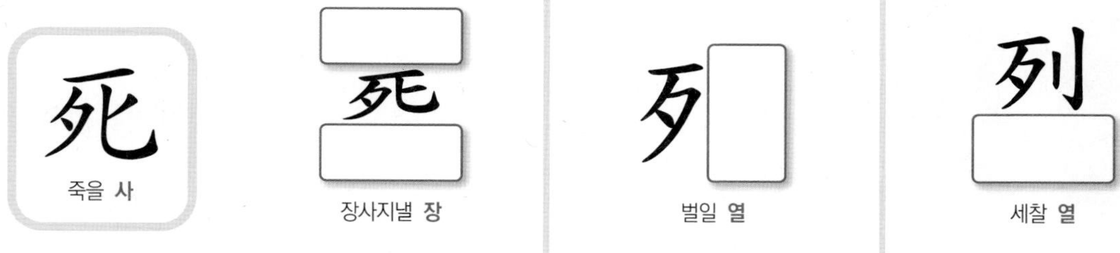

2 한자의 음과 뜻을 알맞게 이어 보아요.

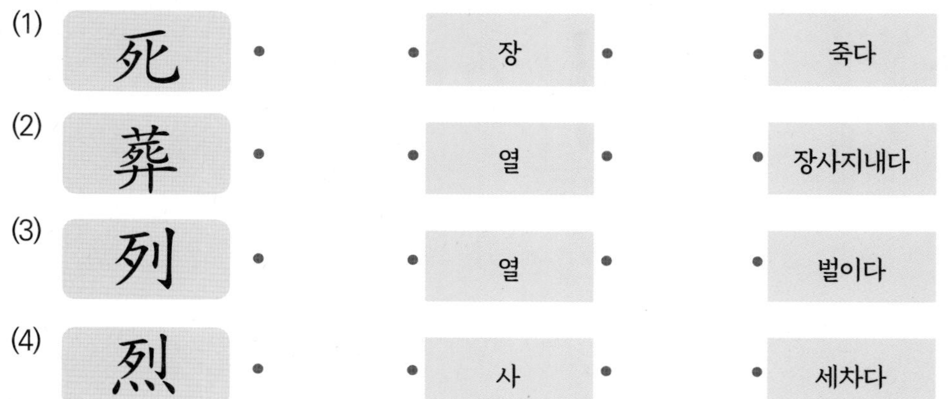

3 빈칸에 알맞은 한자를 써 보아요.

(1) 불사조(不 ☐ 鳥)는 영원히 죽지 않는 새이다.

(2) 부친의 유언에 따라 부친의 시신을 화장(火 ☐)하였다.

(3) 알맞은 카드를 골라 나열(羅 ☐)해 보세요.

(4) 유관순 열사(☐ 士)님, 안녕하세요? 열사(☐ 士)님께 묻고 싶은 것이 많습니다.

*정답 : 247쪽

4 내용을 소리 내어 읽고 한자를 한글로 써 보세요.

6·25전쟁 중에 국군과 국제 연합군뿐만 아니라 많은 민간인이 다치거나 죽었고, 가족이 흩어져 서로 生死를 확인하기 어려운 경우가 많았다.

*사회 6

5 열쇠의 뜻 풀이를 이용하여 가로 세로 단어 퍼즐을 완성해 보세요.

[가로열쇠 ①] 죽지 않는 새

[세로열쇠 ②] 삶과 죽음

6 QR코드를 찍어 영상을 본 후, 문제를 풀어 보아요.

(1) 음: ________ 뜻: ________

관련단어: ________

핵심 한자

월 일

5급

망할 망

亡 알아 보기

옛 한자

亡의 옛 글자를 보면 人이 낭떠러지에서 떨어지는 모습이 보입니다. 이로 인하여 '망하다, 죽다, 없어지다'의 의미가 생겼습니다.

亡 따라 쓰기

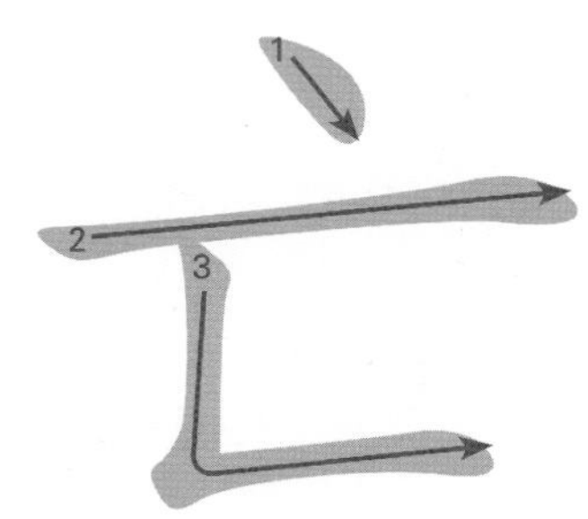

3획 丶 亠 亡

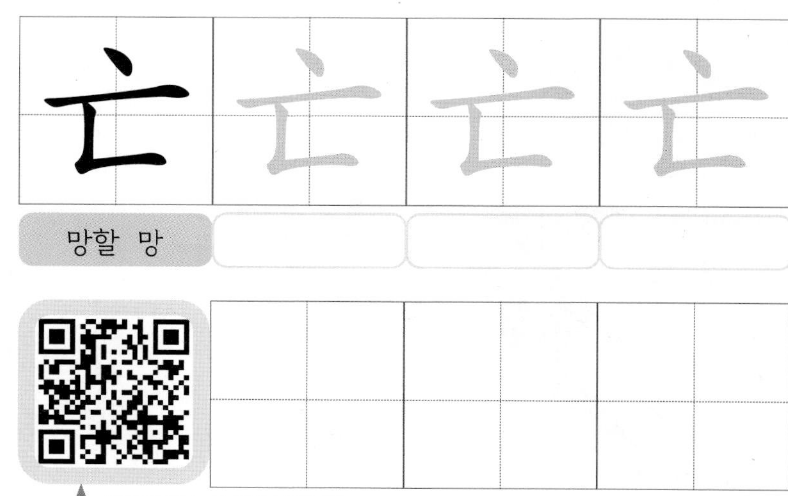

찍으면 획순 영상이 나옵니다.

교과서 핵심 단어

90블록 亡

교과서에 나온 내용을 소리 내어 읽어 보아요.

사회 5

逃亡
도망할 도 망할 망

도망

뜻 피하여 없어짐

고려군이 그 기세를 타고 용기백배해 격렬히 공격하니, 거란 군사들이 북으로 逃亡치기 시작했다.……살아서 돌아간 사람이 겨우 수천 명이었으니, 거란이 이토록 심하게 패배한 적은 없었다.

사회 5

死亡
죽을 사 망할 망

사망

뜻 죽어서 없어짐

얼마 후 도요토미 히데요시가 死亡해 일본군이 조선에서 철수하면서 7년간의 긴 전쟁은 끝이 났다. 조선이 임진왜란을 극복할 수 있었던 까닭은 무엇일까요?

핵심한자 완성하기!

*정답 : 247쪽

(1) 거란 군사들이 북으로 도망(逃 ☐)치기 시작했다.

(2) 얼마 후 도요토미 히데요시가 사망(死 ☐)하였다.

블록 한자

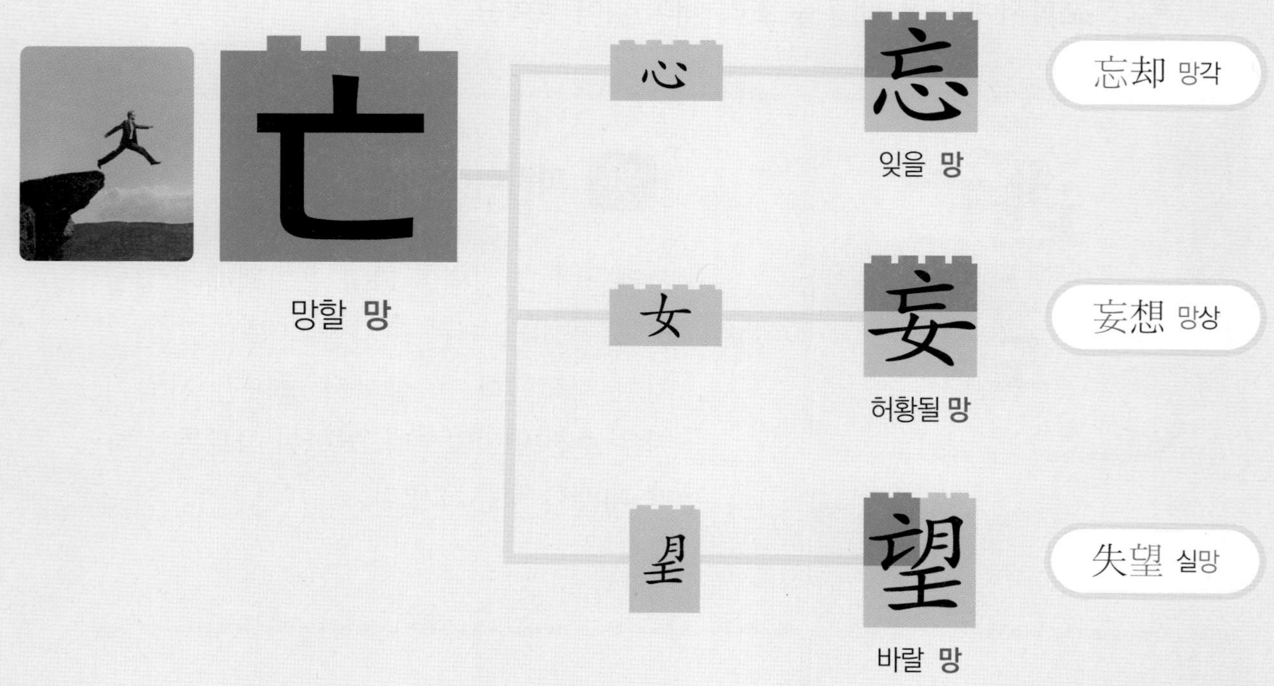

* 却 물리칠 각, 想 생각할 상, 失 잃을 실

忘 잊을 망 3급

亡에 心을 붙인 忘잊을 망은 마음속에서 망하는 것을 나타냅니다. 마음속에서 망한다는 건 무슨 말일까요? 그렇습니다. '잊는다'는 뜻입니다.

忘却 망각 | 뜻 (기억을) 잊어 물리침

예 너희가 사람의 본분을 亡却하지는 않았는지 걱정이다.

妄

허황될 망 3급

亡 아래에 女를 붙이면 妄허황될 망이 됩니다. '정신이 나간 여인'이란 뜻인데, '거짓, 허황'이란 뜻으로 확장되어 쓰입니다.

허황된 생각

꿈이 현실과 너무 멀면 그 꿈은 妄想이다.

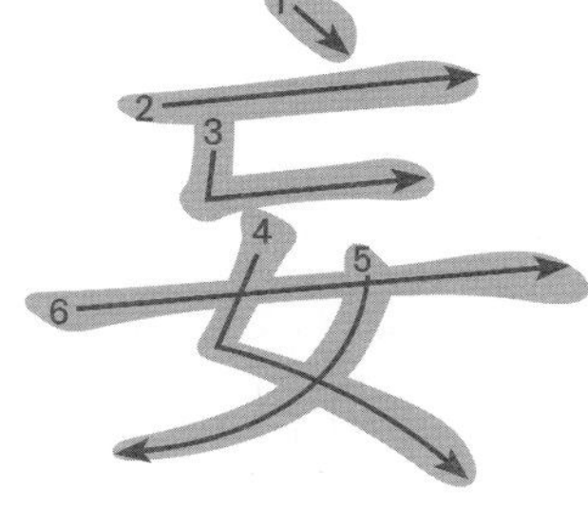

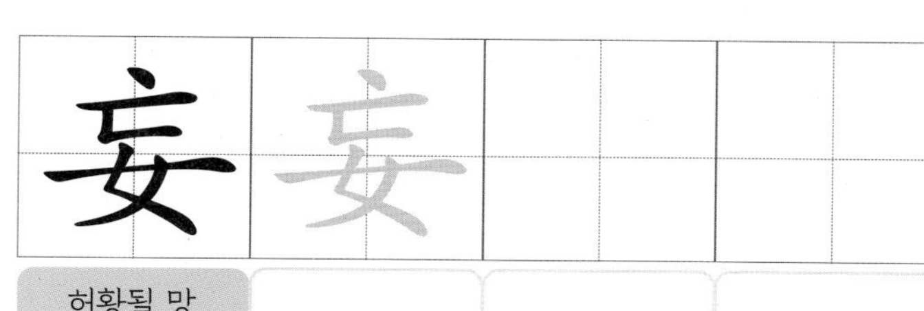

望

바랄 망 

亡에 月을 붙이고 그 아래 壬을 쓴 望바랄 망은 '보름달'을 뜻하는 글자입니다. 壬은 사람이 우뚝 선 모습이고, 月은 그가 바라보는 달, 亡은 발음을 위해 넣어 둔 것입니다. 보름달을 바라보면서 소망을 빌었기 때문에 '바라다, 그리워하다'는 뜻을 가집니다.

失望 

바라는 바를 잃음

실 망 

주말 동안 비가 온다는 예보로 장터가 취소되자 失望했다.

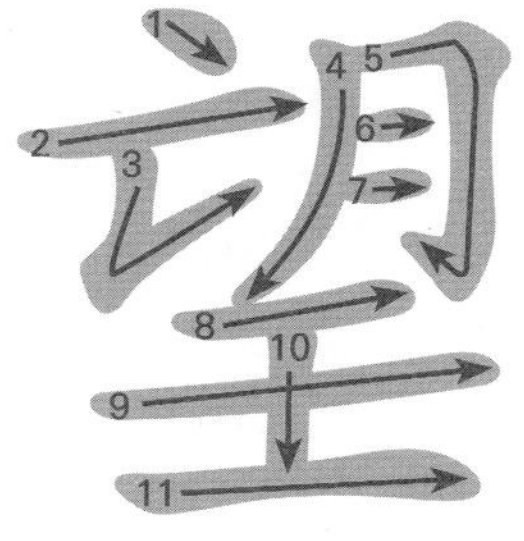

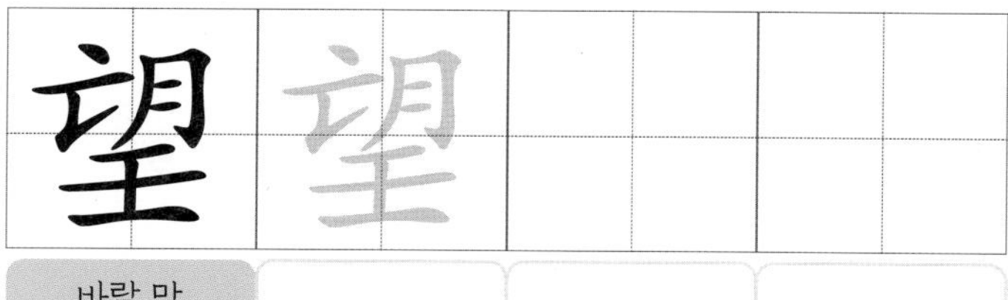

문제 풀기

1 네모칸에 알맞은 글자를 넣어 보아요.

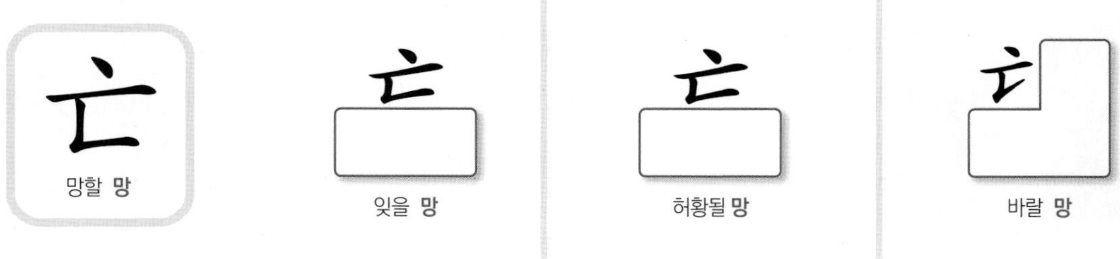

2 한자의 음과 뜻을 알맞게 이어 보아요.

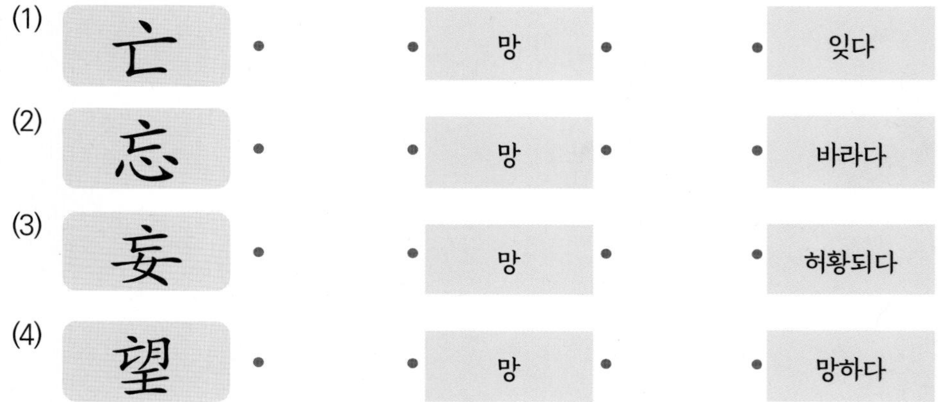

3 빈칸에 알맞은 한자를 써 보아요.

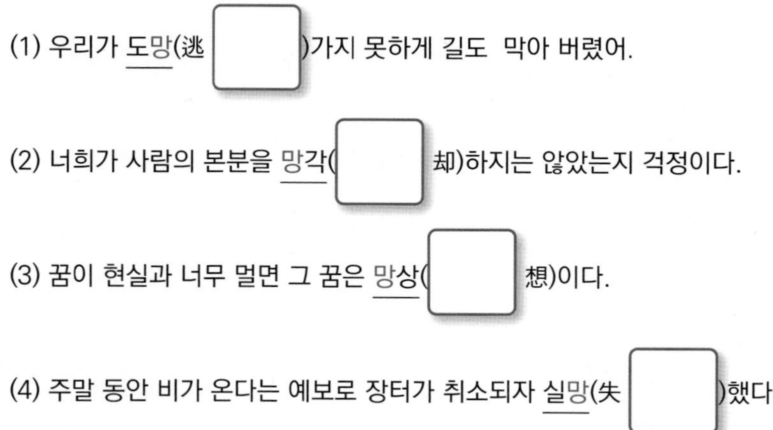

*정답 : 247쪽

4 내용을 소리 내어 읽고 한자를 한글로 써 보세요.

어린이가 교통사고로 死亡하는 유형을 보면 보행 중에 교통사고로 死亡하는 경우의 비율이 매우 높다.

*사회 5

5 열쇠의 뜻 풀이를 이용하여 가로 세로 단어 퍼즐을 완성해 보세요.

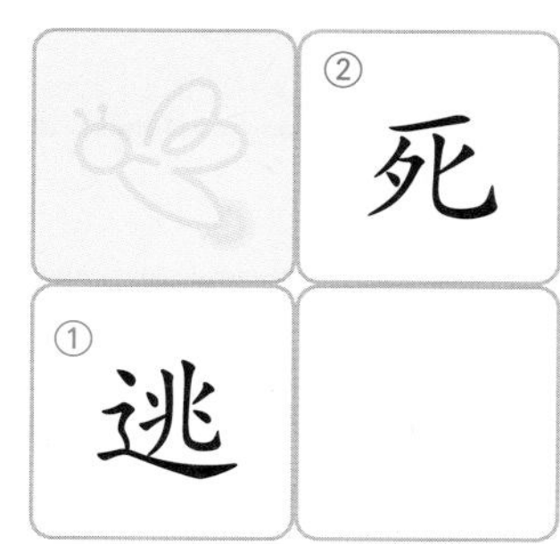

[가로열쇠 ①] 피하여 없어짐

[세로열쇠 ②] 죽어서 없어짐

6 QR코드를 찍어 영상을 본 후, 문제를 풀어 보아요.

(1) 음: 뜻:

관련단어:

만화로 배우는

한자성어

순망치한 (脣亡齒寒)

입술이 망하면 이가 차가움. [입술 脣, 이 齒, 찰 寒]

야, 최용~

응?

학교 끝나고

좋지!

제철 생선* 먹으러 GO?

*붕어빵

…너희 둘은 보면 말이야,

늘 딱! 붙어 있단 말이지~

당연하지! 우리는 운명공동체….

한시라도 떨어져 있으면 죽기라도 하는 것처럼….

순망치한 脣亡齒寒의 관계니까 말이야!

비가 오나 눈이 오나 언제나 함께라고!

그래, 한시라도 떨어지면 안 돼!

엥… 그렇게까지?

그야~

평소 서로 번갈아 가면서 서로의 숙제를 베끼는데….

하루라도 한 명이 부재하면 나머지 한 명이 망할 수 있거든….

그리고 둘 중 하나라도 이 사실을 선생님께 일러바치면 같이 망하니까!

그래서 우린 떼려야 뗄 수 없는 관계라는 거야~!

오호라, 비리로 똘똘 뭉친…

순망치한 脣亡齒寒의 관계로구나….

동영상으로 익히는

블록한자

* 아래 QR을 찍으면 동영상이 나옵니다. 동영상을 따라서 한눈에 정리해보아요.

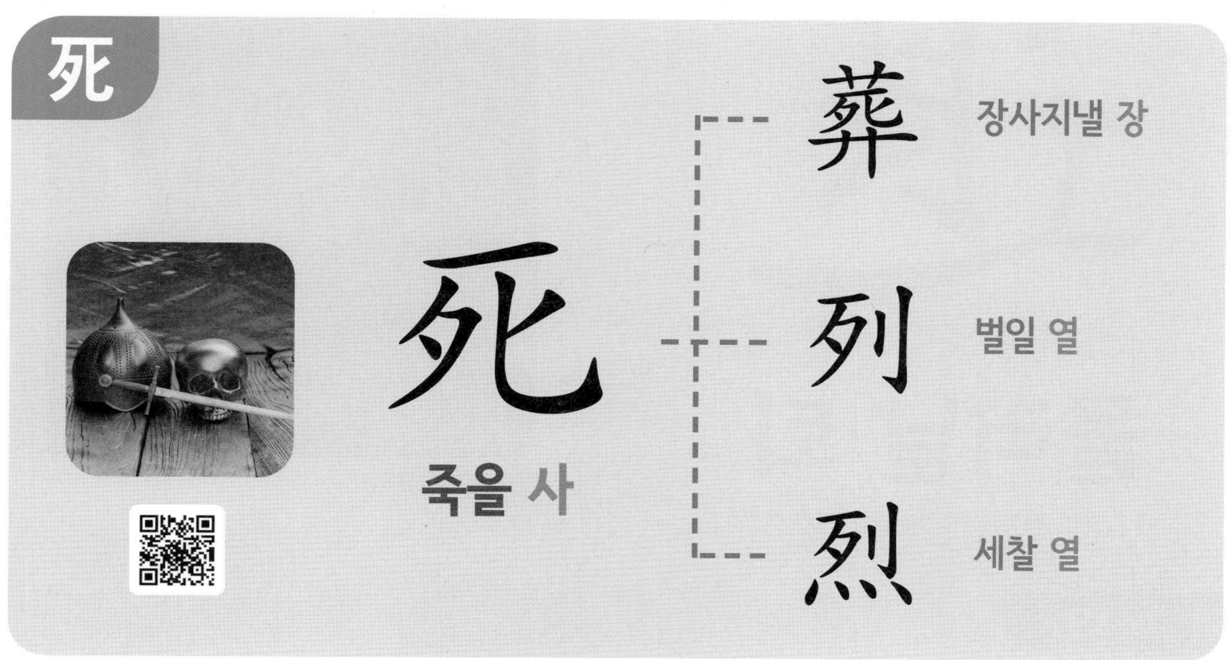

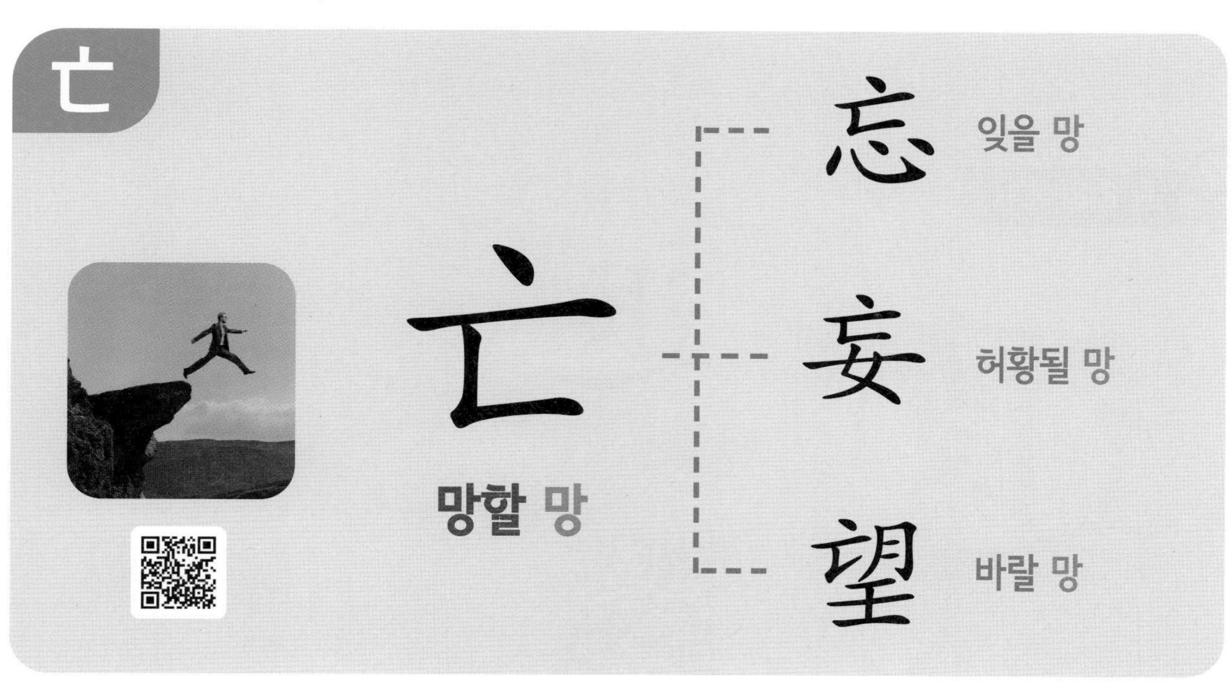

핵심 한자

4급

물러날 퇴

退 알아 보기

옛 한자

退는 艮과 辶이 결합한 글자입니다. 艮딱딱할 간이 들어간 글자는 늘 딱딱하다는 뜻과 관련되는데 退 역시 딱딱한 것에 막혀 물러선다는 뜻을 지니고 있습니다.

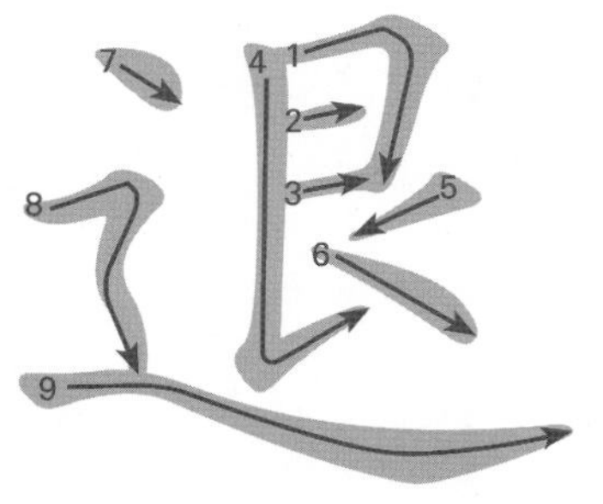

9획 ㄱ ㅋ ㅋ 巳 巳 艮 ˋ艮 ì艮 退

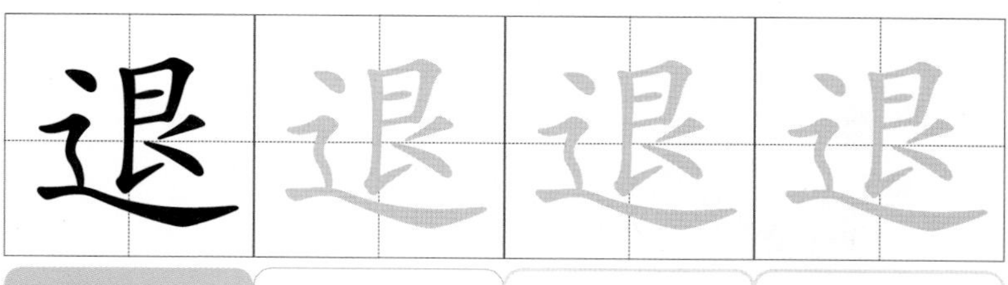

물러날 퇴

찍으면 획순 영상이 나옵니다.

교과서 핵심 단어

91블록
退

교과서에 나온 내용을 소리 내어 읽어 보아요.

사회 5

後退
뒤 후 물러날 퇴

후퇴

뜻 뒤로 물러남

전쟁에 대비하지 못한 국군은 북한군의 침략에 맞섰으나, 소련에게 무기 공급 등의 지원을 받은 북한군의 공격을 이겨 내지 못하고 낙동강 이남까지 後退했다.

국어 6

退場
물러날 퇴 장소 장

퇴장

뜻 장소에서 물러남

나는 1장의 연출을 맡았어. 연기하는 친구들이 등장하고 退場할 때 방향을 잘 정해서 헷갈리지 않도록 도와줄 거야.

핵심한자 완성하기!

*정답 : 247쪽

(1) 북한군의 공격을 이겨 내지 못하고 낙동강 이남까지 후퇴(後 [ ])했다.

(2) 연기하는 친구들은 등장하고 퇴장([ ] 場)할 때 방향을 잘 정해야 해.

블록 한자

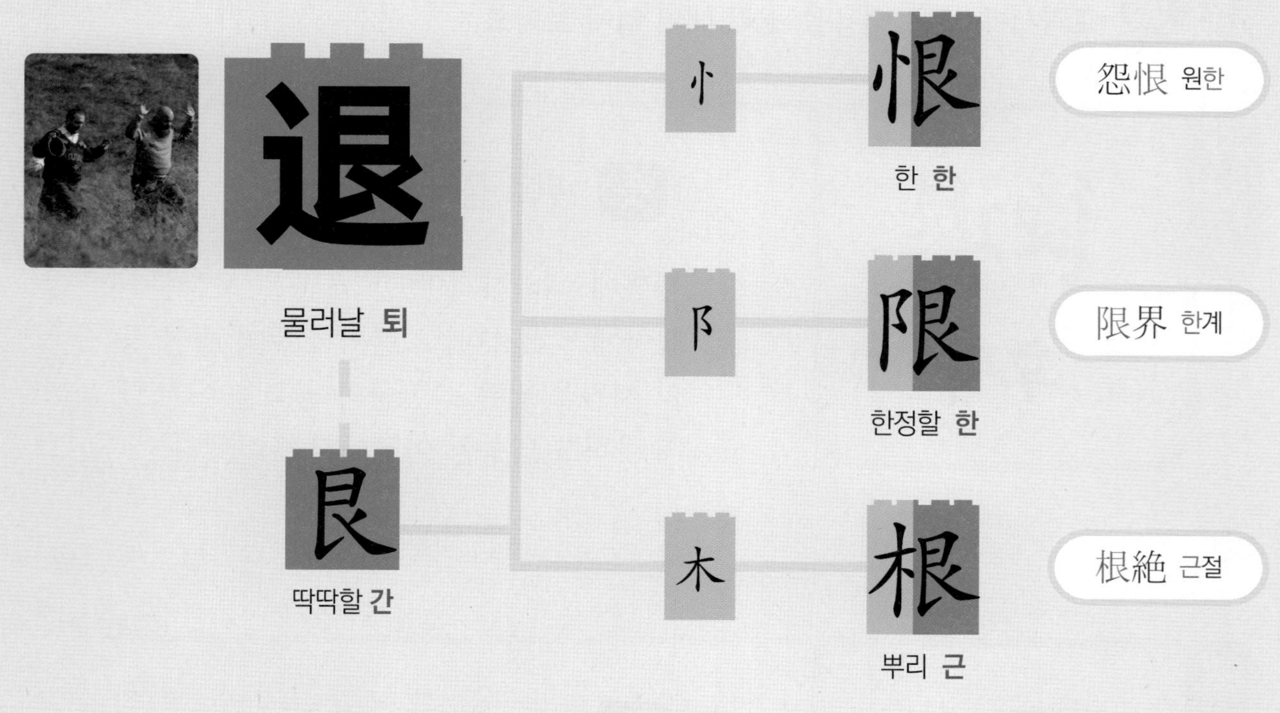

恨

한 한 4급

艮딱딱할 간에 忄 마음 심을 쓴 恨한 한은 마음이 딱딱해진 상태를 나타냅니다. 마음이 딱딱해지는 건 어떤 상태일까요? 그렇습니다. 무언가 맺힌 상태, 마음에 맺힌 한을 뜻합니다.

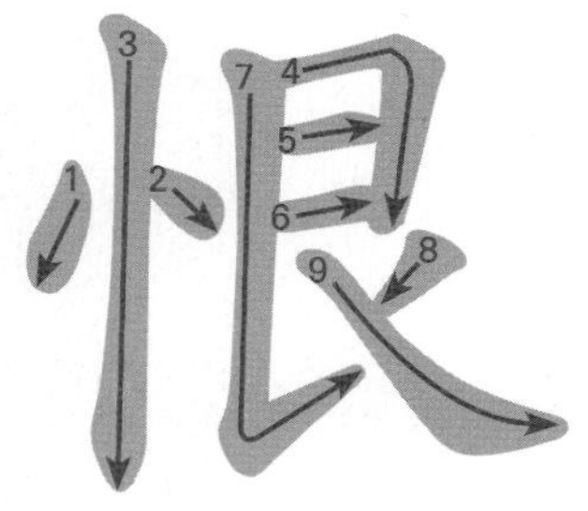

怨恨 원 한

뜻 원망과 한

예 그 둘은 뿌리 깊은 怨恨 관계이다.

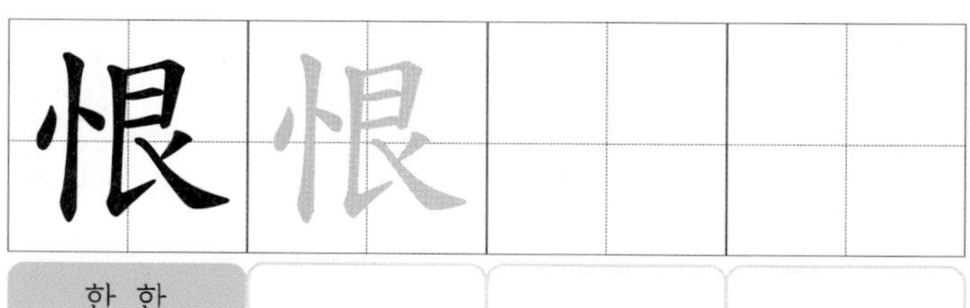

限

한정할 한 

限한정할 한은 艮에 언덕을 뜻하는 阝언덕 부를 붙인 형태로, 언덕에 막혀서 더 이상 나아가지 못하는 상황을 표현한 것입니다. 경계를 벗어날 수 없는 상황에서 '한정하다, 경계'의 뜻을 지닙니다.

限界 
한 계

 한정된 경계

 대한 제국은 국민의 권리를 제대로 보장하지 못한 限界를 지니고 있었다.

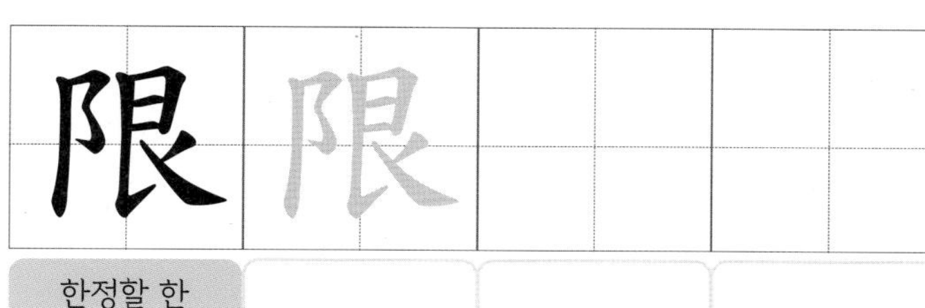

根

뿌리 근 

艮에는 견고하다는 뜻도 있습니다. 根뿌리 근은 艮에 木을 붙여서 나무에서 가장 견고한 부분을 표현하고 있습니다. 나무에서 가장 견고해야 하는 부분은 어딜까요? 뿌리겠죠. 뿌리가 견고하게 박혀 있다면 큰 나무도 지탱할 힘을 얻을 수 있으니까요.

根絶
근 절

뜻 뿌리째 끊어 버림

예 정부는 부동산 투기 根絶을 위해 여러 조치들을 행하였다.

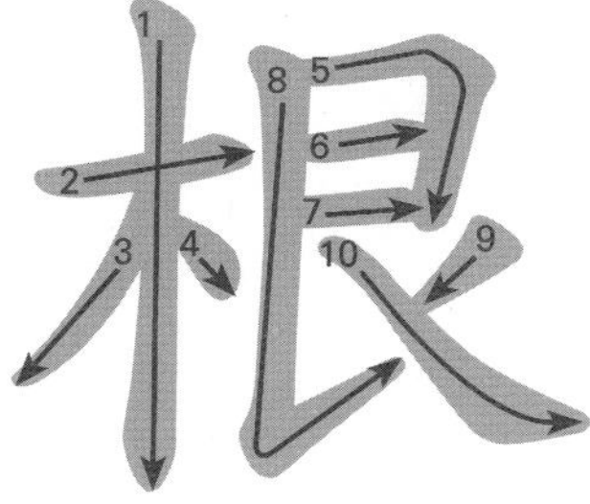

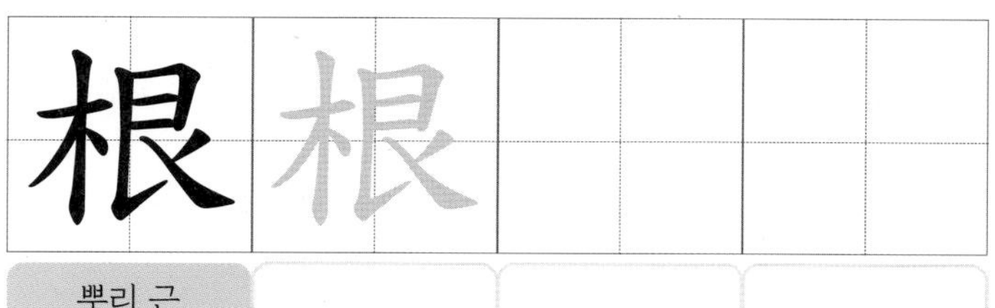

문제 풀기

1 네모칸에 알맞은 글자를 넣어 보아요.

2 한자의 음과 뜻을 알맞게 이어 보아요.

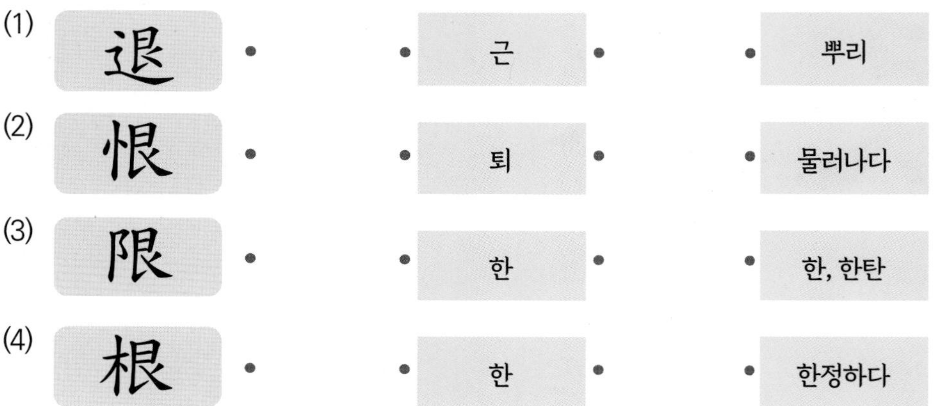

3 빈칸에 알맞은 한자를 써 보아요.

(1) 북한군의 공격을 이겨 내지 못하고 낙동강 이남까지 후퇴(後 　)했다.

(2) 그 둘은 뿌리 깊은 원한(怨 　) 관계이다.

(3) 대한 제국은 국민의 권리를 제대로 보장하지 못한 한계(　 界)를 지니고 있었다.

(4) 정부는 부동산 투기 근절(　 絶)을 위해 여러 조치들을 행하였다.

*정답 : 247쪽

4 내용을 소리 내어 읽고 한자를 한글로 써 보세요.

무대에 등장하고 무대에서 退場할 때 어떻게 해야하는지도 미리 연습할거야.

*국어 6

5 열쇠의 뜻 풀이를 이용하여 가로 세로 단어 퍼즐을 완성해 보세요.

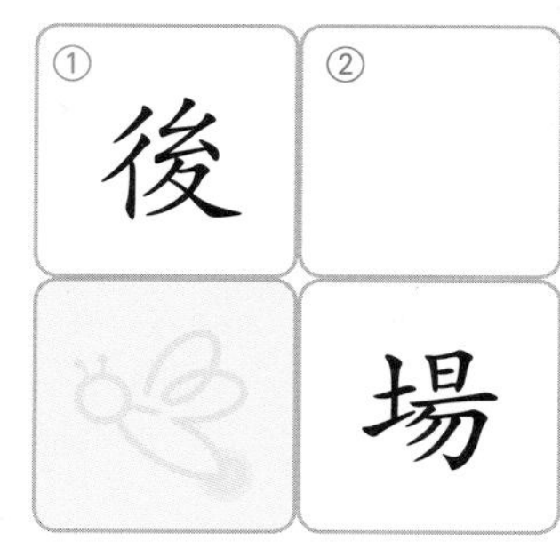

[가로열쇠 ①] 뒤로 물러남

[세로열쇠 ②] 장소에서 물러남

6 QR코드를 찍어 영상을 본 후, 문제를 풀어 보아요.

(1) 음: 뜻:

관련단어:

핵심 한자

월 일

6급

각각 각

各 알아보기

옛 한자

各은 어떤 경계에 들어선 두 발을 뜻하는 글자입니다. 각자가 자신의 집으로 들어간다는 뜻에서 '각각, 따로, 각자'의 뜻이 나왔습니다.

各 따라 쓰기

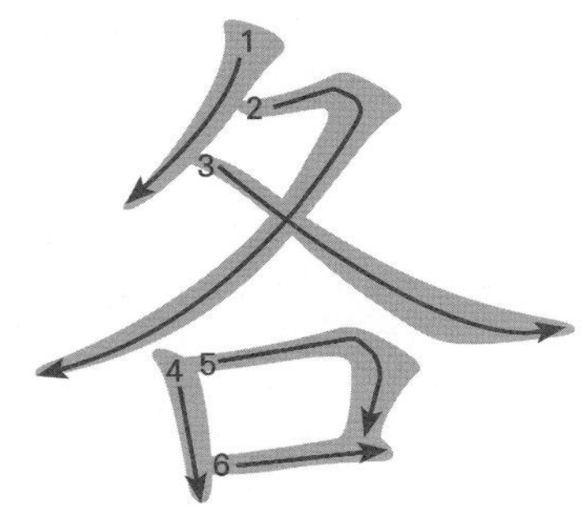

6획 丿 ク 夂 夂 各 各

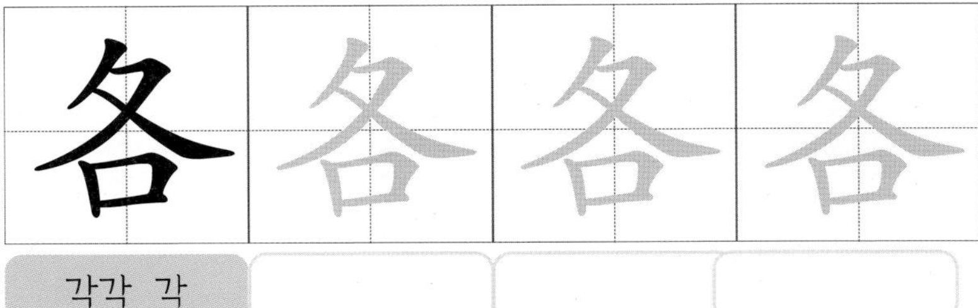

각각 각

찍으면 획순 영상이 나옵니다.

교과서 핵심 단어

92블록
各

교과서에 나온 내용을 소리 내어 읽어 보아요.

국어 5

各自
각각 각 스스로 자
각자

뜻 각자 스스로

우리 역사에 처음 등장하는 나라는 고조선이다. 고조선이 들어선 이후, 여러 나라가 등장하고 사라졌다. 이 나라들은 各自 고유의 문화를 만들면서 우리 역사를 이어나갔다.

국어 5

各種
각각 각 씨 종
각종

뜻 각각의 종류

세종은 우리나라 하늘에서 일어나는 各種 천문 현상을 연구하고자 해와 달, 별의 움직임을 관찰할 수 있는 혼천의를 만들었다.

핵심한자 완성하기!

*정답 : 247쪽

(1) 이 나라들은 각자(　　自)고유의 문화를 만들면서 우리 역사를 이어나갔다.

(2) 세종은 우리나라 하늘에서 일어나는 각종(　　種) 천문 현상을 연구하고자 했다.

블록 한자

각각 각

떨어질 락

落葉 낙엽

길 로

道路 도로

이슬, 드러날 로

露出 노출

*葉 잎 엽, 道 길 도, 出 날 출

落

떨어질 락 5급

各에 氵물 수를 붙이면 洛물이름 락 이 됩니다. 洛은 낙동강 등 지명에 쓰이는 글자입니다. 洛에 艹풀초를 붙인 落떨어질 락은 나뭇잎이나 풀잎이 물에 떨어지는 상황을 나타냅니다.

落葉 뜻 떨어진 잎

낙 엽 예 온도는 식물의 잎에 단풍이 들고 落葉이 지는 데 영향을 준다.

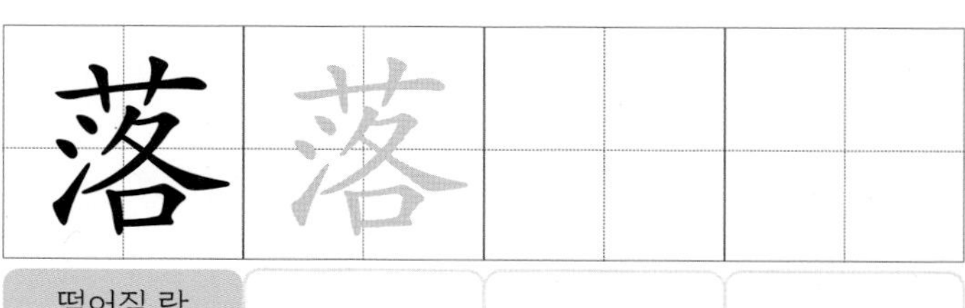

路

길 로 

各따로 각에 𧾷발 족을 쓰면 路길 로가 됩니다. 𧾷은 足와 같은 글자입니다. 각각 걷고 있는 발을 강조하여 사람들이 걸어 다니는 곳, 즉 '길'을 뜻합니다.

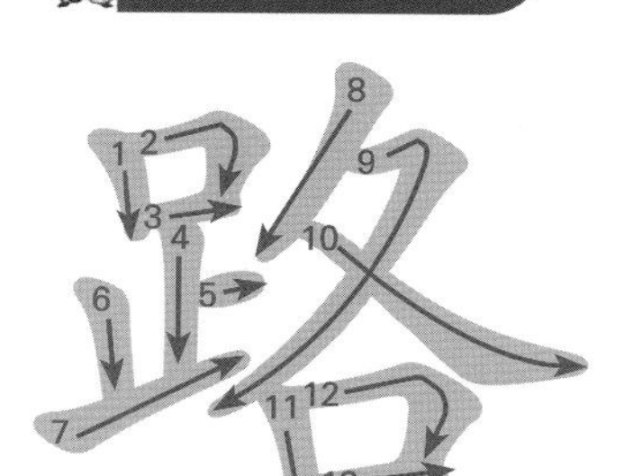

道路 뜻 길
도 로 예 밤 사이 내린 눈 때문에 道路가 얼어 있습니다.

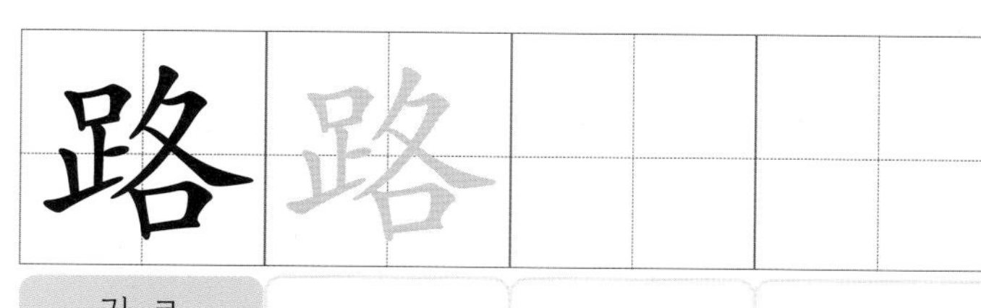

露

이슬, 드러날 로 3급

路 위에 雨비 우를 붙인 露이슬, 드러날 로는 길에 내리는 비를 표현한 글자입니다. 비 중에서도 특히 이슬을 뜻하는데, 이슬은 지붕이 없는 드러난 곳에서 주로 맺히는 것이기에 '드러나다'의 뜻도 함께 지닙니다.

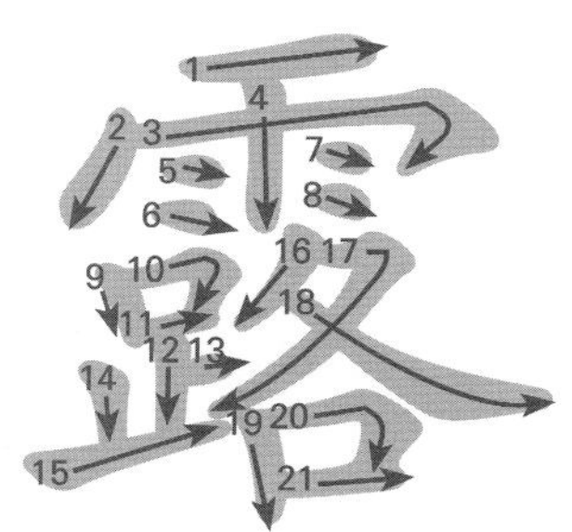

露出 뜻 드러내 보임
노 출 예 농민들이 작물 재배용 농약에 露出되어 병을 앓고 있습니다.

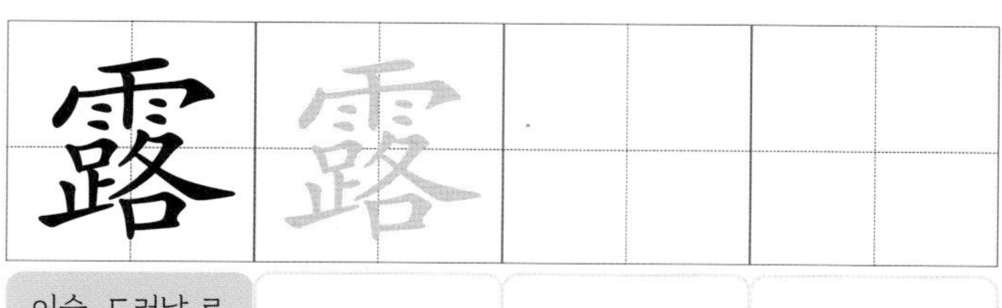

문제 풀기

1 네모칸에 알맞은 글자를 넣어 보아요.

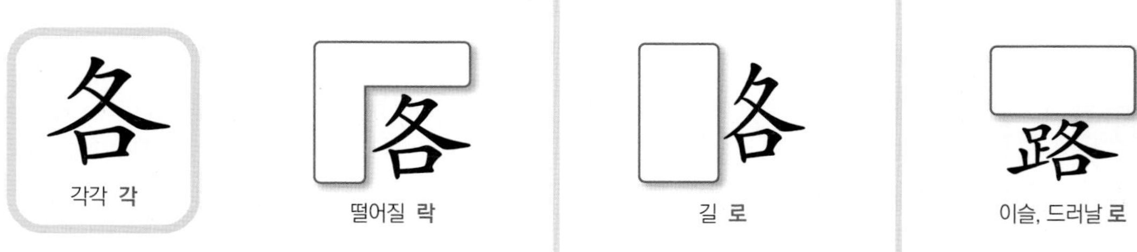

2 한자의 음과 뜻을 알맞게 이어 보아요.

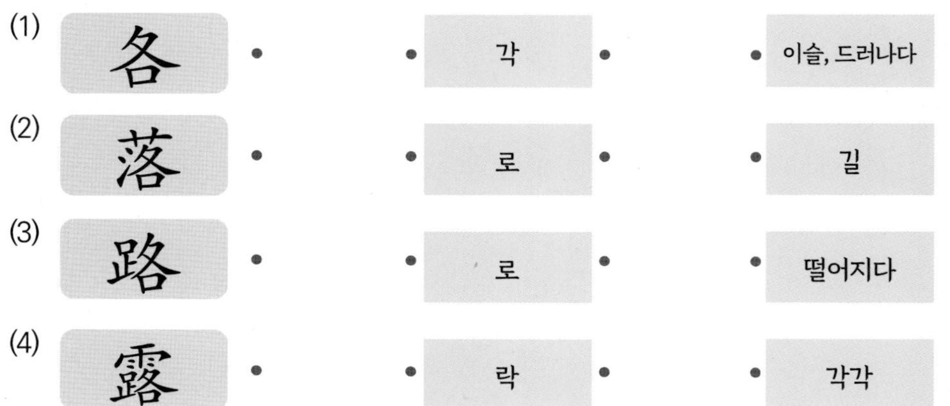

3 빈칸에 알맞은 한자를 써 보아요.

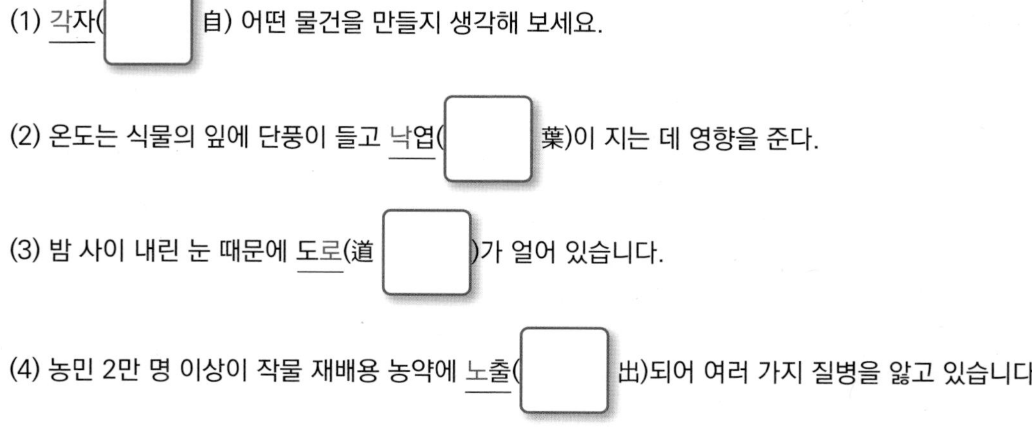

*정답 : 247쪽

4 내용을 소리 내어 읽고 한자를 한글로 써 보세요.

미국은 국토가 크고 넓은 만큼 各種 지하자원이나 에너지자원이 풍부합니다. 또한, 옥수수, 밀 생산량이 많습니다.

*사회 6

5 열쇠의 뜻 풀이를 이용하여 가로 세로 단어 퍼즐을 완성해 보세요.

[가로열쇠 ①] 각각의 종류

[세로열쇠 ①] 각자 스스로

6 QR코드를 찍어 영상을 본 후, 문제를 풀어 보아요.

(1) 음: 뜻:

관련단어:

만화로 배우는

한자성어

진퇴유곡
(進退維谷)

나가고 물러남이 골짜기에 묶인 듯함.
[나아갈 進, 밧줄 維, 골짜기 谷]

민~우~주~

너 또 내가 빌려준 샤프 망가뜨렸지?!

네 죄를 네가 알렷다!!

끼아악~!

잡히면 죽는다!

민~우~주~?

너! 내가 가져온 간식 훔쳐 먹었더라~?!

흐아악 여기도~!!

도망갈 곳이 없어~!!

어쩔 거야 이거!!

완전 진퇴유곡 進退維谷의 상황이다…!

이를 어쩌지…?

바다야, 푼아, 일단 진정해봐.

용아…! 너만이 내 편을 들어주는…

민우주 얘가 내 무선 이어폰 한쪽을 잃어버렸더라고.

미안한데 번호표 뽑고 기다려줄래?

외통수~!

어쩔 수 없지.

꿈이다….

동영상으로 익히는

블록한자

* 아래 QR을 찍으면 동영상이 나옵니다. 동영상을 따라서 한눈에 정리해보아요.

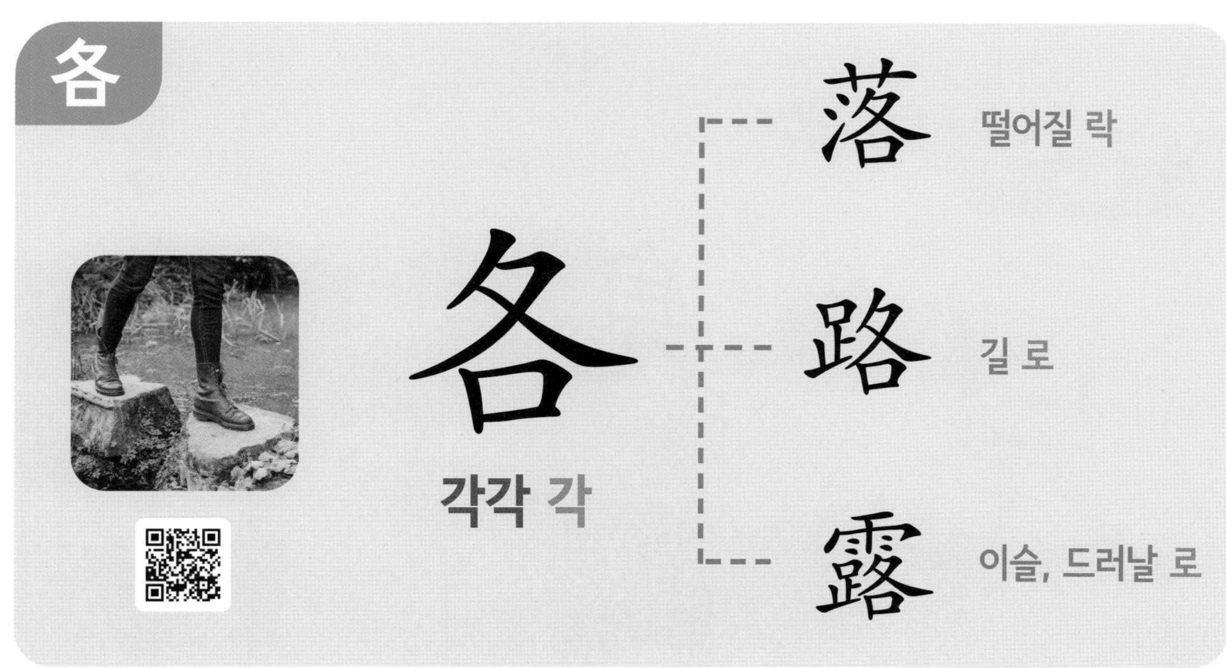

핵심 한자

월 일

5급

볼 견

見 알아 보기

옛 한자

見은 사람의 눈을 강조한 글자입니다. 目은 눈과 눈동자를 그린 것, 아래의 두 획 儿 어진 사람 인은 사람의 다리를 그린 것입니다. 눈이 커다랗죠?

見 따라 쓰기

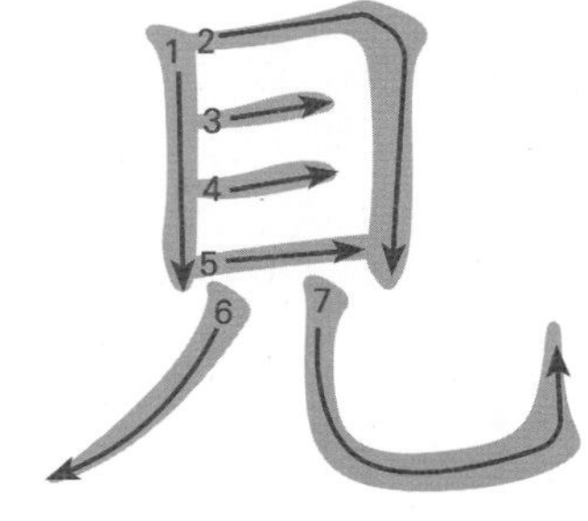

7획 丨 冂 冃 冃 目 月 見

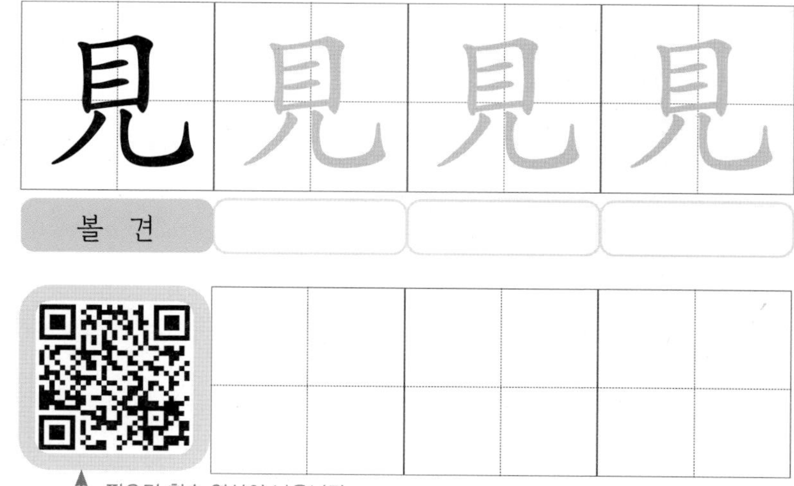

찍으면 획순 영상이 나옵니다.

교과서 핵심 단어

93블록 見

교과서에 나온 내용을 소리 내어 읽어 보아요.

국어 5

見解
볼 견 풀 해
견해

뜻 의견과 풀이

성안의 신하들은 청군과 끝까지 싸워야 한다는 見解와 싸움을 멈추고 화해하자는 見解로 나뉘어 있었다.

사회 6

發見
필 발 볼 견
발견

뜻 찾아서 봄

추사 선생이 행장을 꾸렸다. 멀리 문경에서 비석 하나가 發見되었다는 소식을 듣고서였다.

핵심한자 완성하기!

*정답 : 247쪽

(1) 성안의 신하들 중에는 청군과 끝까지 싸워야 한다는 견해(解)가 있었다.

(2) 멀리 문경에서 비석 하나가 발견(發   ) 되었다는 소식을 듣고서였다.

블록 한자

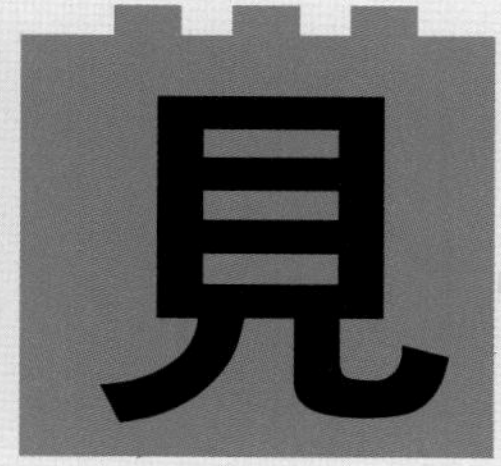

볼 견

- 夫 → 規 법 규 → 規則 규칙
- 玉 → 現 나타날 현 → 出現 출현
- 亲 → 親 친할 친 → 切親 절친

* 則 법칙 칙, 切 끊을 · 중요할 절

規 법 규 

規법 규는 夫사나이 부와 見의 결합입니다. 다 큰 사나이가 보고 지켜야할 것이라는 뜻에서 법, 규범의 의미를 지닙니다.

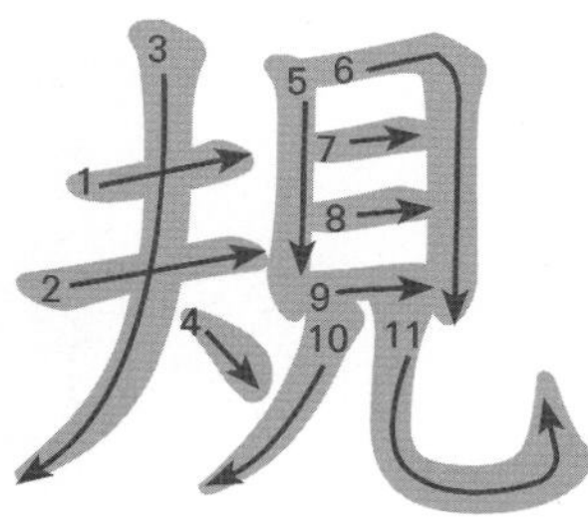

規則  법과 모범

규 칙  일상생활에서 規則과 질서를 잘 지키는 일은 중요하다.

規	規		
법 규			

現

나타날 현 6급

現나타날 현에서 보이는 王은 玉구슬 옥을 간략히 쓴 것입니다. 見 앞에 玉을 붙여 '눈에 띄다'는 의미를 나타냅니다. 보석을 목에 감으면 다른 사람의 눈에 띄기 쉽기에 '나타나다'의 뜻을 지닙니다. 너무 눈에 띄면 다른 것은 보이지 않기 때문에 '바로 지금'이라는 뜻도 가지고 있습니다.

現 따라 쓰기

出現 출 현

 나타나 드러남

 컴퓨터의 발명은 새로운 인류 문명의 出現을 예고하는 것이었다.

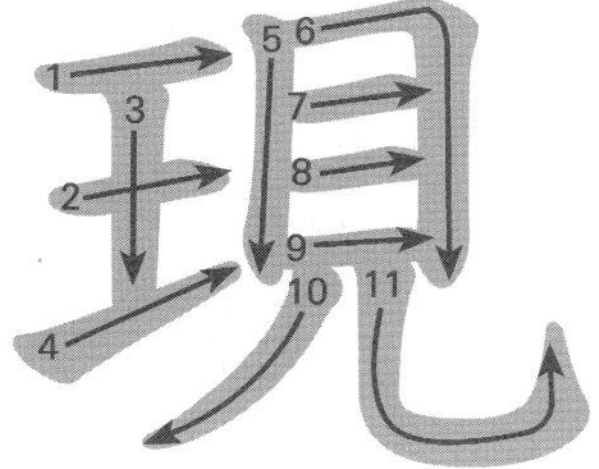

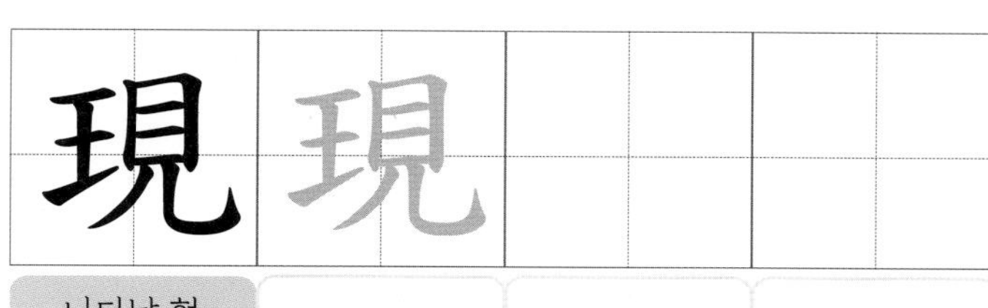

나타날 현

親

친할 친 6급

나무[木] 위에 서서[立] 자식이 오나 오지 않나를 보는[見] 존재. 누구일까요? 그렇습니다. 어버이를 나타내는 글자가 親어버이 친입니다. 어버이는 자신과 아주 가까운 존재라는 점에서 '친하다, 가깝다, 사랑하다'는 뜻도 지닙니다.

切親 절 친

뜻 매우 친함

 그와 나는 같은 동네에서 함께 자란 切親이다.

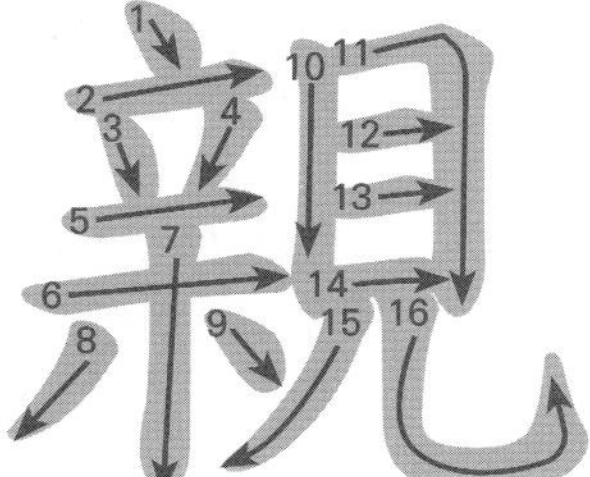

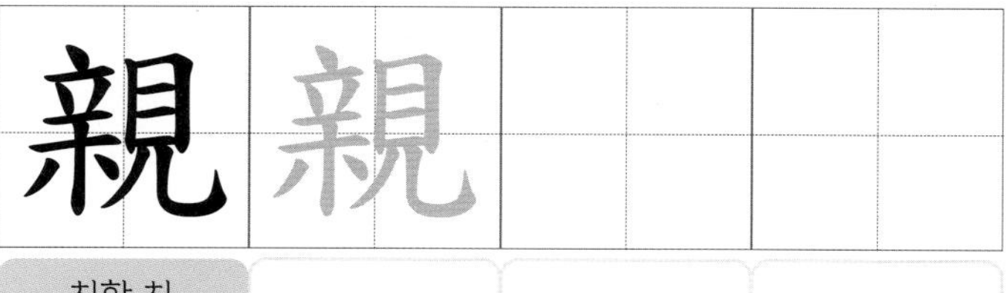

친할 친

문제 풀기

1 네모칸에 알맞은 글자를 넣어 보아요.

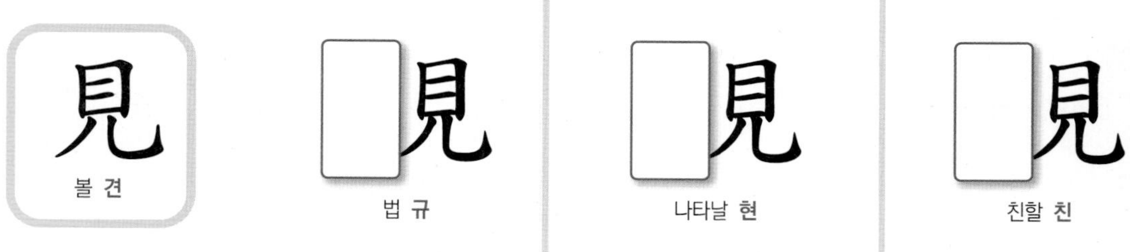

2 한자의 음과 뜻을 알맞게 이어 보아요.

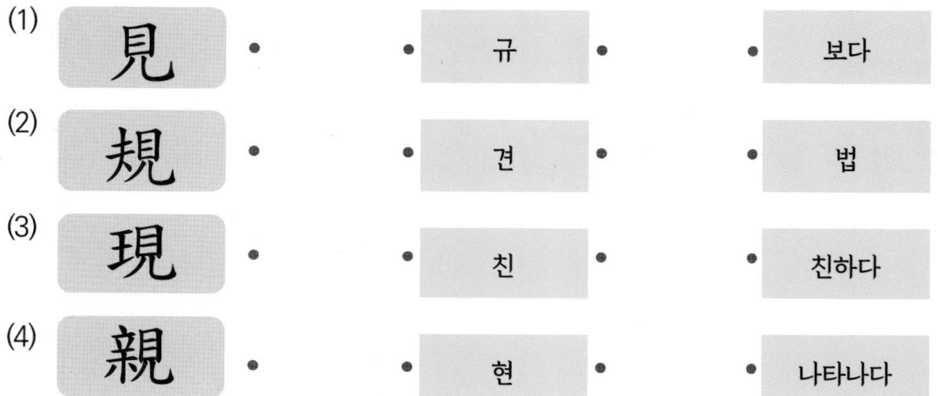

3 빈칸에 알맞은 한자를 써 보아요.

(1) 제하를 발견(發 □)한 정규가 달려가서 반갑게 인사를 건넸다.

(2) 일상생활에서 규칙(□ 則)과 질서를 잘 지키는 일은 중요하다.

(3) 컴퓨터의 발명은 새로운 인류 문명의 출현(出 □)을 예고하는 것이었다.

(4) 그와 나는 같은 동네에서 함께 자란 절친(切 □)이다.

4 내용을 소리 내어 읽고 한자를 한글로 써 보세요.

*국어 6 ______________________

5 열쇠의 뜻 풀이를 이용하여 가로 세로 단어 퍼즐을 완성해 보세요.

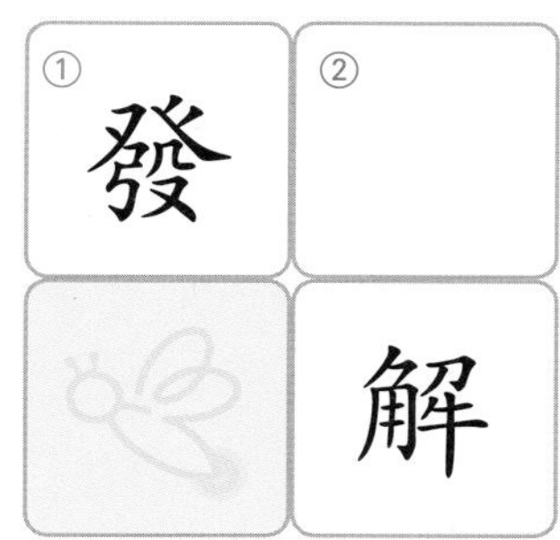

[가로열쇠 ①] 찾아서 봄

[세로열쇠 ②] 의견과 풀이

6 QR코드를 찍어 영상을 본 후, 문제를 풀어 보아요.

(1) 음: __________ 뜻: __________

관련단어: ______________________

핵심 한자

월 일

5급

법칙 칙

則 알아 보기

옛 한자

則은 貝와 刂가 결합한 글자입니다. 貝는 조개, 刂는 칼인데 둘을 결합하여 조개에 무언가를 새기는 모습을 보인 것입니다. 새겨진 내용은 사람들이 보고 따르는 것이므로 '모범, 법칙'의 뜻을 지닙니다.

則 따라 쓰기

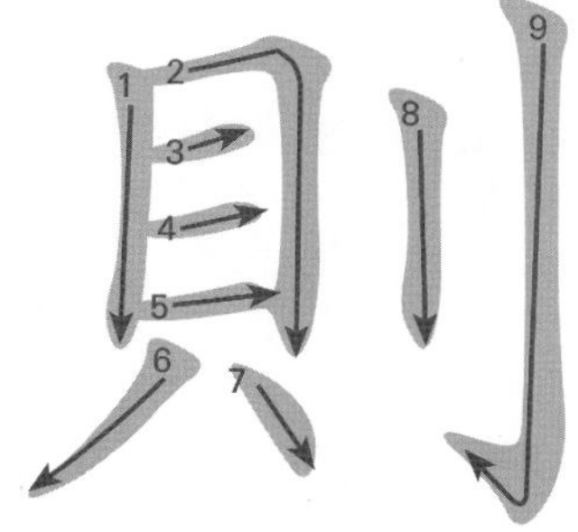

9획 丨 冂 冃 月 目 貝 貝 則 則

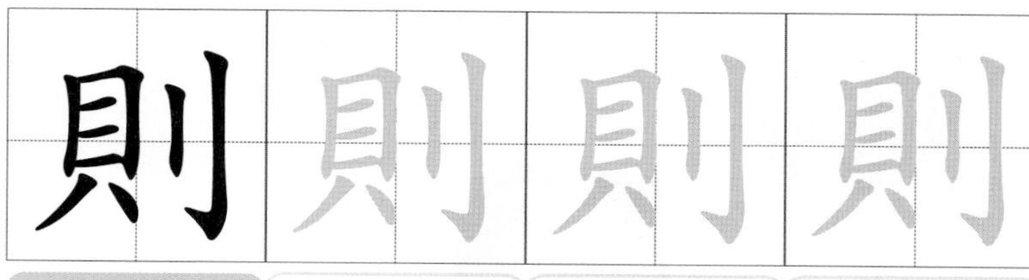

법칙 칙

찍으면 획순 영상이 나옵니다.

교과서 핵심 단어

94블록
則

교과서에 나온 내용을 소리 내어 읽어 보아요.

과학 3

守則
지킬 수 법칙 칙
수칙

뜻 **지켜야 할 법칙**

안전하게 과학 실험을 하려면 과학 실험 안전 守則을 확인하고 실천해 안전사고의 위험을 줄여야겠습니다. 지금부터 과학 실험 안전 守則을 알아보겠습니다.

사회 6

原則
근원 원 법칙 칙
원칙

뜻 **근원적인 법칙**

헌법은 모든 국민이 존중받고 행복한 삶을 살아가는 데 필요한 내용을 담고 있다. 그리고 국민의 권리를 보장하고자 국가 기관을 조직하고 운영하는 기본 原則을 제시하고 있다.

핵심한자 완성하기!

*정답 : 247쪽

(1) 지금부터 과학 실험 안전 수칙(守 ☐)을 알아보겠습니다.

(2) 국민의 권리를 보장하고자 국가 기관을 조직하고 운영하는 기본 원칙(原 ☐)을 제시하고 있다.

블록 한자

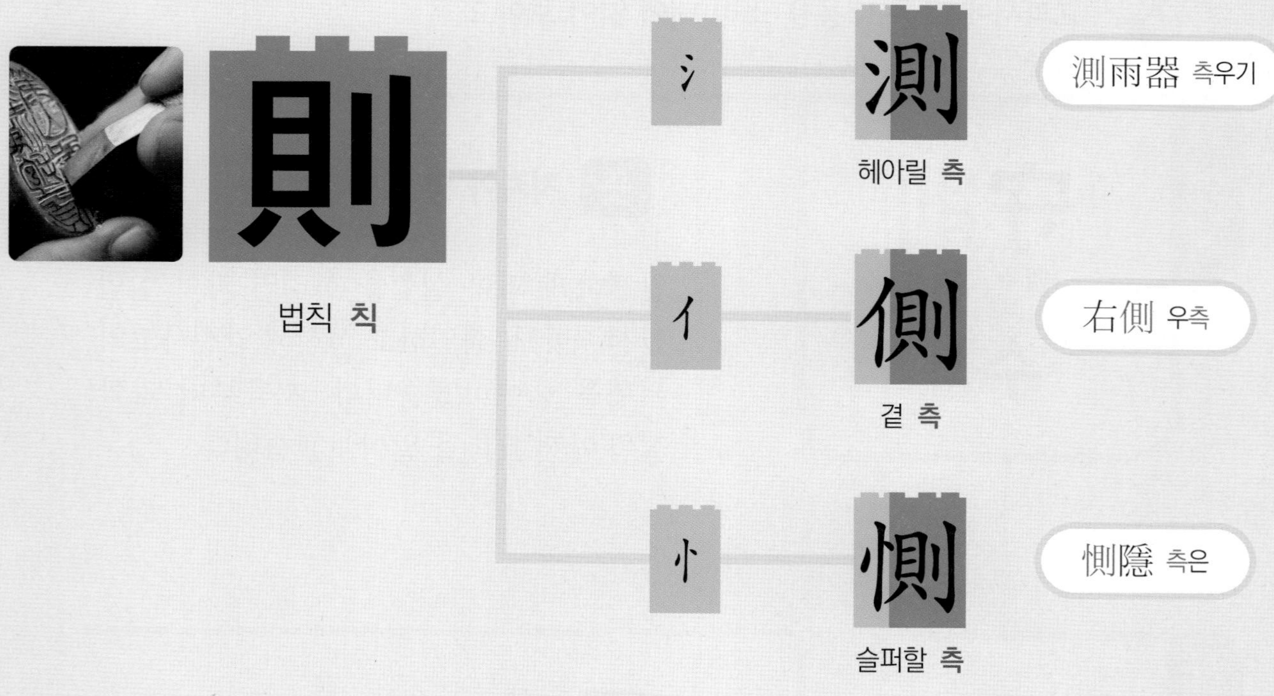

* 雨 비 우, 器 그릇 기, 右 오른쪽 우, 隱 가엾어 할 은

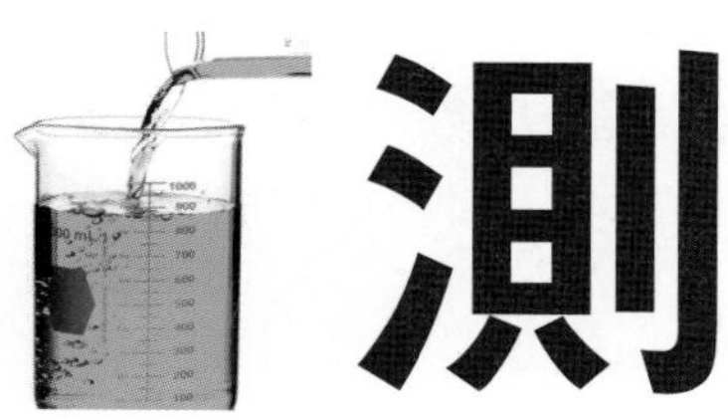

헤아릴 측 4급

則에 氵물 수를 붙이면 물의 양을 잰다는 뜻이 됩니다. 옛날에 특히 중요하게 여겼던 물은 비입니다. 비가 얼마나 내렸는지를 측량한다는 데에서 '헤아리다, 재다'는 뜻을 가집니다. 測量측량, 測定측정 등의 단어를 만듭니다.

測雨器 뜻 비를 재는 그릇

측 우 기 예 비가 내린 양을 측정할 수 있는 測雨器를 만들어 각 고을에 보급했다.

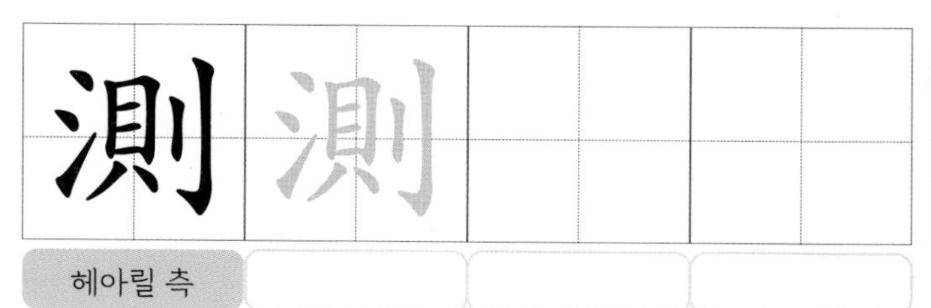

側

곁 측

則 옆에 亻사람 인을 붙여 곁에 있는 사람을 표현했습니다. '곁에 있는 사람, 곁, 옆'의 뜻을 지니면서 側近측근, 右側우측 등의 단어를 만듭니다.

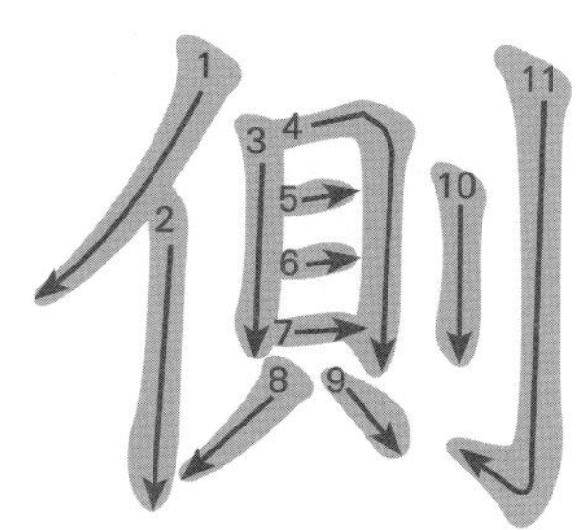

右側 우 측

뜻 오른쪽의 옆, 오른쪽

예 에스컬레이터에서 右側통행을 하도록 관련 법이 개정되었다.

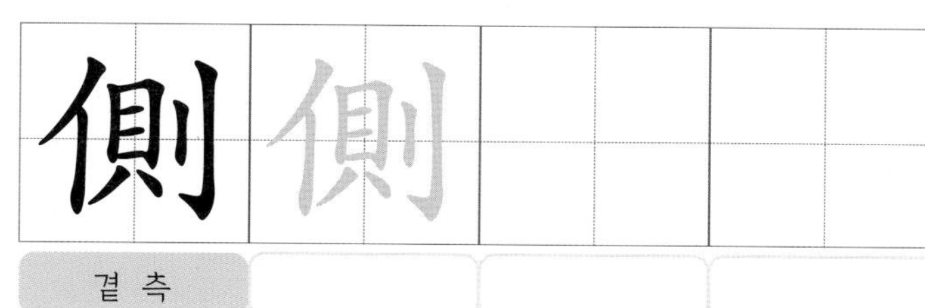

惻

슬퍼할 측

則에 忄마음 심을 붙이면 불쌍하게 여기는 마음이라는 뜻이 됩니다. 則은 발음기호의 역할을 할 뿐이지만, 누군가를 딱하게 여기는 것은 당연한 마음의 법칙이라는 뜻도 되지 않을까요?

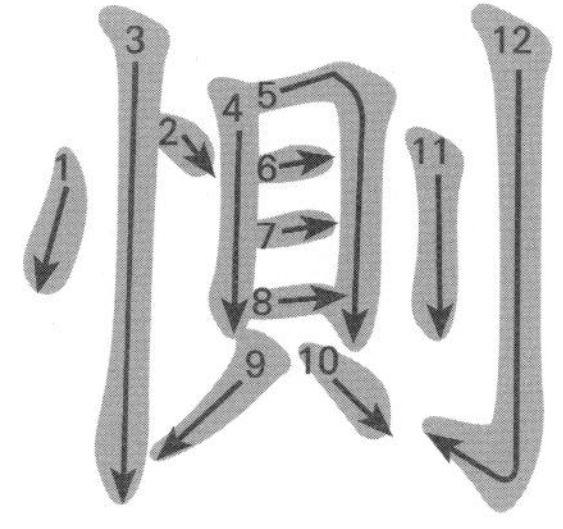

惻隱 측 은

뜻 가엾고 불쌍함

예 딱한 사정을 듣고 보니 문득 惻隱한 생각이 들었다.

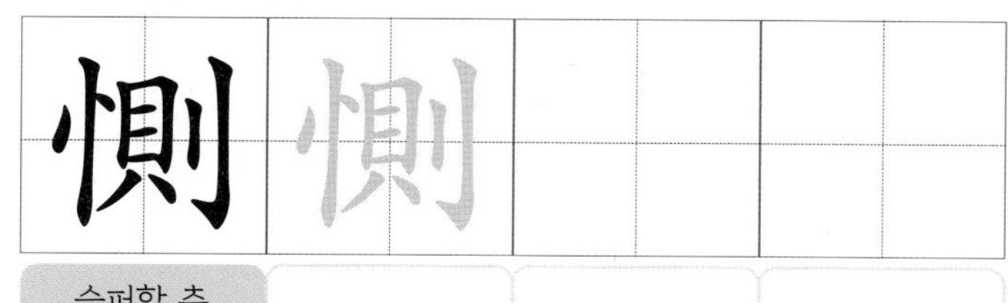

문제 풀기

1 네모칸에 알맞은 글자를 넣어 보아요.

則 법칙 칙

□則 헤아릴 측

□則 곁 측

□則 슬퍼할 측

2 한자의 음과 뜻을 알맞게 이어 보아요.

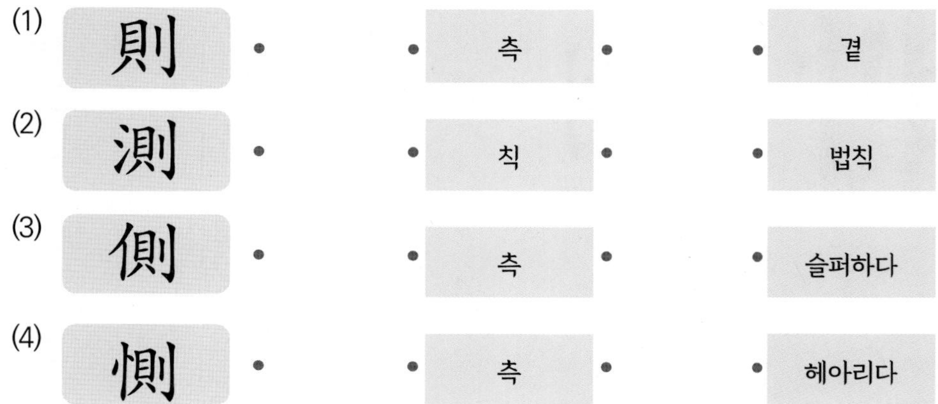

	한자	음	뜻
(1)	則	측	곁
(2)	測	칙	법칙
(3)	側	측	슬퍼하다
(4)	惻	측	헤아리다

3 빈칸에 알맞은 한자를 써 보아요.

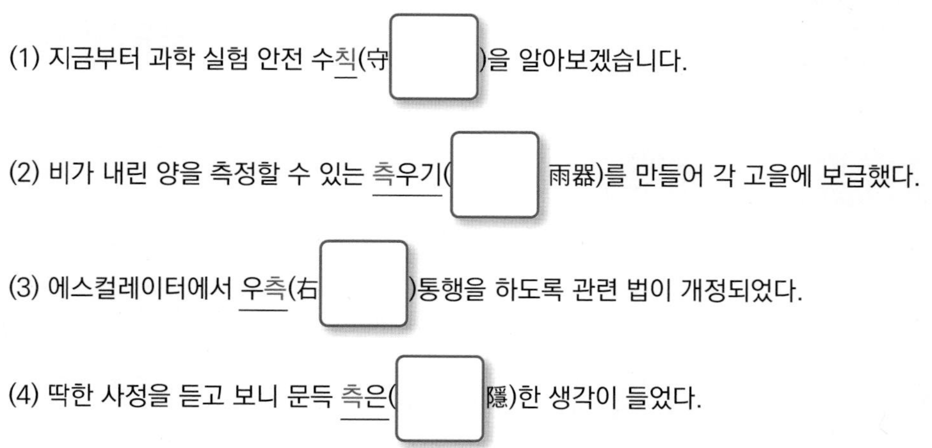

(1) 지금부터 과학 실험 안전 수칙(守□)을 알아보겠습니다.

(2) 비가 내린 양을 측정할 수 있는 측우기(□雨器)를 만들어 각 고을에 보급했다.

(3) 에스컬레이터에서 우측(右□)통행을 하도록 관련 법이 개정되었다.

(4) 딱한 사정을 듣고 보니 문득 측은(□隱)한 생각이 들었다.

*정답 : 247쪽

4 내용을 소리 내어 읽고 한자를 한글로 써 보세요.

우리나라에서는 자유 경쟁의 原則에 따라 물건의 생산과 소비가 자유롭게 이루어진다.

*사회 6

5 열쇠의 뜻 풀이를 이용하여 가로 세로 단어 퍼즐을 완성해 보세요.

[가로열쇠 ①] 근원적인 법칙

[세로열쇠 ②] 지켜야 할 법칙

6 QR코드를 찍어 영상을 본 후, 문제를 풀어 보아요.

(1) 음: ________ 뜻: ________

관련단어: ________

만화로 배우는

한자성어

등화가친 (燈火可親)

등불을 가히 가까이 할 만함. 독서하기 좋은 때, 즉 가을을 뜻하는 말. [등불 燈, 불 火, 가할 可]

가을!
가을 하면 뭐냐!
쏴아 아…
하늘은 높고
예쁘게 물든 낙엽!
단풍잎! 은행잎!
히힝
오동통~
말은 살찌는 계절!
그리고 뭐니 뭐니 해도~!
터 엉!!

책 읽기에 딱~ 좋은,
처 억!!
이른바, 등화가친 燈火可親의 계절이지!
그러니 지금부터,
가을맞이 독서 감상회를 시작합니다~!
와아 ~
이렇게?
갑자기?

그치만 선생님이….
여러분 나이대의 어린이들이 책을 안 읽어버릇하면
그 영향이 나중에 사회현상으로 돌아오거든요!
흥…
헤헤
라고 하니까….
뭔데….
뭐 기왕 이렇게 된 거~
적극적으로 등화가친 해보자!
그래~!

타닥…
?
뭐 하는 거야.
등화가친 燈火可親, 등불을 가까이하여….
혼날 것 같은데…
그거 아냐. 책을 읽으라고.
*교실에서 마시멜로를 구우면 안 됩니다.
마시멜로를 굽기에 좋은 계절을 이르는 말이지.
뭐 하는 거예요?
물론 혼났다.

동영상으로 익히는

블록한자

* 아래 QR을 찍으면 동영상이 나옵니다. 동영상을 따라서 한눈에 정리해보아요.

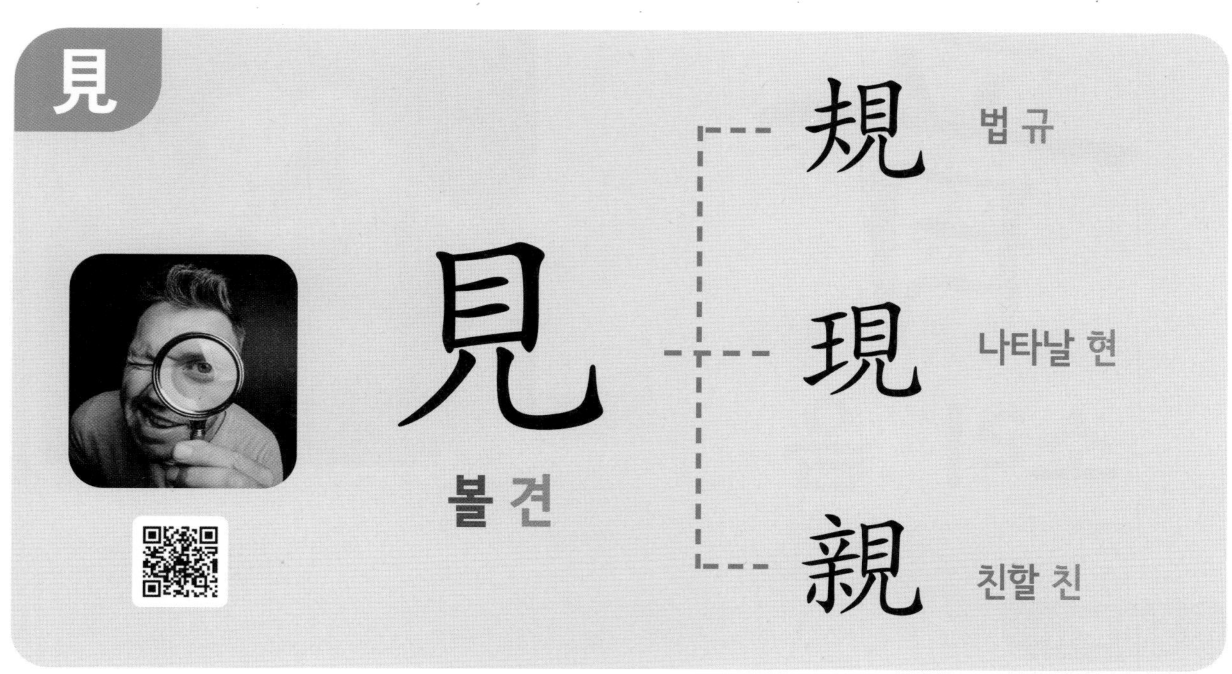

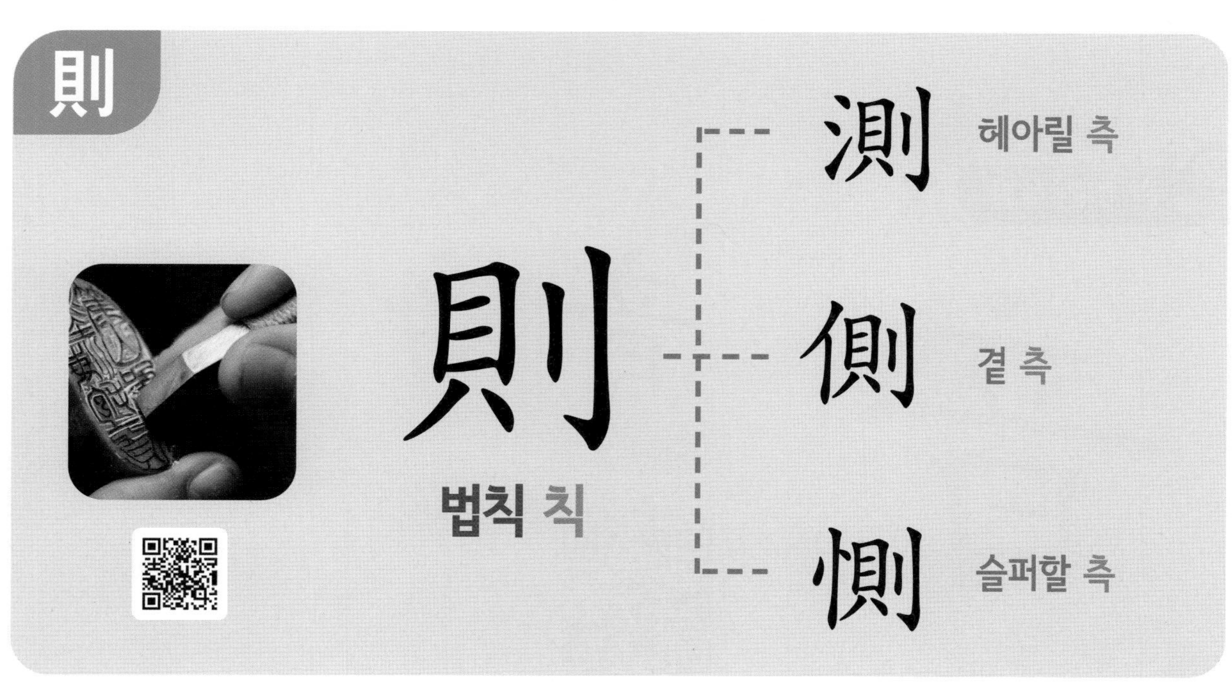

핵심 한자

월 일

6급

소리 음

音 알아 보기

옛 한자

音은 악기를 부는 사람의 입을 본뜬 글자입니다. 옛 글자에도 지금의 모습이 보이는데, 옛 글자의 윗 부분은 악기로 지금은 立으로 표현되었고, 아랫 부분은 입으로 지금은 日로 표현되었습니다.

音 따라 쓰기

9획 丶 亠 亣 立 立 产 音 音 音

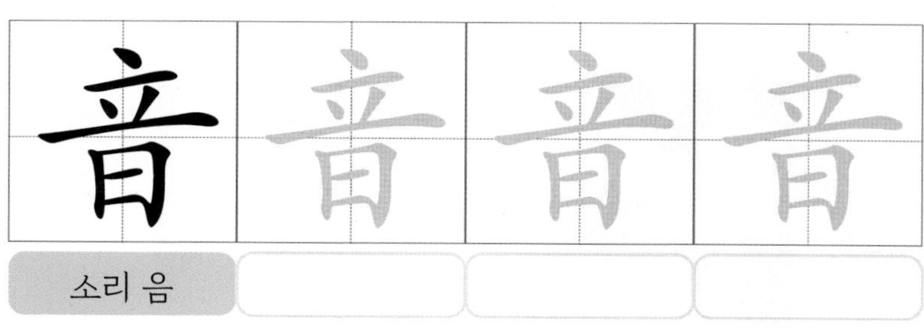

소리 음

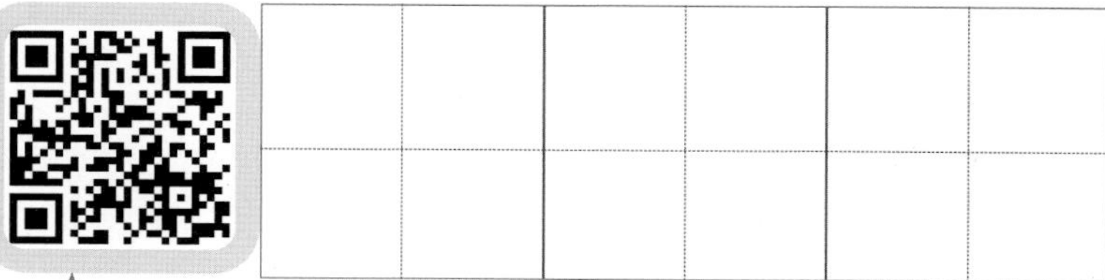

찍으면 획순 영상이 나옵니다.

교과서 핵심 단어

95블록 音

교과서에 나온 내용을 소리 내어 읽어 보아요.

사회 4

音樂
소리 음 악기 악
음악

뜻 소리와 악기

배리어 프리 영화는 말하는 사람의 이름을 한글 자막 앞에 넣어 말하는 사람이 누구인지 알 수 있으며, 音樂과 소리 정보를 알려 주는 한글 자막까지 넣어 모든 사람이 함께 영화를 즐길 수 있습니다.

국어 6

發音
필 발 소리 음
발음

뜻 나오는 소리

입 모양이 정확해야 發音이 좋아. 거울을 보면서 자신이 정확한 입 모양으로 말하는지 살펴봐야 해.

핵심한자 완성하기!

*정답 : 247쪽

(1) 베리어 프리 영화는 음악(樂)과 소리 정보를 알려 주는 한글 자막이 들어갑니다.

(2) 입 모양이 정확해야 발음(發)이 좋아.

블록 한자

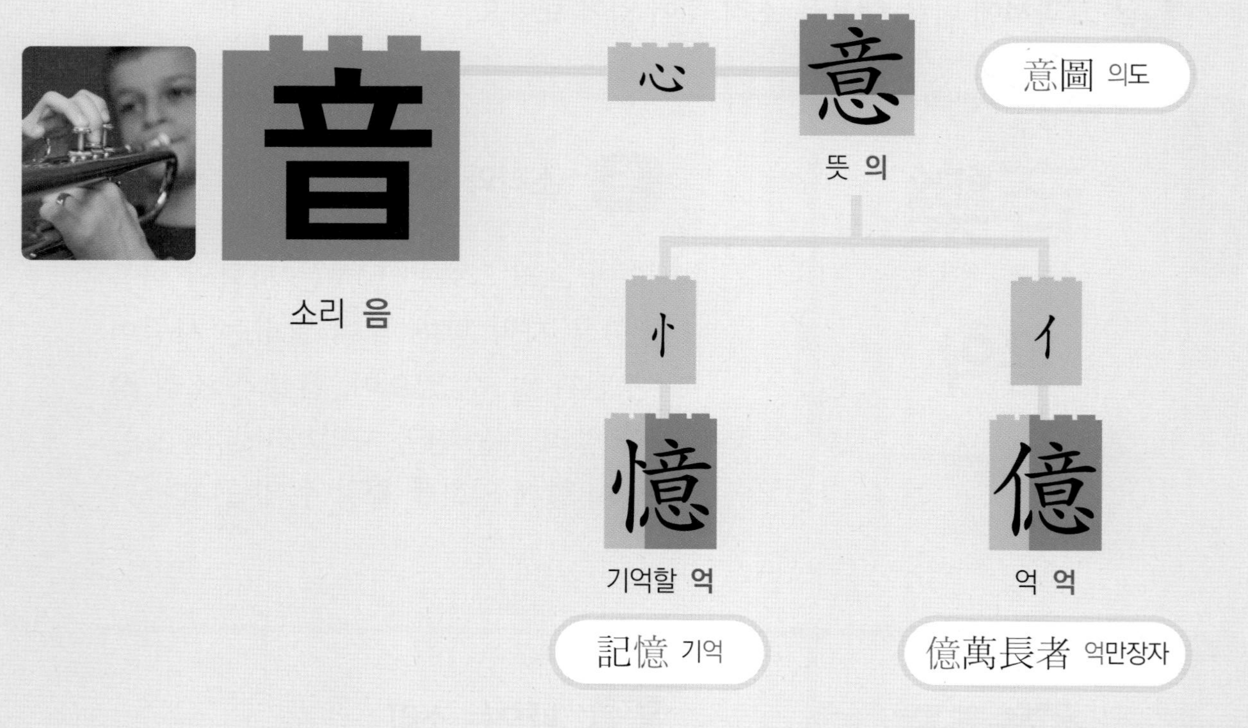

* 圖 그림 도, 記 기록할 기, 萬 일만 만, 長 길 장, 者 사람 자

意 뜻 의

音 아래에 心을 붙이면 마음속의 소리를 나타내는 글자가 됩니다. 밖으로 나오지 않은 마음속의 소리가 무엇일까요? 그렇습니다. '뜻, 생각'입니다.

意圖 의 도

뜻 마음속 그림

예 서희는 송과 관계를 끊기 원하는 거란의 침입 意圖를 파악했다.

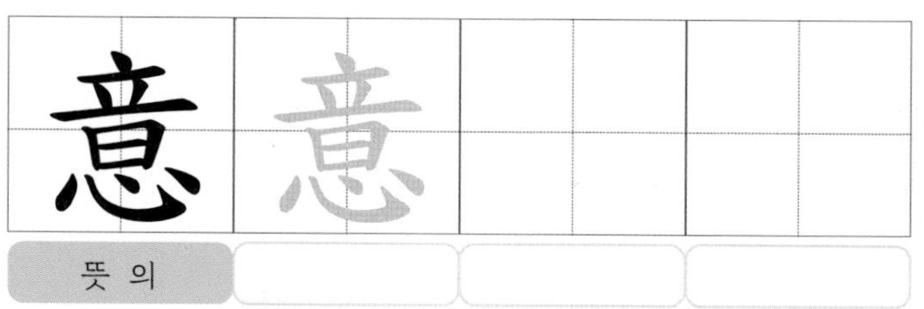

憶

기억할 억 3급

憶기억할 억은 音에 忄 마음 심을 한번 더 써서 뜻을 마음에 오래 담아 둠을 뜻합니다. 뜻을 오래 간직한다는 데에서 '기억하다, 생각하다'는 뜻을 가집니다.

憶 따라 쓰기

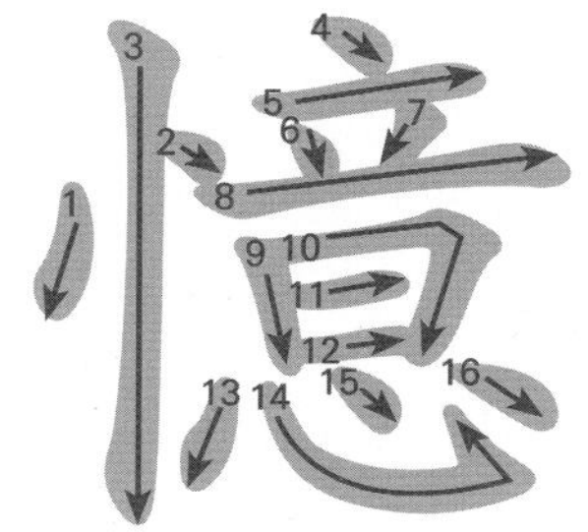

記憶 (기 억)

 뜻: 기록된 생각

 예: 책의 쪽을 함께 쓰면 질문이 나온 곳을 記憶할 수 있어요.

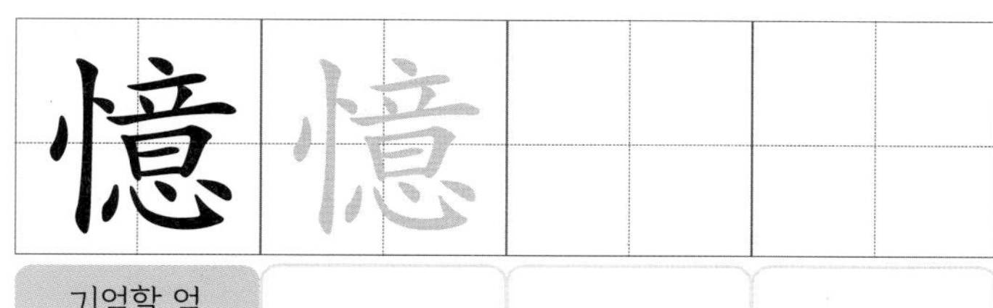

기억할 억

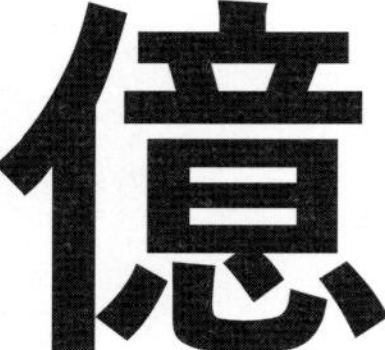

억 억 5급

意에 亻을 붙이면 숫자 1억을 나타내는 글자가 됩니다. 원래는 '뜻을 헤아리다'라는 뜻인데, 요즘은 숫자를 나타내는 뜻으로만 사용됩니다.

億 따라 쓰기

億萬長者 (억 만 장 자)

 뜻: 억만 금을 가진 부자

 예: 億萬長者였던 삼촌은 나에게도 유산을 물려주셨다.

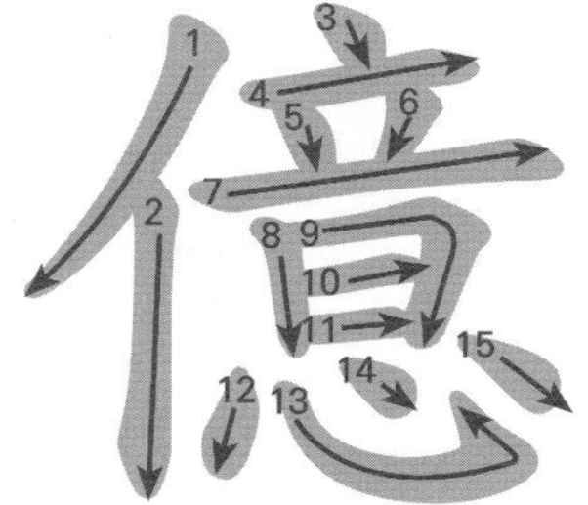

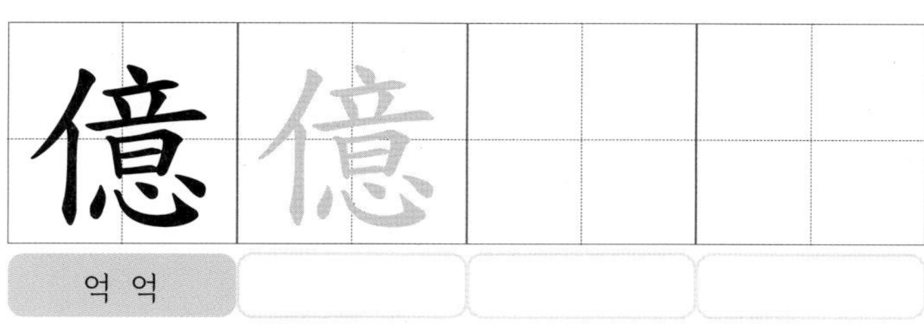

억 억

문제 풀기

1 네모칸에 알맞은 글자를 넣어 보아요.

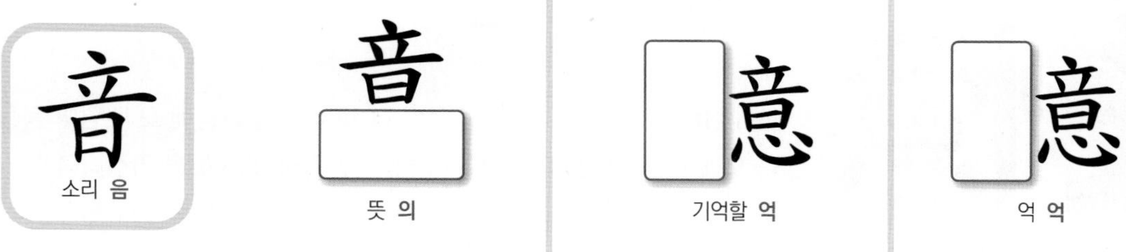

2 한자의 음과 뜻을 알맞게 이어 보아요.

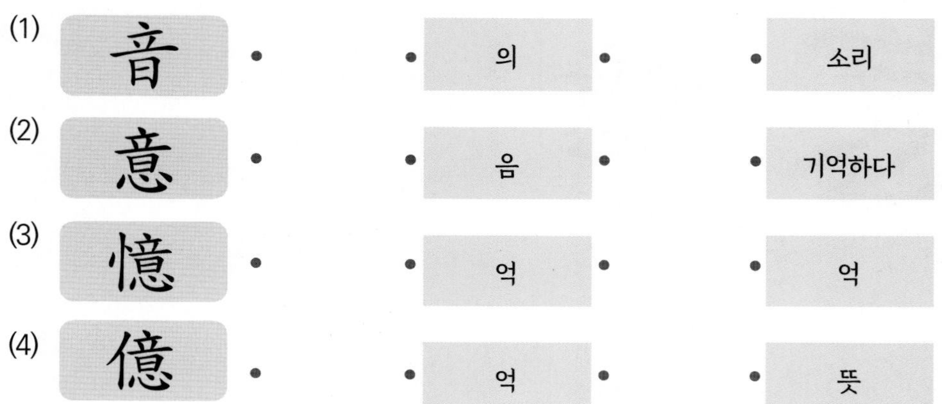

3 빈칸에 알맞은 한자를 써 보아요.

(1) 저작권은 음악(□樂), 영화, 출판물 등을 만든 사람이 창작물에 행사하는 권리를 말한다.

(2) 서희는 고려와 송의 관계를 끊기 원하는 거란의 침입 의도(□圖)를 파악했다.

(3) 책의 쪽을 함께 쓰면 질문이 나온 곳을 기억(記□)할 수 있어요.

(4) 억만장자(□萬長者)였던 삼촌은 나에게도 유산을 물려주셨다.

4 내용을 소리 내어 읽고 한자를 한글로 써 보세요.

매미는 發音근으로 소리를 냅니다. 매미는 수컷만 소리를 낼 수 있고, 암컷은 소리를 내지 못합니다. 수컷은 發音근을 당겨서 發音막을 움푹 들어가게 한 다음 '딸각'하고 소리를 냅니다.

*과학 4

5 열쇠의 뜻 풀이를 이용하여 가로 세로 단어 퍼즐을 완성해 보세요.

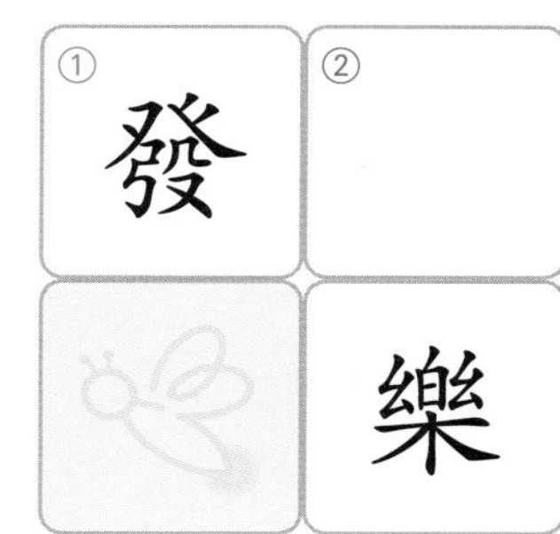

[가로열쇠 ①] 나오는 소리

[세로열쇠 ②] 소리와 악기

6 QR코드를 찍어 영상을 본 후, 문제를 풀어 보아요.

(1) 음: .... 뜻: ....

관련단어: ....

핵심 한자

월 일

6급

음악 악

樂 알아 보기

옛 한자

樂은 나무 위에 설치한 악기의 모양을 본뜬 글자입니다. 양쪽에 있는 두 개의 幺幺 작을 요는 악기를 매단 줄을, 가운데 白은 악기의 모습을 표현한 것입니다. 음악, 악기의 뜻일 때는 '악'으로 읽고, 즐겁다는 뜻일 때는 '락'으로 읽습니다.

樂 따라 쓰기

15획

樂	樂	樂	樂
음악 악			

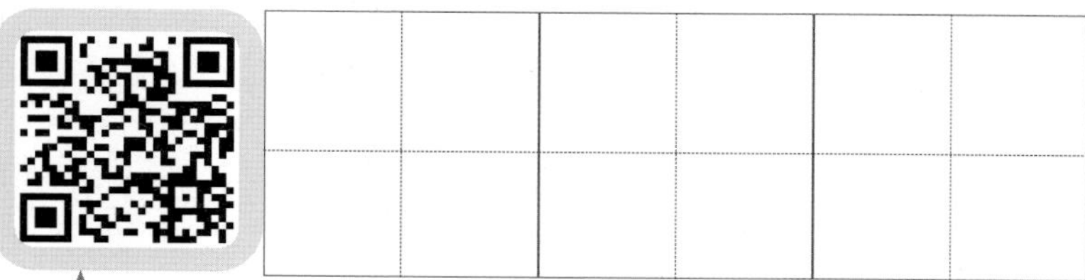

찍으면 획순 영상이 나옵니다.

교과서 핵심 단어

96블록
樂

교과서에 나온 내용을 소리 내어 읽어 보아요.

국어 3

樂器
음악 악 그릇 기
악기

뜻 음악의 도구

樂器는 타樂器, 현樂器, 관樂器로 나눌 수 있어요. 타樂器는 두드리거나 때려서 소리를 내며, 현樂器는 줄을 사용합니다. 그리고 관樂器는 입으로 불어서 소리를 냅니다.

국어 5

娛樂
즐길 오 즐길 락
오락

뜻 재미있고 즐거움

"학원 다니는 게 싫어? 나는 좋을 것 같은데."
"너는 한 군데도 안 다니니까 그렇지. 컴퓨터 娛樂도 좀 마음 놓고 하고, 밖에 나가서 아이들하고 공도 차며 실컷 놀고 싶단 말이야."

핵심한자 **완성**하기!

*정답 : 247쪽

(1) 타악기(器)는 두드리거나 때려서 소리를 냅니다.

(2) 컴퓨터 오락(娛)도 좀 마음 놓고 하고 싶단 말이야.

블록 한자

음악 악

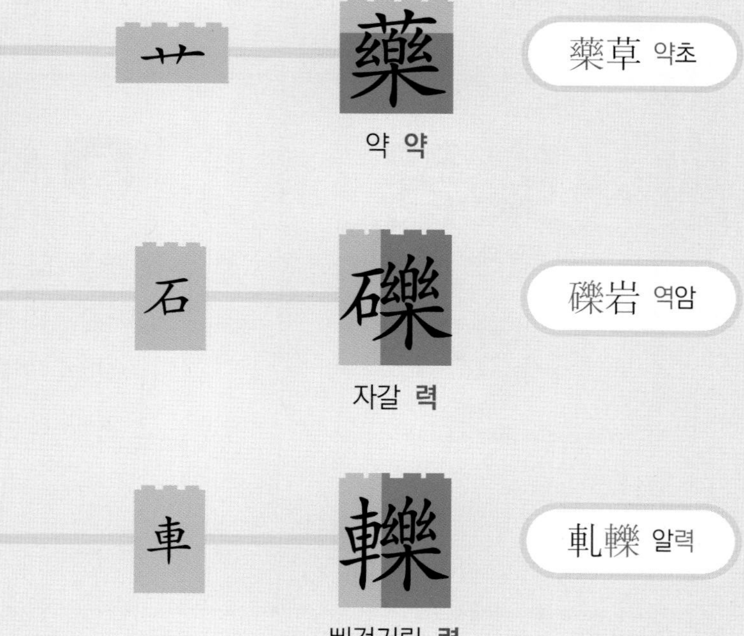

* 草 풀 초, 岩 바위 암, 軋 삐걱거릴 알

藥 약 약

樂 위에 풀을 뜻하는 艹풀 초를 붙이면, '즐거움을 주는 풀'이라는 뜻이 됩니다. 그게 무엇일까요? 아플 때 몸의 즐거움을 찾게 해주는 건 바로 '약'이겠죠? 藥은 그런 뜻입니다.

藥草 약 초

뜻 약이 되는 풀

예 김만덕은 녹용, 藥草 같은 제주도의 특산물에 눈길을 돌렸다.

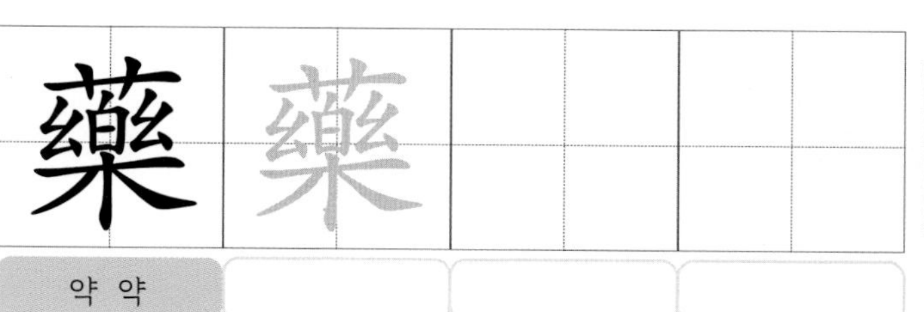

礫

자갈 력 1급

樂에 돌을 뜻하는 石을 붙인 礫자갈 력은 자갈이라는 뜻입니다. 조약돌이라고도 하죠. 둥글둥글한 조약돌을 만지면 기분이 좋아지는데, 아마 그래서 즐거운 돌이란 뜻으로 礫이라고 썼나 봅니다.

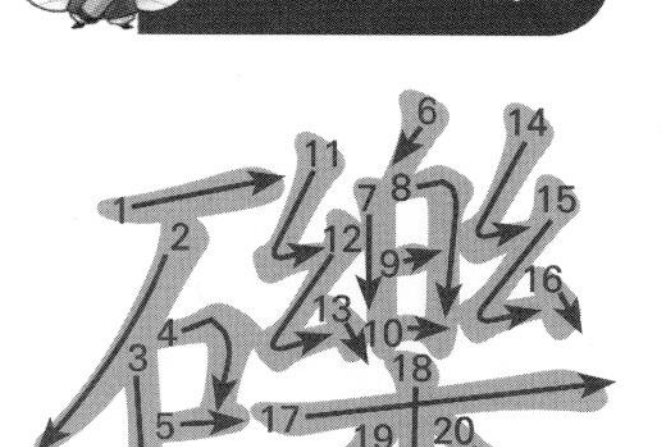

礫岩 뜻 자갈이 뭉쳐 만들어진 바위

역 암 예 퇴적암에는 이암, 사암, 礫岩 등이 있습니다.

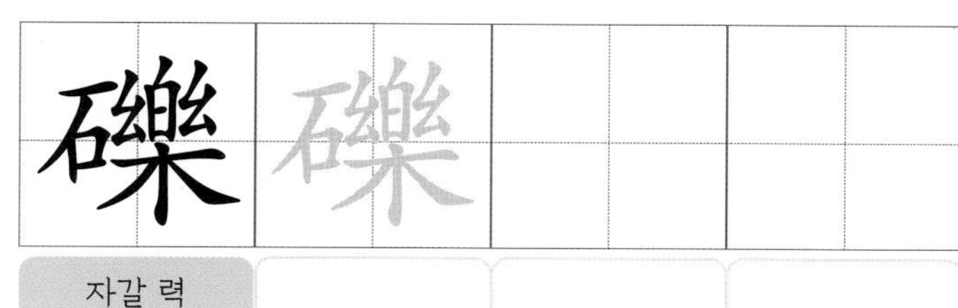

轢

삐걱거릴 력 특급

樂에 수레를 뜻하는 車를 붙인 轢삐걱거릴 력은 '삐걱거리다'라는 뜻입니다. 수레바퀴가 삐걱삐걱하며 굴러갈 때 나는 소리가 음악 소리와 비슷해서 樂을 붙였던 걸로 생각하면 쉽습니다. 현대어에서는 軋轢알력이라는 단어에서만 유일하게 쓰입니다.

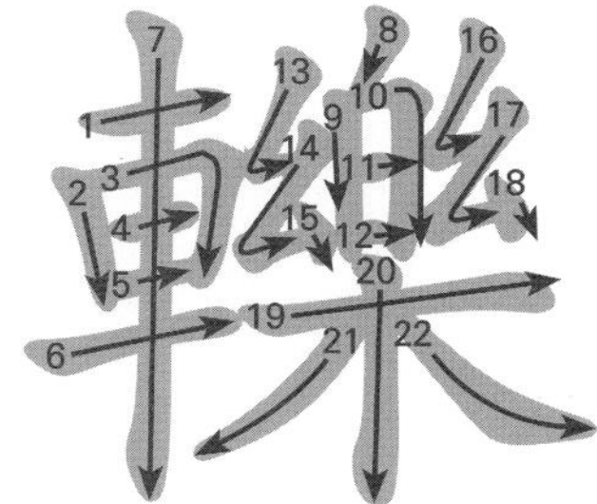

軋轢 뜻 삐걱거리는 소리. 서로 간의 다툼

알 력 예 갈등이나 軋轢을 조정하고 해결해가는 활동을 정치라고 한다.

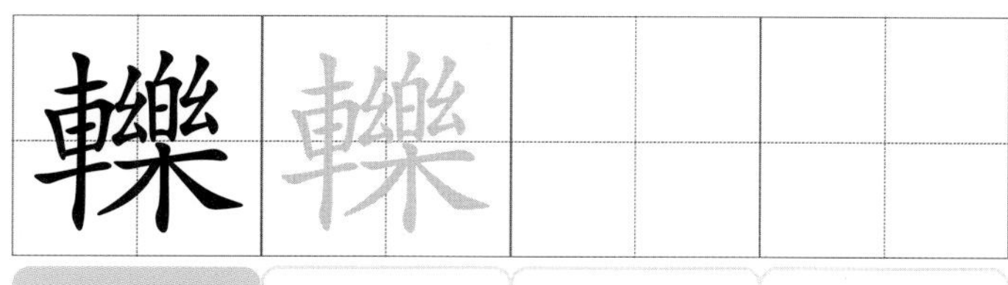

문제 풀기

1 네모칸에 알맞은 글자를 넣어 보아요.

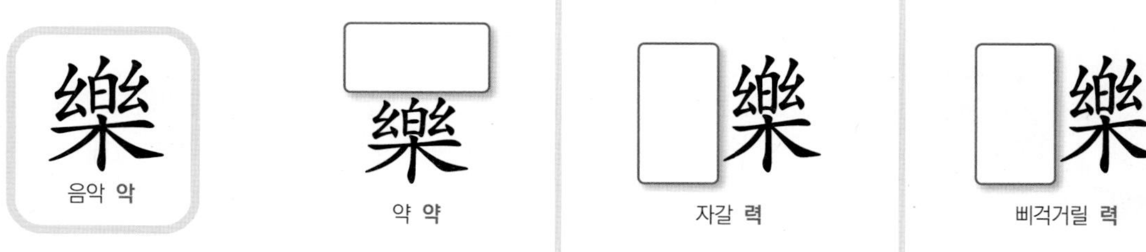

2 한자의 음과 뜻을 알맞게 이어 보아요.

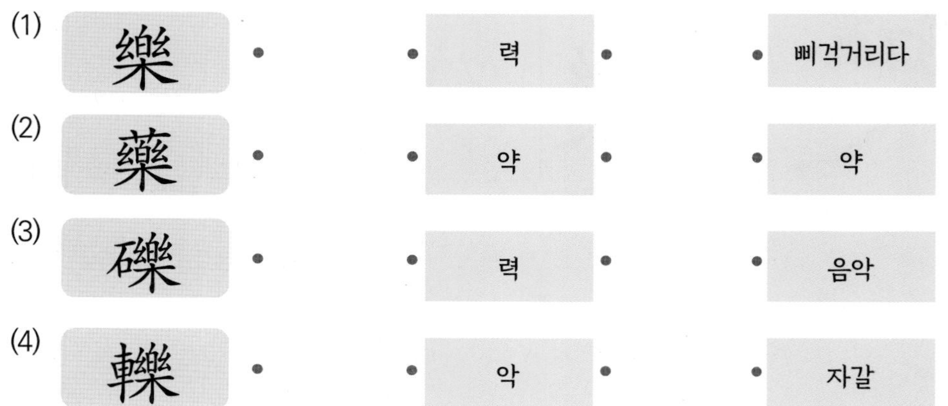

3 빈칸에 알맞은 한자를 써 보아요.

(1) 타악기(　器)는 두드리거나 때려서 소리를 냅니다.

(2) 김만덕은 녹용, 약초(　草), 귤, 미역, 전복 같은 제주도의 특산물에 눈길을 돌렸다.

(3) 퇴적암에는 이암, 사암, 역암(　岩) 등이 있습니다.

(4) 갈등이나 알력(軋　)을 조정하고 해결해가는 활동을 정치라고 한다.

*정답 : 247쪽

4 내용을 소리 내어 읽고 한자를 한글로 써 보세요.

"학원 다니는 게 싫어? 나는 좋을 것 같은데."

"너는 한 군데도 안 다니니까 그렇지. 컴퓨터 娛樂도 좀 마음 놓고 하고, 밖에 나가서 아이들하고 공도 차며 실컷 놀고 싶단 말이야."

*국어 5

5 열쇠의 뜻 풀이를 이용하여 가로 세로 단어 퍼즐을 완성해 보세요.

[가로열쇠 ①] 재미있고 즐거움

[세로열쇠 ②] 음악의 도구

6 QR코드를 찍어 영상을 본 후, 문제를 풀어 보아요.

(1) 음: ______ 뜻: ______

관련단어: ______

만화로 배우는

한자성어

만사여의 (萬事如意)

모든 일이 뜻하는 대로 됨. [일만 萬, 일 事, 같을 如]

후훗….

민우주 뭐냐? 히죽거리고.

좋은 일 있어?

후후…. 들어봐!

그래, 말해봐

이거 봐! 오늘의 별자리 운세에서 무려!

1위를 차지했다고!

즉! 오늘은 나에 의한, 나를 위한!

반짝

흐음~ 그렇구나.

그야말로 만사여의 萬事如意한 날이 될 거란 말씀!

그래서, 뭐라 적혀 있는데?

흠흠, 어디 보자 ….

오늘은 점심시간 이후부터 느긋~하게,

침대에서 뒹굴뒹굴 할 수 있다는데?

이상하네, 이미 학교이고 점심시간인데

어떻게 침대에서 종일

뻥!!

앗!

미안해~!

와악, 우주야!

양호실

확실히 종~일 침대에서,

뒹굴뒹굴 할 수 있겠네….

동영상으로 익히는

블록한자

* 아래 QR을 찍으면 동영상이 나옵니다. 동영상을 따라서 한눈에 정리해보아요.

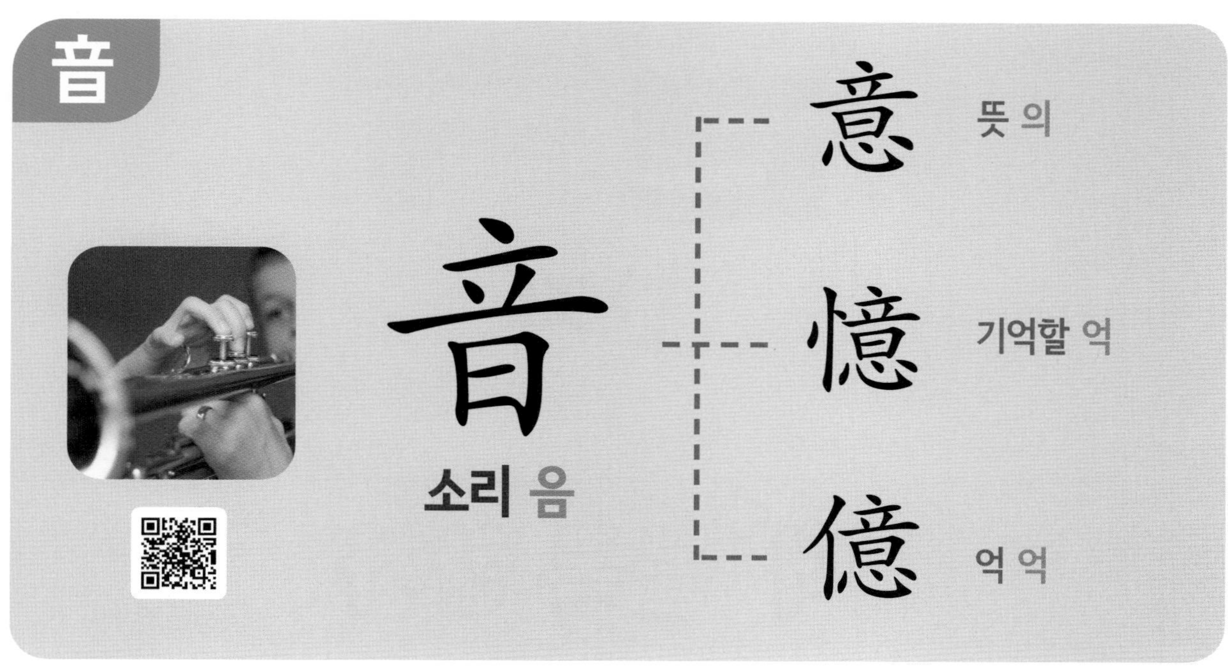

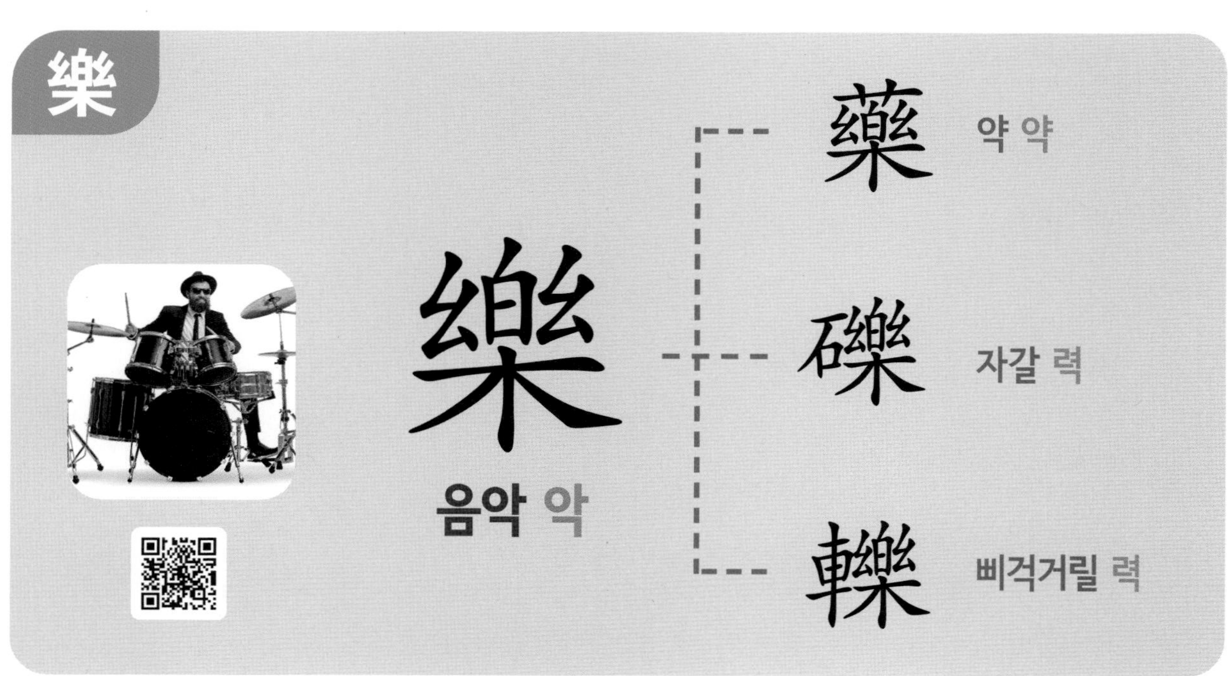

반디랑

블록

한자

더+블록 한자

3

成 이룰 성

土 흙 토	城 성 성	土를 붙여 흙으로 쌓아 이룬 지형을 표현함	城門 성문
言 말씀 언	誠 진실할 성	言을 붙여 말한 대로 이루려는 성실한 마음을 표현함	忠誠 충성
皿 그릇 명	盛 풍성할 성	皿을 붙여 그릇에 가득 담긴 풍성한 모습을 표현함	豊盛 풍성

* 豊 풍년 풍

書 글 서

旦 아침 단	晝 낮 주	해가 떠오르는 모습인 旦을 넣어 해가 떠오른 후의 시간을 표현함	晝夜 주야
田 밭 전 / 一 한 일	畫 그림 화	田과 一을 넣어 밭의 테두리를 그리는 뜻을 표현함	畫家 화가
刂 칼 도	劃 새길 획	畫에 刂를 넣어 칼로 깊이 새긴다는 뜻을 표현함	計劃 계획

* 夜 밤 야
* 計 셈할 계

券 쪽지 권

㔾 병부 절	卷 책 권	龹 아래 㔾을 넣어 둥글게 말아서 보관하던 옛책의 모습을 표현함	全卷 전권
手 손 수	拳 주먹 권	龹 아래 手을 넣어 둥글게 만 손, 즉 주먹의 모습을 표현함	拳鬪 권투
月 육달 월 / 力 힘 력	勝 이길 승	龹 아래 力을 붙여 강한 힘을, 그 앞에 月을 붙여 신체를 제압함을 표현함	勝負 승부

* 全 온전할 전
* 鬪 싸울 투
* 負 질 부

咸 함께 함

心 마음 심	感 느낄 감	咸 아래 心을 넣어 마음이 함께 동화됨을 나타냄	共感 공감
氵 물 수	減 줄어들 감	咸 앞에 氵를 넣어 물이 모두 빠져나감을 표현함	減少 감소
女 여자 녀	威 위력 위	咸 아래 口 대신 女를 넣어 여인의 은근한 위엄을 표현함	威力 위력

* 共 함께 공

氺(水) 물 수

부수	한자	설명	예
一 한 일 丶 점 주	求 원할 구	氺(물 수)를 변형하여 만든 글자로, 물에서 무언가를 원하고 찾는다는 뜻을 표현함	要求 요구
玉 구슬 옥	球 공 구	求에 王(玉)을 붙여 둥글게 깎은 옥구슬을 표현함	地球 지구 * 地 땅 지
攵 칠 복	救 구해줄 구	求에 攵을 붙여 나쁜 것을 쳐서 없애는 뜻을 표현함	救出 구출 * 出 날 출

糸 실 멱

부수	한자	설명	예
丶 점 주	系 갈래 계	丶를 찍어 실줄기나 혈통이 출발한 점을 표현함	體系 체계
亻 사람 인	係 맺을 계	亻을 넣어 사람 사이에서 맺어지는 관계를 표현함	關係 관계 * 關 빗장 관
子 아들 자	孫 자손 손	子를 붙여 자손이 실처럼 이어지는 것을 표현함	子孫 자손

糸 실 멱

부수	한자	설명	예
糸 실 멱	絲 실 사	糸을 두 개 나란히 써서 실의 뜻을 더 강조함	鐵絲 철사 * 鐵 쇠 철
力 힘 력	幼 어릴 유	糸의 아래(小)를 자르고 옆에 力을 붙여 실올만큼 힘이 약한 존재를 표현함	幼蟲 유충 * 蟲 벌레 충
彳 걸을 척 夊 걸을 치	後 뒤 후	彳과 夊를 붙여 손이 묶인 채 뒤처져 걸어가는 노예를 표현함	先後 선후 * 先 먼저 선

絲 실 사

부수	한자	설명	예
言 말씀 언	䜌 어지러울 연	絲 사이에 言을 넣어 말이 실처럼 어지럽게 꼬인 뜻을 표현함	단 어 없 음
心 마음 심	戀 사랑할 연	䜌 아래에 心을 써서 하고 싶은 말이 실처럼 어지럽게 꼬인 마음을 표현함	戀人 인연
攵 칠 복	變 변할 변	䜌 아래에 攵을 써서 어지러운 것을 깔끔하게 잘라 변화시킴을 표현함	變化 변화

乃
이에 내

又
또 우

及 미칠 급

자형이 비슷한데, 마지막 획에서 又를 쓰면 됨

言及 언급

糸
실 멱

級 등급 급

糸을 넣어 실의 차례를 나타내다가 구간, 급간의 뜻도 지니게 됨

等級 등급

* 等 등급 등

口
입 구

吸 들이마실 흡

口를 붙여 숨을 들이마시는 동작을 나타냄

吸入 흡입

彔
나무에 새길 록

金
쇠 금

錄 기록할 록

金을 붙여 쇠에 글자를 새기는 뜻을 표현함

錄音 녹음

糸
실 멱

綠 푸를 록

糸을 넣어 실처럼 늘어진 나뭇가지의 색깔을 표현함

草綠 초록

* 草 풀 초

豕
돼지 시

緣 인연 연

마지막 부분에 豕를 넣어 綠과 변별됨
돼지의 모양에서 유래한 豕점칠 단은 여기서 발음기호의 역할을 함

因緣 인연

米
쌀 미

弓
활 궁

粥 죽 죽

弓을 양쪽에 붙여 죽을 끓일 때 꼬불꼬불 올라가는 김을 표현함

魚粥 어죽

* 魚 고기 어

異
다를 이

糞 똥 분

異를 넣어 쌀을 먹으면 달라져서 나오는 그것을 표현함

馬糞紙 마분지

* 馬 말 마, 紙 종이 지

斗
말 두

料 재료 료

斗를 붙여 통에 담긴 쌀, 즉 음식의 재료를 표현함

料理 요리

* 理 다스릴 리

史
기록할 사

一
한 일

吏 벼슬아치 리

一을 붙여 史(역사)를 기록하는 사람을 강조함

官吏 관리

* 官 벼슬 관

亻
사람 인

使 부릴 사

亻을 붙여 관리가 사람을 부리는 의미를 강조함

天使 천사

* 天 하늘 천

ㅋ
손의 상형

事 일 사

ㅋ을 붙여 관리들이 손으로 하는 일을 표현함

食事 식사

庶
무리 서

부수	한자	설명	예
巾 수건 건	席 자리 석	庶 아래에 巾을 넣어 천으로 짠 자리를 표현함	出席 출석
又 또 우	度 법도 도	庶 아래에 又를 넣어 손으로 집행하는 법을 표현함	法度 법도 (* 法 법 법)
氵 물 수	渡 물건널 도	度 앞에 氵를 넣어 물을 건너는 뜻을 표현함	渡河 도하 (* 河 물 하)

是
이 시

부수	한자	설명	예
匕 비수 비	匙 수저 시	是 앞에 匕를 붙여 밥을 먹는 짧은 쇳조각을 표현함	十匙一飯 십시일반 (* 飯 밥 반)
扌 손 수	提 이끌 제	是 앞에 扌를 붙여 손을 내밀어 옳은 길로 이끄는 모습을 표현함	提起 제기 (* 起 일어날 기)
頁 머리 혈	題 제목 제	是에 頁을 붙여 글의 첫머리에 오는 제목을 표현함	題目 제목

央
가운데 앙

부수	한자	설명	예
艹 풀 초	英 꽃부리 영	央 위에 艹를 붙여 꽃이 피어나는 모습을 표현함	英雄 영웅 (* 雄 수컷 웅)
日 날 일	映 비출 영	央 앞에 日을 써서 햇빛이 밝게 비추는 모습을 표현함	映畫 영화 (* 畫 그림 화)
歹 뼈 알	殃 재앙 앙	央 앞에 歹을 붙여 죽음과 관련된 일을 표현함	災殃 재앙

禾
벼 화

부수	한자	설명	예
口 입 구	和 화할 화	禾에 口를 붙여 밥을 함께 먹는 모습을 표현함	平和 평화
刂 칼 도	利 날카로울, 이익 이	禾에 刂를 붙여 벼를 벨 때 칼이 가장 날카롭고 이로운 것을 표현함	利益 이익 (*益 더할 익)
斗 되 두	科 과목 과	禾에 斗를 붙여 벼를 정확히 측정하는 상황을 표현함	科學 과학

黃
누를 황

广 집 엄 — **廣** 넓을 광

黃 위에 广을 씌워 집안이 넓음을 표현함

廣告 광고

* 告 알릴 고

金 쇠 금 — **鑛** 광물 광

廣 앞에 金을 붙여 쇠를 캐는 장소를 표현함

金鑛 금광

扌 손 수 — **擴** 넓힐 확

廣 앞에 扌를 붙여 손으로 밀어서 넓히는 것을 표현함

擴張 확장

* 張 베풀 장

尹
바를 윤

口 입 구 — **君** 임금 군

尹에 口를 붙여 지휘하는 입을 표현함

君臣 군신

* 臣 신하 신

羊 양 양 — **群** 무리 군

君에 羊을 붙여 여러 마리의 양들이 모여 있음을 표현함

群衆 군중

* 衆 무리 중

阝 고을 읍 — **郡** 고을 군

君에 阝를 붙여 임금의 명령이 미치는 행정 단위를 표현함

市郡 시군

呈
드릴 정

禾 벼 화 — **程** 단위 정

呈에 禾를 붙여 세금을 바치는 단위를 표현함

旅程 여정

廴 걸을 인 — **廷** 조정 정

壬에 廴을 붙여 높은 계단을 올라가는 모습을 표현함

朝廷 조정

* 朝 아침 조

广 집 엄 — **庭** 마당 정

廷에 广을 씌워 집의 마당을 강조함

家庭 가정

京
서울 경

日 날 일 — **景** 풍경 경

京 위에 日을 붙여 햇살이 비치는 풍경을 표현함

風景 풍경

* 風 바람 풍

彡 터럭 삼 — **影** 그림자 영

景에 彡을 붙여 햇살이 반짝이는 모습을 강조함

撮影 촬영

* 撮 취할 취

魚 고기 어 — **鯨** 고래 경

魚와 京을 함께 써서 서울처럼 큰 물고기를 표현함

捕鯨 포경

* 捕 잡을 포

高 높을 고

夭 어릴 요	喬 높을 교	高의 윗부분 亠을 夭로 바꾸어 발음을 표시함	喬木 교목
木 나무 목	橋 다리 교	喬 앞에 木을 써서 나무로 높이 만든 다리를 표현함	大橋 대교
馬 말 마	驕 교만할 교	喬 앞에 馬를 써서 말을 타고 잘난 척하는 모습을 표현함	驕慢 교만

* 慢 게으를 만

李 오얏 리

丿 삐칠 별	季 계절 계	木 대신 禾를 써서 벼를 진 남자를 표현함	季節 계절
女 여자 여	委 맡을 위	禾 아래 女를 써서 여인이 이고 있는 벼를 표현함	委任 위임
亻 사람 인	倭 일본 왜	委 앞에 亻을 써서 벼를 이고 있는 온순한 사람임을 강조함	倭亂 왜란

* 節 마디 절
* 任 맡길 임
* 亂 어지러울 란

單 홑 단

弓 활 궁	彈 튕길 탄	單에 弓을 붙여 활의 탄력을 표현함	彈力 탄력
戈 창 과	戰 싸울 전	單에 戈를 붙여 창으로 서로 찌르는 전쟁을 표현함	戰爭 전쟁
示 제단 기	禪 고요할 선	單에 示를 붙여 제단 앞에서 고요히 생각하는 상황을 표현	參禪 참선

* 爭 다툴 쟁
* 參 간여할 참

買 살 매

出(士) 날 출	賣 팔 매	買 위에 出(士)를 붙여 물건이 밖으로 나감을 표현함	賣出 매출
言 말씀 언	讀 읽을 독	賣 앞에 言을 붙여 책을 읽는 소리를 표현함	讀書 독서
糸 실 멱	續 이을 속	賣 앞에 糸을 붙여 실처럼 계속 이어지는 뜻을 표현함	相續 상속

* 書 글 서
* 相 서로 상

申 펼 신

示 볼 시	神 귀신 신	申 앞에 示를 붙여 번개같은 존재를 표현함	神話 신 화
亻 사람 인	伸 늘어날 신	申 앞에 亻을 붙여 물건을 죽죽 늘리는 사람을 표현함	伸縮 신 축
糸 실 멱	紳 큰띠 신	申 앞에 糸을 붙여 쫙 펴진 옷감을 나타냄	紳士 신 사

* 話 말할 화
* 縮 오그라들 축

予 나 여

里 마을 리	野 들 야	予 앞에 里를 넣어 마을 앞에 펼쳐진 들을 표현함	野生 야 생
广 집 엄	序 차례 서	予 위에 广을 씌워 집안에서 나의 순서를 표현함	順序 순 서
扌 손 수	抒 펼칠 서	予 앞에 扌를 써서 손으로 물건을 펼치는 뜻을 표현함	抒情 서 정

* 順 순할 순

業 직업 업

亻 사람 인	僕 종 복	業에 亻을 붙여 주인을 위해 일하는 사람을 표현함	公僕 공 복
寸 마디 촌	對 대할 대	寸을 붙여 어떤 물건 앞에 마주 선 모습을 표현함	反對 반 대
取 가질 취	叢 모일 총	取를 붙여 어떤 물건을 한 손에 모아 쥐는 상황을 표현함	叢書 총 서

* 書 글 서

袁 옷이 길 원

犭 개 견	猿 원숭이 원	袁 앞에 犭을 붙여 동물을 표현함	類人猿 유 인 원
辶 걸을 착	遠 멀 원	袁 앞에 辶을 넣어 멀리 떠나는 뜻을 표현함	遠心力 원 심 력
口 입 구	園 정원 원	袁에 口를 둘러싸 테두리 안에 만든 정원을 표현함	公園 공 원

* 類 무리 유

音 소리 음

十 열 십 — **章** 문장 장

音 아래 十을 붙여 열 개(여러 개)의 소리로 된 문장을 표현함

文章 문장

阝 언덕 부 — **障** 막을 장

章 앞에 阝를 붙여 언덕에 막힌 상황을 표현함

故障 고장

彡 터럭 삼 — **彰** 드러낼 창

章 옆에 彡을 붙여 햇살처럼 퍼지며 드러나는 멋진 문장을 표현함

表彰 표창

才 재주 재

木 나무 목 — **材** 재목 재

才 앞에 木을 붙여 재능을 지닌 나무를 표현함

木材 목재

貝 조개 패 — **財** 재물 재

才 앞에 貝를 붙여 돈이 될 만한 재능을 표현함

財産 재산

* 産 낳을 산

門 문 문 — **閉** 닫을 폐

才를 門 사이에 넣어 문을 닫고 재물을 지키는 뜻을 표현함

開閉 개폐

* 開 열 개

虎 호랑이 호

号 부를 호 — **號** 부르짖을 호

虎 앞에 号를 붙여 호랑이가 부르짖는 뜻을 표현함

信號 신호

* 信 믿을 신

思 생각 사 — **慮** 생각할 려

虍 아래 思를 넣어 깊은 생각에 빠진 모습을 표현함

考慮 고려

* 考 생각할 고

豕 돼지 시, 刂 칼 도 — **劇** 심할 극

虍에 豕와 刂를 붙여 호랑이와 돼지가 날카롭게 싸우는 모습을 표현함

悲劇 비극

* 悲 슬플 비

虎 호랑이 호

処 곳 처 — **處** 곳 처

虍 아래 処를 넣어 호랑이가 어디론가 걸어가는 모습을 표현함

處地 처지

* 地 땅 지

业 풀 모양 — **虛** 빌 허

虍 아래 业를 넣어 풀만 무성히 자라고 있는 텅 빈 곳을 표현함

虛空 허공

土 흙 토 — **墟** 빈터 허

虛 앞에 土를 한번 더 써서 흙만 남은 빈 터를 강조함

廢墟 폐허

* 廢 폐할 폐

반디랑 블록 한자

정답과 풀이

3

정답

65 블록 羊

핵심한자 완성하기 P.11

(1) 羊 (2) 羊

문제 풀기 P.14~15

1 (1) 洋 (2) 美 (3) 善

2

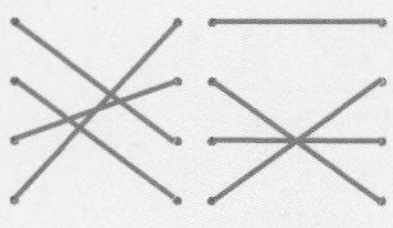

3 (1) 羊 (2) 洋 (3) 美 (4) 善

4 선행 5 羊

6 음: 미 뜻: 아름답다
관련단어: 미인

66 블록 豆

핵심한자 완성하기 P.17

(1) 豆 (2) 豆

문제 풀기 P.20~21

1 (1) 頭 (2) 短 (3) 登

2

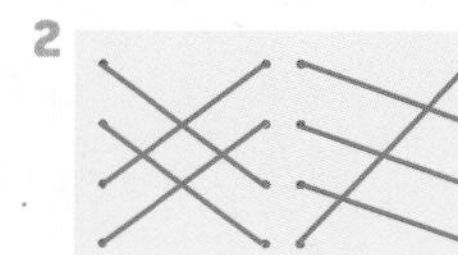

3 (1) 豆 (2) 頭 (3) 短 (4) 登

4 등교 5 豆

6 음: 등 뜻: 오르다
관련단어: 등교

67 블록 甘

핵심한자 완성하기 P.25

(1) 甘 (2) 甘

문제 풀기 P.28~29

1 (1) 柑 (2) 某 (3) 謨

2

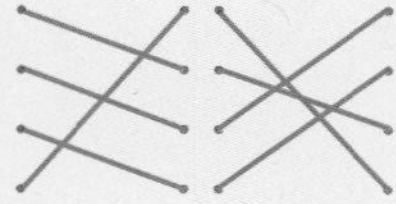

3 (1) 甘 (2) 柑 (3) 某 (4) 謨

4 밀감 5 甘

6 음: 감 뜻: 밀감
관련단어: 밀감

68 블록 泉

핵심한자 완성하기 P.31

(1) 泉 (2) 泉

문제 풀기 P.34~35

1 (1) 原 (2) 源 (3) 線

2

3 (1) 泉 (2) 原 (3) 源 (4) 線

4 원천 5 泉

6 음: 천 뜻: 샘
관련단어: 온천, 원천

69 블록 弓

핵심한자 완성하기 P.39

(1) 弓 (2) 弓

문제 풀기 P.42~43

1 (1) 弔 (2) 引 (3) 弘

2

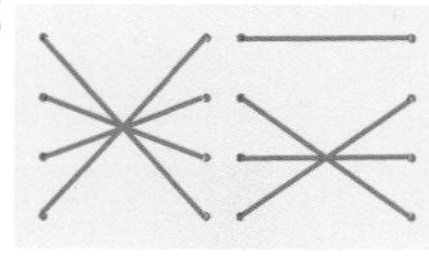

3 (1) 弓 (2) 弔 (3) 引 (4) 弘

4 양궁 5 弓

6 음: 인 뜻: 당기다
관련단어: 아전인수

70 블록 矢

핵심한자 완성하기 P.45

(1) 矢 (2) 矢

문제 풀기 P.48~49

1 (1) 知 (2) 智 (3) 失

2

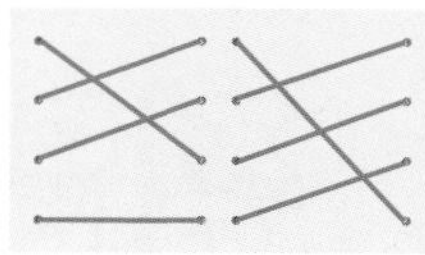

3 (1) 矢 (2) 知 (3) 智 (4) 失

4 실수 5 矢

6 음: 지 뜻: 알다
관련단어: 미지

71 블록 刀

핵심한자 완성하기 P.53

(1) 刀 (2) 刀

문제 풀기 P.56~57

1 (1) 刃 (2) 忍 (3) 認

2

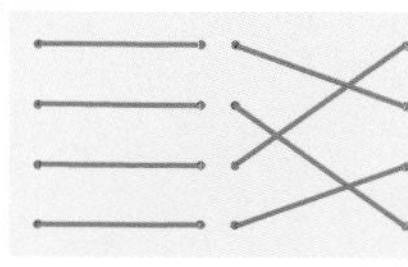

3 (1) 刀 (2) 刃 (3) 忍 (4) 認

4 인내심 5 刀

6 음: 인 뜻: 칼날
관련단어: 양인지검

72 블록 斤

핵심한자 완성하기 P.59

(1) 斤 (2) 斤

문제 풀기 P.62~63

1 (1) 斥 (2) 折 (3) 近

2

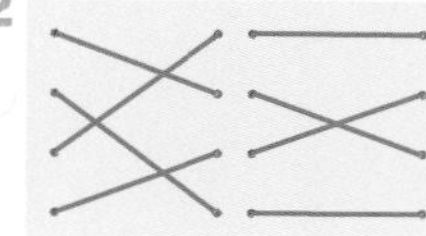

3 (1) 斤 (2) 斥 (3) 折 (4) 近

4 척화 5 斤, 斤

6 음: 척 뜻: 물리치다
관련단어: 척화

73 블록 耳

핵심한자 완성하기 P.67

(1) 耳 (2) 耳

문제 풀기 P.70~71

1 (1) 茸 (2) 恥 (3) 聖

2

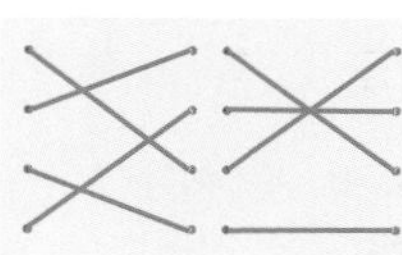

3 (1) 耳 (2) 茸 (3) 恥 (4) 聖

4 이목　5 耳

6 음: 용 뜻: 녹용
관련단어: 녹용

74 블록 目

핵심한자 완성하기 P.73

(1) 目 (2) 目

문제 풀기 P.76~77

1 (1) 見 (2) 盲 (3) 眉

2

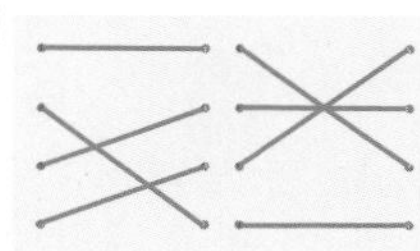

3 (1) 目 (2) 見 (3) 盲 (4) 眉

4 선입견　5 目

6 음: 미 뜻: 눈썹
관련단어: 백미

75 블록 骨

핵심한자 완성하기 P.81

(1) 骨 (2) 骨

문제 풀기 P.84~85

1 (1) 滑 (2) 體 (3) 禮

2

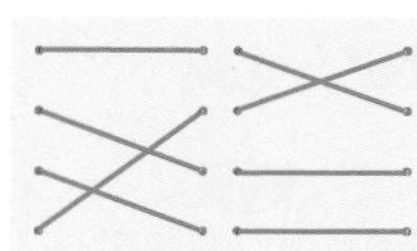

3 (1) 骨 (2) 滑 (3) 體 (4) 禮

4 백골　5 骨

6 음: 골 뜻: 뼈
관련단어: 백골, 골격

76 블록 肉

핵심한자 완성하기 P.87

(1) 肉 (2) 肉

문제 풀기 P.90~91

1 (1) 育 (2) 胃 (3) 肋

2

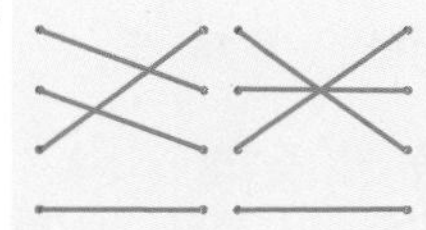

3 (1) 肉 (2) 育 (3) 胃 (4) 肋

4 육류　5 肉

6 음: 육 뜻: 고기
관련단어: 육류, 근육

77 블록 半

핵심한자 완성하기 P.95

(1) 半 (2) 半

문제 풀기 P.98~99

1 (1) 伴 (2) 畔 (3) 判

2

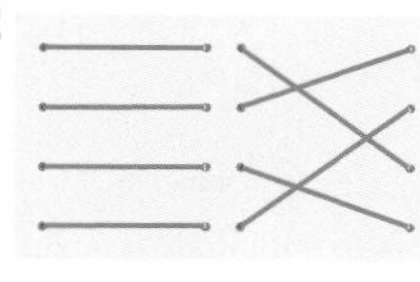

3 (1) 半 (2) 伴 (3) 畔 (4) 判

4 판결　5 半

6 음: 반 뜻: 반
관련단어: 반도, 반지름

78 블록 分

핵심한자 완성하기 P.101

(1) 分 (2) 分

문제 풀기 P.104~105

1 (1) 盆 (2) 粉 (3) 忿

2

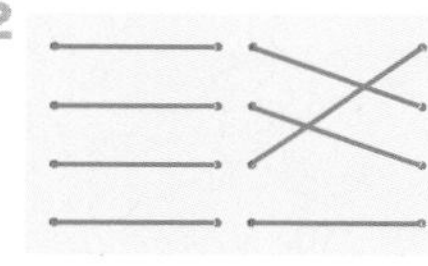

3 (1) 分 (2) 盆 (3) 粉 (4) 忿

4 선분　5 分

6 음: 분 뜻: 나누다
관련단어: 분수, 선분

79 블록 正

핵심한자 완성하기 P.109

(1) 正 (2) 正

문제 풀기 P.112~113

1 (1) 定 (2) 是 (3) 歪

2

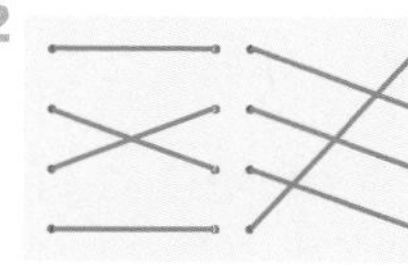

3 (1) 正 (2) 定 (3) 是 (4) 歪

4 왜곡　5 正

6 음: 왜 뜻: 비뚤다
관련단어: 왜곡

80 블록 反

핵심한자 완성하기 P.115

(1) 反 (2) 反

문제 풀기 P.118~119

1 (1) 返 (2) 板 (3) 販

2

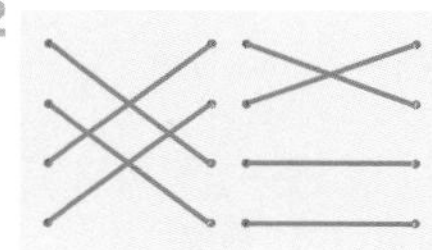

3 (1) 反 (2) 返 (3) 板 (4) 販

4 반사　5 反

6 음: 반 뜻: 뒤집다
관련단어: 반사, 반대

정답

81 블록 古

핵심한자 완성하기 P.123

(1) 古 (2) 古

문제 풀기 P.126~127

1 (1) 苦 (2) 固 (3) 故

2

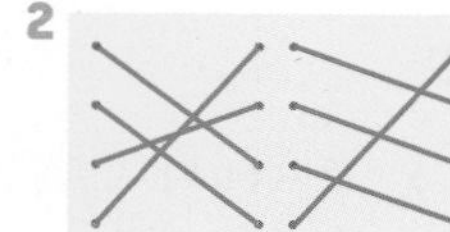

3 (1) 古 (2) 苦 (3) 固 (4) 故

4 고체 5 古

6 음: 고 뜻: 굳다
관련단어: 고체

82 블록 今

핵심한자 완성하기 P.129

(1) 今 (2) 今

문제 풀기 P.132~133

1 (1) 念 (2) 令 (3) 冷

2

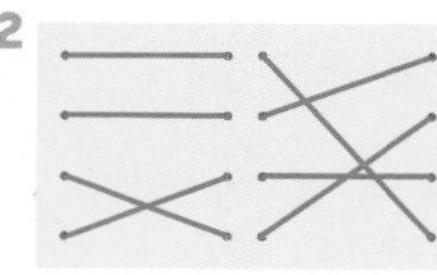

3 (1) 今 (2) 念 (3) 令 (4) 冷

4 명령 5 今

6 음: 냉 뜻: 차다
관련단어: 고랭지

83 블록 門

핵심한자 완성하기 P.137

(1) 門 (2) 門

문제 풀기 P.140~141

1 (1) 問 (2) 聞 (3) 間

2

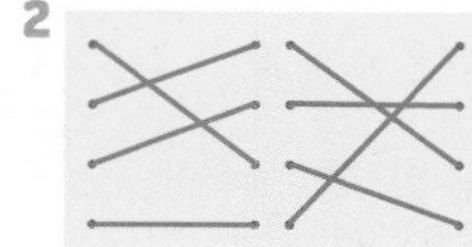

3 (1) 門 (2) 問 (3) 聞 (4) 間

4 교문 5 門

6 음: 문 뜻: 듣다
관련단어: 소문

84 블록 戶

핵심한자 완성하기 P.143

(1) 戶 (2) 戶戶

문제 풀기 P.146~147

1 (1) 房 (2) 扁 (3) 篇

2

3 (1) 戶 (2) 房 (3) 扁 (4) 篇

4 방 5 戶

6 음: 편 뜻: 납작하다
관련단어: 편평

85 블록 作

핵심한자 완성하기 P.151

(1) 作 (2) 作

문제 풀기 P.154~155

1 (1) 昨 (2) 炸 (3) 詐

2

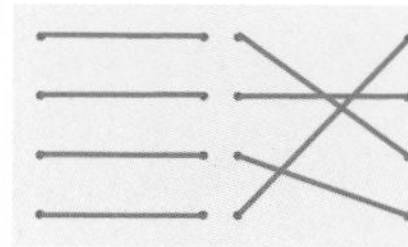

3 (1) 作 (2) 昨 (3) 炸 (4) 詐

4 작동 5 作

6 음: 작 뜻: 어제
관련단어: 작년

86 블록 勇

핵심한자 완성하기 P.157

(1) 勇 (2) 勇

문제 풀기 P.160~161

1 (1) 通 (2) 桶 (3) 痛

2

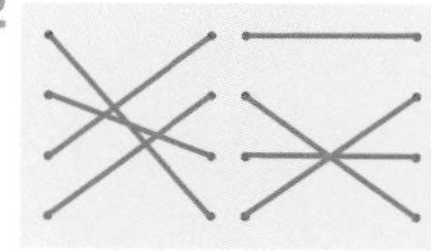

3 (1) 勇 (2) 通 (3) 桶 (4) 痛

4 용기 5 勇

6 음: 용 뜻: 날래다
관련단어: 용기, 용감

87 블록 身

핵심한자 완성하기 P.165

(1) 身 (2) 身

문제 풀기 P.168~169

1 (1) 射 (2) 躬 (3) 窮

2

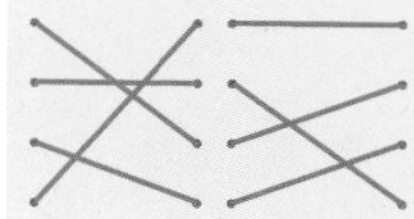

3 (1) 身 (2) 射 (3) 躬 (4) 窮

4 망신 5 身

6 음: 신 뜻: 몸
관련단어: 신체, 망신

88 블록 病

핵심한자 완성하기 P.171

(1) 病 (2) 病

문제 풀기 P.174~175

1 (1) 疾 (2) 症 (3) 痴

2

3 (1) 病 (2) 疾 (3) 症 (4) 痴

4 일사병 5 病

6 음: 병 뜻: 병
관련단어: 병원, 일사병

89 블록 死

핵심한자 완성하기 P.179

(1) 死 (2) 死

문제 풀기 P.182~183

1 (1) 葬 (2) 列 (3) 烈

2 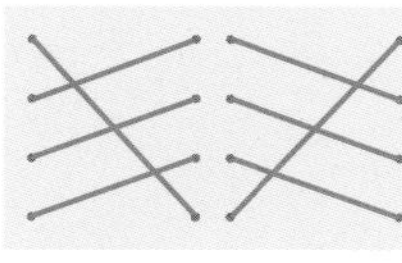

3 (1) 死 (2) 葬 (3) 列 (4) 烈

4 생사 5 死

6 음: 사 뜻: 죽다
관련단어: 생사, 불사조

90 블록 亡

핵심한자 완성하기 P.185

(1) 亡 (2) 亡

문제 풀기 P.188~189

1 (1) 忘 (2) 妄 (3) 望

2 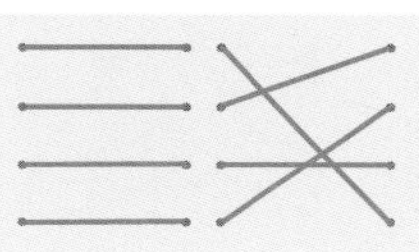

3 (1) 亡 (2) 忘 (3) 妄 (4) 望

4 사망 5 亡

6 음: 망 뜻: 망하다
관련단어: 도망, 사망

91 블록 退

핵심한자 완성하기 P.193

(1) 退 (2) 退

문제 풀기 P.196~197

1 (1) 恨 (2) 限 (3) 根

2 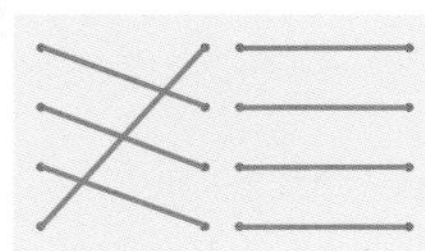

3 (1) 退 (2) 恨 (3) 限 (4) 根

4 퇴장 5 退

6 음: 퇴 뜻: 물러나다
관련단어: 후퇴, 퇴장

92 블록 各

핵심한자 완성하기 P.199

(1) 各 (2) 各

문제 풀기 P.202~203

1 (1) 落 (2) 路 (3) 露

2 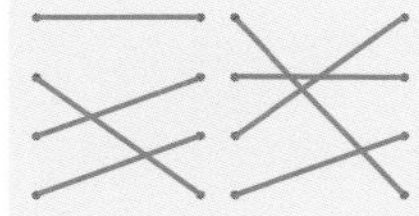

3 (1) 各 (2) 落 (3) 路 (4) 露

4 각종 5 各

6 음: 로 뜻: 이슬, 드러나다
관련단어: 노출

93 블록 見

핵심한자 완성하기 P.207

(1) 見 (2) 見

문제 풀기 P.210~211

1 (1) 規 (2) 現 (3) 親

2 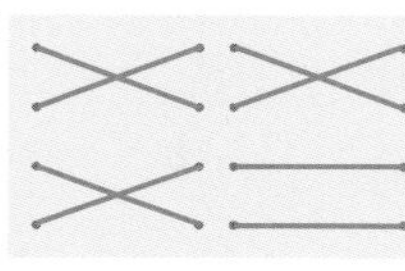

3 (1) 見 (2) 規 (3) 現 (4) 親

4 견해 5 見

6 음: 견 뜻: 보다
관련단어: 발견, 견해

94 블록 則

핵심한자 완성하기 P.213

(1) 則 (2) 則

문제 풀기 P.216~217

1 (1) 測 (2) 側 (3) 惻

2 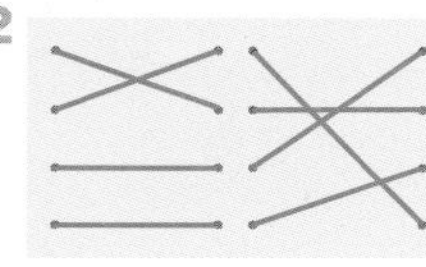

3 (1) 則 (2) 測 (3) 側 (4) 惻

4 원칙 5 則

6 음: 측 뜻: 헤아리다
관련단어: 측우기

95 블록 音

핵심한자 완성하기 P.221

(1) 音 (2) 音

문제 풀기 P.224~225

1 (1) 意 (2) 憶 (3) 億

2 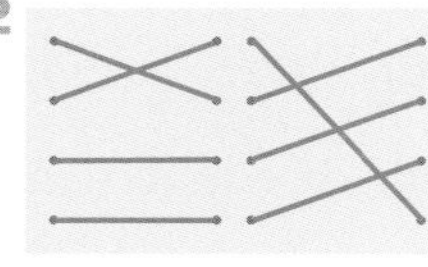

3 (1) 音 (2) 意 (3) 憶 (4) 億

4 발음 5 音

6 음: 의 뜻: 뜻
관련단어: 의도

96 블록 樂

핵심한자 완성하기 P.227

(1) 樂 (2) 樂

문제 풀기 P.230~231

1 (1) 藥 (2) 礫 (3) 轢

2 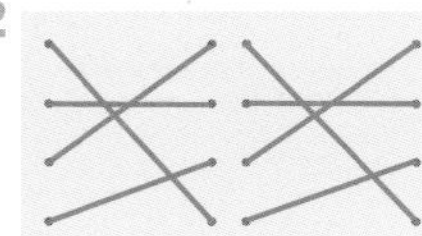

3 (1) 樂 (2) 藥 (3) 礫 (4) 轢

4 오락 5 樂

6 음: 악 뜻: 음악
관련단어: 악기, 오락

3권에 나온 글자를 찾아 볼까요

ㅇ

ㅈ

ㅊ

ㅌ

ㅍ

ㅎ

반디랑

블록 한자 3

발행일: 2022년 03월 01일 [1판 1쇄]

지은이: 문화기획반디 연구개발팀

편집 디자인: 이예슬 | **표지 디자인**: 방혜자

내지 일러스트 · 만화: 임정민, 도지우 | **영상편집**: 전하영

펴낸곳: (주)문화기획반디 | **등록번호**: 제2020-000059호

주 소: 04310 서울특별시 용산구 청파로47길 90, 숙명여자대학교 창업보육센터 202호

전 화: 02) 6951-1008 | **팩 스**: 02) 6951-1007

홈페이지: www.bandirang.com | **이메일**: contact@bandirang.com

블로그: blog.naver.com/bigfoot200 | **인스타그램**: @bandi_rang

ISBN 979-11-92043-03-6

ISBN 979-11-971523-6-8 (세트)

영어의 규칙을 완벽히 습득

PLAY & LEARN WITH ACTIVITY BOOKS

시제편의 학습 원리

1 시제별 동사의 형태 변화 학습

시제별(현재, 과거, 진행, 미래)로 긍정문, 부정문, 의문문, 의문사 의문문을 반복하여 학습합니다. 각 시제에 따라 동사가 어떻게 변화하는지를 배울 수 있으며, 문장 변형을 통해 시제별 동사의 위치와 형태를 학습할 수 있도록 구성되어 있습니다. 시제는 동사를 이용하여 표현한다는 것과 문장별로 동사를 이용하여 긍정하거나 부정하며, 동사의 위치를 바꾸어 질문하는 것을 자연스럽게 익히도록 합니다.

2 시제별 누적 복습

챕터별로 각각의 시제를 배운 후, 이전에 배운 시제의 문장으로 변환하는 연습을 할 수 있도록 구성되었습니다. 예를 들어, 현재 시제를 과거 시제로, 현재와 과거 시제를 진행 시제로, 현재와 과거와 진행 시제를 미래 시제로 바꾸어 쓰는 활동을 통해 시제별 동사의 변화를 확인할 수 있습니다. 시제 변화와 문장 변형을 병행하여, 배웠던 내용들을 누적 복습하면서 궁극적으로 시제별•문장별로 동사를 활용할 수 있게 됩니다.

3 문장별 동사의 위치와 형태 학습

동사별(be동사, There is[are], 일반동사, 조동사)로 긍정문, 부정문, 의문문, 의문사 의문문을 반복하여 학습할 수 있습니다. 이런 연속적인 학습을 통해, 긍정문에서는 동사가 주어에 따라 변화한다는 것을, 부정문에서는 부정 부사의 위치와 축약형을, 의문문에서는 동사의 위치와 형태 변화를 배우고, 끝으로 의문사를 활용하는 문장까지 쓸 수 있게 됩니다. 이러한 문장별 순차적 학습은 주어에 따른 동사의 형태와 문장별로 동사의 위치와 형태가 어떻게 변화하는지를 확인하고, 몸에 익힐 수 있도록 해 줍니다.

4 문장별 누적 복습

긍정문, 부정문, 의문문, 의문사 의문문을 각각 따로따로 배우는 것이 아니라, 긍정문과 부정문을 서로 바꾸어 쓸 수 있는 누적 복습이 제공됩니다. 이와 같은 방법으로 의문문, 의문사 의문문까지 누적 복습하여 결국에는 하나의 문장을 여러 문장으로 변형할 수 있습니다. 누적 복습을 통해, 주어에 따른 동사의 형태와 문장에 따른 동사의 위치를 완벽하게 습득할 수 있습니다.

구성 및 학습의 흐름

시제·동사별 긍정문

UNIT 01 현재 시제 일반동사 긍정문

SPEAK GRAMMAR 다음 문법 규칙을 3회 이상 소리 내어 읽으세요. 1 2 3

○ 일반동사 현재형은 주어가 정기적 또는 항상 하는 일이나 행동을 설명해요.

주어	동사	예시
be동사	~(이)다	I am a nurse. 나는 간호사입니다.
일반동사	~하다	I work hard. 나는 열심히 일한다.

○ 일반동사 현재형은 주어에 따라 동사 원형을 쓰거나, -s를 붙여요.

↳ 동사 원형은 동사의 원래 형태로 work(일하다)이며, 현재형일 때 work는 '일한다'로 해석해요.

주어	일반동사 현재형	예문
3인칭 단수	works 일한다	She works hard. 그녀는 열심히 일한다.
그 외	work 일한다	I work hard. 나는 열심히 일한다.

○ 주어가 3인칭 단수일 때, 동사의 철자에 따라 -s를 붙이는 방법을 알아 두세요.

주어	일반동사 현재형		예시
3인칭 단수	대부분의 동사	동사 원형 + -s	works 일한다
	-ch, -sh, -o, -s, -x로 끝나는 동사	동사 원형 + -es	watches 본다
	[자음 + y]로 끝나는 동사	y를 없애고 + -ies	studies 공부한다
	have	has	has 가지고 있다

[모음 + y]로 끝나는 동사는 그냥 -s만 붙인다는 것에 주의하세요.

- She studies hard. 그녀는 열심히 공부한다. (study: 자음 + y)
- She plays hard. 그녀는 열심히 논다. (play: 모음 + y)

해당 시제의 긍정문
[SPEAK-DO-누적 복습]

시제·동사별 부정문

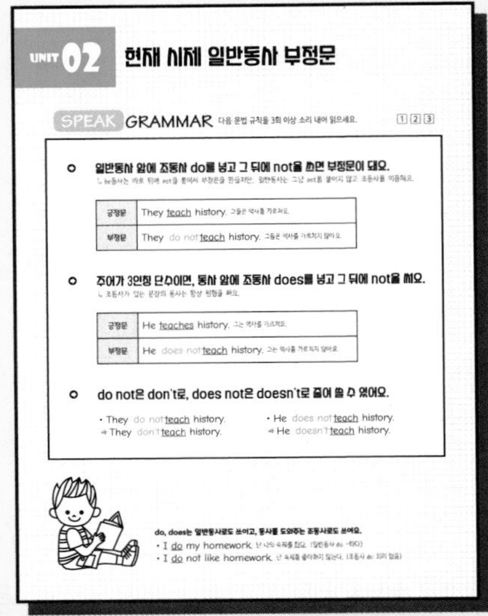
UNIT 02 현재 시제 일반동사 부정문

SPEAK GRAMMAR 다음 문법 규칙을 3회 이상 소리 내어 읽으세요. 1 2 3

○ 일반동사 앞에 조동사 do를 넣고 그 뒤에 not을 쓰면 부정문이 돼요.

↳ be동사는 바로 뒤에 not을 붙여서 부정문을 만들지만, 일반동사는 그냥 not을 붙이지 않고 조동사를 이용해요.

긍정문	They teach history. 그들은 역사를 가르쳐요.
부정문	They do not teach history. 그들은 역사를 가르치지 않아요.

○ 주어가 3인칭 단수이면, 동사 앞에 조동사 does를 넣고 그 뒤에 not을 써요.

↳ 조동사가 있는 문장의 동사는 항상 원형을 써요.

긍정문	He teaches history. 그는 역사를 가르쳐요.
부정문	He does not teach history. 그는 역사를 가르치지 않아요.

○ do not은 don't로, does not은 doesn't로 줄여 쓸 수 있어요.

- They do not teach history. → They don't teach history.
- He does not teach history. → He doesn't teach history.

do, does는 일반동사로도 쓰이고, 동사를 도와주는 조동사로도 쓰여요.

- I do my homework. 난 나의 숙제를 한다. (일반동사 do: ~하다)
- I do not like homework. 난 숙제를 좋아하지 않는다. (조동사 do: 의미 없음)

해당 시제의 부정문을 배우고 긍정문과 누적 학습
[SPEAK-DO-누적 복습]

시제·동사별 의문문

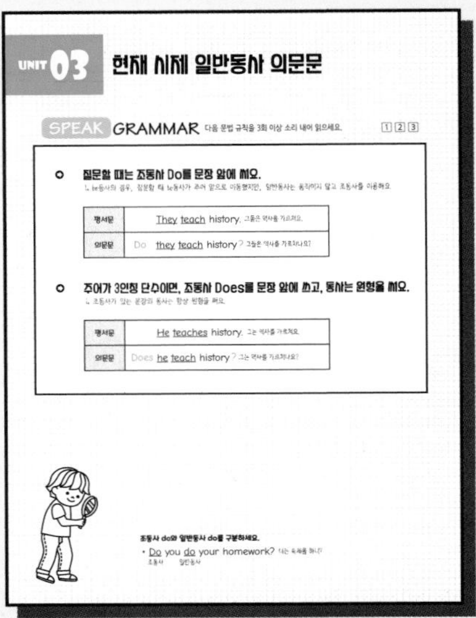
UNIT 03 현재 시제 일반동사 의문문

SPEAK GRAMMAR 다음 문법 규칙을 3회 이상 소리 내어 읽으세요. 1 2 3

○ 질문할 때는 조동사 Do를 문장 앞에 써요.

↳ be동사의 경우, 질문할 때 be동사가 주어 앞으로 이동했지만, 일반동사는 움직이지 않고 조동사를 이용해요.

평서문	They teach history. 그들은 역사를 가르쳐요.
의문문	Do they teach history? 그들은 역사를 가르치나요?

○ 주어가 3인칭 단수이면, 조동사 Does를 문장 앞에 쓰고, 동사는 원형을 써요.

↳ 조동사가 있는 문장의 동사는 항상 원형을 써요.

평서문	He teaches history. 그는 역사를 가르쳐요.
의문문	Does he teach history? 그는 역사를 가르치나요?

조동사 do와 일반동사 do를 구분하세요.

- Do you do your homework? 너는 숙제를 하니?
  (Do: 조동사, do: 일반동사)

해당 시제의 의문문을 배우고 이전 문장들과 누적
[SPEAK-DO-누적 복습]

CHAPTER 누적 복습

CHAPTER **누적 복습** CHAPTER 1~3에서 배운 문장을 변형하여 복습하세요.

<SET 01>

1. 그 소년은 어디에 있니?
   ⇒ ______ the boy?
2. 그는 냉장고 앞에 있다. (in front of)
   ⇒ He ______ the refrigerator.
3. 그는 무엇을 마시니? (drink)
   ⇒ ______ he ______?
4. 그는 우유를 마셔.
   ⇒ ______ milk.
5. 컵 안에 약간의 우유가 있어. (some, the cup, there, in)
   ⇒ ______ milk ______.
6. 그 키 큰 소녀는 누구니?
   ⇒ ______ the tall girl?
7. 그녀는 내 여동생이야.
   ⇒ ______ my sister.
8. 그녀는 무엇을 씻니? (wash)
   ⇒ ______ she ______?

- 80 -

챕터별로 배운 시제·문장들을 서로 바꾸어 연습하는 CHAPTER 누적 복습

시제·동사별 의문사 의문문

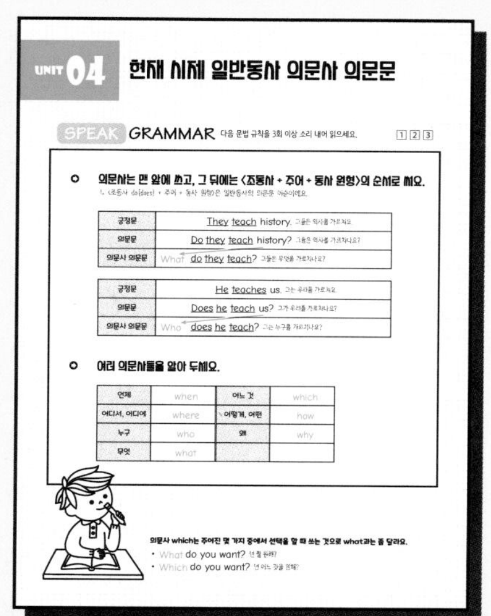
UNIT 04 현재 시제 일반동사 의문사 의문문

SPEAK GRAMMAR 다음 문법 규칙을 3회 이상 소리 내어 읽으세요. 1 2 3

- 의문사는 맨 앞에 쓰고, 그 뒤에는 <조동사 + 주어 + 동사 원형>의 순서로 써요.

긍정문	They teach history.
의문문	Do they teach history?
의문사 의문문	What do they teach?

긍정문	He teaches us.
의문문	Does he teach us?
의문사 의문문	Who does he teach?

- 여러 의문사들을 알아 두세요.

언제	when	어느 것	which
어디서, 어디에	where	어떻게, 어떤	how
누구	who	왜	why
무엇	what		

의문사 which는 주어진 몇 가지 중에서 선택을 할 때 쓰는 것으로 what과는 좀 달라요.
- What do you want?
- Which do you want?

해당 시제의 의문사 의문문을 배우고 이전과 누적 [SPEAK-DO-누적 복습]

CHAPTER별 종합 문제

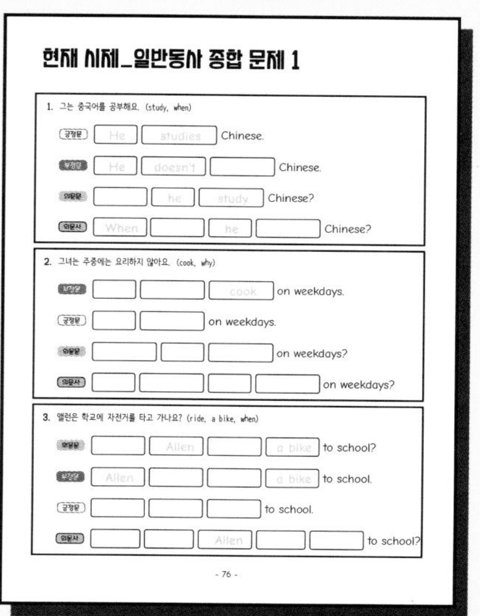
현재 시제_일반동사 종합 문제 1

1. 그는 중국어를 공부해요. (study, when)
   - 긍정문: He studies Chinese.
   - 부정문: He doesn't ______ Chinese.
   - 의문문: ______ he study Chinese?
   - 의문사: When ______ he ______ Chinese?
2. 그녀는 주중에는 요리하지 않아요. (cook, why)
   - 부정문: ______ ______ cook on weekdays.
   - 긍정문: ______ ______ on weekdays.
   - 의문문: ______ ______ ______ on weekdays?
   - 의문사: ______ ______ ______ ______ on weekdays?
3. 앨런은 학교에 자전거를 타고 가나요? (ride, a bike, when)
   - 의문문: ______ Allen ______ a bike to school?
   - 부정문: Allen ______ ______ a bike to school.
   - 긍정문: ______ ______ ______ to school.
   - 의문사: ______ ______ Allen ______ ______ to school?

- 76 -

긍정문, 부정문, 의문문, 의문사 의문문의 문장 변형으로 CHAPTER별 종합 확인

목차 및 학습 계획

학습한 부분에 체크(✓)하고 학습한 날짜를 적으세요.

품사편 목차

짝꿍 교재인 품사편의 목차입니다. 학습 계획에 참고하세요.

CHAPTER 01
현재 시제_be동사

Unit 01 긍정문
Unit 02 부정문
Unit 03 의문문
Unit 04 의문사 의문문

현재 시제 be동사 긍정문

SPEAK GRAMMAR 다음 문법 규칙을 3회 이상 소리 내어 읽으세요. 1 2 3

단수란 '하나'를 의미하고, 복수란 '둘 이상'을 말해요.

우리말에서 단수와 복수를 찾아보세요.

① 저것은(단수) 연필이에요(단수).
② 저분들은(복수) 저의(단수) 부모님들이에요(복수).
③ 나는(단수) 너희들의(복수) 선생님이야(단수).

be동사는 '~(이)다'라는 뜻의 동사로, 주어의 수에 따라 is 또는 are를 써요.

↳ is와 are는 be동사의 현재형이에요.

단수(하나) 주어		복수(둘 이상) 주어	
this 이것, 이분 that 저것, 저분 he 그는 she 그녀는 it 그것은 a cat 한 고양이 my friend 나의 친구	is	these 이것들, 이분들 those 저것들, 저분들 they 그들은, 그것들은 we 우리는 you 너희들은 cats 고양이들 my friends 나의 친구들	are
This is my bag. 이것은 제 가방이에요.		Those are my bags. 저것들은 제 가방들이에요.	

단수이지만 인칭 대명사 I(나는)는 am, you(너는)는 are를 써요.

↳ you는 단수형(너는)과 복수형(너희들은)의 형태가 같아요.

- I am tall. 나는 키가 커.
- You are short. 너는[너희들은] 키가 작아.

사람, 도시 등의 이름 및 셀 수 없는 명사인 주어는 단수 취급해서 be동사 is를 써요.

- Minsu is tall. 민수는 키가 커.
- Time is money. 시간은 돈이다.

DO GRAMMAR 다음 활동들을 통해 문법을 재미있게 익히세요.

A 단수 주어는 is, 복수 주어는 are를 선택하세요. * 단, I(나는)는 am, you(너는)는 are를 써요.

1.	She 그녀는	am	are	is
2.	My brothers 내 형제들은	am	are	is
3.	A puppy 강아지 한 마리가	am	are	is
4.	You 너는	am	are	is
5.	A vase 꽃병 하나가	am	are	is
6.	My sister 내 여동생은	am	are	is
7.	It 그것은	am	are	is
8.	I 나는	am	are	is
9.	They 그것들은	am	are	is
10.	My parents 제 부모님은	am	are	is
11.	Mr. Kim 김 선생님은	am	are	is
12.	He 그는	am	are	is

B 보기의 단어들을 알맞은 칸에 넣으세요.

[보기]

cats 고양이들	these 이것들, 이분들	my friends 내 친구들	that 저것, 저분	the cups 그 컵들	my sister 내 여동생
those 저것들, 저분들	Chulsu 철수	my brothers 내 형제들	Mr. Brown 브라운 씨	a bag 한 가방	this 이것, 이분

단수(하나)인 주어	복수(둘 이상)인 주어
that,	cats,
+	+
is	are

UNIT 1
누적 복습 **GRAMMAR** 배운 문법을 복습하세요.

A 문장 훈련에 필요한 규칙들을 확인해 보세요.

- 주어가 단수(하나)일 때 be동사는 is 를 쓴다. ☑
- 주어가 복수(둘 이상)이면 be동사는 ____ 를 쓴다. ☐
- 주어가 1인칭 단수(I)라면 be동사는 ____ 을 쓴다. ☐
- 주어가 2인칭 단수(you)라면 be동사는 ____ 를 쓴다. ☐
- 문장의 첫 글자와 I는 항상 ____ 문자로 쓴다. ☐

B 알맞은 말을 넣어 지시에 맞는 문장을 완성하세요.

1. 이것이 나의 책상이다. (this)

긍정문 [This] [is] my desk.

2. 저것은 너의 연필이다. (that)

긍정문 [____] [____] your pencil.

3. 우리는 친구다. (we)

긍정문 [____] [____] friends.

4. 그녀는 내 여동생이야. (she, my sister)

긍정문 [ ] [ ] [ ].

5. 그들은 내 사촌들이야. (my cousins, they)

긍정문 [ ] [ ] [ ].

6. 이것은 나의 사진이야. (this, my picture)

긍정문 [ ] [ ] [ ].

7. 이것들은 낡았어. (these, old)

긍정문 [ ] [ ] [ ].

8. 그것은 자전거야. (it, a bike)

긍정문 [ ] [ ] [ ].

9. 저분은 나의 할아버지셔. (that, my grandpa)

긍정문 [ ] [ ] [ ].

10. 민수는 바빠. (Minsu, busy)

긍정문 [ ] [ ] [ ].

UNIT 02 현재 시제 be동사 부정문

SPEAK GRAMMAR 다음 문법 규칙을 3회 이상 소리 내어 읽으세요. 1 2 3

'~ 아니다', '~ 않다'라는 의미를 가진 문장이 부정문이에요.

우리말에서 부정문을 만드는 말을 찾아보세요.

① 그는 저의 친구가 아니에요. ② 난 아프지 않아. ③ 이건 안 비싸.

be동사 뒤에 not을 넣으면 부정문이 돼요.

↳ not은 '아니다', '않다'라는 의미의 단어예요.

긍정문	This is my eraser. 이것은 나의 지우개예요.
부정문	This is not my eraser. 이것은 나의 지우개가 아니에요.

긍정문	They are busy. 그들은 바빠요.
부정문	They are not busy. 그들은 바쁘지 않아요.

is not은 isn't로, are not은 aren't로 줄여서 쓸 수 있어요.

↳ am not은 줄여 쓸 수 없어요.

- This is not my eraser. ➡ This isn't my eraser.
- They are not busy. ➡ They aren't busy.
- I am not your teacher. ➡ I ~~amn't~~ your teacher. (X)

be동사 뒤에 장소나 위치를 나타내는 말이 나오면 be동사를 '~이 있다'로 해석해요.

- They aren't in the room. 그들은 그 방에 있지 않아요.
- They aren't here. 그들은 여기에 있지 않아요.

DO GRAMMAR 다음 활동들을 통해 문법을 재미있게 익히세요.

A be동사 뒤에 not을 넣어 부정문으로 만드세요.

1. It is very heavy.
   ➡ It is not very heavy.
   그것은 아주 무겁지는 않아.

2. Minji is there.
   ➡
   민지는 거기에 있지 않아.

3. The building is tall.
   ➡
   그 건물은 높지 않아요.

4. They are on a sofa.
   ➡
   그것들은 소파에 있지 않다.

5. Susan and I are friends.
   ➡
   수잔과 나는 친구가 아냐.

6. I am late.
   ➡
   나는 늦지 않았어.

B 지시에 따라 be동사와 not을 줄여 쓰세요. * 단, am과 not은 줄여 쓰지 않아요.

	be동사 현재형 am, are, is		be동사 현재 부정 be동사 + not		부정 축약 두 단어를 붙이고, not의 o 대신 '(아포스트로피)
1.	is	➡	is not	➡	isn't
2.	are	➡		➡	
3.	am	➡		➡	

UNIT 1-2
누적 복습 **GRAMMAR** 배운 문법을 복습하세요.

A 문장 훈련에 필요한 규칙들을 확인해 보세요.

- 주어가 단수 (하나)일 때 be동사는 is를 쓴다. ☑
- 주어가 ______ (둘 이상)일 때 be동사는 are를 쓴다. ☐
- 주어가 1인칭 단수(I)라면 be동사는 ______ 을 쓴다. ☐
- 주어가 2인칭 단수(you)라면 be동사는 ______ 를 쓴다. ☐
- be동사의 부정문은 ______ 뒤에 ______ 을 넣는다. ☐
- is와 not은 ______ 로, are와 not은 ______ 로 줄여 쓸 수 있다. ☐
- be동사 뒤에 장소나 위치를 나타내는 말이 나오면 be동사를 ' ______ '로 해석한다. ☐

B 알맞은 말을 넣어 지시에 맞는 문장을 완성하세요.

1. 그것들은 검은색이다. (they)

긍정문 [They] [are] black.

부정문 [ ] [ ] [not] black.

2. 저것들은 상자 안에 있지 않다. (those)

부정문 [ ] [ ] [ ] in a box.

긍정문 [ ] [ ] in a box.

3. 나의 엄마는 예뻐요. (my mom, pretty)

긍정문 ______ ______ ______.

부정문 ______ ______ ______ ______.

4. 내 사촌들은 똑똑하지 않다. (my cousins, smart)

부정문 ______ ______ ______ ______.

긍정문 ______ ______ ______.

5. 그 책상은 여기에 있다. (the desk, here)

긍정문 ______ ______ ______.

부정문 ______ ______ ______ ______.

6. 그녀는 나의 고모가 아니에요. (she, my aunt)

부정문 ______ ______ ______ ______.

긍정문 ______ ______ ______.

7. 저 새는 빠르다. (that bird, fast)

긍정문 ______ ______ ______.

부정문 ______ ______ ______ ______.

현재 시제 be동사 의문문

SPEAK GRAMMAR 다음 문법 규칙을 3회 이상 소리 내어 읽으세요. 1 2 3

질문할 때는 be동사와 주어의 순서를 바꿔서 문장을 만들어요.

긍정문	This is my clock. 이것은 나의 시계예요.
의문문	Is this my clock? 이것이 나의 시계예요?

긍정문	You are my teacher. 당신은 저의 선생님이세요.
의문문	Are you my teacher? 당신이 저의 선생님이세요?

문장의 첫 글자는 대문자로 쓰고, 맨 뒤에는 물음표(?)를 붙여요.

- She is smart. 그녀는 똑똑해요.
- Is she smart? 그녀는 똑똑한가요?

단, I(나는)는 문장의 어디에 있든지 항상 대문자로 써요.

- I am smart. 나는 똑똑해요.
- Am I smart? 제가 똑똑한가요?

우리말은 문장 끝만 올려서 말하면 질문이 되지만, 영어는 동사와 주어의 순서를 바꾸어 질문해요.

- 그는 내 형이야. ➡ He is my brother.
- 그는 내 형이야? ➡ Is he my brother?

DO GRAMMAR 다음 활동들을 통해 문법을 재미있게 익히세요.

A 주어와 동사의 순서를 바꾸어 의문문으로 만드세요. * 단, 문장의 첫 글자는 대문자로 쓰세요.

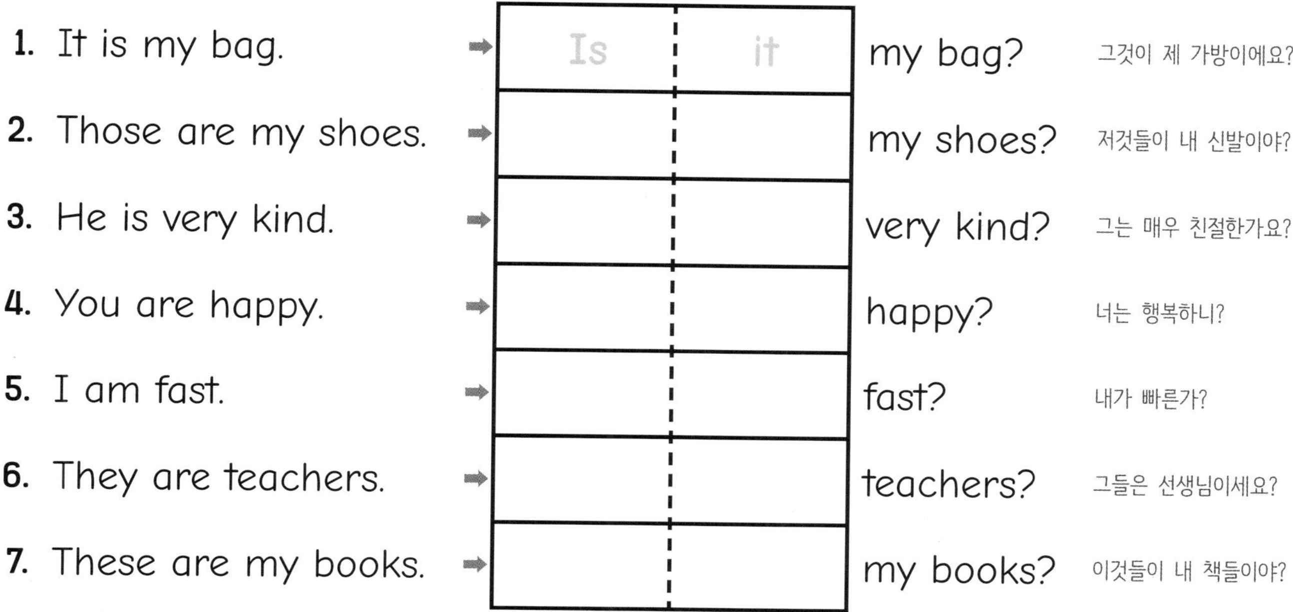

1. It is my bag. →	Is	it	my bag?	그것이 제 가방이에요?
2. Those are my shoes. →			my shoes?	저것들이 내 신발이야?
3. He is very kind. →			very kind?	그는 매우 친절한가요?
4. You are happy. →			happy?	너는 행복하니?
5. I am fast. →			fast?	내가 빠른가?
6. They are teachers. →			teachers?	그들은 선생님이세요?
7. These are my books. →			my books?	이것들이 내 책들이야?

B 의문문을 만들 때, 주어에 맞는 be동사를 선택하세요.

1. Am | Are | (Is) Jenny 제니는
2. Am | Are | Is a singer 한 가수는
3. Am | Are | Is these 이것들은
4. Am | Are | Is my parents 나의 부모님은
5. Am | Are | Is I 내가
6. Am | Are | Is bakers 제빵사들은
7. Am | Are | Is you 너희들은
8. Am | Are | Is an orange 오렌지는
9. Am | Are | Is that 저분은
10. Am | Are | Is my aunt 나의 이모는
11. Am | Are | Is we 우리는
12. Am | Are | Is the building 그 건물은

UNIT 1-3
누적 복습

GRAMMAR 배운 문법을 복습하세요.

A 문장 훈련에 필요한 규칙들을 확인해 보세요.

- be동사는 주어가 단수일 때 is , 복수일 때 ______ 를 쓴다. ☑
- 주어가 1인칭 단수(I)이면 be동사는 ______ , 2인칭(you)이면 ______ 를 쓴다. ☐
- be동사의 부정문은 ______ 뒤에 ______ 을 넣는다. ☐
- is와 not은 ______ 로, are와 not은 ______ 로 줄여 쓸 수 있다. ☐
- be동사 뒤에 장소나 위치를 나타내는 말이 나오면 be동사를 ' ______ '로 해석한다. ☐
- 질문을 할 때(의문문)는 ______ 와 ______ 의 순서를 바꾼다. ☐

B 알맞은 말을 넣어 지시에 맞는 문장을 완성하세요.

1. 그는 서울에 있어. (he)

긍정문 [He] [is] in Seoul.

부정문 [ ] [ ] [not] in Seoul.

의문문 [ ] [he] in Seoul?

2. 그들은 한가해. (they)

긍정문 [ ] [ ] free.

의문문 [ ] [ ] free?

부정문 [ ] [ ] [ ] free.

3. 그녀가 너의 선생님이니? (she, your teacher)

의문문 ______ ______ ______?

긍정문 ______ ______ ______.

부정문 ______ ______ ______ ______.

4. 우리는 그 지붕 위에 있어. (we, on the roof)

긍정문 ______ ______ ______.

의문문 ______ ______ ______?

부정문 ______ ______ ______ ______.

5. 그는 가수가 아니야. (he, a singer)

부정문 ______ ______ ______ ______.

긍정문 ______ ______ ______.

의문문 ______ ______ ______?

6. 저것이 나의 접시인가요? (that, my dish)

의문문 ______ ______ ______?

긍정문 ______ ______ ______.

부정문 ______ ______ ______ ______.

현재 시제 be동사 의문사 의문문

SPEAK GRAMMAR 다음 문법 규칙을 3회 이상 소리 내어 읽으세요. 1 2 3

의문사는 '언제', '어디', '누구', '무엇'과 같은 말이에요.

우리말에서 의문사를 찾아보세요.

① 네 선생님은 누구야? ② 이것들은 뭐지? ③ 그건 어디 있어?

일단, 의문사 what(무엇)과 who(누구)를 기억하세요.

- What is this? 이것은 무엇입니까?
- Who is this? 이분은 누구입니까?

의문사는 문장의 맨 앞에 쓰고, 그 뒤에는 〈be동사 + 주어〉의 순서로 써요.

↳ 〈be동사 + 주어〉는 의문문의 어순으로, 질문할 때는 항상 주어와 be동사의 순서를 바꿔요.

긍정문	This is my eraser. 이것은 나의 지우개예요.
의문문	Is this my eraser? 이것이 나의 지우개예요?
의문사 의문문	What is this? 이것은 무엇입니까?

긍정문	You are my teacher. 당신은 저의 선생님이세요.
의문문	Are you my teacher? 당신이 저의 선생님이세요?
의문사 의문문	Who are you? 당신은 누구세요?

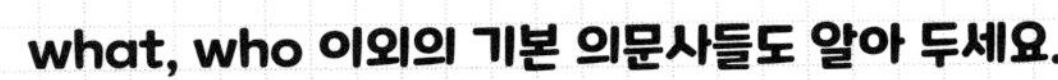

언제	when	왜	why
어디서, 어디에	where	어떻게, 어떤	how

DO GRAMMAR 다음 활동들을 통해 문법을 재미있게 익히세요.

A 우리말을 보고 의문사 What(무엇), Who(누구) 중 알맞은 것을 고르세요.

1. What / Who • is that? 쟤는 누구야?

2. What / Who • is that? 저건 뭐야?

3. What / Who • are these? 이것들은 뭐지?

4. What / Who • are these? 이분들은 누구야?

B 〈의문사 + be동사 + 주어〉의 순서가 되도록 번호를 쓰세요.

1. ❶these ❷are ❸what ? 이것들은 무엇입니까? | 3 | 2 | 1 |
2. ❶she ❷who ❸is ? 그녀는 누구예요? | | | |
3. ❶who ❷I ❸am ? 내가 누구지? | | | |
4. ❶they ❷are ❸what ? 그것들은 무엇입니까? | | | |
5. ❶Tom ❷who ❸is ? 톰이 누구예요? | | | |
6. ❶what ❷is ❸it ? 그거 뭐야? | | | |
7. ❶your dad ❷who ❸is ? 네 아빠는 누구야? | | | |

UNIT 1-4
누적 복습

GRAMMAR 배운 문법을 복습하세요.

A 문장 훈련에 필요한 규칙들을 확인해 보세요.

- be동사는 주어가 단수일 때 is , 복수일 때 ______ 를 쓴다. ☑
- 주어가 1인칭 단수(I)이면 be동사는 ______ , 2인칭(you)이면 ______ 를 쓴다. ☐
- be동사의 부정문은 ______ 뒤에 ______ 을 넣는다. ☐
- is와 not은 ______ 로, are와 not은 ______ 로 줄여 쓸 수 있다. ☐
- 질문을 할 때(의문문)는 ______ 와 ______ 의 순서를 바꾼다. ☐
- 의문사는 문장의 ______ 에 쓰고, 뒤에는 〈 ______ + ______ 〉 순서로 쓴다. ☐

B 알맞은 말을 넣어 지시에 맞는 문장을 완성하세요.

1. 저것은 나의 공책이야. (that, what)

긍정문 [That] [is] my notebook.

의문문 [ ] [that] my notebook?

의문사 [What] [ ] [that]? *저게 뭐야?

2. 지성이가 승자야. (Jisung)

긍정문 [ ] [ ] the winner.

의문문 [ ] [ ] the winner?

의문사 [ ] [ ] [ ]? *누가 승자야?

3. 그녀가 민지인가요? (she, Minji)

의문문 ______ ______ ______?

긍정문 ______ ______ ______.

의문사 ______ ______ ______? *민지가 누구야?

4. 그들이 그녀의 부모님인가요? (they, her parents)

의문문 ______ ______ ______?

긍정문 ______ ______ ______.

의문사 ______ ______ ______? *그녀의 부모님은 누구인가요?

5. 이것들이 너의 안경이야. (these, your glasses)

긍정문 ______ ______ ______.

의문문 ______ ______ ______?

의문사 ______ ______ ______? *이것들은 뭐야?

6. 그것이 그 편지예요? (it, the letter)

의문문 ______ ______ ______?

의문사 ______ ______ ______? *그 편지는 무엇인가요?

긍정문 ______ ______ ______.

현재 시제_be동사 종합 문제 1

1. 이것이 나의 지갑이에요. (this)

긍정문 [This] [is] my wallet.

부정문 [ ] [ ] [not] my wallet.

의문문 [ ] [this] my wallet?

의문사 [What] [ ] [this]? *이것은 무엇인가요?

2. 그들은 나의 삼촌들이 아니에요. (they)

부정문 [ ] [ ] [ ] my uncles.

긍정문 [ ] [ ] my uncles.

의문문 [ ] [ ] my uncles?

의문사 [ ] [ ] [ ]? *나의 삼촌들은 누구인가요?

3. 이것들이 그 표들인가요? (these)

의문문 [ ] [ ] the tickets?

부정문 [ ] [ ] [ ] the tickets.

긍정문 [ ] [ ] the tickets.

의문사 [ ] [ ] [ ]? *이것들은 무엇인가요?

현재 시제_be동사 종합 문제 2

1. 그 축구 선수는 정수가 아니에요. (the soccer player)

부정문 ______ ______ ______ Jungsu.

긍정문 ______ ______ Jungsu.

의문문 ______ ______ Jungsu?

의문사 ______ ______ ______? *그 축구 선수는 누구인가요?

2. 저것들이 너의 바지니? (those, your pants)

의문문 ______ ______ ______?

부정문 ______ ______ ______ ______.

긍정문 ______ ______ ______.

의문사 ______ ______ ______? *저것들은 무엇인가요?

3. 그녀는 나의 할머니예요. (she, my grandma)

긍정문 ______ ______ ______.

부정문 ______ ______ ______ ______.

의문문 ______ ______ ______?

의문사 ______ ______ ______? *나의 할머니는 누구인가요?

현재 시제_be동사 종합 문제 3

1. 그건 빵이에요. (it)

긍정문 ☐ ☐ bread.

부정문 ☐ ☐ ☐ bread.

의문문 ☐ ☐ bread?

의문사 ☐ ☐ ☐? *그것은 무엇인가요?

2. 이분들은 나의 손님들이 아니에요. (these, my guests)

부정문 ☐ ☐ ☐ ☐.

긍정문 ☐ ☐ ☐.

의문문 ☐ ☐ ☐?

의문사 ☐ ☐ ☐? *내 손님들은 누구죠?

3. 저것이 그 선물인가요? (that, the gift)

의문문 ☐ ☐ ☐?

부정문 ☐ ☐ ☐ ☐.

긍정문 ☐ ☐ ☐.

의문사 ☐ ☐ ☐? *그 선물은 무엇인가요?

현재 시제_be동사 종합 문제 4

A 다음을 읽고, 해야 할 말을 영어로 쓰세요.

1. 친구와 하고 중 길 건너편에 있는 아는 얼굴을 발견했어요. 이때 **'쟤 진수(Jīnsu)야?'**라고 친구에게 물어보세요.

2. 친구가 다른 남자애들을 보고 친구로 오해를 했어요. 이때 **'그들은 네 친구가 아냐.'**라고 말해 주세요.

B be동사를 이용하여 다음 대화를 완성하세요.

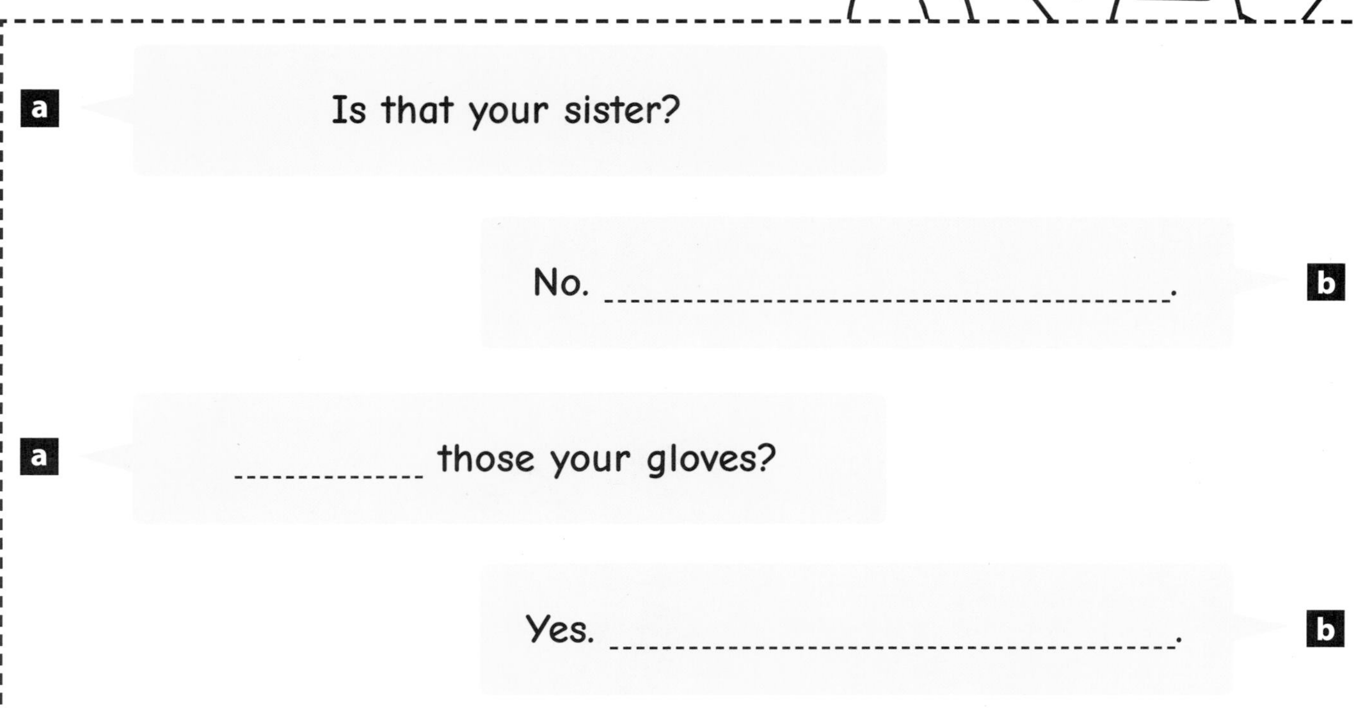

대화 쟤가 네 여동생이니? / 아니야. 그녀는 나의 여동생이 아니야.
저것들은 네 장갑이니? / 맞아. 그것들은 나의 장갑이야.

CHAPTER 02
현재 시제_There is[are]

UNIT 01 현재 시제 There is[are] 긍정문

SPEAK GRAMMAR 다음 문법 규칙을 3회 이상 소리 내어 읽으세요. 1 2 3

There is[are]는 '~이 있다'라는 뜻이며, 그 뒤에 무엇이 있는지 써요.

↳ There is[are] 뒤에 오는 말이 그 문장의 주어예요.

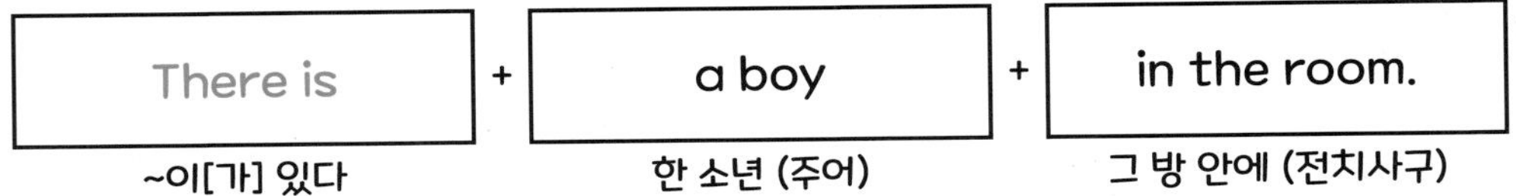

~이[가] 있다 / 한 소년 (주어) / 그 방 안에 (전치사구)

There is 뒤에는 단수 주어를 쓰고, There are 뒤에는 복수 주어를 써요.

There is + 단수 명사	There is a boy. 한 소년이 있어요.
There are + 복수 명사	There are some boys. 몇몇 소년들이 있어요.

주어인 명사 앞에는 관사나 수량 형용사를 써요.

- There is an eraser. 지우개 하나가 있어요.
- There are many erasers. 많은 지우개들이 있어요.
- There is some milk. 약간의 우유가 있어요.
- There is a lot of milk. 많은 우유가 있어요.

⟨There is[are] + 명사⟩ 뒤에는 주로 전치사구나 부사를 써요.

- There are many erasers (on the desk). 그 책상 위에 많은 지우개들이 있어요.
- There is some milk (in the cup). 그 컵에 우유가 좀 있어요.

셀 수 없는 명사는 단수 취급하므로 There is를 써요.

- There is water in the bottle. 그 병에 물이 있다.
- There is some salt. 약간의 소금이 있다.

DO GRAMMAR 다음 활동들을 통해 문법을 재미있게 익히세요.

A 주어진 번호의 순서대로 써서 우리말을 영어로 만드세요.

1.	여기에 here ❸	창문 하나가 a window ❷	있다. there is ❶	❶ ❷ ❸ There is a window here.
2.	아이들이 children ❷	길거리에 on the streets ❸	있다. there are ❶	❶ ❷ ❸
3.	저쪽에 over there ❸	많은 꽃들이 many flowers ❷	있다. there are ❶	❶ ❷ ❸
4.	약간의 주스가 some juice ❷	유리잔에 in the glass ❸	있다. there is ❶	❶ ❷ ❸

B 보기의 단어들을 알맞은 칸에 넣으세요.

[보기]

a gift 선물 하나	a lot of rice 많은 쌀	an orange 오렌지 하나	many cars 많은 차들	three cats 고양이 세 마리	sugar 설탕
students 학생들	five pencils 연필 다섯 자루	some bags 몇몇 가방들	a library 도서관 하나	a lot of trees 많은 나무들	some time 약간의 시간

There is	There are
+	+
단수(하나)인 주어 / 셀 수 없는 명사 주어	복수(둘 이상)인 주어
a gift,	many cars,

UNIT 1
누적 복습

GRAMMAR 배운 문법을 복습하세요.

A 문장 훈련에 필요한 규칙들을 확인해 보세요.

- There is[are]는 ' ~이 있다 '라는 뜻이며, 그 뒤에 무엇이 있는지 쓴다. ☑
- There ______ 뒤에는 단수 주어를 쓰고, There ______ 뒤에는 복수 주어를 쓴다. ☐
- 주어인 명사 앞에는 관사나 some과 같은 수량 ______ 가 올 수 있다. ☐
- 〈There is[are] + 명사〉 뒤에는 주로 ______ 나 부사를 쓴다. ☐
- 셀 수 없는 명사는 ______ 취급하므로 There is를 쓴다. ☐

B 알맞은 말을 넣어 지시에 맞는 문장을 완성하세요.

1. 내 방에 고양이 한 마리가 있다. (a cat, there)

긍정문 [There] [is] [a cat] in my room.

2. 그 탁자 위에 바나나 몇 개가 있다. (some bananas, there)

긍정문 [ ] [ ] [ ] on the table.

3. 그 그릇에 밥이 좀 있다. (some rice, there)

긍정문 [ ] [ ] [ ] in the bowl.

4. 운동장에 학생들이 많이 있다. (many students, there)

공정문 [ ] [ ] [ ] on the ground.

5. 선반 위에 책 한 권이 있다. (a book, there)

공정문 [ ] [ ] [ ] on the shelf.

6. 지갑에 돈이 조금 있다. (the wallet, some money, there)

공정문 [ ] [ ] [ ] in [ ].

7. 밖에 남자아이 두 명이 있다. (two boys, there, outside)

공정문 [ ] [ ] [ ] [ ].

8. 그 단지 안에 설탕이 많이 있다. (the jar, a lot of sugar, in, there)

공정문 [ ] [ ] [ ] [ ] [ ].

9. 그 모퉁이에 건물이 하나 있다. (a building, at, there, the corner)

공정문 [ ] [ ] [ ] [ ] [ ].

10. 이 사진에 내 사촌들이 있다. (this picture, my cousins, there, in)

공정문 [ ] [ ] [ ] [ ] [ ].

UNIT 02 현재 시제 There is[are] 부정문

SPEAK GRAMMAR 다음 문법 규칙을 3회 이상 소리 내어 읽으세요. 1 2 3

There is[are]도 be동사 뒤에 not을 넣으면 부정문이 돼요.
↳ There is[are]의 부정문은 '~이 없다'라는 의미가 돼요.

긍정문	There <u>is</u> an eraser. 지우개 하나가 있어요.
부정문	There <u>is</u> not an eraser. 지우개가 없어요.

긍정문	There <u>are</u> buildings. 건물들이 있어요.
부정문	There <u>are</u> not buildings. 건물들이 없어요.

부정문에는 명사 앞에 some이 아닌 any를 쓰며, be와 not은 줄여 써요.
↳ any는 '조금이라도, 어떤 ~라도'라는 의미로 부정문과 의문문에서 명사 앞에 써요.

- There is (some) time. 시간이 (좀) 있다.
➡ There is not time. 시간이 없다.
➡ There isn't <u>any time</u>.
조금의 시간도 없다. (시간이 전혀 없다.)

- There are (some) buildings.
➡ There are not buildings.
➡ There aren't <u>any buildings</u>.
어떤 건물들도 없다.

There is[are] 뒤에 <no + 명사>를 쓰면 부정문이 돼요.

- There isn't <u>any time</u>.
= There <u>is</u> no <u>time</u>.

- There aren't <u>any buildings</u>.
= There <u>are</u> no buildings.

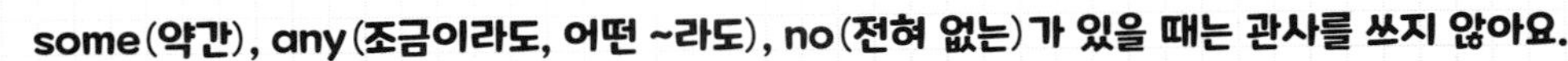
some(약간), any(조금이라도, 어떤 ~라도), no(전혀 없는)가 있을 때는 관사를 쓰지 않아요.

- There is no <u>an</u> <u>eraser</u>. (X)
➡ There is no <u>eraser</u>. (O)

- There isn't any <u>an</u> <u>eraser</u>. (X)
➡ There isn't any <u>eraser</u>. (O)

DO GRAMMAR 다음 활동들을 통해 문법을 재미있게 익히세요.

A be동사 뒤에 not을 넣어 부정문으로 만드세요. * 단, some은 any로 바꾸어 쓰세요.

1. There is an album.
➡ There is not an album.
앨범이 없어요.

2. There is some milk.
➡
우유가 조금도 없어요.

3. There are socks.
➡
양말이 없어요.

4. There are some puppies.
➡
강아지들이 전혀 없어요.

B ⟨be동사 + not⟩을 줄여 쓴 후, ⟨no + 명사⟩로 바꿔 쓰세요. * 단, 관사는 쓰지 않아요.

1. There is not a pen. 펜이 없어요.
⬇ 줄여 쓰기
There isn't any pen.
⬇ ⟨no + 명사⟩로 쓰기
There is no pen.

2. There is not water. 물이 없어요.
⬇ 줄여 쓰기
There ________ any water.
⬇ ⟨no + 명사⟩로 쓰기
There is ______ ________.

3. There are not cups. 컵들이 없어요.
⬇ 줄여 쓰기
There ________ any cups.
⬇ ⟨no + 명사⟩로 쓰기
There are ______ ________.

4. There are not pencils. 연필들이 없어요.
⬇ 줄여 쓰기
There ________ any pencils.
⬇ ⟨no + 명사⟩로 쓰기
There are ______ ________.

UNIT 1-2
누적 복습

GRAMMAR 배운 문법을 복습하세요.

A 문장 훈련에 필요한 규칙들을 확인해 보세요.

- There is 뒤에는 단수 주어를 쓰고, There are 뒤에는 복수 주어를 쓴다. ☑
- 〈There is[are] + 명사〉 뒤에는 주로 ______ 나 부사를 쓴다. ☐
- 셀 수 없는 명사는 단수 취급하므로 There ______ 를 쓴다. ☐
- There is[are] 뒤에 ______ 을 넣으면 부정문이 된다. ☐
- 긍정문에서는 주어인 명사 앞에 주로 ______ (약간)을 쓰고, ☐
- 부정문에서는 명사 앞에 주로 ______ (조금이라도)를 쓴다. ☐
- 명사 앞에 some, any, no가 있을 때, ______ 는 쓰지 않는다. ☐

B 알맞은 말을 넣어 지시에 맞는 문장을 완성하세요. * 단, be동사와 not은 줄여 쓰세요.

1. 그 그릇에 밀가루 조금 있다. (flour, some, any)

긍정문 There / is / some / flour in the bowl.

부정문 There / isn't / any / flour in the bowl.

2. 그 문 뒤에 개가 없어요. (no, dog, a, behind)

부정문 There / is / no / dog / behind the door.

긍정문 ______ / ______ / a / dog / ______ the door.

3. 그 상자 안에 양말들이 있어요. (socks, in)

긍정문 ☐ ☐ ☐ ☐ the box.

부정문 ☐ ☐ ☐ ☐ the box.

4. 그 무대 위에 어떤 배우들도 없어요. (actors, on, an, some, any)

부정문 ☐ ☐ ☐ ☐ ☐ the stage.

긍정문 ☐ ☐ ☐ ☐ ☐ the stage.

5. 그 침대 아래에 몇몇 책들이 있어요. (books, under, some, any)

긍정문 ☐ ☐ ☐ ☐ ☐ the bed.

부정문 ☐ ☐ ☐ ☐ ☐ the bed.

6. 그 공원에는 성이 없다. (castle, in, a, no)

부정문 ☐ ☐ ☐ ☐ ☐ the park.

긍정문 ☐ ☐ ☐ ☐ ☐ the park.

7. 그 탁자 위에 우유가 좀 있다. (milk, on, some, any)

긍정문 ☐ ☐ ☐ ☐ ☐ the table.

부정문 ☐ ☐ ☐ ☐ ☐ the table.

현재 시제 There is[are] 의문문

SPEAK GRAMMAR 다음 문법 규칙을 3회 이상 소리 내어 읽으세요. 1 2 3

질문할 때는 there와 be동사의 순서를 바꿔서 의문문으로 만들어요.

긍정문	There is a clock. 시계가 있어요.
의문문	Is there a clock? 시계가 있나요?

긍정문	There are many teachers. 많은 선생님들이 있어요.
의문문	Are there many teachers? 많은 선생님들이 있나요?

문장의 첫 글자는 대문자로 쓰고, 맨 뒤에는 물음표(?)를 붙여요.

- Is there sugar? 설탕이 있나요?
- Are there questions? 질문들이 있나요?

Is[Are] there 뒤에는 주로 <any + 명사>와 (전치사구)를 써요.

- Is there any sugar (on the table)? 식탁 위에 설탕이 좀 있나요?
- Are there any questions (about me)? 나에 대해 어떤 질문들이라도 있나요?

주로, 긍정문에서는 some(약간, 조금)을 쓰고, 부정문과 의문문에서는 any(조금이라도)를 써요.

- There are some books. 약간의 책들이 있어요. (긍정문)
- There aren't any books. 어떤 책들도 없어요. (부정문)
- Are there any books? 약간의 책들이 있나요? (의문문)

DO GRAMMAR 다음 활동들을 통해 문법을 재미있게 익히세요.

A 주어와 동사의 순서를 바꾸어 의문문으로 만드세요. * 단, 문장의 첫 글자는 대문자로 써요.

1. There is a dog.	➡	Is	there	a dog?	개가 한 마리 있나요?
2. There are some bikes.	➡			any bikes?	자전거들이 좀 있나요?
3. There is an apple.	➡			an apple?	사과가 하나 있나요?
4. There are some candles.	➡			any candles?	양초들이 좀 있나요?
5. There is a room.	➡			a room?	방이 하나 있나요?
6. There is a bakery.	➡			a bakery?	빵집이 하나 있나요?
7. There are some shoes.	➡			any shoes?	신발들이 좀 있나요?

B 의문문을 만들 때, 주어에 맞는 be동사를 선택하세요. * 주어는 Is[Are] there 뒤에 나오는 말이에요.

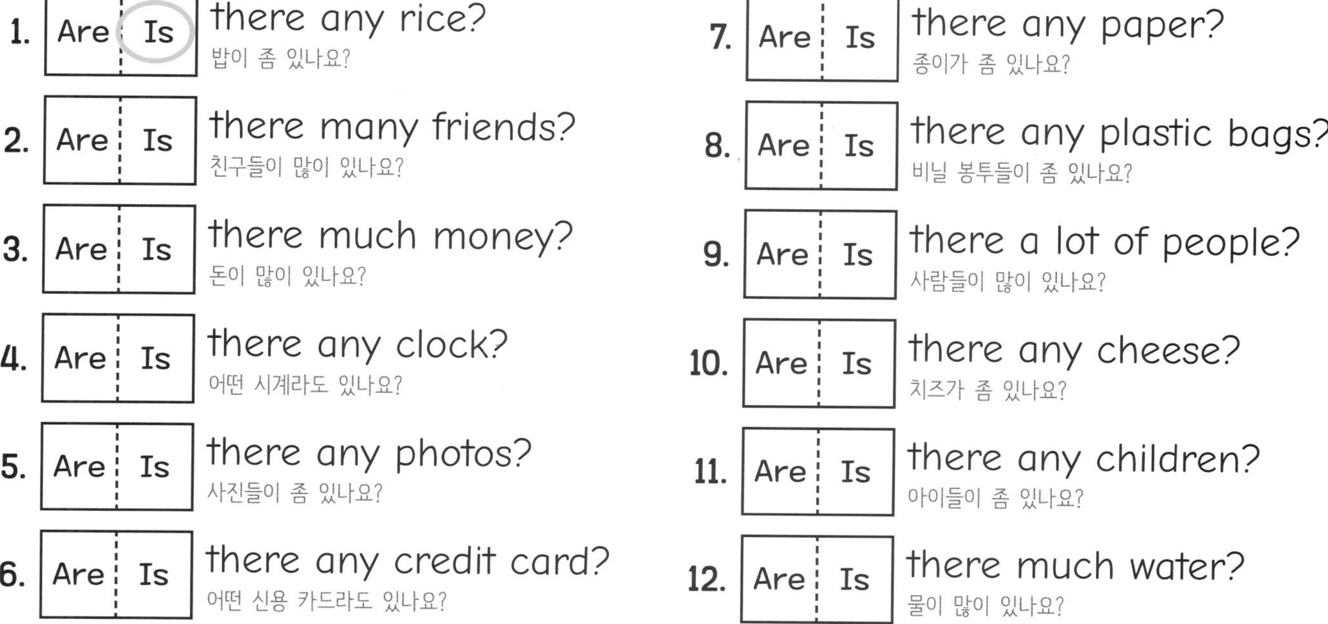

1. Are | Is there any rice? 밥이 좀 있나요?
2. Are | Is there many friends? 친구들이 많이 있나요?
3. Are | Is there much money? 돈이 많이 있나요?
4. Are | Is there any clock? 어떤 시계라도 있나요?
5. Are | Is there any photos? 사진들이 좀 있나요?
6. Are | Is there any credit card? 어떤 신용 카드라도 있나요?
7. Are | Is there any paper? 종이가 좀 있나요?
8. Are | Is there any plastic bags? 비닐 봉투들이 좀 있나요?
9. Are | Is there a lot of people? 사람들이 많이 있나요?
10. Are | Is there any cheese? 치즈가 좀 있나요?
11. Are | Is there any children? 아이들이 좀 있나요?
12. Are | Is there much water? 물이 많이 있나요?

UNIT 1-3
누적 복습

GRAMMAR 배운 문법을 복습하세요.

A 문장 훈련에 필요한 규칙들을 확인해 보세요.

- There is 뒤에는 단수 주어, There are 뒤에는 복수 주어를 쓴다. ☑
- 셀 수 없는 명사는 ______ 취급하므로 There is를 쓴다. ☐
- There is[are] 뒤에 ______ 을 넣으면 부정문이 된다. ☐
- 긍정문에서는 주어인 명사 앞에 주로 ______ (약간)을 쓰고, ☐
- 부정문과 의문문에서는 명사 앞에 주로 ______ (조금이라도)를 쓴다. ☐
- 의문문은 there와 be동사의 순서를 ______ 쓴다. ☐

B 알맞은 말을 넣어 지시에 맞는 문장을 완성하세요. * 단, be동사와 not은 줄여 쓰세요.

1. 그 동물원에 많은 동물들이 있다. (animals, many)

긍정문	There	are	many	animals	in the zoo.
부정문	There	aren't	many	animals	in the zoo.
의문문	Are	there	many	animals	in the zoo?

2. 그 의자 위에 고양이 한 마리가 있다. (cat, any, a)

긍정문					on the chair.
의문문					on the chair?
부정문	There				on the chair.

3. 그 도넛들 옆에 주스가 좀 있나요? (juice, next to, some, any)

의문문 [ ] [ ] [ ] [ ] [next to] the donuts?

긍정문 [ ] [ ] [ ] [ ] [ ] the donuts.

부정문 [ ] [ ] [ ] [ ] [ ] the donuts.

4. 그 벤치 뒤에 자전거가 한 대 있어요. (a bike, behind)

긍정문 [ ] [ ] [ ] [ ] the bench.

의문문 [ ] [ ] [ ] [ ] the bench?

부정문 [ ] [ ] [ ] [ ] the bench.

5. 여기에는 서점이 없어요. (bookstore, in, no, a)

부정문 [ ] [ ] [ ] [ ] here.

긍정문 [ ] [ ] [ ] [ ] here.

의문문 [ ] [ ] [ ] [ ] here?

6. 한 우산 아래 두 명의 소년이 있나요? (two boys, under)

의문문 [ ] [ ] [ ] [ ] an umbrella?

긍정문 [ ] [ ] [ ] [ ] an umbrella.

부정문 [ ] [ ] [ ] [ ] an umbrella.

현재 시제 There is[are] 의문사 의문문

SPEAK GRAMMAR 다음 문법 규칙을 3회 이상 소리 내어 읽으세요. 1 2 3

의문사는 문장의 맨 앞에 쓰고, 그 뒤에는 <be동사 + there>의 순서로 써요.

↳ <be동사 + there>는 there is[are]의 의문문 어순이에요.

긍정문	There is an eraser. 지우개가 있어요.
의문문	Is there an eraser? 지우개가 있나요?
의문사 의문문	What is there? 무엇이 있나요?

긍정문	There are some teachers. 선생님들이 몇 분 계세요.
의문문	Are there any teachers? 선생님들이 좀 계시나요?
의문사 의문문	Who are there? 누구들이[누구누구가] 있나요?

<의문사 + be동사 + there> 뒤에 주로 전치사구를 써요.

- What is there (in the box)? 상자 안에 무엇이 있나요?
- Who is there (on the sofa)? 소파 위에 누가 있나요?

의문사와 be동사는 줄여서 쓸 수 있어요.

- What's there (in the box)? 상자 안에 무엇이 있나요?
- Who's there (on the sofa)? 소파 위에 누가 있나요?

DO GRAMMAR 다음 활동들을 통해 문법을 재미있게 익히세요.

A 〈의문사 + be동사 + there〉의 순서가 되도록 번호를 쓰세요.

1. ❶ there ❷ is ❸ what ? 무엇이 있나요? [3] [2] [1]
2. ❶ there ❷ who ❸ is ? 누가 있나요? [ ] [ ] [ ]
3. ❶ who ❷ there ❸ are ? 누구누구가 있나요? [ ] [ ] [ ]
4. ❶ there ❷ what ❸ are ? 무엇들이 있나요? [ ] [ ] [ ]

B 〈의문사 + be동사 + there〉 뒤에 〈전치사 + 명사〉의 어순이 되도록 번호를 쓰세요.

1. on / what / is / the table / there ? 그 탁자 위에 무엇이 있나요?
(4) (1) (2) (5) (3)

2. there / who / at / the door / is ? 그 문에 누가 있나요?
( ) ( ) ( ) ( ) ( )

3. the garden / in / what / there / are ? 그 정원에 무엇들이 있나요?
( ) ( ) ( ) ( ) ( )

4. who / there / at / are / the library ? 그 도서관에 누구누구가 있나요?
( ) ( ) ( ) ( ) ( )

UNIT 1-4
누적 복습

GRAMMAR 배운 문법을 복습하세요.

A 문장 훈련에 필요한 규칙들을 확인해 보세요.

- There is 뒤에는 단수 주어, There are 뒤에는 복수 주어를 쓴다. ☑
- There is[are] 뒤에 ______ 을 넣으면 부정문이 된다. ☐
- 긍정문에서는 주어인 명사 앞에 주로 ______ (약간)을 쓰고, ☐
- 부정문과 의문문에서는 명사 앞에 주로 ______ (조금이라도)를 쓴다. ☐
- 의문문은 there와 be동사의 순서를 ______ 쓴다. ☐
- 의문사 의문문은 〈의문사 + ______ + ______ 〉의 순서로 쓴다. ☐

B 알맞은 말을 넣어 지시에 맞는 문장을 완성하세요.

1. 그 책상 위에 무엇들이 있니? (books, some, any, what)

의문사	What	are	there		on the desk?
의문문	Are	there	any	books	on the desk?
긍정문	There	are	some	books	on the desk.

2. 너의 주머니에 돈이 좀 있다. (money, some, any, what)

긍정문			some		in your pocket.
의문문					in your pocket?
의문사	What				in your pocket? *무엇이 있니?

3. 누구누구가 그 교실 안에 있니? (boys, any, some, who)

의문사 [ ] are [ ] in the classroom?

의문문 [ ] [ ] [ ] boys in the classroom?

긍정문 [ ] [ ] [ ] [ ] in the classroom.

4. 그 가방에 음식이 있니? (any, some, in, food, what)

의문문 [ ] [ ] [ ] food [ ] the bag?

긍정문 [ ] [ ] [ ] [ ] [ ] the bag.

의문사 [ ] [ ] [ ] [ ] the bag? *무엇이 있니?

5. 그 무대 위에 사람들이 있어요. (people, on, the stage, who)

긍정문 [ ] [ ] [ ] [ ] [ ].

의문문 [ ] [ ] [ ] [ ] [ ]?

의문사 [ ] are there [ ] [ ]?

6. 그 다리 아래에 새들이 있나요? (birds, under, the bridge, what)

의문문 [ ] [ ] birds [ ] [ ]?

의문사 [ ] [ ] [ ] under [ ]?

긍정문 [ ] [ ] birds [ ] [ ].

현재 시제_There is[are] 종합 문제 1

1. 그 수영장에 아이들이 좀 있어요. (children, there, some, any, who)

긍정문 | There | are | ____ | children | in the pool.

부정문 | ____ | aren't | ____ | ____ | in the pool.

의문문 | ____ | ____ | ____ | ____ | in the pool?

의문사 | Who | ____ | ____ | in the pool?

2. 그 상자 안에 버터가 조금도 없어요. (butter, there, any, some, what)

부정문 | ____ | ____ | ____ | butter | in the case.

긍정문 | ____ | ____ | ____ | ____ | in the case.

의문문 | ____ | ____ | ____ | ____ | in the case?

의문사 | What | ____ | ____ | in the case?

3. 그 서랍 안에 장갑들이 있나요? (gloves, there, no, any, some, what)

의문문 | ____ | ____ | any | ____ | in the drawer?

부정문 | ____ | ____ | ____ | gloves | in the drawer.

긍정문 | ____ | ____ | ____ | ____ | in the drawer.

의문사 | ____ | ____ | ____ | in the drawer?

현재 시제_There is[are] 종합 문제 2

1. 그 그릇에는 밥이 없어요. (the bowl, rice, there, in, what)

부정문 ______ ______ ______ in ______.

긍정문 ______ ______ ______ ______ ______.

의문문 ______ ______ rice ______ ______?

의문사 ______ ______ there ______ ______?

2. 그 박물관에 방문객이 좀 있나요? (visitors, there, any, some, who)

의문문 ______ ______ ______ visitors in the museum?

부정문 ______ ______ ______ ______ in the museum.

긍정문 ______ ______ ______ ______ in the museum.

의문사 ______ are ______ in the museum?

3. 그 고기 뒤에 빵이 있어. (bread, behind, there, the meat, what)

긍정문 ______ ______ ______ behind ______.

부정문 ______ ______ ______ ______ ______.

의문문 ______ ______ ______ ______ ______?

의문사 ______ is ______ ______ ______?

현재 시제_There is[are] 종합 문제 3

1. 그 무대 위에 가수들이 있어요. (the stage, on, there, singers, who)

긍정문 ______ ______ ______ ______ ______.

부정문 ______ ______ ______ ______ ______.

의문문 ______ ______ ______ ______ ______?

의문사 ______ ______ ______ ______ ______?

2. 그 벽에 사진들이 없어요. (pictures, on, there, the wall, what)

부정문 ______ ______ ______ ______ ______.

긍정문 ______ ______ ______ ______ ______.

의문문 ______ ______ ______ ______ ______?

의문사 ______ ______ ______ ______ ______?

3. 그 마을에는 극장이 있나요? (the town, there, in, a theater, what)

의문문 ______ ______ ______ ______ ______?

부정문 ______ ______ ______ ______ ______.

긍정문 ______ ______ ______ ______ ______.

의문사 ______ ______ ______ ______ ______?

현재 시제_There is[are] 종합 문제 4

A 다음을 읽고, 해야 할 말을 영어로 쓰세요.

1. 친구가 마실 물을 찾고 있어요. 이때 **'그 냉장고 안에 물이 좀 있어.'**라고 친구에게 말해 주세요. (in the refrigerator: 냉장고 안에)

2. 지나가던 외국인이 은행이 어디 있는지 묻고 있어요. 이때 **'이 주변에 어떤 은행도 없어요.'** 라고 말해 주세요. (around here: 이 주변에)

B There is[are]를 이용하여 다음 대화를 완성하세요.

a Are there leaves under the tree?

No. There ______________________________. b

a ____________________ a restroom around here?

Yes. ______________________________. b

대화 그 나무 아래 나뭇잎들이 있니? / 아니, 그 나무 아래에는 나뭇잎들이 없어.
이 근처에 화장실이 있나? / 응, 이 근처에 화장실이 있어.

CHAPTER 누적 복습

CHAPTER 1~2에서 배운 문장을 변형하며 복습하세요.

<SET 01>

현재 there 긍정

❶ 그 책상 아래 펜들이 있어. (there, under)

➡ ________ pens ________ the desk.

현재 be동사 긍정

❷ 그것들은 나의 펜이야.

➡ ________ my pens.

현재 there 의문

❸ 그 책상 위에 펜이 있니? (there, on)

➡ ________ pens ________ the desk?

현재 be동사 긍정

❹ 저것은 너의 펜이야.

➡ ________ your pen.

현재 be동사 의문

❺ 이것은 너의 펜이니?

➡ ________ your pen?

현재 there 의문

❻ 그 책상 옆에 펜들이 좀 있니? (there, next to)

➡ ________ pens ________ the desk?

현재 there 부정

❼ 그 책상 옆에 어떤 펜들도 없어.

➡ There ________ pens ________ the desk.

현재 there 의문

❽ 그 책상 뒤에 어떤 펜들이라도 있니? (there, behind)

➡ ________ pens ________ the desk?

<SET 02>

❶ 네 마을(안)에 은행이 있니? (there, in)

➡ .... a bank .... your town?

현재 there 의문

❷ 어디에 은행이 있니?

➡ Where .... ?

현재 be동사 의문사

❸ 그 식당 옆에 은행이 있어. (there, next to)

➡ .... a bank .... the restaurant.

현재 there 긍정

❹ 그 식당은 어디에 있어? (where)

➡ .... the restaurant?

현재 be동사 의문사

❺ 그 식당은 그 극장 앞에 있어. (in front of)

➡ The restaurant .... the theater.

현재 be동사 긍정

❻ 그 극장 안에 누구누구가 있어? (there, who)

➡ .... in the theater?

현재 there 의문사

❼ 그 극장 안에 카페들이 좀 있니? (there, in)

➡ .... cafes .... the theater?

현재 there 의문

❽ 그 극장 안에 전혀 카페가 없어. (no, there)

➡ .... cafes .... the theater.

현재 there 부정

CHAPTER

누적 복습

CHAPTER 1~2에서 배운 문장을 변형하며 복습하세요.

<SET 03>

현재 there 긍정

❶ 그 벤치 위에 한 소녀가 있어. (there, a girl, the bench, on)

➡

현재 be동사 의문

❷ 그녀는 네 여동생이니? (your sister)

➡

현재 be동사 부정

❸ 그녀는 내 여동생이 아니야. (my)

➡

현재 be동사 의문사

❹ 그녀는 누구야? (who)

➡

현재 be동사 긍정

❺ 우리는 친구야. (friends)

➡

현재 be동사 의문

❻ 그들은 네 친구들이니? (your)

➡

현재 there 부정

❼ 그 방에 친구들은 없어. (the room, no, there, in)

➡

현재 there 의문사

❽ 부엌에 누가 있니? (the kitchen, who, there, in)

➡

<SET 04>

❶ 그 탁자 위에 무엇들이 있어? (the table, what, there, on)

➡

현재 there 의문사

❷ 접시 몇 개랑 젓가락들이 있어요. (some dishes and chopsticks, there)

➡

현재 there 긍정

❸ 그 탁자 옆에 숟가락들이 있어? (spoons, there, next to)

➡

현재 there 의문

❹ 그 탁자 옆에 스푼들이 없어요. (any, there)

➡

현재 there 부정

❺ 그것들은 그 탁자 밑에 있어요. (they, under)

➡

현재 be동사 긍정

❻ 그것들이 왜 그 탁자 밑에 있지? (why)

➡

현재 be동사 의문사

❼ 그 탁자 뒤에 무엇이 있니? (there, what, behind)

➡

현재 there 의문사

❽ 저것이 왜 거실에 있니? (why, the living room, in)

➡

현재 be동사 의문사

CHAPTER 03
현재 시제_일반동사

현재 시제 일반동사 긍정문

SPEAK GRAMMAR 다음 문법 규칙을 3회 이상 소리 내어 읽으세요. 1 2 3

일반동사 현재형은 주어가 정기적 또는 항상 하는 일이나 행동을 설명해요.

주어	동사	예시
be동사	~(이)다	I am a nurse. 나는 간호사이다.
일반동사	~하다	I work hard. 나는 열심히 일한다.

일반동사 현재형은 주어에 따라 동사 원형을 쓰거나, -s를 붙여요.

↳ 동사 원형은 동사의 원래 형태로 work(일하다)이며, 현재형일 때 work는 '일한다'로 해석해요.

주어	일반동사 현재형	예시
3인칭 단수	works 일한다	She works hard. 그녀는 열심히 일한다.
그 외	work 일한다	I work hard. 나는 열심히 일한다.

주어가 3인칭 단수일 때, 동사의 철자에 따라 -s를 붙이는 방법을 알아 두세요.

주어	일반동사 현재형		예시
3인칭 단수	대부분의 동사	동사 원형 + -s	works 일한다
	-ch, -sh, -o, -s, -x로 끝나는 동사	동사 원형 + -es	watches 본다
	[자음 + y]로 끝나는 동사	y를 없애고 + -ies	studies 공부한다
	have	has	has 가지고 있다

[모음 + y]로 끝나는 동사는 그냥 -s만 붙인다는 것에 주의하세요.

- She studies hard. 그녀는 열심히 공부한다. (study: 자음 + y)
- She plays hard. 그녀는 열심히 논다. (play: 모음 + y)

DO GRAMMAR 다음 활동들을 통해 문법을 재미있게 익히세요.

A 우리말 문장의 밑줄 친 동사에 대한 올바른 설명과 연결하세요.

1. 그는 빠르다. •
2. 그는 빠르게 달린다. •
3. 그는 한가하다. •
4. 그는 한가하게 걷는다. •

• [be동사] 주어의 상태나 직업을 알려주며 '~(이)다'의 의미

• [일반동사] 주어가 하는 일, 행동을 설명하며 '~한다'의 의미

B 주어가 3인칭 단수이면 동사 원형에 -s를 붙이고, 그 외 주어는 원형 그대로 쓰세요.

1. She [knows] you. 그녀는 너를 안다. 동사 원형: know
2. We [ ] to school. 우리는 학교에 걸어간다. 동사 원형: walk
3. Minhee [ ] science. 민희는 과학을 좋아해. 동사 원형: like
4. My dog [ ] a lot. 나의 개는 많이 짖는다. 동사 원형: bark

C 주어가 3인칭 단수일 때 일반동사의 알맞은 변화 규칙을 골라 쓰세요.

play 놀다	study 공부하다	cry 울다	do 하다	brush 빗다	try 노력하다	read 읽다
write 쓰다	mix 섞다	eat 먹다	catch 잡다	have 가지다	fly 날다, 날리다	go 가다

-ch, -sh, -o, -s, -x 동사 ➡ 원형 + -es	[자음 + y] 동사 ➡ y 없애고 + -ies	나머지 동사 ➡ 원형 + -s	have ➡ has
does,			

UNIT 1
누적 복습

GRAMMAR 배운 문법을 복습하세요.

A 문장 훈련에 필요한 규칙들을 확인해 보세요.

- 일반동사 현재형은 주어가 정기적 또는 항상 하는 일이나 행동 을 설명한다. ☑
- 일반동사 현재형은 동사 원형을 그대로 쓰는데, 주어가 ______ 일 때는 -s를 붙인다. ☐
- 주어가 3인칭 단수일 때, 대부분의 동사는 동사 원형 + ______, ☐
- -ch, -sh, -o, -s, -x로 끝나는 동사는 동사 원형 + ______, ☐
- [자음 + y]로 끝나는 동사는 y를 없애고 + ______, ☐
- have는 ______ 로 쓴다. ☐

B 알맞은 말을 넣어 지시에 맞는 문장을 완성하세요.

1. 그녀는 매일 머리를 감는다. (her hair, wash)

   긍정문 [She] [washes] [her hair] every day.

2. 그 아기는 매우 자주 운다. (cry, the baby)

   긍정문 [______] [______] very often.

3. 우리는 그 식당에 매주 간다. (the restaurant, go, to)

   긍정문 [______] [______] [to] [______] every week.

4. 민수는 그들을 매우 잘 안다. (know, them)

긍정문 Minsu [ ] [ ] very well.

5. 그 고양이는 소파 위에서 잔다. (sleep, a sofa, on)

긍정문 The cat [ ] [ ] [ ].

6. 그 가게는 일찍 닫는다. (close, the store, early)

긍정문 [ ] [ ] [early].

7. 그 병들은 너무 쉽게 부서진다. (break, the bottles)

긍정문 [ ] [ ] too easily.

8. 그 의사는 열심히 공부한다. (study, the doctor, hard)

긍정문 [ ] [ ] [ ].

9. 수잔은 매일 밤 TV를 본다. (watch, TV)

긍정문 Susan [ ] [ ] every night.

10. 그는 2대의 자전거를 가지고 있다. (have, two bikes)

긍정문 [ ] [ ] [ ].

UNIT 02 현재 시제 일반동사 부정문

SPEAK GRAMMAR 다음 문법 규칙을 3회 이상 소리 내어 읽으세요. 1 2 3

일반동사 앞에 조동사 do를 넣고 그 뒤에 not을 쓰면 부정문이 돼요.

↳ be동사는 바로 뒤에 not을 붙여서 부정문을 만들지만, 일반동사는 그냥 not을 붙이지 않고 조동사를 이용해요.

긍정문	They teach history. 그들은 역사를 가르쳐요.
부정문	They do not teach history. 그들은 역사를 가르치지 않아요.

주어가 3인칭 단수이면, 동사 앞에 조동사 does를 넣고 그 뒤에 not을 써요.

↳ 조동사가 있는 문장의 동사는 항상 원형을 써요.

긍정문	He teaches history. 그는 역사를 가르쳐요.
부정문	He does not teach history. 그는 역사를 가르치지 않아요.

do not은 don't로, does not은 doesn't로 줄여 쓸 수 있어요.

- They do not teach history.
  ➡ They don't teach history.
- He does not teach history.
  ➡ He doesn't teach history.

do, does는 일반동사로도 쓰이고, 동사를 도와주는 조동사로도 쓰여요.

- I do my homework. 난 나의 숙제를 한다. (일반동사 do: ~하다)
- I do not like homework. 난 숙제를 좋아하지 않는다. (조동사 do: 의미 없음)

DO **GRAMMAR** 다음 활동들을 통해 문법을 재미있게 익히세요.

A 밑줄 친 동사를 주어에 따라 알맞은 부정형으로 만드세요.

	주어가 3인칭 단수이면 ➡ 동사 원형 앞에 does + not	그 외의 주어이면 ➡ 동사 원형 앞에 do + not
1. I like math. 나는 수학을 좋아해. ➡		do not like
2. He tries hard. 그는 열심히 노력한다. ➡		
3. We do it. 우리는 그것을 한다. ➡		
4. Tom has a cat. 톰은 고양이가 있다. ➡		
5. Jisu goes there. 지수는 거기에 간다. ➡		

B A를 참고하여 긍정문을 부정문으로 고쳐 쓰세요. * 단, 조동사 do[does]와 not은 줄여 쓰세요.

1. It sounds good.
➡ It doesn't sound good.
그것은 좋게 들리지 않는다.

2. Mark flies a kite.
➡
마크는 연을 날리지 않습니다.

3. I read books.
➡
나는 책을 읽지 않습니다.

4. She washes her hands.
➡
그녀는 손을 씻지 않는다.

5. They write a letter.
➡
그들은 편지를 쓰지 않습니다.

6. Sujin does the dishes.
➡
수진이는 설거지를 하지 않습니다.

UNIT 1-2
누적 복습

GRAMMAR 배운 문법을 복습하세요.

A 문장 훈련에 필요한 규칙들을 확인해 보세요.

- 일반동사 현재형은 동사 원형을 그대로 쓰는데, 주어가 3인칭 단수 일 때는 -s를 붙인다. ✓
- 주어가 3인칭 단수일 때, 대부분의 동사는 동사 원형 + ______ ,
- -ch, -sh, -o, -s, -x로 끝나는 동사는 동사 원형 + ______ ,
- [자음 + y]로 끝나는 동사는 y를 없애고 + ______ , have는 ______ 로 쓴다.
- 부정문은 일반동사 앞에 조동사 ______ 를 넣고 그 뒤에 not을 쓴다.
- 주어가 3인칭 단수이면, 동사 앞에 조동사 ______ 를 넣고 그 뒤에 not을 쓴다.
- do not은 ______ 로, does not은 ______ 로 줄여 쓸 수 있다.

B 알맞은 말을 넣어 지시에 맞는 문장을 완성하세요. * 단, 조동사 do[does]와 not은 줄여 쓰세요.

1. 그녀는 우유를 마신다. (drink)

긍정문 She [drinks] milk.

부정문 She [doesn't] [drink] milk.

2. 그는 빨간 차를 가지고 있다. (have)

긍정문 He [______] a red car.

부정문 He [______] [______] a red car.

3. 그들은 학교에 버스를 타고 간다. (take, a bus)

긍정문 They [take] [ ] to school.

부정문 They [ ] [ ] [ ] to school.

4. 그는 피곤해 보이지 않는다. (look, tired)

부정문 He [ ] [ ] [tired].

긍정문 He [ ] [ ].

5. 민지는 혼자 공부한다. (study, alone)

긍정문 Minji [ ] [alone].

부정문 Minji [ ] [ ] [ ].

6. 나는 부산에 살지 않아요. (live, Busan, in)

부정문 I [ ] [ ] [ ] [ ].

긍정문 I [ ] [ ] [ ].

7. 그는 영어를 가르쳐요. (teach, English)

긍정문 He [ ] [ ].

부정문 He [ ] [ ] [ ].

UNIT 03 현재 시제 일반동사 의문문

SPEAK GRAMMAR 다음 문법 규칙을 3회 이상 소리 내어 읽으세요. 1 2 3

질문할 때는 조동사 Do를 문장 앞에 써요.

↳ be동사의 경우, 질문할 때 be동사가 주어 앞으로 이동했지만, 일반동사는 움직이지 않고 조동사를 이용해요.

긍정문	They teach history. 그들은 역사를 가르쳐요.
의문문	Do they teach history? 그들은 역사를 가르치나요?

주어가 3인칭 단수이면, 조동사 Does를 문장 앞에 쓰고, 동사는 원형을 써요.

↳ 조동사가 있는 문장의 동사는 항상 원형을 써요.

긍정문	He teaches history. 그는 역사를 가르쳐요.
의문문	Does he teach history? 그는 역사를 가르치나요?

조동사 do와 일반동사 do를 구분하세요.

• Do you do your homework? 너는 숙제를 하니?
조동사 일반동사

DO GRAMMAR 다음 활동들을 통해 문법을 재미있게 익히세요.

A 의문문을 만들 때, 주어에 맞는 조동사와 연결하세요.

Does
주어가 3인칭 단수일 때,
의문문을 만들 때 쓰는 조동사

Do
그 외의 주어일 때,
의문문을 만들 때 쓰는 조동사

she wear a cap?	그녀는 모자를 쓰니?
we have classes?	우리가 수업이 있나요?
they send a card?	그들이 카드를 보내나요?
Miso go there?	미소는 거기에 가니?
it taste good?	그것이 좋은 맛이 나니?
your parents work?	너의 부모님은 일하시니?
your dad have it?	너의 아빠는 그것을 가지고 있니?

B 조동사 Do[Does]를 넣어 의문문으로 만드세요. * 단, 조동사가 있으면 동사는 항상 원형을 써요.

1. You sing well.	➡	Do	you	sing	well?	너는 노래를 잘하니?
2. He likes me.	➡		he		me?	그가 나를 좋아해?
3. I know you.	➡		I		you?	내가 당신을 아나요? 저 아세요?
4. It looks good.	➡		it		good?	그것은 좋아 보이나요?
5. Minsu loves it.	➡		Minsu		it?	민수는 그것을 사랑하나요?
6. They hate it.	➡		they		it?	그들은 그것을 싫어하나요?
7. She runs fast.	➡		she		fast?	그녀는 빠르게 뛰나요?
8. Jim has a bike.	➡		Jim		a bike?	짐은 자전거가 있나요?

UNIT 1-3
누적 복습

GRAMMAR 배운 문법을 복습하세요.

A 문장 훈련에 필요한 규칙들을 확인해 보세요.

- 일반동사 현재 형은 동사 원형을 그대로 쓰는데, 주어가 3인칭 단수일 때는 -s를 붙인다. ☑
- 부정문은 일반동사 앞에 조동사 ______ 나 ______ 를 넣고 그 뒤에 not을 쓴다. ☐
- do not은 ______ 로, does not은 ______ 로 줄여 쓸 수 있다. ☐
- 질문할 때는 조동사 Do나 Does를 문장 ______ 에 쓴다. ☐
- 〈Do(es) + 주어〉 뒤의 동사는 항상 ______ 을 쓴다. ☐

B 알맞은 말을 넣어 지시에 맞는 문장을 완성하세요. * 단, do[does]와 not은 줄여 쓰세요.

1. 그는 뉴욕에 살아요. (he, in, live)

긍정문 [He] [lives] in New York.

부정문 [He] [doesn't] [live] in New York.

의문문 [Does] [he] [live] in New York?

2. 팀은 장갑을 껴. (wear, gloves)

긍정문 Tim [ ] [gloves].

의문문 [ ] [Tim] [ ] [ ]?

부정문 [Tim] [ ] [ ] [gloves].

3. 그 책들은 많은 그림들을 가지고 있어요. (have, many pictures) *그 책들은 그림이 많아요.

긍정문	The books	have	many pictures	.
의문문				?
부정문				.

4. 그 집은 창문을 가지고 있지 않아요. (the house, windows)

부정문	The house			.
의문문				?
긍정문			.	

5. 그들은 그 가게에 가지 않아요. (go, the shop, to)

부정문			go	to	.
긍정문				.	
의문문					?

6. 그녀는 열심히 노력하나요? (try, hard)

의문문			hard	?
긍정문			.	
부정문				.

현재 시제 일반동사 의문사 의문문

SPEAK GRAMMAR 다음 문법 규칙을 3회 이상 소리 내어 읽으세요. 1 2 3

의문사는 맨 앞에 쓰고, 그 뒤에는 <조동사 + 주어 + 동사 원형>의 순서로 써요.

↳ <조동사 do[does] + 주어 + 동사 원형>은 일반동사의 의문문 어순이에요.

긍정문	They teach history. 그들은 역사를 가르쳐요.
의문문	Do they teach history? 그들은 역사를 가르치나요?
의문사 의문문	What do they teach? 그들은 무엇을 가르치나요?

긍정문	He teaches us. 그는 우리를 가르쳐요.
의문문	Does he teach us? 그가 우리를 가르치나요?
의문사 의문문	Who does he teach? 그는 누구를 가르치나요?

여러 의문사들을 알아 두세요.

언제	when	어느 것	which
어디서, 어디에	where	어떻게, 어떤	how
누구	who	왜	why
무엇	what		

의문사 which는 주어진 몇 가지 중에서 선택을 할 때 쓰는 것으로 what과는 좀 달라요.

- What do you want? 넌 뭘 원해?
- Which do you want? 넌 어느 것을 원해?

DO GRAMMAR 다음 활동들을 통해 문법을 재미있게 익히세요.

A 대화의 빈칸에 들어갈 의문사를 보기에서 골라 쓰세요.

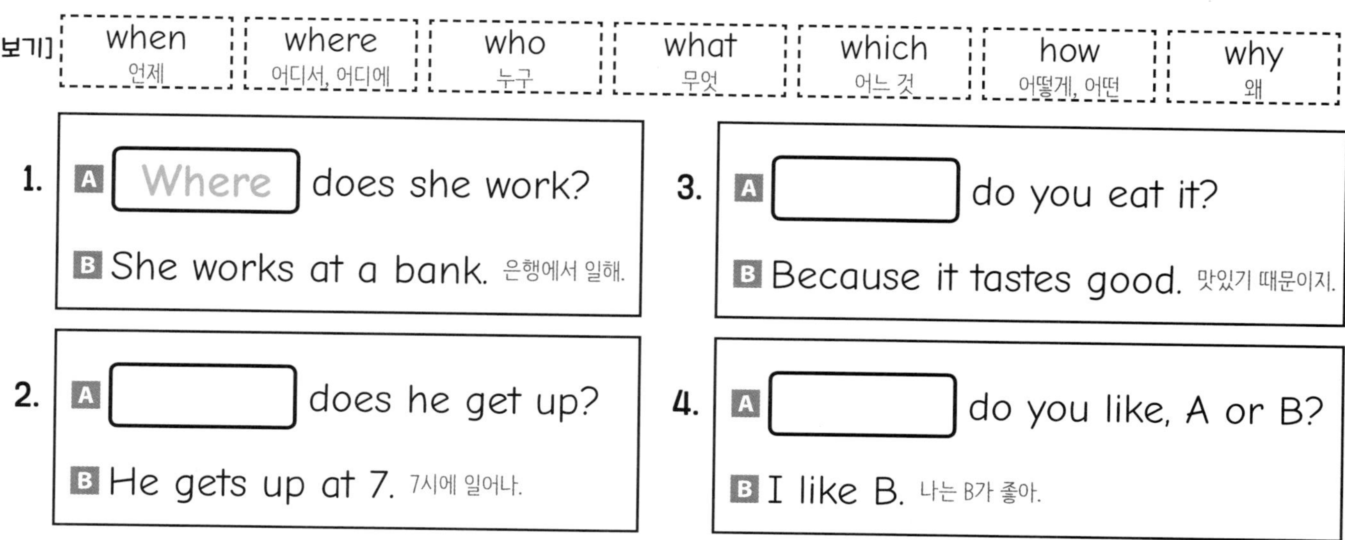
[보기] when 언제 | where 어디서, 어디에 | who 누구 | what 무엇 | which 어느 것 | how 어떻게, 어떤 | why 왜

1. A Where does she work?
B She works at a bank. 은행에서 일해.

2. A ______ does he get up?
B He gets up at 7. 7시에 일어나.

3. A ______ do you eat it?
B Because it tastes good. 맛있기 때문이지.

4. A ______ do you like, A or B?
B I like B. 나는 B가 좋아.

B 〈의문사 + 조동사 + 주어 + 동사 원형〉의 어순이 되도록 번호를 쓰세요. * 단, 조동사는 1개만 선택

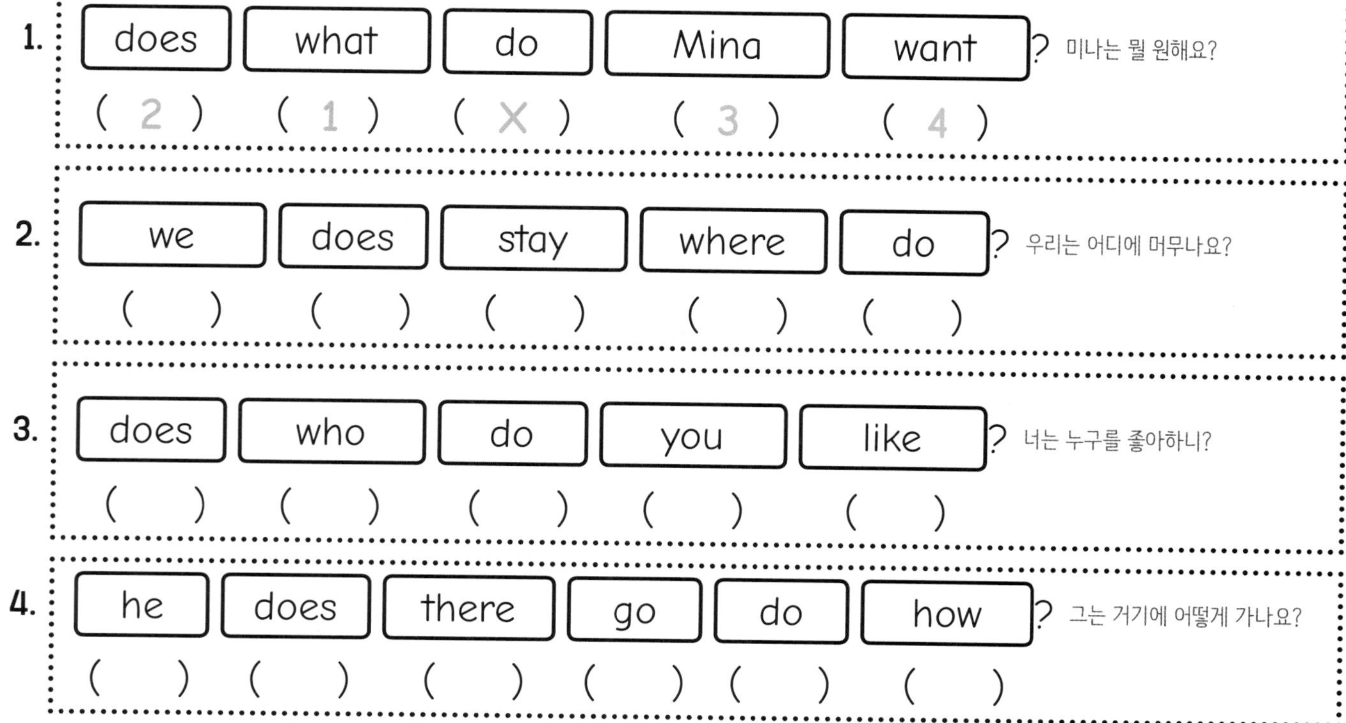
1. does (2) what (1) do (X) Mina (3) want (4)? 미나는 뭘 원해요?

2. we ( ) does ( ) stay ( ) where ( ) do ( )? 우리는 어디에 머무나요?

3. does ( ) who ( ) do ( ) you ( ) like ( )? 너는 누구를 좋아하니?

4. he ( ) does ( ) there ( ) go ( ) do ( ) how ( )? 그는 거기에 어떻게 가나요?

UNIT 1-4
누적 복습

GRAMMAR 배운 문법을 복습하세요.

A 문장 훈련에 필요한 규칙들을 확인해 보세요.

- 일반동사 현재형은 동사 원형을 그대로 쓰는데, 주어가 3인칭 단수일 때는 -s 를 붙인다. ☑
- 부정문은 일반동사 앞에 조동사 do나 ______ 를 넣고 그 뒤에 ______ 을 쓴다. ☐
- do not은 ______ 로, does not은 ______ 로 줄여 쓸 수 있다. ☐
- 질문할 때는 조동사 Do나 ______ 를 문장 앞에 쓰고, 뒤의 동사는 ______ 을 쓴다. ☐
- 의문사 의문문은 〈 ______ + ______ + 주어 + 동사 원형〉 순서로 쓴다. ☐

B 알맞은 말을 넣어 지시에 맞는 문장을 완성하세요.

1. 그녀는 데이빗을 알아. (know, how)

긍정문 She knows David.

의문문 Does she know David?

의문사 How does she know David?

2. 판다들은 대나무를 좋아해. (like, pandas, why)

긍정문 Pandas ______ bamboos.

의문문 ______ pandas ______ bamboos?

의문사 ______ ______ ______ ______ bamboos?

3. 그는 가방을 가지고 다니나요? (carry, what)

의문문 [ ] [he] [ ] a bag?

긍정문 [ ] [ ] a bag.

의문사 [ ] [ ] [ ] [ ]? * 그는 무엇을 가지고 다녀?

4. 그들은 어디에 묵고 있나요? (stay, where)

의문사 [ ] [ ] [they] [ ]?

긍정문 [ ] [ ] at a hotel.

의문문 [ ] [they] [ ] at a hotel?

5. 그녀는 케이크를 만들어요. (make, when)

긍정문 [ ] [ ] a cake.

의문문 [ ] [ ] [ ] a cake?

의문사 [ ] [ ] [ ] [ ] a cake?

6. 톰은 설거지를 하나요? (do, why)

의문문 [ ] [Tom] [ ] the dishes?

의문사 [ ] [ ] [ ] [ ] the dishes?

긍정문 [ ] [ ] the dishes.

현재 시제_일반동사 종합 문제 1

1. 그는 중국어를 공부해요. (study, when)

긍정문	He	studies	Chinese.		
부정문	He	doesn't		Chinese.	
의문문		he	study	Chinese?	
의문사	When		he		Chinese?

2. 그녀는 주중에는 요리하지 않아요. (cook, why)

부정문			cook	on weekdays.	
긍정문			on weekdays.		
의문문				on weekdays?	
의문사					on weekdays?

3. 앨런은 학교에 자전거를 타고 가나요? (ride, a bike, when)

의문문		Allen		a bike	to school?	
부정문	Allen			a bike	to school.	
긍정문				to school.		
의문사			Allen			to school?

현재 시제_일반동사 종합 문제 2

1. 넌 침대에서 자지 않아. (sleep, where)

부정문 | You | ____ | ____ | on a bed.

긍정문 | You | ____ | on a bed.

의문문 | ____ | ____ | ____ | on a bed?

의문사 | ____ | ____ | ____ | ____ ? *넌 어디서 자니?

2. 그는 너의 아빠와 일하니? (work, why)

의문문 | ____ | ____ | ____ | with your dad?

부정문 | ____ | ____ | ____ | with your dad.

긍정문 | ____ | ____ | with your dad.

의문사 | ____ | ____ | ____ | ____ | with your dad?

3. 그녀는 드라마를 봐요. (watch, what)

긍정문 | ____ | ____ | dramas.

부정문 | ____ | ____ | ____ | dramas.

의문문 | ____ | ____ | ____ | dramas?

의문사 | ____ | ____ | ____ | ____ ? *그녀는 무엇을 보나요?

현재 시제_일반동사 종합 문제 3

1. 그는 그의 할머니를 방문해요. (visit, when)

긍정문 [ ] [ ] his grandma.

부정문 [ ] [ ] [ ] his grandma.

의문문 [ ] [ ] [ ] his grandma?

의문사 [ ] [ ] [ ] [ ] his grandma?

2. 그녀는 그들을 만나지 않아. (meet, who)

부정문 [ ] [ ] [ ] them.

긍정문 [ ] [ ] them.

의문문 [ ] [ ] [ ] them?

의문사 [ ] [ ] [ ] [ ]? * 그녀는 누구를 만나니?

3. 진수는 캠핑 가니? (go, how) *캠핑 다니니?

의문문 [ ] [Jinsu] [ ] camping?

부정문 [ ] [ ] [ ] camping.

긍정문 [ ] [ ] camping.

의문사 [ ] [ ] [ ] [ ] camping? *어떻게 캠핑 가니?

현재 시제_일반동사 종합 문제 4

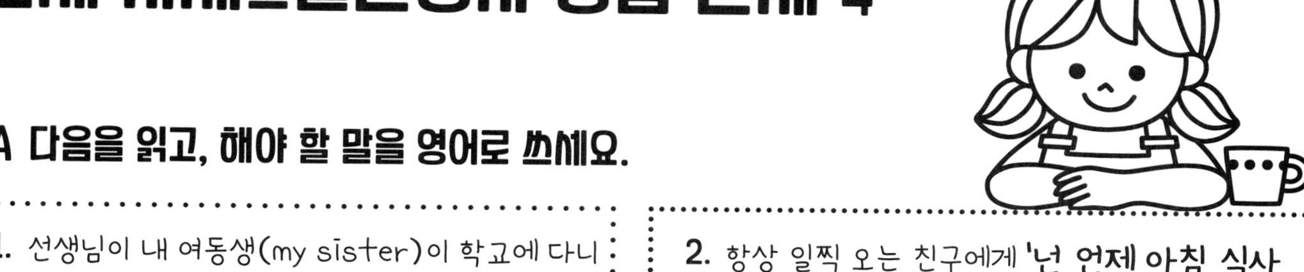

A 다음을 읽고, 해야 할 말을 영어로 쓰세요.

1. 선생님이 내 여동생(my sister)이 학교에 다니는지(go to school) 묻는 말에 **'그녀는 학교에 다니지 않아요.'**라고 대답해 보세요.

2. 항상 일찍 오는 친구에게 **'넌 언제 아침 식사(breakfast)를 먹어(eat)?'**라고 물어보세요.

B 일반동사를 이용하여 다음 대화를 완성하세요.

a ______________________ summer.

b ____?

a ______________________ cold weather.

b Then, ________________________ spring, too?

대화 난 여름을 좋아해(like). / 넌 왜 여름을 좋아해?
난 추운 날씨를 좋아하지 않아. / 그럼, 넌 봄도 좋아?

CHAPTER 누적 복습

CHAPTER 1~3에서 배운 문장을 변형하며 복습하세요.

<SET 01>

현재 be동사 의문사

❶ 그 소년은 어디에 있어?

➡ ______ the boy?

현재 be동사 긍정

❷ 그는 냉장고 앞에 있어. (in front of)

➡ He ______ the refrigerator.

현재 일반동사 의문사

❸ 그는 무엇을 마시니? (drink)

➡ ______ he ______?

현재 일반동사 긍정

❹ 그는 우유를 마셔.

➡ ______ milk.

현재 there 긍정

❺ 컵(안)에 약간의 우유가 있어. (some, the cup, there, in)

➡ ______ milk ______.

현재 be동사 의문사

❻ 그 키 큰 소녀는 누구니?

➡ ______ the tall girl?

현재 be동사 긍정

❼ 그녀는 내 여동생이야.

➡ ______ my sister.

현재 일반동사 의문사

❽ 그녀는 무엇을 씻니? (wash)

➡ ______ she ______?

<SET 02>

❶ 그 공원 옆에 학교가 있어. (the park, there, next to)

➡ ______________ a school ______________.

현재 there 긍정

❷ 저것이 그 학교니?

➡ ______________ the school?

현재 be동사 의문

❸ 그 학교 앞에 많은 학생들이 있어. (there, the school, many, in front of)

➡ ______________ students ______________.

현재 there 긍정

❹ 그들은 학교에 걸어서 가니? (go)

➡ ______________ to school by walk?

현재 일반동사 의문

❺ 그들은 학교에 어떻게 가니?

➡ ______________ they ______________ to school?

현재 일반동사 의문사

❻ 그들은 걸어서 학교에 가.

➡ ______________ to school by walk.

현재 일반동사 긍정

❼ 그들은 학교에 버스를 타고 가지 않아. (take a bus)

➡ ______________ to school.

현재 일반동사 부정

❽ 그 학교 근처에 버스들이 없어. (buses, no, there)

➡ ______________ near the school.

현재 there 부정

CHAPTER 누적 복습

CHAPTER 1~3에서 배운 문장을 변형하며 복습하세요.

<SET 03>

현재 일반동사 의문

❶ 그는 공부하니? (study)

➡

현재 일반동사 의문사

❷ 그는 무엇을 공부하니?

➡

현재 일반동사 부정

❸ 그는 공부하지 않아.

➡

현재 일반동사 긍정

❹ 그는 수학을 공부해. (math)

➡

현재 일반동사 부정

❺ 그는 국어를 공부하지 않아. (Korean)

➡

현재 be동사 의문

❻ 그녀는 선생님이니? (a teacher)

➡

현재 일반동사 의문사

❼ 그녀는 무엇을 가르치니? (teach)

➡

현재 일반동사 부정

❽ 그녀는 영어를 가르치지 않아. (English)

➡

<SET 04>

❶ 그 책상 아래에 책들이 좀 있나요? (the desk, books, there, any, under)

➡

현재 there 의문

❷ 그 책상 위에 책들이 없어요. (there)

➡

현재 there 부정

❸ 너는 어디서 책을 읽니? (read, a book)

➡

현재 일반동사 의문사

❹ 그 학교 앞에 도서관이 있어. (the school, a library, there, in front of)

➡

현재 there 긍정

❺ 나는 그 도서관(안)에서 책을 읽어. (read, the library, a book, in)

➡

현재 일반동사 긍정

❻ 나는 집에서 책을 읽지 않아. (at home, a book)

➡

현재 일반동사 부정

❼ 그 도서관(안)에 책이 많이 있어. (there, many books)

➡

현재 there 긍정

❽ 그들은 책을 언제 읽나요? (books)

➡

현재 일반동사 의문사

CHAPTER 04
현재 시제_조동사

UNIT 01 현재 시제 조동사 긍정문

SPEAK GRAMMAR 다음 문법 규칙을 3회 이상 소리 내어 읽으세요. 1 2 3

조동사는 동사를 도와서 동사에 의미를 더해 주는 말이에요.

↳ 앞서 배운 조동사 do, does는 의미는 없고, 동사를 도와서 부정문과 의문문을 만들기 위해서 쓰여요.

우리말에서 조동사를 찾아보세요.

①나는 수영할 수 있어. ② 그녀는 피곤할지 몰라. ③ 너는 청소해야 해.

조동사의 가장 기본적인 의미를 알아 두세요.

조동사	의미	조동사 + 동사 원형
can	~할[일] 수 있다	He can come. 그는 올 수 있다. He can be late. 그는 늦을 수 있다.
may	~해[여]도 괜찮다 (허락) ~할[일]지 모른다	She may leave. 그녀는 떠나도 괜찮다[떠날지 모른다]. She may be sad. 그녀는 슬플지도 모른다.
should	~하는[인] 게 낫다 (충고)	You should stay. 너는 머무르는 게 낫다. You should be here. 너는 여기 있는 게 낫다.
must	(꼭) ~해[여]야 한다 (의무)	You must come. 너는 꼭 와야 한다. You must be here. 너는 꼭 여기 있어야 한다.

must는 have to(~해야 한다)로 바꿔 쓸 수 있어요.

↳ 주어가 3인칭 단수이면 has to로 쓰는 것에 주의하세요.

- You must come. = You have to come.
- He must come. = He has to come.

am, are is의 원형은 be예요. 조동사 뒤에는 be로 써요.

She is sick. ➡ She may be sick.
그녀는 아프다. 그녀는 아플지도 모른다.

DO GRAMMAR 다음 활동들을 통해 문법을 재미있게 익히세요.

A 우리말 의미가 되도록 조동사를 동사 원형 앞에 넣어 문장을 완성하세요.

[보기]

can	may	should	must
~할[일] 수 있다	~해[여]도 괜찮다, ~할[일]지 모른다	~하는[인] 게 낫다	(꼭) ~해[여]야 한다

1. Jinsu leaves now.
➡ Jinsu [may] [leave] now.
진수는 지금 떠나도 괜찮아요.

2. You stay home.
➡ You [ ] [ ] home.
넌 집에 있는 게 낫겠어.

3. He pays for it.
➡ He [ ] [ ] for it.
그는 반드시 그것에 대해 지불해야 합니다.

4. She plays the guitar.
➡ She [ ] [ ] the guitar.
그녀는 기타를 칠 수 있어.

5. Sarah visits us.
➡ Sarah [ ] [ ] us.
세라는 우리를 방문할지도 몰라.

6. It is wrong.
➡ It [ ] [ ] wrong.
그것은 틀릴 수 있어.

B must를 have to로 바꾸어 쓰세요. * 단, 주어가 3인칭 단수이면 has to로 써요.

1. You must be quiet. 너는 꼭 조용해야 해. ➡ You [have to] be quiet.
2. He must buy it. 그는 그것을 사야만 합니다. ➡ He [ ] buy it.
3. Jim must sign up. 짐은 꼭 등록해야 해요. ➡ Jim [ ] sign up.
4. We must take the exam. 우리는 그 시험을 쳐야 해. ➡ We [ ] take the exam.
5. It must be right. 그것은 옳아야만 한다. ➡ It [ ] be right.

UNIT 1
누적 복습

GRAMMAR 배운 문법을 복습하세요.

A 문장 훈련에 필요한 규칙들을 확인해 보세요.

- 조동사 는 동사를 도와서 동사에 의미를 더해 주는 말이다. ☑
- ______ 은 '~할[일] 수 있다', ______ 는 '~해[여]도 괜찮다, ~할[일]지 모른다', ☐
- ______ 는 '~하는[인] 게 낫다', must는 '______'의 의미이다. ☐
- ______ 는 have to(~해야 한다)로 바꿔 쓸 수 있는데, ☐
- 주어가 3인칭 단수이면, have to는 ______ 로 쓴다. ☐

B 알맞은 말을 넣어 지시에 맞는 문장을 완성하세요.

1. 그녀는 꼭 여기 앉아야 해. (sit, here, must)

(긍정문) She | must | sit | here.

2. 그녀는 꼭 여기 앉아야 해. (sit, have, here, to)

(긍정문) ______ | ______ | to | ______ | ______.

3. 우리가 그 자전거를 고칠 수 있어. (fix, the bike)

(긍정문) We | ______ | ______ | ______.

4. 그들은 배고플 수 있어. (be, hungry)

긍정문 [ ] [ ] [ ] [hungry].

5. 당신은 여기에 주차해도 괜찮아요. (park, here)

긍정문 [ ] [ ] [ ] [ ].

6. 피터는 늦을지도 몰라요. (be, late, Peter)

긍정문 [Peter] [ ] [ ] [ ].

7. 그것은 반드시 여기에 있어야 해. (be, here, have)

긍정문 [It] [ ] [ ] [ ] [ ].

8. 네가 그 문을 여는 게 낫다. (open, the door)

긍정문 [ ] [ ] [ ] [ ].

9. 그녀는 지금 시작해도 괜찮아. (start, now)

긍정문 [ ] [ ] [ ] [ ].

10. 그들은 약간을 휴식을 갖는 게 낫겠어. (get, some rest)

긍정문 [ ] [ ] [ ] [ ].

현재 시제 조동사 부정문

SPEAK GRAMMAR 다음 문법 규칙을 3회 이상 소리 내어 읽으세요. 1 2 3

조동사가 있다면, 그 조동사 뒤에 not을 쓰면 부정문이 돼요.

↳ 조동사가 없이 일반동사만 있다면, 조동사 do나 does를 넣고 그 뒤에 not을 써서 부정문을 만들어요.

긍정문	They should teach history. 그들은 역사를 가르치는 게 낫겠어. (충고)
부정문	They should not teach history. 그들은 역사를 가르치지 않는 게 낫겠어.

긍정문	You must be kind. 당신은 친절해야 해요. (의무)
부정문	You must not be kind. 당신은 친절하지 않아야 해요. (의무)

have to의 부정은 must not과 의미가 다르다는 점에 주의하세요.

↳ have to나 has to의 부정은 일반동사의 부정처럼 don't나 doesn't를 쓰고 동사 원형인 have to를 써요.

must not (~하지 말아야 한다)		don't[doesn't] have to (~해야 하는 건 아니다, ~할 필요는 없다)
You must not come. 너는 오지 말아야 한다.	≠	You don't have to come. 너는 꼭 와야 하는 건 아니다[꼭 올 필요는 없다].
He must not come. 그는 오지 말아야 한다.		He doesn't have to come. 그는 꼭 와야 하는 건 아니다[꼭 올 필요는 없다].

조동사와 not을 줄여 쓸 때 주의하세요.

- must not ➡ mustn't
- may not ➡ (X) (줄여 쓰지 않음)
- should not ➡ shouldn't
- cannot ➡ can't (줄여 쓸 때 n이 하나 없고, 줄이지 않을 때는 그냥 붙여 씀)

DO GRAMMAR 다음 활동들을 통해 문법을 재미있게 익히세요.

A 조동사 뒤에 not을 넣어 부정문으로 만드세요. * 단, can과 not은 붙여서 cannot으로 써요.

1. He must call them.
➡ He must not call them.
그는 그들에게 전화하면 안 돼요. (하지 말아야 해요)

2. We should meet today.
➡
우리는 오늘 만나지 않는 게 낫겠어요.

3. She can draw well.
➡
그녀는 잘 그릴 수 없어요.

4. They may be busy.
➡
그들은 바쁘지 않을지도 몰라요.

B 우리말을 영어로 옮길 때 밑줄 친 부분에 해당하는 조동사와 동사를 쓰세요.

	'~하지 말아야 한다' ➡ must not	'~해야 하는 건 아니다' ➡ don't[doesn't] have to
1. 네가 여기 있을 필요는 없어. (stay) ➡		don't have to stay
2. 나는 먹지 않아야 해. (eat) ➡		
3. 그녀는 가야 하는 건 아냐. (go) ➡		
4. 그것이 새것일 필요는 없어. (be) ➡		
5. 이것은 여기 있으면 안 돼. (be) ➡		
6. 그는 가지 말아야 해. (go) ➡		
7. 너는 이걸 먹지 않아도 돼. (eat) ➡		

UNIT 1-2
누적 복습

GRAMMAR 배운 문법을 복습하세요.

A 문장 훈련에 필요한 규칙들을 확인해 보세요.

- 조동사 can은 '~할[일] 수 있다', ______ 는 '~해[여]도 괜찮다, ~할[일]지 모른다', ☑
- ______ 는 '~하는[인] 게 낫다', must는 '______'의 의미이다. ☐
- must는 ______ 나 ______ (~해야 한다)로 바꿔 쓸 수 있다. ☐
- 조동사가 있다면, 그 조동사 ______ 에 not을 쓰면 부정문이 된다. ☐
- must not은 '~하지 말아야 한다', ______ 는 '~해야 하는 건 아니다'이다. ☐
- must not은 줄이면 ______, should not은 줄이면 ______ 이다. ☐
- ⟨can + not⟩은 ______, may not은 줄여 쓰지 않는다. ☐

B 알맞은 말을 넣어 지시에 맞는 문장을 완성하세요. * 단, 조동사와 not은 가능하면 줄여 쓰세요.

1. 넌 그것을 반드시 보관해야 해. (keep, it)

긍정문 You must keep it.

부정문 You mustn't keep it. *반드시 보관하지 말아야 해.

2. 네가 그것을 꼭 보관해야 하는 것은 아니다. (keep, it, have)

부정문 ______ don't ______ to ______ ______.

긍정문 ______ ______ to ______ ______. *반드시 보관해야 한다.

3. 그는 5시까지 올 수 없다. (come)

부정문 [ ] [ ] [ ] by 5.

긍정문 [ ] [ ] [ ] by 5.

4. 나는 그 책을 반납하지 않는 게 낫겠어. (return)

부정문 [ ] [ ] [ ] the book.

긍정문 [ ] [ ] [ ] the book.

5. 그녀가 꼭 의사를 만나야 하는 건 아냐. (see, have) *꼭 진찰을 받아야 할 필요는 없다.

부정문 [ ] [ ] [ ] [to] [ ] a doctor.

긍정문 [ ] [ ] [to] [ ] a doctor.

6. 당신은 그 좌석을 떠나면 괜찮지 않아요. (leave) *'좌석을 떠나도 괜찮아요'의 부정 – '떠나면 안 된다'라는 의미

부정문 [ ] [ ] [ ] [ ] the seat.

긍정문 [ ] [ ] [ ] the seat.

7. 그는 바쁠 수 있어요. (be, busy)

긍정문 [ ] [ ] [ ] [busy].

부정문 [ ] [ ] [ ] [ ]. *바쁠 리 없다.

현재 시제 조동사 의문문

SPEAK GRAMMAR 다음 문법 규칙을 3회 이상 소리 내어 읽으세요. 1 2 3

조동사가 있다면, 그 조동사를 주어 앞으로 보내면 의문문이 돼요.

긍정문	They can teach history. 그들은 역사를 가르칠 수 있어요.
의문문	Can they teach history? 그들은 역사를 가르칠 수 있나요?

긍정문	He must be kind. 그는 친절해야 해요. (의무)
의문문	Must he be kind? 그가 친절해야 하나요? (의무)

have[has] to의 의문문은 조동사 Do[Does]를 주어 앞에 써요.

↳ 주어가 3인칭 단수이면 Does를, 그 외의 주어는 Do를 주어 앞에 쓰고, 주어 뒤에는 원형인 have to를 써요.

긍정문	They have to come. 그들은 와야 해요
의문문	Do they have to come? 그들이 와야 하나요?

긍정문	He has to come. 그는 와야 해요.
의문문	Does he have to come? 그가 와야 하나요?

부정문을 제외하고, 긍정문과 의문문에서 must와 have to는 같은 의미예요.

- Must he come? 그가 와야 해?

➡ Does he have to come? 그가 와야 해?

DO GRAMMAR 다음 활동들을 통해 문법을 재미있게 익히세요.

A 조동사를 주어 앞으로 옮겨 의문문을 만드세요.

1. You can bring it.
➡ [Can] [you] [bring] it?
네가 그것을 가져올 수 있니?

2. We should keep it.
➡ [ ] [ ] [ ] it?
우리가 그것을 보관하는 게 나을까요?

3. I may try it.
➡ [ ] [ ] [ ] it?
제가 그것을 시도해 봐도 괜찮을까요?

4. I must record it.
➡ [ ] [ ] [ ] it?
제가 그것을 녹음해야 하나요?

5. Joe may have it.
➡ [ ] [ ] [ ] it?
조가 그것을 가져도 괜찮을까요?

6. She can fix it.
➡ [ ] [ ] [ ] it?
그녀가 그것을 고칠 수 있나요?

B have to는 조동사 Do[Does]로, must는 must로 의문문을 만드세요.

1. I <u>have to</u> be quiet. ➡ ______________ quiet? 제가 조용히 해야 하나요?
2. You <u>must</u> read it. ➡ ______________ it? 네가 그것을 읽어야 해?
3. That <u>has to</u> be red. ➡ ______________ red? 저것이 빨간색이어야 하나요?
4. We <u>must</u> run. ➡ ______________? 우리가 뛰어야 하나요?
5. You <u>have to</u> be here. ➡ ______________ here? 네가 여기 있어야 해?
6. He <u>has to</u> see this. ➡ ______________ this? 그가 이것을 봐야 해?

UNIT 1-3
누적 복습

GRAMMAR 배운 문법을 복습하세요.

A 문장 훈련에 필요한 규칙들을 확인해 보세요.

- can 은 '~할[일] 수 있다', ______ 는 '~해[여]도 괜찮다, ~할[일]지 모른다', ☑
- ______ 는 '~하는[인] 게 낫다', must는 '______'의 의미이다. ☐
- 부정문은 조동사 뒤에 ______ 을 쓰면 되는데, must not은 '~하지 말아야 한다', ☐
- ______ 는 '~해야 하는 건 아니다, ~할 필요는 없다'의 의미이다. ☐
- 의문문은 조동사를 주어 ______ 으로 보내면 되는데, ☐
- have[has] to의 의문문은 조동사 ______ 를 주어 앞에 쓴다. ☐

B 알맞은 말을 넣어 지시에 맞는 문장을 완성하세요. * 단, 조동사와 not은 가능하면 줄여 쓰세요.

1. 저는 반드시 재킷을 입어야 해요. (wear, a jacket)

긍정문 | I | must | wear | a jacket |.

부정문 | ______ | mustn't | wear | a jacket |. *반드시 입지 말아야 해.

의문문 | Must | ______ | ______ | ______ |?

2. 그녀는 반드시 거기에 가야 하는 건 아니다. (go, there, have)

부정문 | She | ______ | ______ | to | ______ | there |.

의문문 | ______ | ______ | ______ | to | ______ | ______ |?

긍정문 | ______ | ______ | ______ | ______ | ______ |.

3. 내가 표를 사는 게 낫겠어? (buy, a ticket)

의문문 [ ] [I] [ ] [ ]?

긍정문 [ ] [ ] [ ] [ ].

부정문 [ ] [ ] [ ] [ ]. *사지 않는 게 낫겠다.

4. 우리는 여기서 기다려도 괜찮아요. (wait, here)

긍정문 [ ] [ ] [ ] [here].

의문문 [ ] [ ] [ ] [ ]?

부정문 [ ] [ ] [ ] [ ] [ ]. *여기서 기다리면 괜찮지 않아.

5. 저는 그에게 전화할 수 없어요. (call, him)

부정문 [ ] [ ] [ ] [him].

긍정문 [ ] [ ] [ ] [ ].

의문문 [ ] [ ] [ ] [ ]?

6. 그것이 사실일 수 있나요? (be, true)

의문문 [ ] [ ] [ ] [true]?

긍정문 [ ] [ ] [ ] [ ].

부정문 [ ] [ ] [ ] [ ].

UNIT 04 현재 시제 조동사 의문사 의문문

SPEAK GRAMMAR 다음 문법 규칙을 3회 이상 소리 내어 읽으세요. 1 2 3

의문사는 맨 앞에 쓰고, 그 뒤에는 〈조동사 + 주어 + 동사 원형〉의 순서로 써요.

↳ 〈조동사 + 주어 + 동사 원형〉은 조동사의 의문문 어순이에요.

긍정문	You can cook. 당신은 요리할 수 있어요.
의문문	Can you cook? 당신은 요리할 수 있나요?
의문사 의문문	When can you cook? 당신은 언제 요리할 수 있나요?

긍정문	It has to be hot. 그것은 뜨거워야 해요.
의문문	Does it have to be hot? 그것이 뜨거워야 하나요?
의문사 의문문	Why does it have to be hot? 왜 그것이 뜨거워야 하나요?

〈의문사 + 명사〉가 하나의 덩어리로 의문사 역할을 할 수 있어요.

	what + 명사	which + 명사	whose + 명사
의미	무슨 ~	어느 ~	누구의 ~
예시	what color 무슨 색	which book 어느 책	whose bag 누구의 가방

의문사 whose는 단독으로 '누구의 것'이라는 의미로 쓸 수도 있어요.

- Whose bag should I borrow? 내가 누구의 가방을 빌리는 게 낫겠어?
- Whose should I borrow? 내가 누구의 것을 빌리는 게 낫겠어?

DO GRAMMAR 다음 활동들을 통해 문법을 재미있게 익히세요.

A 〈의문사 + 조동사 + 주어 + 동사 원형〉 순서로 번호를 쓰세요. * 단, 조동사는 1개만 선택

1. can / come / must / Jenny / when ? 제니는 언제 올 수 있어?
(2) (4) (X) (3) (1)

2. should / sleep / they / where / must ? 그들이 어디에서 자는 게 낫겠어?
( ) ( ) ( ) ( ) ( )

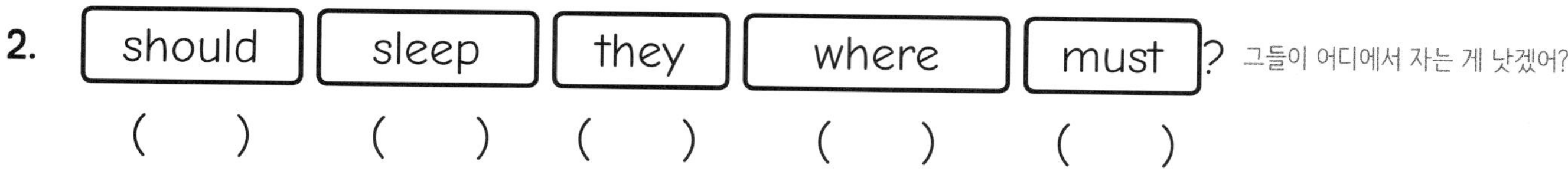

3. can / why / must / Mijung / go ? 미정이가 왜 가야만 하죠?
( ) ( ) ( ) ( ) ( )

B 우리말을 〈의문사 + do[does] + 주어 + have to + 동사 원형〉 순서로 쓰세요.

1. 내가 언제 그것을 열어야 해? (When) ➡ .... open it?
2. 그가 어디를 방문해야 해? (Where) ➡ .... visit?
3. 그녀가 왜 전화해야 해? (Why) ➡ .... call?

C 우리말의 의미가 되도록 〈의문사 + 명사〉로 연결하여 만드세요.

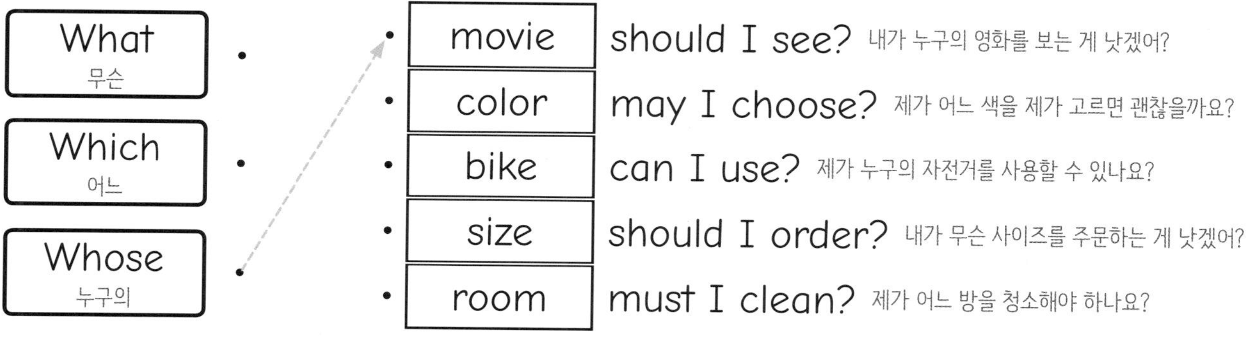

What 무슨	movie	should I see? 내가 누구의 영화를 보는 게 낫겠어?
Which 어느	color	may I choose? 제가 어느 색을 제가 고르면 괜찮을까요?
Whose 누구의	bike	can I use? 제가 누구의 자전거를 사용할 수 있나요?
	size	should I order? 내가 무슨 사이즈를 주문하는 게 낫겠어?
	room	must I clean? 제가 어느 방을 청소해야 하나요?

UNIT 1-4
누적 복습

GRAMMAR 배운 문법을 복습하세요.

A 문장 훈련에 필요한 규칙들을 확인해 보세요.

- ________ 은 '~할[일] 수 있다', ________ 는 '~해[여]도 괜찮다, ~할[일]지 모른다', ☑
- should는 '~하는[인] 게 낫다', must와 ________ 는 '(꼭) ~해[여]야 한다'이다. ☐
- 부정문은 조동사 뒤에 ________ 을 쓰고, 의문문은 조동사를 주어 ____ 으로 보낸다. ☐
- 의문사 의문문은 맨 앞에 ________ 를 쓰고, 그 뒤는 〈조동사 + 주어 + 동사 원형〉을 쓴다. ☐
- 〈what + 명사〉는 '________ ~', 〈which + 명사〉는 '________ ~', ☐
- 〈whose + 명사〉는 '________ ~'인데, whose만으로도 '누구의 것'이라고 쓸 수 있다. ☐

B 알맞은 말을 넣어 지시에 맞는 문장을 완성하세요.

1. 나는 꼭 그 시험을 봐야 해. (take, the test, when)

긍정문	I	must	take	the test.	
의문문	____	I	____	the test?	
의문사	When	____	I	____	the test?

2. 우리는 꼭 지불을 해야 해. (pay, have, why)

긍정문	We	____	to	____.		
의문문	____	____	____	to	____?	
의문사	____	____	____	____	to	____?

3. 넌 그것을 끝낼 수 있니? (finish, it, what time (몇 시에))

의문문 [ ] [you] [ ] [it]?

긍정문 [ ] [ ] [ ] [ ].

의문사 [ ] [ ] [you] [ ] [ ]?

4. 내가 정직한 것이 낫겠어? (be, honest, why)

의문문 [ ] [I] [ ] [honest]?

긍정문 [ ] [ ] [ ] [ ].

의문사 [ ] [ ] [I] [ ] [honest]?

5. 나는 그의 가방을 빌릴 수 있어. (borrow, his bag, whose bag)

긍정문 [ ] [ ] [ ] [his bag].

의문문 [ ] [ ] [ ] [ ]?

의문사 [ ] [ ] [ ] [ ]? *누구 가방을 빌릴 수 있지?

6. 그가 전화를 해야 하나요? (call, have, when)

의문문 [ ] [he] [ ] [ ] [call]?

의문사 [ ] [ ] [he] [ ] [ ] [call]?

긍정문 [He] [ ] [ ] [ ].

현재 시제_조동사 종합 문제 1

1. 나는 헬멧을 쓰는 것이 낫겠어. (wear, when)

긍정문 [ ] [should] [wear] a helmet.

부정문 [ ] [shouldn't] [ ] a helmet.

의문문 [ ] [ ] [ ] a helmet?

의문사 [When] [ ] [ ] [ ] a helmet?

2. 우리는 도서관에서 이야기할 수 없어. (talk, where)

부정문 [We] [ ] [talk] in the library.

긍정문 [ ] [ ] [ ] in the library.

의문문 [ ] [ ] [ ] in the library?

의문사 [ ] [ ] [ ] [ ]? *우리 어디서 이야기할 수 있어?

3. 무슨 날[요일]에 그들이 꼭 거기에 가야 하나요? (go, what day)

의문사 [ ] [ ] [ ] [ ] there?

의문문 [ ] [ ] [ ] there? *그들이 꼭 거기에 가야 하나요?

긍정문 [ ] [ ] [ ] there.

부정문 [ ] [ ] [ ] there.

현재 시제_조동사 종합 문제 2

1. 그가 우리를 따라 와야 하는 건 아니에요. (follow, who) *따라 올 필요는 없어요.

부정문 He [ ] [ ] to [ ] us.

긍정문 He [ ] to [ ] us.

의문문 [ ] he [ ] [ ] [ ] us?

의문사 [ ] [ ] he [ ] [ ] follow?

2. 넌 어느 노래를 연주할 수 있니? (play, the song, which song)

의문사 [ ] [ ] [ ] play?

긍정문 You [ ] [ ] [ ]. *넌 그 노래를 연주할 수 있어.

부정문 You [ ] [ ] [ ].

의문문 [ ] you [ ] the song?

3. 그녀가 우리를 방문할지 몰라. (visit, us, when)

긍정문 She [ ] [ ] us.

부정문 [ ] [ ] [ ] [ ] [ ].

의문문 [ ] [ ] [ ] [ ]?

의문사 [ ] [ ] [ ] [ ] [ ]?

현재 시제_조동사 종합 문제 3

1. 그는 이것을 사용해도 괜찮아요. (use, it, when)

긍정문 [ ] [ ] [ ] [it].

부정문 [ ] [ ] [ ] [ ] [ ].

의문문 [ ] [ ] [ ] [ ]?

의문사 [ ] [ ] [ ] [ ] [ ]? *언제 그걸 사용해면 괜찮지?

2. 그들은 한가하지 않을지 몰라요. (be, free, why)

부정문 [They] [ ] [ ] [be] [ ].

긍정문 [ ] [ ] [ ] [ ].

의문문 [ ] [ ] [ ] [ ]?

의문사 [ ] [ ] [ ] [ ] [ ]? *왜 한가할지 모르죠?

3. 제가 저의 사진을 가져와야 하나요? (have, what, to, bring)

의문문 [ ] [I] [ ] [to] bring my picture?

부정문 [ ] [ ] [have] [ ] bring my picture. *가져올 필요는 없다.

긍정문 [ ] [ ] [ ] [ ] my picture.

의문사 [ ] [ ] [ ] [ ] [to] bring? *무엇을 가져와야 하나요?

현재 시제_조동사 종합 문제 4

A 다음을 읽고, 해야 할 말을 영어로 쓰세요.

1. 친구와 이야기를 하다가, 친구의 취미를 물어 보려고 해요. '넌 피아노(the piano)를 칠(play) 수 있니?'라고 물어보세요.

2. 친구 집에서 놀다가, 집에 갈 시간이 되었어요. 이때 '나는 지금(now) 떠나는(leave) 것이 낫겠어.'라고 말해 주세요.

B 조동사를 이용하여 다음 대화를 완성하세요.

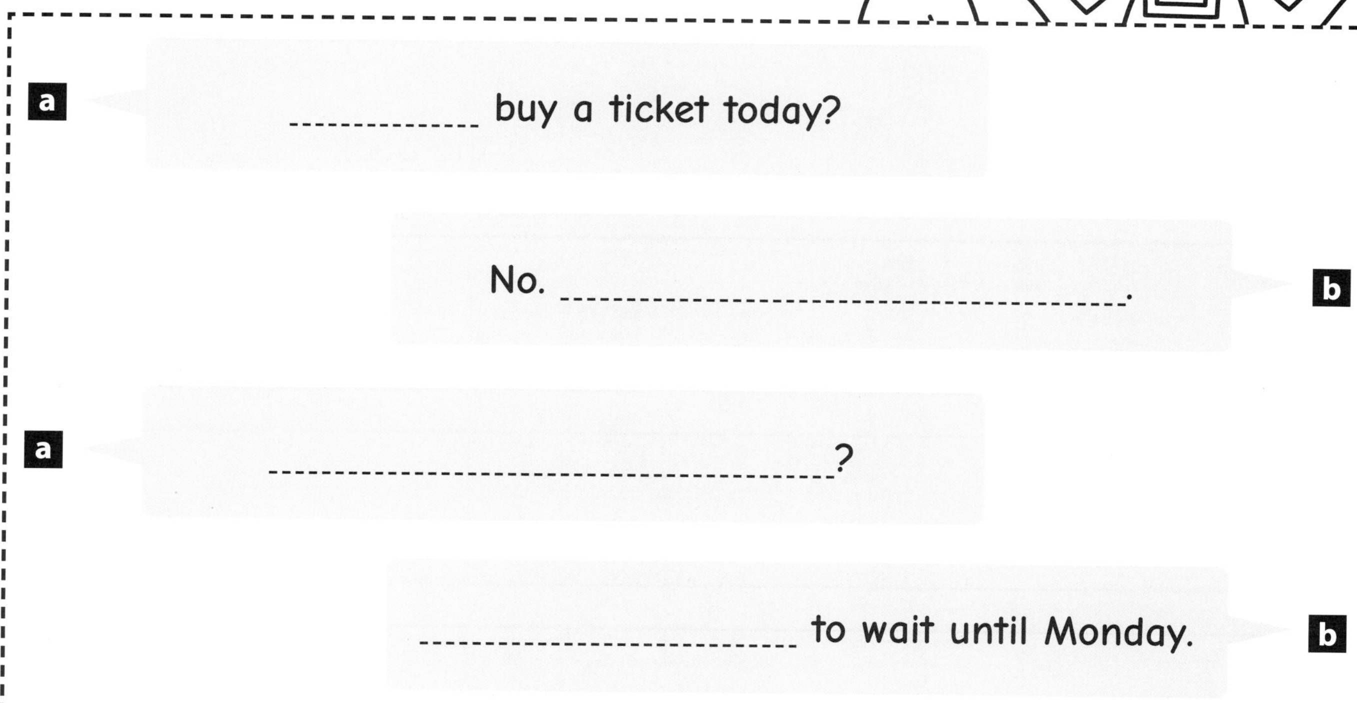

대화 제가 오늘 표를 살 수 있나요? / 아니오. 당신은 오늘 표를 살 수 없어요.
제가 언제 표를 살 수 있나요? / 당신은 월요일까지 기다려야 해요.

CHAPTER 누적 복습 CHAPTER 1~4에서 배운 문장을 변형하며 복습하세요.

<SET 01>

현재 there 긍정

❶ 그 선반 위에 책이 하나 있어. (there)

➡ ______ a book ______ the shelf.

현재 조동사 긍정

❷ 너는 그 책을 읽어도 괜찮다. (read)

➡ ______ the book.

현재 조동사 부정

❸ 그녀는 꼭 그 책을 읽지 않아야만 한다.

➡ ______ the book.

현재 조동사 부정

❹ 그는 그 책을 읽지 않아도 된다. (have)

➡ ______ the book.

현재 조동사 의문사

❺ 너는 언제 그 책을 읽을 수 있니?

➡ ______ the book?

현재 조동사 의문사

❻ 내가 어디에서 그 책을 읽으면 괜찮겠니?

➡ ______ the book?

현재 조동사 긍정

❼ 너는 내 방(안)에서 그것을 읽는 게 낫겠어.

➡ ______ it in my room.

현재 be동사 의문사

❽ 네 방은 어디에 있니?

➡ ______ your room?

<SET 02>

❶ 쿠키들이 있나요? (there)

➡ ________________ cookies?

현재 there 의문

❷ 그 바구니 안에 쿠키들이 있어. (there)

➡ ________________ cookies ________ the basket.

현재 there 긍정

❸ 이것들은 네 쿠키들이니?

➡ ________________ your cookies?

현재 be동사 의문

❹ 내가 하나 먹어도 괜찮을까? (eat)

➡ ________________ one?

현재 조동사 의문

❺ 너는 그것을 먹어도 되지[괜찮지] 않아. (may) *먹으면 안 돼.

➡ ________________ it.

현재 조동사 부정

❻ 너는 그 쿠키를 먹을 수 있어.

➡ ________________ the cookies.

현재 조동사 긍정

❼ 그들은 쿠키를 먹지 않아.

➡ ________________ cookies.

현재 일반동사 부정

❽ 그들은 어떻게 쿠키를 만들 수 있나요? (make)

➡ ________________ cookies?

현재 조동사 의문사

CHAPTER 누적 복습

CHAPTER 1~4에서 배운 문장을 변형하며 복습하세요.

<SET 03>

현재 조동사 의문

❶ 우리가 그 방에 들어가도 괜찮나요? (enter the room)

➡

현재 조동사 의문

❷ 우리가 그 방에 들어갈 수 있나요?

➡

현재 조동사 의문

❸ 우리가 그 방에 꼭 들어가야만 하나요?

➡

현재 there 의문사

❹ 그 방 안에는 무엇이 있나요? (there, what)

➡

현재 there 긍정

❺ 그 방 안에는 고양이 두 마리가 있어요. (there, two cats)

➡

현재 일반동사 의문사

❻ 그 고양이들이 무엇을 마시니? (the cats, drink)

➡

현재 일반동사 긍정

❼ 그 고양이들은 우유를 마셔. (milk)

➡

현재 조동사 부정

❽ 그 고양이들은 그 물을 마실 수 없어. (the water)

➡

<SET 04>

❶ 그녀는 코트를 입는다. (a coat, wear)

➡

현재 일반동사 긍정

❷ 그녀는 무엇을 입니?

➡

현재 일반동사 의문사

❸ 그녀는 코트를 꼭 입어야 하나요?

➡

현재 조동사 의문

❹ 그녀는 무엇을 꼭 입어야 하나요?

➡

현재 조동사 의문사

❺ 그녀는 언제 코트를 꼭 입어야 하나요?

➡

현재 조동사 의문사

❻ 그녀는 왜 장갑을 꼭 껴야만 하나요? (wear, gloves, have)

➡

현재 조동사 의문사

❼ 그녀는 장갑을 꼭 껴야 하는 건 아니다. (have)

➡

현재 조동사 부정

❽ 그녀는 양말을 꼭 신어야만 한다. (to, wear, socks, have)

➡

현재 조동사 긍정

CHAPTER 05
과거 시제_be동사

Unit 01 긍정문
Unit 02 부정문
Unit 03 의문문
Unit 04 의문사 의문문

과거 시제 be동사 긍정문

SPEAK GRAMMAR 다음 문법 규칙을 3회 이상 소리 내어 읽으세요. 1 2 3

과거 시제란 과거에 이미 끝난 일을 표현하는 것을 말해요.

우리말에서 현재와 과거의 차이를 확인하세요.

① 나는 간호사예요. (현재)　② 나는 간호사였어요. (과거)

be동사 현재형 am과 is를 썼던 주어에는 과거형으로 was를 써요.

주어	be동사 현재형	be동사 과거형
I (나는)	am	was
3인칭 단수 주어	is	

be동사 현재형 are를 썼던 주어에는 과거형으로 were를 써요.

주어	be동사 현재형	be동사 과거형
you (너는)	are	were
복수 주어		

There is[are]도 과거형은 There was[were](~이 있었다)가 돼요.

현재 시제	과거 시제
There is + 단수 주어	There was + 단수 주어
There are + 복수 주어	There were + 복수 주어

be동사 현재형은 주어가 인칭 대명사인 경우 줄여서 쓰기도 하지만, 과거형은 줄여 쓰지 않아요.

- I am = I'm　• You are = You're　• He is = He's
- I was = (X)　• You were = (X)　• He was = (X)

DO GRAMMAR 다음 활동들을 통해 문법을 재미있게 익히세요.

A 우리말의 밑줄 친 동사의 현재형과 연결하고, 다시 과거형과 연결하세요.

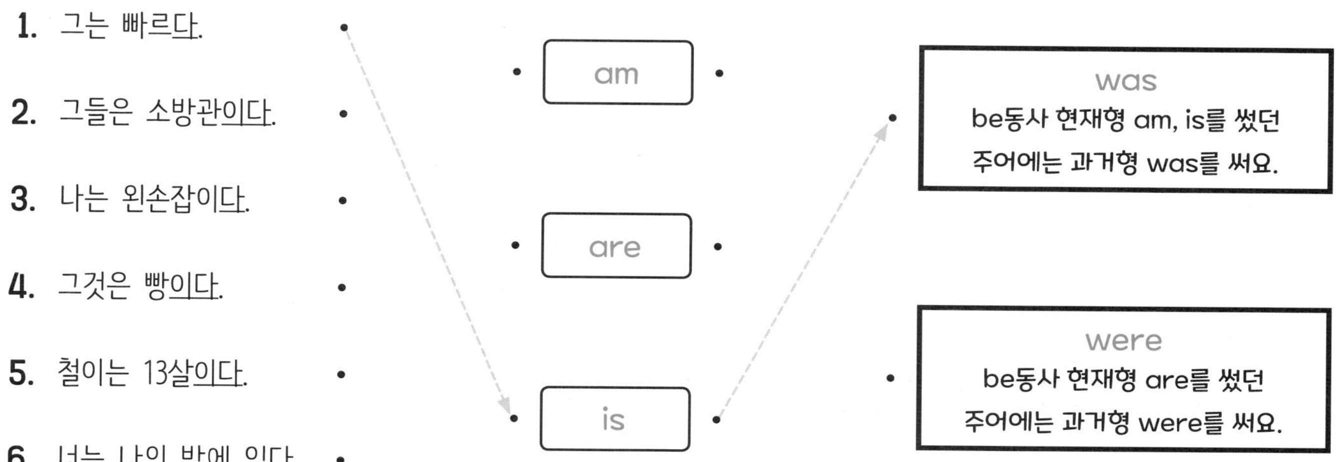

B A를 참고하여, 빈칸에 알맞은 be동사를 쓰세요.

1. 그녀는 내 반 친구였다.	She [was] my classmate.
2. 그는 지금 행복하다.	He [ ] happy now.
3. 그 탁자 위에 컵이 있었다.	There [ ] a cup on the table.
4. 나는 어제 여기 있었다.	I [ ] here yesterday.
5. 이것들은 매우 유용했다.	These [ ] very useful.
6. 지구는 둥글다.	The earth [ ] round.
7. 여기에 2개의 방이 있었다.	There [ ] two rooms here.
8. 수진이는 슬프다.	Sujin [ ] sad.
9. 너는 매우 지루해했다.	You [ ] very bored.

UNIT 1
누적 복습

GRAMMAR 배운 문법을 복습하세요.

A 문장 훈련에 필요한 규칙들을 확인해 보세요.

- 과거 시제란 과거에 이미 끝난 일을 표현하는 것을 말한다. ✓
- be동사 현재형 am과 is를 썼던 주어에는 과거형으로 ______ 를,
- be동사 현재형 are를 썼던 주어에는 과거형으로 ______ 를 쓴다.
- There is[are]의 과거형은 There ______ (~이 있었다)이다.

B 알맞은 말을 넣어 지시에 맞는 문장을 완성하세요.

1. 이것들은 나의 것이었다. (these, mine)

긍정문 These were mine.

2. 나는 어제 화났었다. (angry)

긍정문 ______ ______ ______ yesterday.

3. 내 생일은 어제였다. (my birthday, yesterday)

긍정문 ______ ______ ______.

4. 밖에 차가 한 대 있었다. (a car, there, outside)

긍정문 [ ] [ ] [a car] [ ].

5. 그 공연에 많은 사람들이 있었다. (many people, there)

긍정문 [ ] [ ] [ ] at the concert.

6. 10년 전에는 컴퓨터들이 비쌌다. (expensive, computers)

긍정문 [ ] [ ] [ ] 10 years ago.

7. 어젯밤에 그 버스는 가득 차 있었다. (the bus, full)

긍정문 [ ] [ ] [full] last night.

8. 지난 크리스마스에는 눈이 내렸다. (snowy, last Christmas, it)

긍정문 [It] [ ] [ ] [ ].

9. 그들은 2년 전에 인기가 있었다. (popular)

긍정문 [ ] [ ] [ ] 2 years ago.

10. 그 공원에 많은 아이들이 있었다. (many children, there)

긍정문 [ ] [ ] [ ] in the park.

UNIT 02 과거 시제 be동사 부정문

SPEAK GRAMMAR 다음 문법 규칙을 3회 이상 소리 내어 읽으세요. 1 2 3

be동사의 과거형도 be동사 뒤에 not을 넣으면 부정문이 돼요.

긍정문	This was my eraser. 이것은 나의 지우개였어요.
부정문	This was not my eraser. 이것은 나의 지우개가 아니었어요.

긍정문	You were my teacher. 당신은 저의 선생님이셨어요.
부정문	You were not my teacher. 당신은 저의 선생님이 아니셨어요.

was not은 wasn't로, were not은 weren't로 줄여서 쓸 수 있어요.

- This was not my eraser.
  ➡ This wasn't my eraser.
- You were not my teacher.
  ➡ You weren't my teacher.

과거를 나타내는 부사를 알아 두세요.

yesterday	어제	I wasn't busy yesterday. 나는 어제 바쁘지 않았다.
~ ago	~ 전에	You weren't late 4 days ago. 너는 4일 전에 늦지 않았다.
last ~	지난 ~	He wasn't here last summer. 그는 지난여름에 여기 있지 않았다.

어제는 yesterday, 그제는 the day before yesterday라고 해요.

- 1일 전(어제) ➡ yesterday
- 2일 전(그제) ➡ the day before yesterday
- 3, 4, ...일 전 ➡ 3, 4 ... days ago

DO GRAMMAR 다음 활동들을 통해 문법을 재미있게 익히세요.

A be동사 뒤에 not을 넣어 부정문으로 만들고, 다시 be동사와 not을 줄여 쓰세요.

1. She was lazy. 그녀는 게을렀다.

⬇ (부정문으로 만들기)

She __is__ __not__ lazy.

⬇ (줄여 쓰기)

She ______ lazy.

2. They were honest. 그들은 정직했다.

⬇ (부정문으로 만들기)

They ______ ______ honest.

⬇ (줄여 쓰기)

They ______ honest.

B 우리말의 시제가 현재인지 과거인지에 따라 알맞은 말을 넣으세요. * 단, not은 줄여 쓰세요.

1. 그는 변호사가 아니다. ➡ He [isn't] a lawyer.
2. 지수는 그의 친구가 아니었다. ➡ Jisu [ ] his friend.
3. 넌 거기 있지 않았다. ➡ You [ ] there.
4. 우리는 지금 피곤하지 않다. ➡ We [ ] tired now.

C 우리말 문장에서 과거를 나타내는 부사를 해당하는 곳에 영어로 쓰세요.

	어제 ➡ yesterday	~ 전에 ➡ ~ ago	지난 ~에 ➡ last ~
1. 그녀는 지난번에 아팠어. (time) ➡			last time
2. 그는 3일 전에 늦었어. (3 days) ➡			
3. 우리는 어제 같이 있었어. ➡			
4. 그녀는 지난밤에 슬펐어. (night) ➡			
5. 난 2달 전에 거기 있었어. (2 months) ➡			

UNIT 1-2
누적 복습

GRAMMAR 배운 문법을 복습하세요.

A 문장 훈련에 필요한 규칙들을 확인해 보세요.

- 과거 시제란 과거에 이미 끝난 일을 표현한다. ☑
- am과 is의 과거형은 _____, are의 과거형은 _____ 이다. ☐
- _____ 의 과거형은 There was[were](~이 있었다)이다. ☐
- be동사의 과거 부정은 〈 _____ + not〉이다. ☐
- was not은 _____ 로, were not은 _____ 로 줄여서 쓸 수 있다. ☐
- ~ ago '~ 전에', last ~ '지난 ~', _____ '어제' 등은 과거를 나타내는 부사이다. ☐

B 알맞은 말을 넣어 지시에 맞는 문장을 완성하세요. * 단, be동사와 not은 줄여 쓰세요.

1. 그 상자 안에 많은 책들이 있었다. (many books, there)

긍정문 | There | were | many books | in the box.

부정문 | There | weren't | many books | in the box.

2. 10년 전에 그것들은 검은색이 아니었다. (10 years ago, black)

부정문 | They | _____ | black | _____.

긍정문 | _____ | _____ | _____ | _____.

3. 그 벤치 위에 고양이 한 마리가 있었다. (there, a cat)

긍정문 [ ] [ ] [ ] on the bench.

부정문 [ ] [ ] [ ] on the bench.

4. 내 사촌들은 어제 여기 없었다. (my cousins, yesterday, here)

부정문 [ ] [ ] [here] [ ].

긍정문 [ ] [ ] [ ] [ ].

5. 지난주에 그 책상은 저쪽에 있었다. (last week, the desk, over there)

긍정문 [ ] [ ] [ ] [ ].

부정문 [ ] [ ] [ ] [ ].

6. 그녀는 친절하지 않았다. (kind)

부정문 [ ] [ ] [ ].

긍정문 [ ] [ ] [ ].

7. 그 책에는 많은 오류가 있었다. (many errors, there)

긍정문 [ ] [ ] [ ] in the book.

부정문 [ ] [ ] [ ] in the book.

UNIT 03 과거 시제 be동사 의문문

SPEAK GRAMMAR 다음 문법 규칙을 3회 이상 소리 내어 읽으세요. 1 2 3

질문할 때는 be동사의 위치를 주어 앞으로 옮겨서 의문문으로 만들어요.

긍정문	This was my book. 이것은 나의 책이었어요.
의문문	Was this my book? 이것이 나의 책이었나요?

〈There was[were] + 주어〉는 be동사를 there 앞으로 옮겨요.

긍정문	There were dogs in the yard. 그 마당에 개들이 있었어요.
의문문	Were there dogs in the yard? 그 마당에 개들이 있었나요?

be동사 뒤에 장소나 위치 전치사구가 있을 때, be동사는 '있다'로 해석해요.

- Was it in my room? 그것이 내 방에 있었어?
- Was he at work? 그는 일터에 있었니?
- Were you at school? 너는 학교에 있었니?
- Was he with you? 그가 너와 함께 있었어?

장소나 위치의 전치사구가 아니면, 문맥에 맞게 적절히 해석해요.

- Were you in a hurry? 너는 서두르고 있었니?
- Were you in trouble? 너는 곤경에 처해 있었니?
- Was it for me? 그것은 나를 위한 것이었어?
- Was it from Swiss? 그것은 스위스로부터 온 거야?

DO GRAMMAR 다음 활동들을 통해 문법을 재미있게 익히세요.

A be동사의 위치를 옮겨 의문문으로 만드세요.

1. You were slim.
→ [Were] [you] slim?
너는 날씬했니?

2. She was with you.
→ [ ] [ ] with you?
그녀가 너와 함께 있었어?

3. It was his fault.
→ [ ] [ ] his fault?
그것은 그의 잘못이었나요?

4. There was a dish.
→ [ ] [ ] a dish?
접시가 있었나요?

5. There were teachers.
→ [ ] [ ] teachers?
선생님들이 있었나요?

6. Jane was ill.
→ [ ] [ ] ill?
제인은 아팠나요?

B be동사 뒤에 장소, 위치 전치사가 오면 '있다'로, 그 외의 전치사는 적절히 해석하세요.

1. Was he in the house? → 그는 집 에 있었니 ?
2. Were you on the sofa? → 너는 그 소파 ______ ?
3. Was he at the bus stop? → 그가 버스 정류장 ______ ?
4. Were they from Mr. Ford? → 그것들은 포드 씨 ______ ?
5. Was it for Susan? → 그것은 수잔 ______ ?
6. Were they in trouble? → 그들이 곤란 ______ ?

UNIT 1-3 누적 복습 GRAMMAR 배운 문법을 복습하세요.

A 문장 훈련에 필요한 규칙들을 확인해 보세요.

- am과 is의 과거형은 was, are의 과거형은 ______ 이다. ☑
- There is[are]의 과거형은 ______ (~이 있었다)이다. ☐
- was not은 ______ 로, were not은 ______ 로 줄여서 쓸 수 있다. ☐
- 질문할 때는 be동사의 ______ 를 옮겨서 의문문으로 만든다. ☐
- be동사 뒤에 장소나 위치 전치사구가 있을 때, be동사는 '______'로 해석한다. ☐

B 알맞은 말을 넣어 지시에 맞는 문장을 완성하세요. * 단, be동사와 not은 줄여 쓰세요.

1. 그는 도쿄에 있었어요. (Tokyo, in)

긍정문 He / was / in / Tokyo.

부정문 ______ / wasn't / ______ / ______.

의문문 Was / he / ______ / ______?

2. 이것들은 너의 바지였어. (your pants, these)

긍정문 ______ / ______ / ______.

의문문 ______ / ______ / ______?

부정문 ______ / ______ / ______.

3. 그녀가 너의 선생님이셨니? (your teacher)

의문문 [ ] [ ] [ ]?

긍정문 [ ] [ ] [ ].

부정문 [ ] [ ] [ ].

4. 우리는 그 파티에 있었어. (the party, at)

긍정문 [ ] [ ] [at] [ ].

의문문 [ ] [ ] [ ] [ ]?

부정문 [ ] [ ] [ ] [ ].

5. 그 대문에 트럭이 없었다. (a truck, there)

부정문 [There] [ ] [ ] at the gate.

긍정문 [ ] [ ] [ ] at the gate.

의문문 [ ] [ ] [ ] at the gate?

6. 그 무대 위에 가수들이 있었나요? (singers, there)

의문문 [ ] [ ] [ ] on the stage?

긍정문 [There] [ ] [ ] on the stage.

부정문 [ ] [ ] [ ] on the stage.

과거 시제 be동사 의문사 의문문

SPEAK GRAMMAR 다음 문법 규칙을 3회 이상 소리 내어 읽으세요. 1 2 3

의문사는 문장의 맨 앞에 쓰고, 그 뒤는 의문문의 순서로 써요.

긍정문		This was a secret. 이것은 비밀이었어요.
의문문		Was this a secret? 이것이 비밀이었나요?
의문사 의문문	Why	was this a secret? 왜 이것이 비밀이었습니까?

긍정문		There were trees here. 여기 나무들이 있었어.
의문문		Were there trees here? 여기 나무들이 있었어?
의문사 의문문	What	were there here? 여기 무엇들이 있었지?

〈how + 형용사〉가 하나의 덩어리로 의문사 역할을 할 수 있어요.

	old	tall	far	long
how	how old	how tall	how far	how long
의미	얼마나 늙은[낡은]	얼마나 키가 큰	얼마나 먼	얼마나 긴

how(얼마나)와 모든 형용사를 붙여서 쓸 수 있어요.

- how bad 얼마나 안 좋은
- how small 얼마나 작은
- how stupid 얼마나 멍청한
- how expensive 얼마나 비싼

DO GRAMMAR 다음 활동들을 통해 문법을 재미있게 익히세요.

A 〈의문사 + 의문문〉의 순서로 번호를 쓰세요. * 단, be동사는 1개만 선택하세요.

1. | was | your birthday | were | when | ? 너의 생일은 언제였니?
   | (2) | (3) | (X) | (1) |

2. | angry | were | why | they | was | ? 왜 그들이 화가 났었니?
   | ( ) | ( ) | ( ) | ( ) | ( ) |

3. | there | who | was | at the party | ? 누가 그 파티에 있었니?
   | ( ) | ( ) | ( ) | ( ) |

B 보기의 형용사들로 〈how + 형용사 + be동사〉 문장을 만드세요.

[보기]

close 가까운	hot 뜨거운	cheap 싼, 저렴한	new 새로운	fat 뚱뚱한	long 긴
far 먼	cold 차가운	expensive 값비싼	old 오래된, 낡은, 늙은	thin 마른	short 짧은, 키가 작은

1. 그 차는 얼마나 뜨거웠니? ➡ [How] [hot] [was] the tea?
2. 그 장소는 얼마나 멀었어? ➡ [ ] [ ] [ ] the place?
3. 저 차들은 얼마나 오래됐어? ➡ [ ] [ ] [ ] the cars?
4. 그 줄이 얼마나 길었니? ➡ [ ] [ ] [ ] the line?
5. 그들은 얼마나 뚱뚱했어? ➡ [ ] [ ] [ ] they?
6. 이것들은 얼마나 값이 쌌어? ➡ [ ] [ ] [ ] these?

UNIT 1-4
누적 복습

GRAMMAR 배운 문법을 복습하세요.

A 문장 훈련에 필요한 규칙들을 확인해 보세요.

- am과 is의 과거형은 was , are의 과거형은 ______ 이다. ☑
- ______ 은 wasn't로, ______ 은 weren't로 줄여서 쓸 수 있다. ☐
- 질문할 때는 be동사의 위치를 옮겨서 ______ 으로 만든다. ☐
- 의문사 의문문은 ______ 를 문장의 맨 앞에 쓰고, 그 뒤에 be동사를 쓴다. ☐
- '얼마나 나이든'은 how old, '얼마나 키가 큰'은 ______ tall이라고 표현할 수 있다. ☐

B 알맞은 말을 넣어 지시에 맞는 문장을 완성하세요.

1. 그 방에 이불들이 있었어요. (there, blankets, what)

긍정문	There	were	blankets	in the room.
의문문	Were	there	blankets	in the room?
의문사	What	were	there	in the room? *그 방에 무엇들이 있었니?

2. 인수가 승자였어. (Insu, the winner, who)

긍정문	Insu		the winner.	
의문문			the winner?	
의문사				? *누가 승자였어?

3. 그 집은 낡았었니? (old, the house, how)

의문문 [ ] [the house] [ ]?

긍정문 [ ] [ ] [ ].

의문사 [How old] [ ] [ ]? *그 집은 얼마나 낡았었어?

4. 그 기차는 길었니? (long, the train, how)

의문문 [ ] [the train] [ ]?

긍정문 [ ] [ ] [ ].

의문사 [ ] [ ] [ ]? *그 기차는 얼마나 길었어?

5. 그 시험은 어려웠어. (hard, the exam, when)

긍정문 [ ] [ ] [hard].

의문문 [ ] [ ] [ ]?

의문사 [ ] [ ] [ ]? *그 시험은 언제였어?

6. 그 영화는 지루했었니? (boring, the movie, how)

의문문 [ ] [ ] [ ]?

의문사 [ ] [ ] [ ]? *얼마나 지루했어?

긍정문 [ ] [ ] [ ].

과거 시제_be동사 종합 문제 1

1. 그 나무는 키가 컸어. (tall, the tree, how tall)

긍정문 The tree | was | tall .

부정문 ____ | wasn't | ____ .

의문문 Was | ____ | ____ ?

의문사 How tall | ____ | the tree ? *얼마나 키가 컸어?

2. 그 시험은 쉽지 않았어. (easy, the exam, why)

부정문 ____ | ____ | easy .

긍정문 ____ | ____ | ____ .

의문문 ____ | ____ | ____ ?

의문사 ____ | ____ | ____ | ____ ? *왜 쉬웠죠?

3. 그 문제들은 어려웠나요? (hard, the questions, how)

의문문 ____ | the questions | ____ ?

부정문 ____ | ____ | ____ .

긍정문 ____ | ____ | ____ .

의문사 ____ | ____ | the questions ? *얼마나 어려웠지?

과거 시제_be동사 종합 문제 2

1. 그 피자가 맛있지 않았어요. (the pizza, delicious, how)

부정문 [ ] [ ] [delicious].

긍정문 [ ] [ ] [ ].

의문문 [ ] [ ] [ ]?

의문사 [ ] [ ] [the pizza]? *그 피자는 어땠었니?

2. 문제가 있었나요? (a problem, there, why)

의문문 [ ] [there] [ ]?

부정문 [ ] [ ] [ ].

긍정문 [There] [ ] [ ].

의문사 [ ] [ ] [there] [ ]? *왜 문제가 있었지?

3. 그 차는 작았어요. (small, the car, how)

긍정문 [ ] [ ] [ ].

부정문 [ ] [ ] [ ].

의문문 [ ] [ ] [ ]?

의문사 [ ] [ ] [ ]? *그 차는 얼마나 작았니?

과거 시제_be동사 종합 문제 3

1. 그녀는 피곤했어요. (tired, how)

긍정문 She ___ ___.

부정문 ___ ___ ___.

의문문 ___ ___ ___?

의문사 ___ ___ ___? *그녀는 얼마나 피곤했어?

2. 그들은 손님들이 아니었어요. (guests, who)

부정문 ___ ___ guests.

긍정문 ___ ___ ___.

의문문 ___ ___ ___?

의문사 ___ ___ ___? *그들은 누구였어요?

3. 너는 학교에 있었니? (at, where, school)

의문문 ___ you ___ school?

부정문 ___ ___ ___ ___.

긍정문 ___ ___ ___ ___.

의문사 ___ ___ ___? *너는 어디 있었니?

과거 시제_be동사 종합 문제 4

A 다음을 읽고, 해야 할 말을 영어로 쓰세요.

1. 친구가 어제 다녀온 공원이 너무 멀었다고 말하고 있어요. 이때 '그 공원(the park)은 얼마나(how) 멀었니(far)?'라고 물어보세요.

2. 친구들이 내가 어제 굉장히 힘들어 보였다고 해요. 이때 '나는 어제(yesterday) 피곤하(tired)지 않았어.'라고 말해 주세요.

B be동사를 이용하여 다음 대화를 완성하세요.

a ______________________ at the party?

No. ______________________________. **b**

a The party was bad.

__________________________ the party? **b**

대화 너는 그 파티에 있었니? / 아니야. 난 그 파티에 있지 않았어.
그 파티는 안 좋았어. / 그 파티가 얼마나 안 좋았는데?

CHAPTER

누적 복습

CHAPTER 1~5에서 배운 문장을 변형하며 복습하세요.

<SET 01>

과거 be동사 긍정

❶ 그들은 선생님들이었다.

➡ ______________ teachers.

현재 일반동사 긍정

❷ 그들은 지금 수학을 가르친다. (teach)

➡ ______________ math now.

과거 be동사 의문

❸ 그들은 수학 선생님들이었나요?

➡ ______________ math teachers?

과거 be동사 부정

❹ 그들은 수학 선생님들이 아니었다.

➡ ______________ math teachers.

과거 be동사 긍정

❺ 그들은 영어 선생님들이었다.

➡ ______________ English teachers.

현재 조동사 의문

❻ 그들이 수학 선생님이 될 수 있나요? (be)

➡ ______________ math teachers?

현재 조동사 부정

❼ 그들이 영어 선생님이 되어야 하는 건 아니다. (be, have)

➡ ______________ English teachers.

현재 일반동사 부정

❽ 그들은 지금 수학을 가르치지 않아요.

➡ ______________ math now.

<SET 02>

❶ 나는 지금 바쁘다.

➡ .... busy now.

현재 be동사 긍정

❷ 나는 어제 바빴다.

➡ .... yesterday.

과거 be동사 긍정

❸ 너희는 어제 바빴니?

➡ .... yesterday?

과거 be동사 의문

❹ 우리는 어제 바쁘지 않았어.

➡ .... yesterday.

과거 be동사 부정

❺ 너는 어젯밤에 어디 있었어?

➡ .... last night?

과거 be동사 의문사

❻ 내가 수진이에게 물어봐도 괜찮을까? (ask)

➡ .... Sujin?

현재 조동사 의문

❼ 너는 수진이에게 물어볼 필요가 없다. (have) *물어봐야 하는 건 아니다.

➡ .... Sujin.

현재 조동사 부정

❽ 너는 나에게 물어보는 게 낫겠어.

➡ .... me.

현재 조동사 긍정

CHAPTER

누적 복습 CHAPTER 1~5에서 배운 문장을 변형하며 복습하세요.

<SET 03>

현재 일반동사 의문사

❶ 그녀는 어디에서 일하나요? (work)

➡

현재 일반동사 긍정

❷ 그녀는 은행에서 일해요. (a bank, at)

➡

현재 be동사 의문

❸ 그녀는 은행원인가요? (a banker)

➡

현재 be동사 부정

❹ 그녀는 은행원이 아니에요.

➡

과거 be동사 긍정

❺ 그녀는 은행원이었어요.

➡

현재 be동사 긍정

❻ 그녀는 지금 프로그래머예요. (now, a programmer)

➡

현재 조동사 의문

❼ 그녀가 은행에서 일하는 게 낫나요? (work)

➡

현재 일반동사 부정

❽ 그녀는 은행원들과 함께 일하지 않아요. (with bankers)

➡

<SET 04>

❶ 그는 학생인가요? (a student)

➡

현재 be동사 의문

❷ 그는 학생이었어요.

➡

과거 be동사 긍정

❸ 그는 지금 어디에 있나요? (now)

➡

현재 be동사 의문사

❹ 그가 여기 올 수 있을까요? (come, here)

➡

현재 조동사 의문

❺ 그가 여기에 꼭 와야 하나요? (have)

➡

현재 조동사 의문

❻ 그는 어제 여기에 있었어요. (yesterday)

➡

과거 be동사 긍정

❼ 그는 왜 어제 여기에 있었나요?

➡

과거 be동사 의문사

❽ 그는 여기 많은 친구들을 가지고 있어요. (many friends, have)

➡

현재 일반동사 긍정

CHAPTER 06
과거 시제_일반동사

Unit 01 공정문
Unit 02 부정문
Unit 03 의문문
Unit 04 의문사 의문문

UNIT 01 과거 시제 일반동사 긍정문

SPEAK GRAMMAR 다음 문법 규칙을 3회 이상 소리 내어 읽으세요. 1 2 3

일반동사의 과거형은 주어에 상관없이 동사 원형에 주로 -(e)d를 붙이면 돼요.

일반동사 과거형		
일반적인 동사 ➡ 원형 + -(e)d (saved, played)	단모음 + 단자음 ➡ 자음 추가 + -ed (stopped, planned)	자음 + y ➡ y 삭제 + -ied (study - studied)

-(e)d를 붙이지 않는 불규칙 과거형은 암기해야 해요.

의미	현재형	과거형	의미	현재형	과거형
하다	do(es)	did	떠나다, 남기다	leave(s)	left
숨다, 숨기다	hide(s)	hid	수영하다	swim(s)	swam
말하다	tell(s)	told	보다	see(s)	saw
타다	ride(s)	rode	입다	wear(s)	wore
부수다	break(s)	broke	쓰다	write(s)	wrote
말하다	speak(s)	spoke	얻다	get(s)	got
듣다	hear(s)	heard	깨다	wake(s)	woke
(깨)물다	bite(s)	bit	운전하다	drive(s)	drove
가르치다	teach(es)	taught	가져가다	take(s)	took
가져오다	bring(s)	brought	흔들다	shake(s)	shook
생각하다	think(s)	thought	서다	stand(s)	stood
싸우다	fight(s)	fought	이해하다	understand(s)	understood
사다	buy(s)	bought	날다, 날리다	fly - flies	flew
먹다	eat(s)	ate	알다	know(s)	knew
앉다	sit(s)	sat	떨어지다	fall(s)	fell
가지고 있다	have - has	had	가다	go(es)	went
오다	come(s)	came	보내다	send(s)	sent
달리다	run(s)	ran	유지하다	keep(s)	kept
주다	give(s)	gave	느끼다	feel(s)	felt
만들다	make(s)	made	만나다	meet(s)	met
~라고 말하다	say(s)	said	설치하다	set(s)	set
놓다, 두다	lay(s)	laid	자르다	cut(s)	cut
짓다, 건설하다	build(s)	built	때리다	hit(s)	hit
자다	sleep(s)	slept	놓다	put(s)	put
빌려주다	lend(s)	lent	읽다	read(s) /뤼-드/	read /뤠드/

DO GRAMMAR 다음 활동들을 통해 문법을 재미있게 익히세요.

A 우리말에서 시제를 파악하고 연결한 후, 동사의 알맞은 형태를 쓰세요.

현재 시제이며, 주어가 3인칭 단수일 때 동사 원형 + -(e)s	•	1. 그는 거기에 걸어갔다. (walk) ➡	
		2. 그는 학교에 걸어간다. (walk) ➡	walks
현재 시제이며, 주어가 3인칭 단수가 아닐 때 동사 원형	•	3. 나는 주말에 영화를 봤다. (watch) ➡	
		4. 나는 매주 영화를 본다. (watch) ➡	
과거 시제일 때, 주어에 상관없이 동사 원형 + -(e)d	•	5. 수진이는 방금 손을 씻었다. (wash) ➡	
		6. 수진이는 손을 자주 씻는다. (wash) ➡	

B 오른쪽 동사의 불규칙 과거형을 보고 올바른 동사 원형을 고르세요. * 동사표 암기에 도움이 되는 활동

번호	보기	보기	과거형	뜻
1.	meet	mit	met	만났다
2.	come	comb	came	왔다
3.	sting	stand	stood	섰다
4.	teach	teeth	taught	가르쳤다
5.	ace	eat	ate	먹었다
6.	ron	run	ran	달렸다
7.	give	gove	gave	주었다
8.	slip	sleep	slept	잤다
9.	read	red	read	읽었다
10.	leafe	leave	left	떠났다
11.	write	right	wrote	썼다
12.	bye	buy	bought	샀다
13.	sit	sete	sat	앉았다
14.	maik	make	made	만들었다
15.	sand	send	sent	보냈다
16.	wend	go	went	갔다
17.	do	dad	did	했다
18.	have	hade	had	가졌다

UNIT 1
누적 복습 GRAMMAR 배운 문법을 복습하세요.

A 문장 훈련에 필요한 규칙들을 확인해 보세요.

- 일반동사의 과거형은 주어에 상관없이 동사 원형에 주로 -(e)d 를 붙인다. ☑
- 단모음 + 단자음으로 끝나는 동사는 ______ 을 추가하고 -ed를 붙인다. ☐
- 자음 + y로 끝나는 동사는 y를 삭제하고 ______ 를 붙인다. ☐
- -(e)d를 붙이지 않는 ______ 과거형은 암기해야 한다. ☐
- do - did / have - ______ / read - ______ / say - ______ ☐
- hear - heard / make - ______ / go - ______ / put - ______ ☐

B 알맞은 말을 넣어 지시에 맞는 문장을 완성하세요.

1. 나는 편지를 보냈다. (send, a letter)

(긍정문) I | sent | a letter .

2. 우리는 서로를 도왔다. (help, each other)

(긍정문) We | ______ | ______ .

3. 제인이 그 여행을 계획했다. (plan, the trip)

(긍정문) Jane | ______ | ______ .

4. 나는 어제 그들을 만났다. (meet, them)

긍정문 [ ] [ ] [ ] yesterday.

5. 새 한 마리가 나뭇가지에 앉았다. (sit, a bird)

긍정문 [ ] [ ] on a branch.

6. 우리는 같이 그 시험을 위해 공부했다. (study, together)

긍정문 [ ] [ ] [together] for the exam.

7. 그녀는 대학에서 과학을 가르쳤다. (teach, science)

긍정문 [ ] [ ] [ ] at a college.

8. 그들은 정답을 알고 있었다. (know, the answer)

긍정문 [ ] [ ] [ ].

9. 그는 학교로 그의 아빠를 데려왔다. (bring, his dad)

긍정문 [ ] [ ] [ ] to school.

10. 피터는 열심히 노력했다. (try, hard)

긍정문 [Peter] [ ] [ ].

과거 시제 일반동사 부정문

SPEAK GRAMMAR 다음 문법 규칙을 3회 이상 소리 내어 읽으세요. 1 2 3

일반동사 앞에 조동사 did를 넣고, 그 뒤에 not을 쓰면 과거 부정문이 돼요.

↳ 주어가 3인칭 단수인지 아닌지 상관없이 〈조동사 did + not〉을 넣어요.

긍정문	She read a comic book. 그녀는 만화책을 읽었어요.
부정문	She did not read a comic book. 그녀는 만화책을 읽지 않았어요.

〈did + not〉 뒤에 동사는 원형을 써야 해요.

↳ 조동사가 있는 문장의 동사는 항상 원형을 써요.

긍정문	He bought some bread. 그는 빵을 좀 샀다.
부정문	He did not buy any bread. 그는 아무 빵도 사지 않았다.

did not은 didn't로 줄여 쓸 수 있어요.

- He did not buy any bread.
➡ He didn't buy any bread.

원형과 과거형이 같은 동사들 중, read는 원형과 과거형의 발음이 달라요.

원형	cut /컷/	put /풋/	hit /힛/	read /뤼-드/
과거형	cut /컷/	put /풋/	hit /힛/	read /뤠드/

* 제일 처음 예문 She read a comic book. 에서 read는 /뤠드/로 발음해야 하며,

* 주어가 She(3인칭 단수)인데도 -s가 붙지 않은 것으로 보아 과거 시제임을 알 수 있어요.

DO GRAMMAR 다음 활동들을 통해 문법을 재미있게 익히세요.

A 일반동사 앞에 <did + not>을 넣고, 다시 조동사 did와 not을 줄여 쓰세요.

1. She worked hard. 그녀는 열심히 일했다.

⬇ (부정문으로 만들기)

She did not work hard.

⬇ (줄여 쓰기)

She ______ work hard.

2. They left early. 그들은 일찍 떠났다.

⬇ (부정문으로 만들기)

They ______ ______ leave early.

⬇ (줄여 쓰기)

They ______ leave early.

B 주어진 문장을 <did + not + 동사 원형>의 형태로 고쳐 쓰세요. * 단, did와 not은 줄여 쓰세요.

1. They wrote emails. ➡ They [didn't] [write] emails. 그들은 이메일을 쓰지 않았다.
2. I saw them. ➡ I [ ] [ ] them. 나는 그들을 보지 않았다.
3. She said hi. ➡ She [ ] [ ] hi. 그녀는 안녕이라고 말하지 않았다.
4. He told the truth. ➡ He [ ] [ ] the truth. 그는 진실을 이야기하지 않았다.
5. It felt soft. ➡ It [ ] [ ] soft. 그것은 부드럽게 느껴지지 않았다.

C 우리말을 영어로 옮긴 것 중 틀린 부분을 찾아 밑줄 치고, 고쳐 쓰세요.

1. 나는 그 (쇼핑)몰에 가지 않았다. I didn't went to the mall. ➡ [go]
2. 그는 나를 알지 못했다. He doesn't knows me. ➡ [ ]
3. 우리는 그 풀장에서 수영하지 않았다. We didn't swam in the pool. ➡ [ ]
4. 그녀는 아무것도 가져오지 않았다. She didn't brings anything. ➡ [ ]
5. 그들은 일어서지 않았다. They don't stood up. ➡ [ ]

UNIT 1-2
누적 복습

GRAMMAR 배운 문법을 복습하세요.

A 문장 훈련에 필요한 규칙들을 확인해 보세요.

- 일반동사의 과거 형은 주어에 상관없이 동사 원형에 주로 -(e)d를 붙인다. ☑
- 단모음 + 단자음으로 끝나는 동사는 ＿＿＿＿ 하고 -ed를 붙인다. ☐
- 자음 + y로 끝나는 동사는 y를 삭제하고 ＿＿＿＿ 를 붙인다. ☐
- -(e)d를 붙이지 않는 ＿＿＿＿ 과거형도 있다. ☐
- take - took / tell - ＿＿＿＿ / write - ＿＿＿＿ / feel - ＿＿＿＿ ☐
- 일반동사의 부정문은 〈주어 + 조동사 ＿＿＿＿ + not + 동사 원형〉인데, ☐
- did not은 ＿＿＿＿ 로 줄여 쓸 수 있다. ☐

B 알맞은 말을 넣어 지시에 맞는 문장을 완성하세요. * 단, did와 not은 줄여 쓰세요.

1. 우리는 함께 숙제를 했다. (do, homework)

긍정문 [We] [did] [homework] together.

부정문 [We] [didn't] [do] [homework] together.

2. 그는 빠르게 뛰지 않았다. (run, fast)

부정문 [＿＿] [＿＿] [＿＿] [fast].

긍정문 [＿＿] [＿＿] [＿＿].

3. 그녀는 카레를 만들었다. (make, curry)

긍정문 [ ] [ ] [curry].

부정문 [ ] [ ] [ ] [ ].

4. 그들은 5년 전에 여기에 살지 않았다. (live, here)

부정문 [ ] [ ] [ ] [here] 5 years ago.

긍정문 [ ] [ ] [ ] 5 years ago.

5. 그녀가 그것을 내게 줬다. (give, it)

긍정문 [ ] [ ] [it] to me.

부정문 [ ] [ ] [ ] [ ] to me.

6. 그들은 프랑스어를 말하지 않았다. (speak, French)

부정문 [ ] [ ] [ ] [French].

긍정문 [ ] [ ] [ ].

7. 우리는 지난달에 거기 갔다. (month, go, there)

긍정문 [ ] [ ] [there] [ ].

부정문 [ ] [ ] [ ] [ ] [ ].

과거 시제 일반동사 의문문

SPEAK GRAMMAR 다음 문법 규칙을 3회 이상 소리 내어 읽으세요. 1 2 3

질문은 주어에 상관없이, 조동사 Did를 문장 앞에 쓰고, 동사는 원형을 써요.

↳ 조동사가 있는 문장의 동사는 항상 원형을 써요.

긍정문	They brought some food. 그들은 음식을 좀 가져왔다.
의문문	Did they bring any food? 그들이 음식을 좀 가져왔나요?

'어떤 ~라도', '아무 ~도'라는 의미의 any는 의문문과 부정문에 써요.

↳ <any + 명사>의 형태로 사용하며, any는 형용사예요.

의문문	Did he make any mistakes? 그가 어떤 실수라도 만들었나요[했나요]?
부정문	He didn't make any mistakes. 그는 아무 실수도 하지 않았어요.

some(조금, 몇몇)은 주로 긍정문에 어울리는 말이에요.

긍정문	He made some mistakes. 그는 실수를 좀 했다.

anything(어떤 것도, 아무것도)과 something(뭔가)도 any, some과 같은 규칙이에요.

- He bought something. 그는 뭔가를 샀다. (긍정문: something)
- He didn't buy anything. 그는 어떤 것도 사지 않았다. (부정문: anything)
- Did he buy anything? 그가 뭐라도 샀나요? (의문문: anything)

DO GRAMMAR 다음 활동들을 통해 문법을 재미있게 익히세요.

A 〈Did + 주어 + 동사 원형〉의 형태로 의문문을 만드세요.

1. You came late.
→ [Did] [you] [come] late?
너는 늦게 왔니?

2. She took a test.
→ [ ] [ ] [ ] a test?
그녀는 시험을 쳤니?

3. They knew it.
→ [ ] [ ] [ ] it?
그들이 그것을 알았니?

4. He flew to LA.
→ [ ] [ ] [ ] to LA?
그는 로스앤젤레스로 날아갔니? (비행기 타고)

5. You drank mine.
→ [ ] [ ] [ ] mine?
네가 내 것을 마셨니?

6. You heard me.
→ [ ] [ ] [ ] me?
내가 하는 말 들었니?

B '조금, 몇몇'에는 some ~을, '어떤 ~라도', '아무 ~도'에는 any ~를 쓰세요.

1. 그가 아무 말이라도 남겼니? (words) → Did he leave any words?
2. 그가 말을 조금 남겼다. → He left ______ ______.
3. 그는 아무 말도 남기지 않았다. → He didn't leave ______ ______.
4. 넌 어떤 문제라도 있었니? (problems) → Did you have ______ ______?
5. 난 아무 문제도 없었어. → I didn't have ______ ______.
6. 난 문제가 좀 있었어. → I had ______ ______.

UNIT 1-3
누적 복습

GRAMMAR 배운 문법을 복습하세요.

A 문장 훈련에 필요한 규칙들을 확인해 보세요.

- 동사의 과거형을 확인한다. enjoy - enjoyed / live - ______ ☑
- win - won / sell - ______ / send - ______ ☐
- begin - ______ / sleep - ______ / understand - ______ ☐
- 일반동사의 부정문은 〈주어 + 조동사 ______ + not + 동사 원형〉으로 쓴다. ☐
- 일반동사의 의문문은 〈조동사 ______ + 주어 + 동사 원형〉으로 쓴다. ☐
- any는 주로 ______ 과 부정문, some은 주로 긍정문에 쓴다. ☐

B 알맞은 말을 넣어 지시에 맞는 문장을 완성하세요. * 단, did와 not은 줄여 쓰세요.

1. 그는 3시간 동안 기다렸다. (wait)

긍정문 He | waited | for 3 hours.

부정문 He | didn't | wait | for 3 hours.

의문문 Did | he | wait | for 3 hours?

2. 샐리는 일찍 왔다. (come, early)

긍정문 Sally | ______ | early.

의문문 ______ | ______ | ______ | ______?

부정문 ______ | ______ | ______ | ______.

3. 그녀는 그것을 한번 시도해 봤니? (try, it)

의문문 [ ] [she] [ ] [it] once?

긍정문 [ ] [ ] [ ] once.

부정문 [ ] [ ] [ ] [ ] once.

4. 그들은 그 소식을 들었다. (hear, the news)

긍정문 [ ] [ ] [ ].

의문문 [ ] [they] [ ] [ ]?

부정문 [ ] [ ] [ ] [ ].

5. 그는 어떤 물도 마시지 않았다. (drink, water, some, any)

부정문 [ ] [ ] [drink] [ ] [ ].

긍정문 [ ] [ ] [ ] [ ].

의문문 [ ] [ ] [ ] [ ] [ ]?

6. 그들은 그 마을을 떠났나요? (leave, the town)

의문문 [ ] [ ] [ ] [the town]?

긍정문 [ ] [ ] [ ].

부정문 [ ] [ ] [ ] [ ].

과거 시제 일반동사 의문사 의문문

SPEAK GRAMMAR 다음 문법 규칙을 3회 이상 소리 내어 읽으세요. 1 2 3

의문사는 맨 앞에 쓰고, 그 뒤에는 〈조동사 did + 주어 + 동사 원형〉 순서로 써요.

↳ 〈조동사 did + 주어 + 동사 원형〉은 일반동사의 의문문 어순이에요.

긍정문	He took the bike. 그가 그 자전가를 가져갔어요.
의문문	Did he take the bike? 그가 그 자전거를 가져갔나요?
의문사 의문문	Why did he take the bike? 왜 그가 그 자전거를 가져갔나요?

〈how + 부사〉는 하나의 덩어리로 의문사 역할을 할 수 있어요.

	often	fast	long	hard
how	how often	how fast	how long	how hard
의미	얼마나 자주	얼마나 빠르게	얼마나 길게[오래]	얼마나 열심히

〈how many + 명사〉와 〈how much + 명사〉도 하나의 의문사처럼 써요.

how many + 셀 수 있는 명사	how much + 셀 수 없는 명사
how many friends 얼마나 많은 친구들	how much money 얼마나 많은 돈

fast, long, hard 등은 부사의 의미도 있고, 형용사의 의미도 있어요.

부사	how hard 얼마나 열심히	how fast 얼마나 빠르게	how long 얼마나 오래
형용사	how hard 얼마나 어려운	how fast 얼마나 빠른	how long 얼마나 긴

DO GRAMMAR 다음 활동들을 통해 문법을 재미있게 익히세요.

A <의문사 + 조동사 + 주어 + 동사 원형>의 순서로 번호를 쓰세요. * 단, 동사는 1개만 선택하세요.

1. did (2) dinner (5) you (3) eat (4) ate (X) when (1) ? 넌 언제 저녁 먹었니?

2. go (   ) why (   ) he (   ) went (   ) did (   ) there (   ) ? 그는 거기 왜 갔어?

3. invites (   ) did (   ) who (   ) invite (   ) she (   ) ? 그녀는 누구를 초대했어?

B <how + 부사>의 의문사 덩어리와 조동사로 문장을 완성하세요.

1. 넌 얼마나 느리게 달렸니? (slowly) ➡ How slowly did you run?
2. 넌 얼마나 자주 갔니? (often) ➡ ___ ___ ___ you go?
3. 넌 얼마나 열심히 공부했니? (hard) ➡ ___ ___ ___ you study?
4. 넌 얼마나 오래 기다렸니? (long) ➡ ___ ___ ___ you wait?

C 밑줄 친 우리말이 <how many ~>인지 <how much ~>인지 골라 번호를 쓰세요.

A how many + 셀 수 있는 명사	**B** how much + 셀 수 없는 명사

1. 얼마나 많은 책
A books

2. 얼마나 많은 시간
...... time

3. 얼마나 많은 설탕
...... sugar

4. 얼마나 많은 친구
...... friends

UNIT 1-4
누적 복습

GRAMMAR 배운 문법을 복습하세요.

A 문장 훈련에 필요한 규칙들을 확인해 보세요.

- 일반동사의 과거 시제는 과거에 이미 끝난 일을 말한다. ☑
- 일반동사의 과거형은 주로 동사 뒤에 ______ 를 붙이지만, 불규칙 변화하는 동사도 있다. ☐
- 일반동사 과거 부정문은 〈주어 + 조동사 ______ + ______ + ______〉이다. ☐
- 일반동사 과거 의문문은 〈조동사 ______ + ______ + 동사 원형〉이다. ☐
- 일반동사 과거 의문사 의문문은 〈 ______ + 조동사 did + 주어 + 동사 원형〉이다. ☐
- 〈how + 부사〉도 의문사 역할을 한다. '얼마나 자주'는 ______ 이다. ☐

B 알맞은 말을 넣어 지시에 맞는 문장을 완성하세요.

1. 그들은 1주일 동안 여기에 머물렀다. (stay, how long)

긍정문	They	stayed	for a week.		
의문문	Did	they	stay	for a week?	
의문사	How long	did	they	stay	?

2. 우리는 야구를 했다. (play, baseball, what)

긍정문	We			.	
의문문					?
의문사				play	?

*우리가 무엇을 play했지?

3. 그녀는 차가 있었나요? (have, a car, when)

의문문 ______ ______ have ______?

긍정문 ______ ______ ______.

의문사 ______ ______ ______ have a car?

4. 넌 펜들을 샀니? (pens, buy, why)

의문문 ______ ______ ______ pens?

긍정문 ______ ______ ______.

의문사 ______ ______ ______ ______ pens? *왜 샀니?

5. 그는 매우 자주 뛰었어. (run, very often, how often)

긍정문 ______ ______ ______.

의문문 ______ ______ run ______?

의문사 ______ ______ ______ run? *얼마나 자주 뛰어?

6. 너는 열심히 노력했니? (try, hard, how)

의문문 ______ ______ ______ hard?

의문사 ______ ______ ______ try? *얼마나 열심히 노력했어?

긍정문 You ______ ______.

과거 시제_일반동사 종합 문제 1

1. 너는 안경을 샀다. (buy, glasses, what)

긍정문 You ______ glasses.

부정문 ______ didn't ______ ______.

의문문 ______ you ______ ______?

의문사 What ______ ______ buy?

2. 나는 작별 인사를 하지 않았어. (say, bye, when)

부정문 ______ ______ say bye.

긍정문 ______ ______ bye.

의문문 ______ ______ ______ ______?

의문사 ______ ______ ______ ______ bye?

3. 그는 그 비밀을 지켰나요? (keep, how)

의문문 ______ he ______ the secret?

부정문 ______ ______ ______ the secret.

긍정문 ______ ______ the secret.

의문사 ______ ______ ______ ______ the secret?

과거 시제_일반동사 종합 문제 2

1. 그녀는 버스를 타지 않았어요. (take, a bus, where)

부정문 ______ ______ ______ a bus.

긍정문 ______ ______ a bus.

의문문 ______ ______ ______ ______?

의문사 ______ ______ ______ ______ ______?

2. 그는 그것을 읽었나요? (read, it, how fast)

의문문 ______ he ______ it?

부정문 ______ ______ ______ ______.

긍정문 ______ ______ ______.

의문사 ______ ______ ______ ______ it?

3. 그들은 5시간 동안 잤어요. (sleep, how long)

긍정문 ______ ______ for 5 hours.

부정문 ______ ______ ______ for 5 hours.

의문문 ______ ______ ______ for 5 hours?

의문사 ______ ______ ______ sleep?

과거 시제_일반동사 종합 문제 3

1. 그들이 그를 도왔다. (help, how often)

긍정문 [ ] [ ] [him].

부정문 [ ] [ ] [ ] [ ].

의문문 [ ] [they] [ ] [ ]?

의문사 [ ] [ ] [they] [ ] [ ]?

2. 그는 매우 열심히 일했다. (very hard, work, how hard)

긍정문 [ ] [ ] [very hard].

의문문 [ ] [he] [ ] [ ]?

부정문 [ ] [ ] [ ] [ ].

의문사 [ ] [ ] [he] [ ]?

3. 그녀가 너에게 전화했니? (call, why)

의문문 [ ] [ ] [call] [ ]?

부정문 [ ] [ ] [ ] [ ].

긍정문 [ ] [ ] [ ].

의문사 [ ] [ ] [she] [ ] [ ]?

과거 시제_일반동사 종합 문제 4

A 다음을 읽고, 해야 할 말을 영어로 쓰세요.

1. 월요일 아침, 학교 등굣길에 친구를 만났어요. 이때 **'지난 주말에(last weekend) 뭐 했어?'**라고 친구에게 물어보세요.

2. 친구가 나의 주말에 대해 물어요. 이때 **'난 집에 있었어(stay home).'**라고 말해 주세요.

B 일반동사를 이용하여 다음 대화를 완성하세요.

a Did you watch the game?

b No. ________________________________.

a Then, ________________________________?

b I ________________________________.

대화 너는 그 경기 봤어? / 아니, 난 그 경기를 보지 않았어.
그럼, 넌 뭘 봤어? / 난 영화 한 편(a movie)을 봤어.

CHAPTER 누적 복습

CHAPTER 1~6에서 배운 문장을 변형하며 복습하세요.

<SET 01>

과거 be동사 긍정

❶ 나는 어제 집에 있었어. (be)

➡ .... home yesterday.

과거 일반동사 의문사

❷ 너는 어제 무엇을 했니? (do)

➡ .... yesterday?

과거 일반동사 긍정

❸ 나는 TV를 봤어. (watch)

➡ .... TV.

과거 be동사 의문

❹ 네 부모님도 집에 있었어? (your parents, be)

➡ .... home, too?

과거 be동사 부정

❺ 그들은 어제 집에 있지 않았어. (be)

➡ .... home yesterday.

과거 일반동사 의문사

❻ 그들은 어디에 가셨니? (go)

➡ .... ?

과거 일반동사 긍정

❼ 그들은 부산에 갔어.

➡ .... to Busan.

과거 일반동사 의문

❽ 그들이 너에게 전화했니? (call)

➡ .... you?

<SET 02>

❶ 그녀는 학교에서 일해요. (work)

➡ ______________ at school.

현재 일반동사 긍정

❷ 그녀가 거기서 학생들을 가르치나요? (teach)

➡ ______________ students there?

현재 일반동사 의문

❸ 그녀는 3년 전에는 학생들을 가르쳤어요.

➡ ______________ students 3 years ago.

과거 일반동사 긍정

❹ 그녀는 이제 선생님들을 도와요. (help, teachers)

➡ ______________ now.

현재 일반동사 긍정

❺ 그 선생님들은 모든 일을 할 수 없어요. (the teachers, do)

➡ ______________ all the work.

현재 조동사 부정

❻ 그 학교에는 많은 학생들이 있어요. (there, at)

➡ ______________ many students ______________ the school.

현재 there 긍정

❼ 그녀는 매일 학교에 가야 하나요? (have, go, to)

➡ ______________ to school every day?

현재 조동사 의문

❽ 그녀는 어제도 학교에 갔어요.

➡ ______________ yesterday, too.

과거 일반동사 긍정

CHAPTER

누적 복습

CHAPTER 1~6에서 배운 문장을 변형하며 복습하세요.

<SET 03>

과거 일반동사 의문

❶ 너는 너의 숙제를 했니? (do, your homework)

➡

현재 조동사 긍정

❷ 나는 그것을 오늘 밤에 끝낼 수 있어. (tonight, finish, it)

➡

과거 be동사 긍정

❸ 나는 어제 아팠어. (sick)

➡

과거 일반동사 의문

❹ 너는 의사를 봤니? (see, a doctor) *(의사에게) 진찰을 받았니?

➡

과거 일반동사 부정

❺ 나는 병원에 가지 않았어. (go, a hospital, to)

➡

현재 there 긍정

❻ 너의 집 앞에 병원이 있어. (a hospital, your house, in front of, there)

➡

현재 조동사 긍정

❼ 너는 지금 의사에게 가는 게 낫겠어. (go, a doctor, to, now)

➡

현재 be동사 의문사

❽ 그 병원이 얼마나 멀어? (far, the hospital, how)

➡

<SET 04>

❶ 너는 얼마나 자주 거기에 가니? (go, how, there, often)

➡

현재 일반동사 의문사

❷ 나는 거기 매우 자주 갔어. (there, very often)

➡

과거 일반동사 긍정

❸ 너는 요즘 왜 거기에 가니? (these days)

➡

현재 일반동사 의문사

❹ 안에 체육관이 있어. (inside, a gym, there)

➡

현재 there 긍정

❺ 나는 매일 운동해. (exercise, every day)

➡

현재 일반동사 긍정

❻ 너는 그 체육관을 방문해도 괜찮아. (visit, the gym)

➡

현재 조동사 긍정

❼ 나는 운동을 하는 게 낫겠어. (exercise)

➡

현재 조동사 긍정

❽ 너는 어제 몇 시에 운동했어? (what time, yesterday)

➡

과거 일반동사 의문사

CHAPTER 07
진행 시제_현재/과거

진행 시제 긍정문

SPEAK GRAMMAR 다음 문법 규칙을 3회 이상 소리 내어 읽으세요. 1 2 3

진행 시제는 '~하는 중이다'라는 진행 중인 일을 표현해요.

우리말에서 현재 시제와 진행 시제의 차이를 확인하세요.

① 그녀는 주말에 TV를 본다. (현재)　　② 그녀는 지금 TV를 보고 있다. (진행)

동사를 <be동사 + 원형-ing>의 형태로 쓰면, 진행 시제가 돼요.

시제	동사의 형태	예문
현재	원형 / 원형-s	He watches TV. 그는 TV를 본다.
과거	원형-(e)d / 불규칙 과거형	He watched TV. 그는 TV를 봤다.
진행	be동사 + 원형-ing	He is watching TV. 그는 TV를 보고 있다.

<be동사 + 원형-ing>의 be동사는 주어에 맞춰 써요.

시제	동사의 형태	예문
현재 진행	am[are, is] + 원형-ing	They are watching TV. 그들은 TV를 보고 있다.
과거 진행	was[were] + 원형-ing	We were watching TV. 우리는 TV를 보고 있었다.

동사에 -ing를 붙일 때 주의할 점

-e로 끝나는 동사	e를 없애고 -ing	make -> be making
단모음 단자음으로 끝나는 동사	자음 하나 더 쓰고 -ing	win -> be winning

DO GRAMMAR 다음 활동들을 통해 문법을 재미있게 익히세요.

A 문장에서 동사를 찾고, 〈be동사 + 원형-ing〉의 진행형으로 만드세요. * be동사는 주어에 맞춤

1. She goes to the library.
➡ is going
그녀는 도서관에 가는 중이다.

2. I stay at his house.
➡ ______ ______
난 그의 집에 머물고 있어.

3. John pays for the meal.
➡ ______ ______
존이 식사에 대해 지불하는 중이에요.

4. He drinks coffee.
➡ ______ ______
그는 커피를 마시고 있어요.

5. They call the police.
➡ ______ ______
그들은 경찰에 전화하는 중이에요.

6. You tell a lie.
➡ ______ ______
너는 거짓말을 이야기하는 중이야. (거짓말하는 중이야)

B 아래 규칙을 참고하여 동사의 진행형 〈be동사 + 원형-ing〉를 쓰세요.

A 현재 진행은 〈am[are, is] + 원형-ing〉	B 과거 진행은 〈was[were] + 원형-ing〉	C -e로 끝나는 동사는 e를 빼고 -ing	D 단모음 단자음으로 끝나는 동사는 자음 하나 더 쓰고 -ing

1. 난 그때 샤워 중이었어. (take) ➡ I was taking a shower then.
2. 지금 우리 팀이 이기는 중이야. (win) ➡ Our team ______ ______ now.
3. 넌 그때 수영하고 있었어. (swim) ➡ You ______ ______ then.
4. 그는 지금 오고 있어. (come) ➡ He ______ ______ now.
5. 그들은 양파들을 자르고 있어. (cut) ➡ They ______ ______ onions.

UNIT 1
누적 복습

GRAMMAR 배운 문법을 복습하세요.

A 문장 훈련에 필요한 규칙들을 확인해 보세요.

- 진행 시제는 ' ~하는 중이다 '라는 진행 중인 일을 표현해요. ☑
- 진행 시제는 동사를 〈 ______ + 원형- ______ 〉의 형태로 쓴다. ☐
- 이때 be동사는 주어와 시제에 맞게 am[are, ______]나 ______ [were]로 쓴다. ☐
- 주의할 원형-ing로는 come - ______ / stop - ______ 등이 있다. ☐

B 알맞은 말을 넣어 지시에 맞는 문장을 완성하세요.

1. 저는 그때 보고서를 쓰고 있었어요. (a report, write)

(긍정문) [I] [was writing] [a report] then.

2. 그녀는 책을 읽고 있어요. (read)

(긍정문) [ ] [ ] a book.

3. 그 아이들은 지금 목욕을 하는 중이에요. (the kids, take, a bath)

(긍정문) [ ] [ ] [ ] now.

4. 그들은 쿠키를 만들고 있었어요. (make)

긍정문 [ ] [ ] cookies.

5. 우리는 음악을 듣고 있었어요. (listen)

긍정문 [ ] [ ] to music.

6. 너는 지금 수학을 공부하는 중이구나. (math, study)

긍정문 [ ] [ ] [ ] now.

7. 그녀는 설거지를 하고 있었어요. (wash, the dishes)

긍정문 [ ] [ ] [ ].

8. 그 아기는 지금 자고 있어. (sleep, the baby)

긍정문 [ ] [ ] now.

9. 나는 학교에 가고 있어. (go)

긍정문 [ ] [ ] to school.

10. 그녀는 지금 운전 중이에요. (drive)

긍정문 [ ] [ ] now.

진행 시제 부정문

SPEAK GRAMMAR 다음 문법 규칙을 3회 이상 소리 내어 읽으세요. 1 2 3

⮕ <be동사 + 원형-ing>에서 be동사 뒤에 not을 쓰면 부정문이 돼요.

↳ 진행형의 경우에는 be동사를 이용하여, 부정문과 의문문을 만들어요.

긍정문	He is watching TV. 그는 TV를 보고 있다.
부정문	He is not watching TV. 그는 TV를 보는 중이 아니다.

긍정문	He was watching TV. 그는 TV를 보고 있었다.
부정문	He was not watching TV. 그는 TV를 보는 중이 아니었다.

⮕ <be동사 + not + 원형-ing>에서 be동사와 not을 줄여 쓸 수 있어요.

↳ 단, am과 not은 줄여 쓰지 않아요.

- You aren't studying now. 너는 지금 공부하고 있지 않아.
- We weren't studying then. 우리는 그때 공부하고 있지 않았어.
- She isn't studying now. 그녀는 지금 공부하고 있지 않아.
- I wasn't studying then. 나는 그때 공부하고 있지 않았어.
- I am not studying now. 나는 지금 공부하고 있지 않아.

과거 진행은 주로 then(그때), when ~(~했을 때)과 같이 써요.

- I wasn't studying then. 나는 그때 공부하고 있지 않았다.
- I wasn't studying when you called. 네가 전화했을 때 나는 공부하고 있지 않았다.

DO GRAMMAR 다음 활동들을 통해 문법을 재미있게 익히세요.

A <be동사 + 원형-ing>에서 be동사 뒤에 not을 넣고, 다시 be와 not을 줄여 쓰세요.

1. She is eating. 그녀는 먹는 중이야.

⬇ (부정문으로 만들기)

She is not eating.

⬇ (줄여 쓰기)

She ______________ ________________.

2. He was cleaning. 그는 청소 중이었어요.

⬇ (부정문으로 만들기)

He ________ ________ ________________.

⬇ (줄여 쓰기)

He ______________ ________________.

3. We were talking. 우리는 이야기 중이었어.

⬇ (부정문으로 만들기)

We ________ ________ ________________.

⬇ (줄여 쓰기)

We ______________ ________________.

4. They are walking. 그들은 걷는 중이에요.

⬇ (부정문으로 만들기)

They ________ ________ ________________.

⬇ (줄여 쓰기)

They ______________ ________________.

B 우리말을 영어로 옮긴 것 중 틀린 부분을 찾아 고쳐 쓰세요.

1. 그들은 노래하고 있지 않았다. They aren't singing. ➡ weren't
2. 톰은 책을 읽지 않고 있다. Tom isn't read a book. ➡ ______
3. 우리는 준비하고 있지 않다. We wasn't getting ready. ➡ ______
4. 세라는 우리에게 웃고 있지 않았다. Sera wasn't smileing to us. ➡ ______
5. 넌 그때 먹고 있지 않았어. You aren't eating then. ➡ ______
6. 너의 부모님은 보고 있지 않았어. Your parents wasn't looking. ➡ ______
7. 나는 그때 그것을 때리고 있지 않았다. I wasn't hiting it then. ➡ ______

UNIT 1-2
누적 복습

GRAMMAR 배운 문법을 복습하세요.

A 문장 훈련에 필요한 규칙들을 확인해 보세요.

- 진행 시제는 '~하는 중이다'라는 진행 중인 일을 표현한다. ☑
- 진행 시제는 동사를 〈 ______ + 원형- ______ 〉의 형태로 쓴다. ☐
- 이때 be동사는 주어와 시제에 맞게 ______ [are, is]나 was[______]로 쓴다. ☐
- 주의할 원형-ing로는 write - ______ / win - ______ 등이 있다. ☐
- 진행형의 부정문은 〈 ______ + ______ + 원형-ing〉로 쓴다. ☐
- is not은 isn't로, are not은 aren't로 줄여 쓸 수 있지만, ______ 은 줄여 쓸 수 없다. ☐
- was not은 ______ 로, were not은 ______ 로 줄여 쓸 수 있다. ☐

B 알맞은 말을 넣어 지시에 맞는 문장을 완성하세요. * 단, be동사와 not은 줄여 쓰세요.

1. 미정이는 그때 춤을 추고 있었어요. (dance)

긍정문 [Mijung] [was dancing] then.

부정문 [Mijung] [wasn't dancing] then.

2. 그는 물을 마시고 있지 않아. (drink, water)

부정문 [______] [______] [water].

긍정문 [______] [______] [______].

3. 나는 나의 개와 재미를 가지는 중이야. (have, fun) *즐기는[재미있게 노는] 중이야.

긍정문 [ ] [ ] [fun] with my dog.

부정문 [ ] [ ] [ ] with my dog.

4. 우리는 그 노래를 노래하고 있지 않았어요. (the song, sing)

부정문 [ ] [ ] [the song].

긍정문 [ ] [ ] [ ].

5. 그들은 축구를 하고 있었어요. (play, soccer)

긍정문 [ ] [ ] [ ].

부정문 [ ] [ ] [ ].

6. 지금 비가 오고 있지 않아요. (it, rain)

부정문 [It] [ ] now.

긍정문 [It] [ ] now.

7. 그녀는 점심 식사를 하고 있어요. (have, lunch)

긍정문 [ ] [ ] [lunch].

부정문 [ ] [ ] [ ].

진행 시제 의문문

SPEAK GRAMMAR 다음 문법 규칙을 3회 이상 소리 내어 읽으세요. 1 2 3

진행형 〈be동사 + 원형-ing〉에서 be동사만 주어 앞에 쓰면 의문문이 돼요.

긍정문	He is watching TV. 그는 TV를 보고 있어요.
의문문	Is he watching TV? 그는 TV를 보고 있나요?

긍정문	He was watching TV. 그는 TV를 보고 있었어요.
의문문	Was he watching TV? 그는 TV를 보고 있었나요?

단순 현재, 단순 과거와 진행 시제의 차이를 구분하세요.

	사용할 때	의미	예문
현재	주기적으로 하는 일 또는 사실	~한다 / ~(이)다	He cooks. 그는 요리한다.
현재 진행	현재 또는 요즘 하고 있는 일이나 행동	~하고 있다	He is cooking. 그는 요리하고 있다.
과거	과거에 이미 끝난 일이나 행동	~했다 / ~였다	He cooked. 그는 요리했다.
과거 진행	과거 특정 시점에 하고 있었던 일	~하고 있었다	He was cooking. 그는 요리하고 있었다.

시제는 일 또는 행동이 일어나는 시점을 말하며, 동사의 형태를 바꾸어 시제를 나타내요.

- cook 원형
- cook(s) 현재형
- cooked 과거형
- am[are, is] cooking 현재 진행형
- was[were] cooking 과거 진행형

DO GRAMMAR 다음 활동들을 통해 문법을 재미있게 익히세요.

A 〈be동사 + 주어 + 원형-ing〉 형태의 의문문을 만드세요.

1. She is crying now.
→ [Is] [she] [crying] now?
그녀는 울고 있니?

2. He was taking a test.
→ [ ] [ ] [ ] a test?
그는 시험을 치고 있었나요?

3. You were having lunch.
→ [ ] [ ] [ ] lunch?
넌 점심을 먹는 중이었니?

4. Jim was carrying a box.
→ [ ] [ ] [ ] a box?
짐은 상자를 나르고 있었니?

5. I am talking fast.
→ [ ] [ ] [ ] fast?
내가 빠르게 말하고 있니?

6. They are telling a lie.
→ [ ] [ ] [ ] a lie?
그들은 거짓말을 하고 있니?

B 우리말의 밑줄 친 동사의 시제를 판단하여 동사의 알맞은 형태를 고르세요.

1. 그녀는 매일 숙제를 <u>한다</u>.	→	do(es)	did	is doing	was doing
2. 그녀는 어젯밤에 숙제를 <u>했다</u>.	→	do(es)	did	is doing	was doing
3. 그녀는 지금 숙제를 <u>하고 있다</u>.	→	do(es)	did	is doing	was doing
4. 나는 학교에 <u>간다</u>.	→	go(es)	went	am going	was going
5. 나는 학교에 <u>가고 있었다</u>.	→	go(es)	went	am going	was going
6. 나는 학교에 <u>갔다</u>.	→	go(es)	went	am going	was going

UNIT 1-3
누적 복습

GRAMMAR 배운 문법을 복습하세요.

A 문장 훈련에 필요한 규칙들을 확인해 보세요.

- 진행 시제는 동사를 〈 be동사 + 원형- ing 〉의 형태로 쓴다. ☑
- 이때 be동사는 주어와 시제에 맞게 am[, is]나 was[ ]로 쓴다. ☐
- 주의할 원형-ing로는 have - / put - 등이 있다. ☐
- 진행형의 부정문은 〈 + + 원형-ing〉로 쓴다. ☐
- 진행형의 의문문은 〈be동사 + + 원형-ing〉로 쓴다. ☐

B 알맞은 말을 넣어 지시에 맞는 문장을 완성하세요. * 단, be동사와 not은 줄여 쓰세요.

1. 그들은 공을 치고 있어요. (hit)

긍정문 [They] [are hitting] a ball now.

부정문 [They] [aren't hitting] a ball now.

의문문 [Are] [they] [hitting] a ball now?

2. 그녀는 그때 요리하고 있었어요. (cook)

긍정문 [ ] [ ] then.

의문문 [ ] [ ] [ ] then?

부정문 [ ] [ ] then.

3. 그는 시험을 치는 중이니? (take)

의문문 [ ] [ ] [ ] an exam?

긍정문 [ ] [ ] an exam.

부정문 [ ] [ ] an exam.

4. 눈이 오고 있어. (it, snow)

긍정문 [It] [ ].

의문문 [ ] [ ] [snowing]?

부정문 [ ] [ ].

5. 지후는 상자를 나르고 있지 않아. (Jihoo, a box, carry)

부정문 [Jihoo] [ ] [ ].

긍정문 [ ] [ ] [ ].

의문문 [ ] [ ] [ ] [ ]?

6. 그들이 톰에게 이야기하고 있었나요? (talk)

의문문 [ ] [ ] [ ] to Tom?

긍정문 [ ] [ ] to Tom.

부정문 [ ] [ ] to Tom.

UNIT 04 진행 시제 의문사 의문문

SPEAK GRAMMAR 다음 문법 규칙을 3회 이상 소리 내어 읽으세요. 1 2 3

의문사는 맨 앞에 쓰고, 그 뒤에는 <be동사 + 주어 + 원형-ing>의 순서로 써요.

↳ <be동사 + 주어 + 원형-ing>는 진행형의 의문문 어순이에요.

긍정문	He is watching TV. 그는 TV를 보고 있어요.
의문문	Is he watching TV? 그는 TV를 보고 있나요?
의문사 의문문	Which channel is he watching? 그가 어느 채널을 보고 있나요?

긍정문	He was watching TV. 그는 TV를 보고 있었어요.
의문문	Was he watching TV? 그는 TV를 보고 있었나요?
의문사 의문문	What program was he watching TV? 그가 무슨 프로그램을 보고 있었나요?

what kind of ~(무슨[어떤] 종류의 ~)나 which part of ~(~의 어느 부분)라는 표현도 하나의 의문사로 쓸 수 있어요.

what kind of ~	What kind of food is he cooking? 그는 무슨 종류의 음식을 요리하고 있나요? What kind of movies were you watching? 너는 어떤 종류의 영화를 보고 있었니?
which part of ~	Which part of the story are you reading? 너는 그 이야기의 어느 부분을 읽고 있니? Which part of the book was she reading? 그녀는 그 책의 어느 부분을 읽고 있었니?

DO GRAMMAR 다음 활동들을 통해 문법을 재미있게 익히세요.

A 문장을 우리말에 맞게 <의문사 + be동사 + 주어 + 원형-ing> 순서로 쓰세요.

1. He is swimming.

➡ Where is he swimming?

그는 어디서 수영하고 있나요?

2. You are calling.

➡

넌 누구에게 전화하는 중이야?

3. I am reading a book.

➡

내가 무슨 책을 읽고 있니?

4. She was sleeping.

➡

그녀는 왜 자고 있었나요?

5. They were fighting.

➡

그들은 어디서 싸우고 있었니?

6. It is going up.

➡

어떻게 그것이 올라가는 중이지?

B 우리말을 What kind of ~ 또는 Which part of ~로 쓰세요.

1. 무슨 종류(kind)의 음악(music) ➡ What kind of music
2. 그 영화(the movie)의 어느 부분(part) ➡
3. 어떤 종류(kind)의 옷(clothes) ➡
4. 어떤 종류(kind)의 스포츠(sports) ➡
5. 그 노래(the song)의 어느 부분 ➡

UNIT 1-4
누적 복습

GRAMMAR 배운 문법을 복습하세요.

A 문장 훈련에 필요한 규칙들을 확인해 보세요.

- 진행 시제는 동사를 〈be동사 + 원형-ing〉의 형태로 쓴다. ✓
- 이때 ______ 동사는 주어와 시제에 맞게 am[are, is]나 was[were]로 쓴다. ☐
- 진행형의 ______ 문은 〈be동사 + not + 원형-ing〉로 쓴다. ☐
- 진행형의 의문문은 〈be동사 + ______ + 원형-ing〉로 쓴다. ☐
- 진행형의 의문사 의문문은 〈 ______ + be동사 + 주어 + 원형-ing〉의 순서로 쓴다. ☐

B 알맞은 말을 넣어 지시에 맞는 문장을 완성하세요.

1. 지선이는 숙제하고 있었어. (do, homework, what)

긍정문 [Jisun] [was doing] homework.

의문문 [Was] [Jisun] [doing] homework?

의문사 [What] [was] [Jisun] [doing]?

2. 그들은 빵을 먹고 있어. (eat, what)

긍정문 [ ] [ ] bread.

의문문 [ ] [ ] [ ] bread?

의문사 [ ] [ ] [ ] [ ]? *뭘 먹고 있어?

3. 그는 그의 선생님을 만나고 있었나요? (meet, who)

의문문 [ ] [ ] [ ] his teacher?

긍정문 [ ] [ ] his teacher.

의문사 [ ] [ ] [ ] [ ]? *누구를 만나고 있었나요?

4. 그녀는 어느 나라를 방문 중인가요? (visit, which country)

의문사 [ ] [ ] [she] [ ]?

긍정문 [ ] [ ] England. *영국을 방문 중이에요.

의문문 [ ] [ ] [ ] England?

5. 그는 무슨 종류의 옷을 입고 있나요? (wear, clothes)

의문사 [ ] [ ] [ ] [ ]?

의문문 [ ] [ ] [ ] a coat? *코트를 입고 있나요?

긍정문 [ ] [ ] a coat.

6. 당신은 드럼을 연주하고 있었나요? (play, what)

의문문 [ ] [ ] [ ] the drums?

의문사 [ ] [ ] [ ] [ ]? *뭘 연주하고 있었나요?

긍정문 [ ] [ ] the drums.

진행 시제_현재/과거 종합 문제 1

1. 그들은 운동하고 있었어요. (exercise, where)

긍정문 They / were exercising.

부정문 They / weren't exercising.

의문문 Were / they / exercising?

의문사 Where / were / they / exercising?

2. 그녀는 오고 있지 않아요. (come, how)

부정문 ___ ___.

긍정문 ___ ___.

의문문 ___ ___ ___?

의문사 ___ ___ ___ ___? *어떻게 오고 있죠?

3. 너는 청소하고 있었니? (clean, what)

의문문 ___ ___ ___?

부정문 ___ ___.

긍정문 ___ ___.

의문사 ___ ___ ___ ___? *뭘 청소하고 있었어?

진행 시제_현재/과거 종합 문제 2

1. 그는 불평하고 있지 않았어요. (complain, why)

부정문 [ ] [ ].

긍정문 [ ] [ ].

의문문 [ ] [ ] [ ]?

의문사 [ ] [ ] [ ] [ ]? *왜 불평하고 있었나요?

2. 그들이 걸어가고 있었어? (walk, where)

의문문 [ ] [ ] [ ]?

부정문 [ ] [ ].

긍정문 [ ] [ ].

의문사 [ ] [ ] [ ] [ ]? *어디서 걷고 있었어?

3. 그녀는 어떤 종류의 그림을 그리는 중이니? (draw, what kind of pictures, a picture)

의문사 [ ] [ ] [ ] [ ]?

긍정문 [ ] [ ] [a picture].

부정문 [ ] [ ] [ ].

의문문 [ ] [ ] [ ] [ ]?

진행 시제_현재/과거 종합 문제 3

1. 그녀는 일하는 중이었어요. (work, when)

긍정문 [ ] [ ].

부정문 [ ] [ ].

의문문 [ ] [ ] [ ]?

의문사 [ ] [ ] [ ] [ ]? *그녀는 언제 일하고 있었죠?

2. 너는 어느 과목을 공부 중이니? (study, which subject)

의문사 [ ] [ ] [ ] [ ]?

의문문 [ ] [ ] [ ] math? *수학을 공부하고 있니?

긍정문 [ ] [ ] math.

부정문 [ ] [ ] math.

3. 마크는 여기 묵고 있나요? (Mark, stay, where)

의문문 [ ] [Mark] [ ] here?

부정문 [ ] [ ] here.

긍정문 [ ] [ ] here.

의문사 [ ] [ ] [ ] [ ]? *어디에 머무르고 있죠?

진행 시제_현재/과거 종합 문제 4

A 다음을 읽고, 해야 할 말을 영어로 쓰세요.

1. 어제 친구에게 전화를 했는데, 받지 않았어요.
이때 **'너 그때(then) 뭐 하고(do) 있었어?'**라고 물어보세요.

2. 엄마가 청소를 도와달라고 말씀하셨어요.
이때 **'저 지금 공부하고(study) 있어요.'** 라고 대답해 볼까요?

B 진행 시제를 이용하여 다음 대화를 완성하세요.

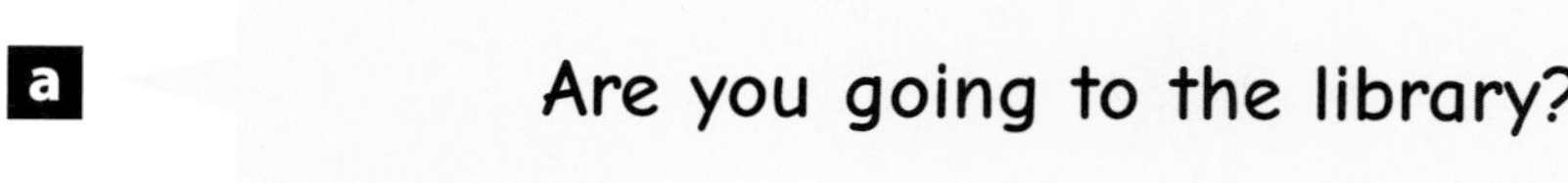

No. ______________________________. **b**

a Then, ______________________________ here?

______________________________ for my friend. **b**

대화 너 도서관 가는 중이야? / 아니. 나는 도서관에 가고 있지 않아.
그럼, 너 여기서 뭐 하고 있어? / 나는 내 친구를 기다리고(wait) 있어.

CHAPTER 누적 복습

CHAPTER 1~7에서 배운 문장을 변형하며 복습하세요.

<SET 01>

현재 일반동사 긍정

❶ 우리는 농구를 한다. (play)

➡ ______________ basketball.

진행 일반동사 긍정

❷ 우리는 농구를 하는 중이다.

➡ ______________ basketball.

과거 일반동사 긍정

❸ 우리는 농구를 했다.

➡ ______________ basketball.

진행 일반동사 부정

❹ 우리는 야구를 하는 중이 아니다.

➡ ______________ baseball.

진행 일반동사 부정

❺ 우리는 야구를 하는 중이 아니었다.

➡ ______________ baseball.

현재 there 긍정

❻ 그 운동장(위)에 사람들이 있어. (there)

➡ ______________ people ______ the playground.

진행 일반동사 의문사

❼ 그들은 거기서 무엇을 하는 중이니? (do, what)

➡ ______________ there?

진행 일반동사 의문

❽ 그들은 테니스를 치는 중이니? (play)

➡ ______________ tennis?

<SET 02>

❶ 이것들은 뭐야? (these)

➡ ____________________?

현재 be동사 의문사

❷ 이것들은 쿠키들이니?

➡ ____________________ cookies?

현재 be동사 의문

❸ 그녀는 쿠키들을 만드는 중이니? (make)

➡ ____________________ cookies?

진행 일반동사 의문

❹ 그녀가 그 쿠키들을 만들었어.

➡ ____________________ the cookies.

과거 일반동사 긍정

❺ 그녀가 그 쿠키들을 만들지 않았어.

➡ ____________________ the cookies.

과거 일반동사 부정

❻ 그녀는 쿠키들을 만들 수 없어.

➡ ____________________ cookies.

현재 조동사 부정

❼ 내가 쿠키를 좀 만들어도 괜찮을까?

➡ ____________________ some cookies?

현재 조동사 의문

❽ 나는 쿠키들을 좋아하지 않았어. (like)

➡ ____________________ cookies.

과거 일반동사 부정

CHAPTER 누적 복습

CHAPTER 1~7에서 배운 문장을 변형하며 복습하세요.

<SET 03>

진행 일반동사 의문

❶ 그들은 그 집을 청소하는 중이니? (the house, clean)

➡

진행 일반동사 부정

❷ 그들은 그 집을 청소하는 중이 아니야.

➡

과거 일반동사 의문

❸ 그들은 그 집을 청소했니?

➡

과거 일반동사 긍정

❹ 그들은 그 집을 청소했다.

➡

현재 there 긍정

❺ 세탁기가 그 집(안)에 있다. (a washing machine, there)

➡

과거 일반동사 의문

❻ 그들은 빨래를 했니? (do the laundry)

➡

과거 일반동사 부정

❼ 그들은 빨래를 하지 않았다.

➡

현재 조동사 긍정

❽ 그들은 빨래를 해야 한다. (have)

➡

CH 01	CH 02	CH 03	CH 04	CH 05	CH 06	CH 07	CH 08
현재 시제 (be동사)	현재 시제 (There be)	현재 시제 (일반동사)	현재 시제 (조동사)	과거 시제 (be동사)	과거 시제 (일반동사)	진행 시제 (현재/과거)	미래 시제 (be/일반)

<SET 04>

❶ 그는 화가 났었니? (angry)

➡

과거 be동사 의문

❷ 그는 화가 났었다.

➡

과거 be동사 긍정

❸ 그는 얼마나 화가 났었니? (how angry)

➡

과거 be동사 의문사

❹ 그는 메모를 쓰는 중이었니? (write, a memo)

➡

진행 일반동사 의문

❺ 그는 메모를 썼다.

➡

과거 일반동사 긍정

❻ 그 메모 어디 있니? (the memo)

➡

현재 be동사 의문사

❼ 그는 그 메모를 보냈다. (send)

➡

과거 일반동사 긍정

❽ 그들은 그 메모를 받지 않았다. (get)

➡

과거 일반동사 부정

CHAPTER 08
미래 시제_be동사/일반동사

미래 시제 긍정문

SPEAK GRAMMAR 다음 문법 규칙을 3회 이상 소리 내어 읽으세요. 1 2 3

미래 시제는 '~할 것이다, ~일 것이다'와 같이 미래의 일을 표현해요.

우리말에서 현재 시제와 미래 시제의 차이를 확인하세요.

① 그녀는 매주 그를 만난다. (현재 시제 (주기적))
② 그녀는 그를 만날 것이다. (미래 시제)
③ 그녀는 내일 그를 만날 예정이다. (미래 시제)

동사를 〈will + 동사 원형〉의 형태로 쓰면 '~할 것이다'라는 의미가 돼요.

↳ will은 '~할 것이다'라는 의미를 가진 조동사예요.

시제	동사의 형태	예문
현재	원형 / 원형 + s	She meets him every week. 그녀는 그를 매주 만난다.
미래	will + 원형	She will meet him. 그녀는 그를 만날 것이다.

will 대신 be going to를 넣으면 '~할 예정이다'라는 의미가 돼요.

↳ be going to의 be동사는 주어에 맞춰요.

시제	동사의 형태	예문
미래	will + 원형	She will meet him. 그녀는 그를 만날 것이다.
	be going to + 원형	She is going to meet him. 그녀는 그를 만날 예정이다.

조동사 will과 be going to의 be는 주어와 줄여 쓸 수 있어요.

- They will come. = They'll come. 그들은 올 것이다.
- They are going to come. = They're going to come. 그들은 올 예정이다.

DO GRAMMAR 다음 활동들을 통해 문법을 재미있게 익히세요.

A 문장에서 동사를 찾고, 그 동사를 〈will + 동사 원형〉의 미래형으로 만드세요.

1.
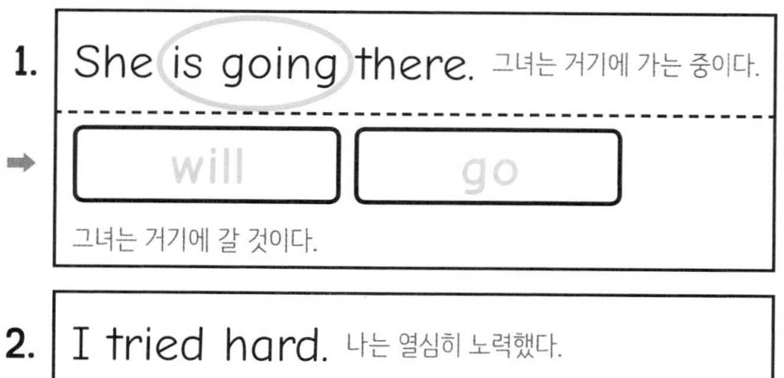

2.
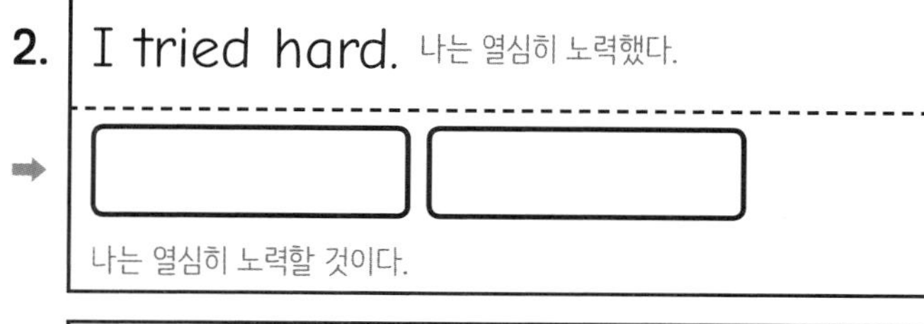

3.
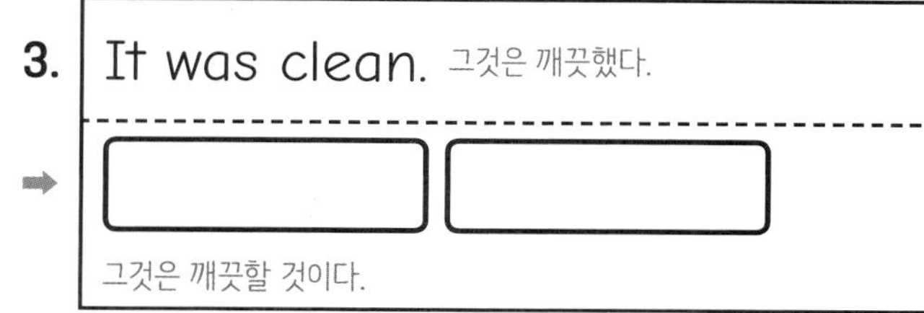

4. He drinks coffee. 그는 커피를 마신다.

➡ ______ ______

그는 커피를 마실 것이다.

5.

6.
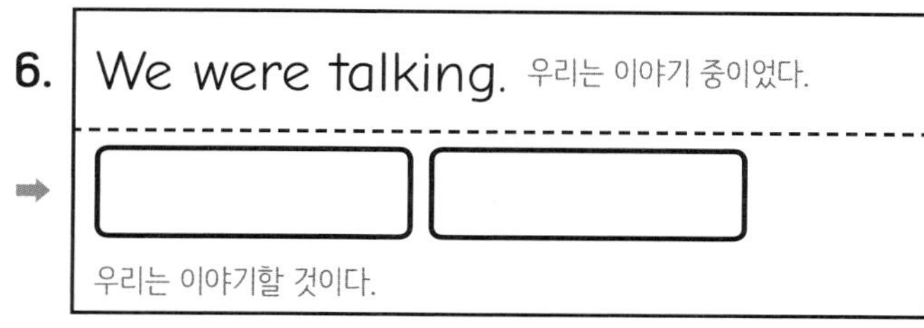

B 아래 규칙을 참고하여 동사의 미래형을 쓰세요. * 단, be동사는 주어에 맞춰 써요.

A '~할 것이다', '~할게' ➡ 〈will + 동사 원형〉	B '~할 예정이다' ➡ 〈be going to + 동사 원형〉

1. 난 여기 머무를 예정이야. (stay) ➡ I <u>am going to stay</u> here.
2. 그녀가 그걸 청소할 거야. (clean) ➡ She ______________ it.
3. 그는 케이크를 살 예정이다. (buy) ➡ He ______________ a cake.
4. 내가 그에게 전화할게. (call) ➡ I ______________ him.
5. 넌 결혼식에 참석할 예정이잖아. (attend) ➡ You ______________ a wedding.

UNIT 1
누적 복습

GRAMMAR 배운 문법을 복습하세요.

A 문장 훈련에 필요한 규칙들을 확인해 보세요.

- 미래 시제는 '~할 것이다, ~일 것이다'와 같이 미래 의 일을 표현한다. ☑
- 동사를 〈will + 동사 원형〉의 형태로 쓰면 '   '라는 의미가 된다. ☐
- will 대신   를 넣으면 '~할 예정이다'라는 의미가 된다. ☐

B 알맞은 말을 넣어 지시에 맞는 문장을 완성하세요.

1. 내일 비가 내릴 예정이다. (it, rain)

긍정문 [It] [is going to] [rain] tomorrow.

2. 난 최선을 다할 것이다. (do, my best)

긍정문 [ ] [ ] [ ] [my best].

3. 우리는 친구가 될 것이다. (be, friends)

긍정문 [ ] [ ] [ ] [ ].

4. 나는 학교에 갈 예정이에요. (go)

긍정문 [ ] [ ] [ ] to school.

5. 그들은 도서관을 지을 예정이에요. (build)

긍정문 [ ] [ ] [ ] a library.

6. 제가 그에게 이야기할게요. (talk)

긍정문 [ ] [ ] [ ] to him.

7. 그녀는 캐나다로 이사할 예정이에요. (move)

긍정문 [ ] [ ] [ ] to Canada.

8. 그들은 저녁 식사를 할 예정이에요. (have, dinner)

긍정문 [ ] [ ] [ ] [ ].

9. 내가 그것들을 찾아볼게. (find, them)

긍정문 [ ] [ ] [ ] [ ].

10. 너는 그 버스를 잡을 것이다. (catch, the bus)

긍정문 [ ] [ ] [ ] [ ].

UNIT 02 미래 시제 부정문

SPEAK GRAMMAR 다음 문법 규칙을 3회 이상 소리 내어 읽으세요. 1 2 3

➲ 〈will + 동사 원형〉에서 will 뒤에 not을 쓰면 부정문이 돼요.

↳ will은 조동사로 모든 규칙은 조동사의 규칙과 같아요.

긍정문	She will meet him. 그녀는 그를 만날 것이다.
부정문	She will not meet him. 그녀는 그를 만나지 않을 것이다.

➲ 〈be going to + 동사 원형〉에서 be동사 뒤에 not을 쓰면 부정문이 돼요.

긍정문	She is going to meet him. 그녀는 그를 만날 예정이다.
부정문	She is not going to meet him. 그녀는 그를 만날 예정이 아니다.

➲ will과 not을 줄여 쓰면 won't가 돼요.

• They will not leave today. 그들은 오늘 떠나지 않을 것이다.
= They won't leave today.
*willn't (X)

〈be not going to〉의 be동사와 not도 줄여 쓸 수 있어요. (am 제외)

• They aren't going to leave.
• She isn't going to leave.
• I am not going to leave. *amn't (X)

DO GRAMMAR 다음 활동들을 통해 문법을 재미있게 익히세요.

A <will + 원형>에서 will 뒤에 not을 넣고, 다시 will과 not을 줄여 won't로 쓰세요.

1. She will call. 그녀가 전화할 것이다.

⬇ (부정문으로 만들기)

She __will__ __not__ __call__.

⬇ (줄여 쓰기)

She ________ ________.

2. We will check. 우리가 확인할 것이다.

⬇ (부정문으로 만들기)

We ________ ________ ________.

⬇ (줄여 쓰기)

We ________ ________.

3. He will fix it. 그가 그것을 고칠 거야.

⬇ (부정문으로 만들기)

He ________ ________ ________ it.

⬇ (줄여 쓰기)

He ________ ________ it.

4. It will be hot. 그것은 뜨거울 것이다.

⬇ (부정문으로 만들기)

It ________ ________ ________ hot.

⬇ (줄여 쓰기)

It ________ ________ hot.

B will과 be going to를 서로 바꾸어 쓰세요. * 단, not은 줄여 쓰세요.

1. They won't see me. 그들은 나를 보지 않을 것이다. ➡ They aren't going to see me.
2. Tom isn't going to eat. 톰은 먹지 않을 예정이다. ➡
3. We won't watch it. 우리는 그것을 보지 않을 것이다. ➡
4. We aren't going to use it. 우리는 그것을 사용하지 않을 예정이다. ➡
5. I will not meet her. 나는 그녀를 만나지 않을 것이다. ➡
6. Jim isn't going to run. 짐은 달릴 예정이 아니다. ➡
7. She won't talk to you. 그녀는 너에게 말을 걸지 않을 것이다. ➡

UNIT 1-2
누적 복습

GRAMMAR 배운 문법을 복습하세요.

A 문장 훈련에 필요한 규칙들을 확인해 보세요.

- 미래 시제는 '~할 것이다, ~일 것이다'와 같이 미래의 일을 표현한다. ☑
- 동사를 〈 ______ + 동사 원형〉의 형태로 쓰면 '~할 것이다'라는 의미가 된다. ☐
- will 대신 be going to를 넣으면 ' ______ '라는 의미가 된다. ☐
- 〈will + 동사 원형〉에서 ______ 뒤에 not을 쓰면 부정문이 된다. ☐
- 〈be going to + 동사 원형〉에서 ______ 뒤에 not을 쓰면 부정문이 된다. ☐
- will과 not을 줄여 쓰면 ______ 이다. ☐

B 알맞은 말을 넣어 지시에 맞는 문장을 완성하세요. * 단, 가능하면 not은 줄여 쓰세요.

1. 저는 정장을 입을 예정이에요. (wear)

긍정문 | I | ______ | wear | a suit.

부정문 | I | am not going to | ______ | a suit.

2. 그녀는 내 이름을 잊지 않을 거야. (forget)

부정문 | ______ | won't | ______ | my name.

긍정문 | ______ | ______ | ______ | my name.

3. 우리는 존을 초대할 예정이에요. (invite)

긍정문 [ ] [ ] [ ] John.

부정문 [ ] [ ] [ ] John.

4. 저는 그 책을 반납하지 않을 거예요. (return)

부정문 [ ] [ ] [ ] the book.

긍정문 [ ] [ ] [ ] the book.

5. 그는 그 자전거를 팔 예정이에요. (sell)

긍정문 [ ] [ ] [ ] the bike.

부정문 [ ] [ ] [ ] the bike.

6. 저는 그 음식을 맛보지 않을 거예요. (taste)

부정문 [ ] [ ] [ ] the food.

긍정문 [ ] [ ] [ ] the food.

7. 내일 눈이 올 예정이 아니에요. (snow)

부정문 [It] [ ] [ ] tomorrow.

긍정문 [It] [ ] [ ] tomorrow.

UNIT 03 미래 시제 의문문

SPEAK GRAMMAR 다음 문법 규칙을 3회 이상 소리 내어 읽으세요. 1 2 3

〈will + 동사 원형〉에서 조동사 will을 주어 앞에 쓰면 의문문이 돼요.

긍정문	She will meet him. 그녀는 그를 만날 거예요.
의문문	Will she meet him? 그녀가 그를 만날 건가요?

〈be going to + 동사 원형〉에서 be동사만 주어 앞에 쓰면 의문문이 돼요.

긍정문	She is going to meet him. 그녀는 그를 만날 예정이에요.
의문문	Is she going to meet him? 그녀가 그를 만날 예정인가요?

be going to 뒤에 오는 말이 동사인지 명사인지에 주의하세요.

시제	의미	예문
미래	be going to + 동사 원형	He is going to visit her. 그는 우리를 방문할 예정이다.
진행	be going to + 명사(장소)	He is going to her house. 그는 그녀의 집으로 가는 중이다.

〈be going to + 명사〉의 경우, go의 진행형인 be going과 방향 전치사 to가 합쳐진 거예요.

- He goes to her house. 그는 그녀의 집에 간다. (현재 시제)
- He is going to her house. 그는 그녀의 집에 가는 중이다. (진행 시제)

DO **GRAMMAR** 다음 활동들을 통해 문법을 재미있게 익히세요.

A will 또는 be동사를 주어 앞에 써서 의문문을 만드세요.

1. They are going to see me. ➡ Are they going to see me?
그들은 나를 볼 예정이다.
2. She will clean it. ➡
그녀가 그것을 치울 것이다.
3. I am going to win. ➡
내가 이길 예정이야.
4. We will visit her. ➡
우리는 그녀를 방문할 것이다.
5. He is going to cook. ➡
그가 요리할 예정이다.

B be going to 뒤에 나오는 말을 보고 밑줄 친 부분의 의미를 고르세요.

	〈be going to + 동사 원형〉 ➡ '~할 예정이다'	〈be going to + 명사(장소)〉 ➡ '~로[에게] 가는 중이다'
1. Are you going to the library? ➡		✓
2. Is he going to the concert? ➡		
3. Am I going to meet them? ➡		
4. Is Tom going to the class? ➡		
5. Are they going to stop here? ➡		
6. Am I going to the party? ➡		
7. Is your dad going to the store? ➡		
8. Are we going to open this? ➡		
9. Is she going to them? ➡		

UNIT 1-3
누적 복습

GRAMMAR 배운 문법을 복습하세요.

A 문장 훈련에 필요한 규칙들을 확인해 보세요.

- 미래 시제는 조동사 will 이나 be going to를 이용하여 표현할 수 있다. ✓
- 미래 부정은 will 뒤나 be동사 뒤에 ______ 을 쓰면 된다. ☐
- 〈will + 동사 원형〉에서 조동사 will을 ______ 앞에 쓰면 의문문이 된다. ☐
- 〈be going to + 동사 원형〉에서 ______ 를 주어 앞에 쓰면 의문문이 된다. ☐
- be going to 뒤에 동사가 오면 '______', ______ 가 오면 '~로 가는 중이다'이다. ☐

B 알맞은 말을 넣어 지시에 맞는 문장을 완성하세요. * 단, 가능하면 not은 줄여 쓰세요.

1. 그녀는 그녀의 아들을 데려올 예정이에요. (bring)

긍정문 | She | is going to | bring | her son.

부정문 | She | isn't going to | bring | her son.

의문문 | Is | she | going to | bring | her son?

2. 그는 그것을 숨길 거예요. (hide)

긍정문 | He | ______ | ______ | it.

의문문 | Will | ______ | ______ | it?

부정문 | ______ | ______ | hide | it.

3. 너는 진실을 이야기할 거니? (tell)

의문문 [ ] [ ] [ ] the truth?

긍정문 [ ] [ ] [ ] the truth.

부정문 [ ] [ ] [ ] the truth.

4. 그들은 중국어를 배울 예정이에요. (learn)

긍정문 [ ] [ ] [ ] Chinese.

의문문 [ ] [ ] [ ] [ ] Chinese?

부정문 [ ] [ ] [ ] Chinese.

5. 너는 작별 인사를 하지 않을 거야. (say)

부정문 [ ] [ ] [ ] goodbye.

긍정문 [ ] [ ] [ ] goodbye.

의문문 [ ] [ ] [ ] goodbye?

6. 그녀가 그녀의 여행 가방을 빌려줄 예정인가요? (lend)

의문문 [ ] [ ] [ ] [ ] her suitcase?

긍정문 [ ] [ ] [ ] her suitcase.

부정문 [ ] [ ] [ ] her suitcase.

미래 시제 의문사 의문문

GRAMMAR 다음 문법 규칙을 3회 이상 소리 내어 읽으세요. 1 2 3

의문사를 쓰고, 그 뒤에 의문문 어순인 <will + 주어 + 원형>의 순서로 써요.

긍정문	She will meet him. 그녀는 그를 만날 거예요.
의문문	Will she meet him? 그녀가 그를 만날 건가요?
의문사 의문문	Who will she meet? 그녀는 누구를 만날 건가요?

의문사를 쓰고, 그 뒤에 <be동사 + 주어 + going to + 원형>의 순서로 써요.

긍정문	She is going to meet him. 그녀는 그를 만날 예정이에요.
의문문	Is she going to meet him? 그녀가 그를 만날 예정인가요?
의문사 의문문	Why is she going to meet him? 그녀는 왜 그를 만날 예정인가요?

지금까지 배운 의문사들을 총정리해서 기억하세요.

의문사	의미
when	언제
where	어디, 어디서
who	누구
what	무엇
which	어느 것
how	어떤, 어떻게
why	왜
whose	누구의 것, 누구의 ~

의문사	의미
how + 형용사	얼마나 ~한
how + 부사	얼마나 ~하게
what + 명사	무슨[어떤] ~
which + 명사	어느 ~
how many + 명사	얼마나 많은 (셀 수 있는 것들)
how much + 명사	얼마나 많은 (셀 수 없는 것)
what kind of + 명사	어떤[무슨] 종류의 ~
which part of + 명사	~의 어느 부분

DO GRAMMAR 다음 활동들을 통해 문법을 재미있게 익히세요.

A 의문사 뒤에 의문문의 어순으로 쓰세요.

1. | you | going to | are | explain | how | ? 넌 어떻게 설명할 예정이니?
(3) (4) (2) (5) (1)

2. | leave | is | when | going to | she | ? 그녀는 언제 떠날 예정이죠?
( ) ( ) ( ) ( ) ( )

3. | there | what | you | order | will | ? 넌 거기서 무엇을 주문할 거니?
( ) ( ) ( ) ( ) ( )

4. | who | he | bring | will | here | ? 그는 누구를 여기에 데려올 거니?
( ) ( ) ( ) ( ) ( )

B 우리말의 밑줄 친 부분에 해당하는 의문사를 쓰세요.

1. 그는 <u>얼마나 일찍</u> 올 예정이죠? (early) ➡ How early
2. 너는 <u>얼마나 열심히</u> 달릴 거니? (hard) ➡
3. 그녀는 <u>무슨 책을</u> 읽을 예정이죠? (book) ➡
4. 그는 <u>얼마나 많은 사람들을</u> 초대할 예정인가요? (people) ➡
5. 우리는 <u>어떤 종류의 음식을</u> 주문할 예정이지? (food) ➡
6. 너는 <u>어느 모자를</u> 쓸 거니? (cap) ➡

UNIT 1-4
누적 복습

GRAMMAR 배운 문법을 복습하세요.

A 문장 훈련에 필요한 규칙들을 확인해 보세요.

- 미래 시제는 조동사 will이나 be going to 를 이용하여 표현할 수 있다. ☑
- 미래 부정은 will ____ 나 be동사 ____ 에 not을 쓰면 된다. ☐
- 〈will + 동사 원형〉에서 조동사 will을 주어 ____ 에 쓰면 의문문이 된다. ☐
- 〈be going to + 동사 원형〉에서 be동사를 ____ 앞에 쓰면 의문문이 된다. ☐
- will의 의문사 의문문은 〈 ____ + ____ + 주어 + 원형〉으로 쓴다. ☐
- be going to의 의문사 의문문은 〈의문사 + ____ + 주어 + going to + 원형〉이다. ☐

B 알맞은 말을 넣어 지시에 맞는 문장을 완성하세요.

1. 그녀는 슬프게 느낄 거예요. (feel, how) *슬픈 감정을 느낄 것이다.

긍정문 She will feel sad.

의문문 Will she feel sad?

의문사 How will she feel? *그녀가 어떻게 느낄까?

2. 그는 거기에 갈 예정이에요. (go, when)

긍정문 ____ ____ go there.

의문문 Is ____ ____ ____ there?

의문사 ____ ____ he ____ ____ there?

3. 너는 그녀를 초대할 거니? (invite, why)

의문문 [ ] [ ] [ ] her?

긍정문 [ ] [ ] [ ] her.

의문사 [ ] [ ] [ ] [ ] her?

4. 그들은 연을 날릴 예정이니? (fly, where)

의문문 [ ] [ ] [ ] [ ] a kite?

긍정문 [ ] [ ] [ ] a kite.

의문사 [ ] [ ] [ ] [ ] [ ] a kite?

5. 나는 그녀를 만날 예정이야. (meet, who)

긍정문 [ ] [ ] [ ] her.

의문문 [ ] [ ] [ ] [ ] her?

의문사 [ ] [ ] [ ] [ ] [ ]?

6. 그는 그녀에게 카드를 줄 거니? (give, a card, what)

의문문 [ ] [ ] [ ] [a card] to her?

의문사 [ ] [ ] [ ] [give] to her?

긍정문 [ ] [ ] [ ] [ ] to her.

미래 시제_be동사/일반동사 종합 문제 1

1. 그는 선생님이 될 거야. (be, what)

긍정문 [He] [will] [be] a teacher.

부정문 [He] [won't] [be] a teacher.

의문문 [Will] [he] [be] a teacher?

의문사 [What] [will] [he] [be]? *그는 뭐가 될까?

2. 우리는 버스를 타지 않을 예정이야. (take, what)

부정문 [ ] [ ] [ ] a bus.

긍정문 [ ] [ ] [ ] a bus.

의문문 [ ] [ ] [ ] [ ] a bus?

의문사 [ ] [ ] [ ] [ ] [ ]? *뭘 탈 예정?

3. 그녀는 곧 떠날 예정이니? (leave, when)

의문문 [ ] [ ] [ ] [ ] soon?

부정문 [ ] [ ] [ ] soon.

긍정문 [ ] [ ] [ ] soon.

의문사 [ ] [ ] [ ] [ ] [leave]? *언제 떠날 예정?

미래 시제_be동사/일반동사 종합 문제 2

1. 톰은 싸우지 않을 거야. (fight, why)

부정문 [Tom] [ ] [ ].

긍정문 [ ] [ ] [ ].

의문문 [ ] [ ] [ ]?

의문사 [ ] [ ] [ ] [ ]? *왜 싸울 거니?

2. 너는 여기 앉을 거니? (sit, where)

의문문 [ ] [ ] [ ] here?

부정문 [ ] [ ] [ ] here.

긍정문 [ ] [ ] [ ] here.

의문사 [ ] [ ] [ ] [sit]? *어디 앉을 거야?

3. 그들은 내일 올 예정이야. (come, when)

긍정문 [ ] [ ] [ ] tomorrow.

부정문 [ ] [ ] [ ] tomorrow.

의문문 [ ] [ ] [ ] [ ] tomorrow?

의문사 [ ] [ ] [ ] [ ] [come]?

미래 시제_be동사/일반동사 종합 문제 3

1. 그가 피자를 주문할 거야. (order, what food)

공정문 [ ] [ ] [ ] pizza.

부정문 [ ] [ ] [ ] pizza.

의문문 [ ] [ ] [ ] pizza?

의문사 [ ] [ ] [ ] [order]?

2. 우리는 파티를 가질 예정이 아냐. (have, why) *파티를 할 예정이 아니야.

부정문 [ ] [ ] [ ] a party.

긍정문 [ ] [ ] [ ] a party.

의문문 [ ] [ ] [ ] [ ] a party?

의문사 [ ] [ ] [ ] [ ] [ ] a party?

3. 그녀가 그것을 빌릴까? (borrow, which bike)

의문문 [ ] [ ] [ ] it?

부정문 [ ] [ ] [ ] it.

긍정문 [ ] [ ] [ ] it.

의문사 [ ] [ ] [ ] [borrow]?

미래 시제_be동사/일반동사 종합 문제 4

A 다음을 읽고, 해야 할 말을 영어로 쓰세요.

1. 금요일, 친구와 헤어지면서 주말 계획을 이야기 하고 있어요. 이때 **'넌 뭘 할(do) 예정이니?'** 라고 친구에게 물어보세요.

2. 오늘 저녁에 다른 친구의 생일 파티가 있어요. 친구에게 **'너는 그 파티(the party)에 갈 거니?'**라고 물어보세요.

B 미래 시제를 이용하여 다음 대화를 완성하세요.

a I am going to take a taxi.

b Well, ________________________________.

a ________________________________ there?

b ________________________________.

대화 나는 택시를 탈 예정이야. / 음, 난 택시를 타지 않을 예정이야.
너는 거기에 어떻게 갈 예정이야? / 나는 걸을(walk) 거야.

CHAPTER **누적 복습** CHAPTER 1~8에서 배운 문장을 변형하며 복습하세요.

<SET 01>

현재 be동사 의문사

❶ 내일을 위한 너의 계획은 뭐니?

➡ ________ your plan for tomorrow?

미래 일반동사 긍정

❷ 나는 내 친구들을 만날 거야. (meet)

➡ ________ my friends.

미래 일반동사 의문사

❸ 너는 어디서 너의 친구들을 만날 거니?

➡ ________ your friends?

현재 there 긍정

❹ 나의 집 뒤에 한 식당이 있어. (there)

➡ ________ a restaurant ________ my house.

미래 be동사 긍정

❺ 나는 거기에 있을 예정이야. (be)

➡ ________ there.

미래 be동사 의문

❻ 진수도 거기에 있을 예정이니? (be, Jinsu)

➡ ________ there, too?

미래 일반동사 부정

❼ 진수는 내일 오지 않을 예정이야. (come)

➡ ________ tomorrow.

미래 일반동사 의문사

❽ 진수는 내일 어디 갈 예정이니? (go)

➡ ________ tomorrow?

<SET 02>

1 너는 자전거를 가지고 있니? (have) *너는 자전거가 있니?

➡ .... a bike?

현재 일반동사 의문

2 나는 자전거를 가지고 있지 않아. *나는 자전거가 없어.

➡ .... a bike.

현재 일반동사 부정

3 나의 아빠는 자전거를 가지고 있어. (my dad)

➡ .... a bike.

현재 일반동사 긍정

4 너는 그의 자전거를 빌리는 것이 낫겠어. (borrow)

➡ .... his bike.

현재 조동사 긍정

5 우리는 어디에 갈 예정이야? (go)

➡ .... ?

미래 일반동사 의문사

6 우리는 그 박물관을 방문할 예정이야. (visit)

➡ .... the museum.

미래 일반동사 긍정

7 그 박물관은 얼마나 멀어? (far, how)

➡ .... the museum?

현재 be동사 의문사

8 그것은 멀지 않아.

➡ It ....

현재 be동사 부정

CHAPTER 누적 복습

CHAPTER 1~8에서 배운 문장을 변형하며 복습하세요.

<SET 03>

진행 일반동사 긍정

❶ 나는 카페에 가는 중이야. (go, a cafe, to)

➡

현재 조동사 긍정

❷ 네가 와도 괜찮아. (come)

➡

현재 조동사 부정

❸ 나는 가지 않는 게 낫겠어.

➡

현재 there 긍정

❹ 다음 주에 시험이 있어. (an exam, next week, there)

➡

현재 조동사 긍정

❺ 나는 공부해야 해. (have, study, to)

➡

미래 일반동사 긍정

❻ 나는 도서관에 갈 예정이야. (the library, to)

➡

미래 일반동사 의문사

❼ 너는 몇 시에 돌아올 예정이니? (come back, what time)

➡

현재 조동사 긍정

❽ 나는 5시에 돌아올지도 몰라. (at 5)

➡

<SET 04>

❶ 너는 어제 머리 감았니? (wash, your hair, yesterday)

➡

과거 일반동사 의문

❷ 나는 머리 감지 않았어. (my hair)

➡

과거 일반동사 부정

❸ 나는 어제 늦었어. (late)

➡

과거 be동사 긍정

❹ 나는 오늘 밤에 머리를 감을 거야. (tonight)

➡

미래 일반동사 긍정

❺ 나는 매일 머리를 감아. (every day)

➡

현재 일반동사 긍정

❻ 나는 일찍 일어날 수 없어. (get up, early)

➡

현재 조동사 부정

❼ 너는 일찍 잠자리에 드는 게 낫겠어. (go to bed)

➡

현재 조동사 긍정

❽ 나는 오늘 밤에 일찍 잠자리에 들 거야.

➡

미래 일반동사 긍정

MEMO

MEMO

영어의 규칙을 완벽히 습득

영문법 기초시제 누적복습

PLAY & LEARN WITH ACTIVITY BOOKS

ANSWER KEYS

영어의 규칙을 완벽히 습득

PLAY & LEARN WITH ACTIVITY BOOKS

ANSWER KEYS

CHAPTER 01
현재 시제_be동사

UNIT 01 긍정문

본문 p.12~15

DO GRAMMAR

A

1. is
2. are
3. is
4. are
5. is
6. is
7. is
8. am
9. are
10. are
11. is
12. is

B

[단수(하나)인 주어 + is]

that, my sister, Chulsu, Mr. Brown, a bag, this

[복수(둘 이상)인 주어 + are]

cats, these, my friends, the cups, those, my brothers

UNIT 1 누적 복습 GRAMMAR

A

- 주어가 단수(하나)일 때 be동사는 is를 쓴다.
- 주어가 복수(둘 이상)이면 be동사는 are를 쓴다.
- 주어가 1인칭 단수(I)라면 be동사는 am을 쓴다.
- 주어가 2인칭 단수(you)라면 be동사는 are를 쓴다.
- 문장의 첫 글자와 I는 항상 대문자로 쓴다.

B

1. This is my desk.
2. That is your pencil.
3. We are friends.
4. She is my sister.
5. They are my cousins.
6. This is my picture.
7. These are old.
8. It is a bike.
9. That is my grandpa.
10. Minsu is busy.

UNIT 02 부정문

본문 p.16~19

DO GRAMMAR

A

1. It is not very heavy.
2. Minji is not there.
3. The building is not tall.
4. They are not on a sofa.
5. Susan and I are not friends.
6. I am not late.

B

1. is ➡ is not ➡ isn't
2. are ➡ are not ➡ aren't
3. am ➡ am not ➡ X

UNIT 1-2 누적 복습 GRAMMAR

A

- 주어가 단수(하나)일 때 be동사는 is를 쓴다.
- 주어가 복수(둘 이상)일 때 be동사는 are를 쓴다.
- 주어가 1인칭 단수(I)라면 be동사는 am을 쓴다.
- 주어가 2인칭 단수(you)라면 be동사는 are를 쓴다.
- be동사의 부정문은 be동사 뒤에 not을 넣는다.
- is와 not은 isn't로, are와 not은 aren't로 줄여 쓸 수 있다.
- be동사 뒤에 장소나 위치를 나타내는 말이 나오면 be동사를 '~이 있다'로 해석한다.

B

1. They are black.
   They are not black.
2. Those are not in a box.
   Those are in a box.
3. My mom is pretty.
   My mom is not pretty.
4. My cousins are not smart.
   My cousins are smart.
5. The desk is here.
   The desk is not here.
6. She is not my aunt.
   She is my aunt.
7. That bird is fast.
   That bird is not fast.

UNIT 03 의문문

본문 p.20~23

DO GRAMMAR

A

1. Is it my bag?
2. Are those my shoes?
3. Is he very kind?
4. Are you happy?
5. Am I fast?
6. Are they teachers?
7. Are these my books?

B

1. Is	7. Are
2. Is	8. Is
3. Are	9. Is
4. Are	10. Is
5. Am	11. Are
6. Are	12. Is

UNIT 1-3 누적 복습 GRAMMAR

A

- be동사는 주어가 단수일 때 is, 복수일 때 are를 쓴다.
- 주어가 1인칭 단수(I)이면 be동사는 am, 2인칭(you)이면 are를 쓴다.
- be동사의 부정문은 be동사 뒤에 not을 넣는다.
- is와 not은 isn't로, are와 not은 aren't로 줄여 쓸 수 있다.
- be동사 뒤에 장소나 위치를 나타내는 말이 나오면 be동사를 '~이 있다'로 해석한다.
- 질문을 할 때(의문문)는 be동사와 주어의 순서를 바꾼다.

B

1. He is in Seoul. / He is not in Seoul. / Is he in Seoul?
2. They are free. / Are they free? / They are not free.
3. Is she your teacher? / She is your teacher. / She is not your teacher.
4. We are on the roof. / Are we on the roof? / We are not on the roof.
5. He is not a singer. / He is a singer. / Is he a singer?
6. Is that my dish? / That is my dish. / That is not my dish.

UNIT 04 의문사 의문문

본문 p.24~27

DO GRAMMAR

A

1. Who is that?
2. What is that?
3. What are these?
4. Who are these?

B

1. 3 - 2 - 1 / What are these?
2. 2 - 3 - 1 / Who is she?
3. 1 - 3 - 2 / Who am I?
4. 3 - 2 - 1 / What are they?
5. 2 - 3 - 1 / Who is Tom?
6. 1 - 2 - 3 / What is it?
7. 2 - 3 - 1 / Who is your dad?

UNIT 1-4 누적 복습 GRAMMAR

A

- be동사는 주어가 단수일 때 is, 복수일 때 are를 쓴다.
- 주어가 1인칭 단수(I)이면 be동사는 am, 2인칭(you)이면 are를 쓴다.
- be동사의 부정문은 be동사 뒤에 not을 넣는다.
- is와 not은 isn't로, are와 not은 aren't로 줄여 쓸 수 있다.
- 질문을 할 때(의문문)는 be동사와 주어의 순서를 바꾼다.
- 의문사는 문장의 맨 앞에 쓰고, 뒤에는 〈be동사 + 주어〉 순서로 쓴다.

B

1. That is my notebook. / Is that my notebook? / What is that?
2. Jisung is the winner. / Is Jisung the winner? / Who is the winner?
3. Is she Minji? / She is Minji. / Who is Minji?
4. Are they her parents? / They are her parents. / Who are her parents?
5. These are your glasses. / Are these your glasses? / What are these?
6. Is it the letter? / What is the letter? / It is the letter.

CHAPTER 1 종합 문제

본문 p.28~31

종합 문제 1

1. This is my wallet.
   This is not my wallet.
   Is this my wallet?
   What is this?
2. They are not my uncles.
   They are my uncles.
   Are they my uncles?
   Who are my uncles?
3. Are these the tickets?
   These are not the tickets.
   These are the tickets.
   What are these?

종합 문제 2

1. The soccer player is not Jungsu.
   The soccer player is Jungsu.
   Is the soccer player Jungsu?
   Who is the soccer player?
2. Are those your pants?
   Those are not your pants.
   Those are your pants.
   What are those?
3. She is my grandma.
   She is my not grandma.
   Is she my grandma?
   Who is my grandma?

종합 문제 3

1. It is bread.
   It is not bread.
   Is it bread?
   What is it?
2. These are not my guests.
   These are my guests.
   Are these my guests?
   Who are my guests?
3. Is that the gift?
   That is not the gift.
   That is the gift.
   What is the gift?

종합 문제 4

A

1. Is that Jinsu?
2. They aren't [are not] your friends.

B

a Is that your sister?
b No. She isn't [is not] my sister.
a Are those your gloves?
b Yes. They are my gloves.

CHAPTER 02
현재 시제_There is[are]

UNIT 01 긍정문

본문 p.34~37

DO GRAMMAR

A

1. There is a window here.
2. There are children on the street.
3. There are many flowers over there.
4. There is some juice in the glass.

B

[There is + 단수(하나)인 주어 / 셀 수 없는 명사 주어]
a gift, a lot of rice, an orange, sugar, a library, some time
[There are + 복수(둘 이상)인 주어]
many cars, three cats, students, five pencils, some bags, a lot of trees

UNIT 1 누적 복습 GRAMMAR

There is [are]는 '~이 있다'라는 뜻이며, 그 뒤에 무엇이 있는지 쓴다.
There is 뒤에는 단수 주어를 쓰고, There are 뒤에는 복수 주어를
다.
주어인 명사 앞에는 관사나 some과 같은 수량 형용사가 올 수 있다.
〈There is [are] + 명사〉 뒤에는 주로 전치사구나 부사를 쓴다.
셀 수 없는 명사는 단수 취급하므로 There is를 쓴다.

. There is a cat in my room.
. There are some bananas on the table.
. There is some rice in the bowl.
. There are many students on the ground.
. There is a book on the shelf.
. There is some money in the wallet.
. There are two boys outside.
. There is a lot of sugar in the jar.
. There is a building at the corner.
. There are my cousins in this picture.

- 셀 수 없는 명사는 단수 취급하므로 There is를 쓴다.
- There is [are] 뒤에 not을 넣으면 부정문이 된다.
- 긍정문에서는 주어인 명사 앞에 주로 some(약간)을 쓰고,
- 부정문에서는 명사 앞에 주로 any(조금이라도)를 쓴다.
- 명사 앞에 some, any, no가 있을 때, 관사는 쓰지 않는다.

B

1. There is some flour in the bowl.
   There isn't any flour in the bowl.
2. There is no dog behind the door.
   There is a dog behind the door.
3. There are socks in the box.
   There aren't socks in the box.
4. There aren't any actors on the stage.
   There are some actors on the stage.
5. There are some books under the bed.
   There aren't any books under the bed.
6. There is no castle in the park.
   There is a castle in the park.
7. There is some milk on the table.
   There isn't any milk on the table.

UNIT 02 부정문

본문 p.38~41

DO GRAMMAR

There is not an album.
There is not any milk.
3. There are not socks.
4. There are not any puppies.

There isn't any pen. ➡ There is no pen.
There isn't any water. ➡ There is no water.
There aren't any cups. ➡ There are no cups.
There aren't any pencils. ➡ There are no pencils.

UNIT 1-2 누적 복습 GRAMMAR

There is 뒤에는 단수 주어를 쓰고, There are 뒤에는 복수 주어를
다.
〈There is [are] + 명사〉 뒤에는 주로 전치사구나 부사를 쓴다.

UNIT 03 의문문

본문 p.42~45

DO GRAMMAR

A

1. Is there a dog?
2. Are there any bikes?
3. Is there an apple?
4. Are there any candles?
5. Is there a room?
6. Is there a bakery?
7. Are there any shoes?

B

1. Is
2. Are
3. Is
4. Is
5. Are
6. Is
7. Is
8. Are
9. Are
10. Is
11. Are
12. Is

UNIT 1-3 누적 복습 GRAMMAR

A

- There is 뒤에는 단수 주어, There are 뒤에는 복수 주어를 쓴다.
- 셀 수 없는 명사는 단수 취급하므로 There is를 쓴다.
- There is[are] 뒤에 not을 넣으면 부정문이 된다.
- 긍정문에서는 주어인 명사 앞에 주로 some(약간)을 쓰고,
- 부정문과 의문문에서는 명사 앞에 주로 any(조금이라도)를 쓴다.
- 의문문은 there와 be동사의 순서를 바꾸어 쓴다.

B

1. There are many animals in the zoo.
   There aren't many animals in the zoo.
   Are there many animals in the zoo?
2. There is a cat on the chair.
   Is there is a[any] cat on the chair?
   There isn't a[any] cat on the chair.
3. Is there any juice next to the donuts?
   There is some juice next to the donuts.
   There isn't any juice next to the donuts.
4. There is a bike behind the bench.
   Is there a bike behind the bench?
   There isn't a bike behind the bench.
5. There is no bookstore here.
   There is a bookstore here.
   Is there a bookstore here?
6. Are there two boys under an umbrella?
   There are two boys under an umbrella.
   There aren't two boys under an umbrella.

UNIT 04 의문사 의문문

본문 p.46~49

DO GRAMMAR

A

1. 3 - 2 - 1 / What is there?
2. 2 - 3 - 1 / Who is there?
3. 1 - 3 - 2 / Who are there?
4. 2 - 3 - 1 / What are there?

B

1. 4 - 1 - 2 - 5 - 3 / What is there on the table?
2. 3 - 1 - 4 - 5 - 2 / Who is there at the door?
3. 5 - 4 - 1 - 3 - 2 / What are there in the garden?
4. 1 - 3 - 4 - 2 - 5 / Who are there at the library?

UNIT 1-4 누적 복습 GRAMMAR

A

- There is 뒤에는 단수 주어, There are 뒤에는 복수 주어를 쓴다.
- There is[are] 뒤에 not을 넣으면 부정문이 된다.
- 긍정문에서는 주어인 명사 앞에 주로 some(약간)을 쓰고,
- 부정문과 의문문에서는 명사 앞에 주로 any(조금이라도)를 쓴다.
- 의문문은 there와 be동사의 순서를 바꾸어 쓴다.
- 의문사 의문문은 〈의문사 + be동사 + 주어〉의 순서로 쓴다.

B

1. What are there on the desk?
   Are there an books on the desk?
   There are some books on the desk.
2. There is some money in your pocket.
   Is there any money in your pocket?
   What is there in your pocket?
3. Who are there in the classroom?
   Are there any boys in the classroom?
   There are some boys in the classroom.
4. Is there any food in the bag?
   There is some food in the bag.
   What is there in the bag?
5. There are people on the stage.
   Are there people on the stage?
   Who are there on the stage?
6. Are there birds under the bridge?
   What are there under the bridge?
   There are birds under the bridge.

CHAPTER 2 종합 문제

본문 p.50~5

종합 문제 1

1. There are some children in the pool.
   There aren't any children in the pool.

Are there any children in the pool?
Who are there in the pool?
2. There isn't any butter in the case.
There is some butter in the case.
Is there any butter in the case?
What is there in the case?
3. Are there any gloves in the drawer?
There aren't any gloves in the drawer.
또는 There are no gloves in the drawer.
There are some gloves in the drawer.
What are there in the drawer?

종합 문제 2

1. There isn't rice in the bowl.
There is rice in the bowl.
Is there rice in the bowl?
What is there in the bowl?
2. Are there any visitors in the museum?
There aren't any visitors in the museum.
There are some visitors in the museum.
Who are there in the museum?
3. There is bread behind the meat.
There isn't bread behind the meat.
Is there bread behind the meat?
What is there behind the meat?

종합 문제 3

1. There are singers on the stage.
There aren't singers on the stage.
Are there singers on the stage?
Who are there on the stage?
2. There aren't pictures on the wall.
There are pictures on the wall.
Are there pictures on the wall?
What are there on the wall?
3. Is there a theater in the town?
There isn't a theater in the town.
There is a theater in the town.
What is there in the town?

종합 문제 4

A

1. There is some water in the refrigerator.
2. There isn't [is not] any bank around here.
또는 There is no bank around here.

B

a Are there leaves under the tree?
b No. There aren't [are not] leaves under the tree.
a Is there a restroom around here?
b Yes. There is restroom around here.

CHAPTER 1-2 누적 복습

본문 p.54~57

<SET 01>

1. There are pens under the desk.
2. They are my pens.
3. Are there pens on the desk?
4. That is your pen.
5. Is this your pen?
6. Are there any pens next to the desk?
7. There aren't [are not] any pens next to the desk.
또는 There are no pens next to the desk.
8. Are there any pens behind the desk?

<SET 02>

1. Is there a bank in your town?
2. Where is a bank?
3. There is a bank next to the restaurant.
4. Where is the restaurant?
5. The restaurant is in front of the theater.
6. Who are there in the theater?
7. Are there any cafes in the theater?
8. There are no cafes in the theater.

<SET 03>

1. There is a girl on the bench.
2. Is she your sister?
3. She isn't [is not] my sister.
4. Who is she?
5. We are friends.
6. Are they your friends?

7. There are no friends in the room.
8. Who is there in the kitchen?

<SET 04>

1. What are there on the table?
2. There are some dishes and chopsticks.
3. Are there spoons next to the table?
4. There aren't [are not] any spoons next to the table.
5. They are under the table.
6. Why are they under the table?
7. What is there behind the table?
8. Why is that in the living room?

CHAPTER 03
현재 시제_일반동사

UNIT 01 긍정문

본문 p.60~63

DO GRAMMAR

A

1. be동사
2. 일반동사
3. be동사
4. 일반동사

B

1. She knows you.
2. We walk to school.
3. Minhee likes science.
4. My dog barks a lot.

C

[-ch, -sh, -o, -s, -x 동사 ➡ 원형 + -es]
does, brushes, mixes, catches, goes
[자음 + y 동사 ➡ y 없애고 + -ies]
studies, cries, tries, flies
[나머지 동사 ➡ 원형 + -s]
plays, reads, writes, eats
[have ➡ has]
has

UNIT 1 누적 복습 GRAMMAR

A

- 일반동사 현재형은 주어가 정기적 또는 항상 하는 일이나 행동을 설명한다.
- 일반동사 현재형은 동사 원형을 그대로 쓰는데, 주어가 3인칭 단수일 때는 -s를 붙인다.
- 주어가 3인칭 단수일 때, 대부분의 동사는 동사 원형 + -s,
- -ch, -sh, -o, -s, -x로 끝나는 동사는 동사 원형 + -es,
- [자음 + y]로 끝나는 동사는 y를 없애고 + -ies,
- have는 has로 쓴다.

B

1. She washes her hair every day.
2. The baby cries very often.
3. We go to the restaurant every week.
4. Minsu knows them very well.
5. The cat sleeps on a sofa.
6. The store closes early.
7. The bottles break too easily.
8. The doctor studies hard.
9. Susan watches TV every night.
10. He has two bikes.

UNIT 02 부정문

본문 p.64~67

DO GRAMMAR

A

1. I do not like math.
2. He does not try hard.
3. We do not do it.
4. Tom does not have a cat.
5. Jisu does not go there.

B

1. It doesn't sound good.
2. Mark doesn't fly a kite.
3. I don't read books.
4. She doesn't wash her hands.
5. They don't write a letter.
6. Sujin doesn't do the dishes.

UNIT 1-2 누적 복습 GRAMMAR

일반동사 현재형은 동사 원형을 그대로 쓰는데, 주어가 3인칭 단수일 때는 -s를 붙인다.
주어가 3인칭 단수일 때, 대부분의 동사는 동사 원형 + -s ,
-ch, -sh, -o, -s, -x로 끝나는 동사는 동사 원형 + -es,
[자음 + y]로 끝나는 동사는 y를 없애고 + -ies, have는 has로 쓴다.
부정문은 일반동사 앞에 조동사 do를 넣고 그 뒤에 not을 쓴다.
주어가 3인칭 단수이면, 동사 앞에 조동사 does를 넣고 그 뒤에 not 쓴다.
do not은 don't로, does not은 doesn't로 줄여 쓸 수 있다.

She drinks milk.
She doesn't drink milk.
He has a red car.
He doesn't have a red car.
They take a bus to school.
They don't take a bus to school.
He doesn't look tired.
He looks tired.
Minji studies alone.
Minji doesn't study alone.
I don't live in Busan.
I live in Busan.
He teaches English.
He doesn't teach English.

UNIT 03 의문문

본문 p.68~71

O GRAMMAR

Does she wear a cap?
Do we have classes?
Do they send a card?
Does Miso go there?
Does it taste good?
Do your parents work?
Does your dad have it?

B

1. Do you sing well?
2. Does he like me?
3. Do I know you?
4. Does it look good?
5. Does Minsu love it?
6. Do they hate it?
7. Does she run fast?
8. Does Jim have a bike?

UNIT 1-3 누적 복습 GRAMMAR

A

- 일반동사 현재형은 동사 원형을 그대로 쓰는데, 주어가 3인칭 단수일 때는 -s를 붙인다.
- 부정문은 일반동사 앞에 조동사 do나 does를 넣고 그 뒤에 not을 쓴다.
- do not은 don't로, does not은 doesn't로 줄여 쓸 수 있다.
- 질문할 때는 조동사 Do나 Does를 문장 앞에 쓴다.
- 〈Do(es) + 주어〉 뒤의 동사는 항상 동사 원형을 쓴다.

B

1. He lives in New York.
   He doesn't live in New York.
   Does he live in New York?
2. Tim wears gloves.
   Does Tim wear gloves?
   Tim doesn't wear gloves.
3. The books have many pictures.
   Do the books have many pictures?
   The books don't have many pictures.
4. The house doesn't have windows.
   Does the house have windows?
   The house has windows.
5. They don't go to the shop.
   They go to the shop.
   Do they go to the shop?
6. Does she try hard?
   She tries hard.
   She doesn't try hard.

UNIT 04 의문사 의문문

본문 p.72~75

DO GRAMMAR

A

1. Where does she work? 그녀는 어디에서 일하니?
2. When does he get up? 그는 언제 일어나니?
3. Why do you eat it? 너는 그것을 왜 먹니?
4. Which do you like, A or B? 너는 A와 B 중, 어느 것이 좋니?

B

1. 2 - 1 - X - 3 - 4 / What does Mina want?
2. 3 - X - 4 - 1 - 2 / Where do we stay?
3. X - 1 - 2 - 3 - 4 / Who do you like?
4. 3 - 2 - 5 - 4 - X - 1 / How does he go there?

UNIT 1-4 누적 복습 GRAMMAR

A

- 일반동사 현재형은 동사 원형을 그대로 쓰는데, 주어가 3인칭 단수일 때는 -s를 붙인다.
- 부정문은 일반동사 앞에 조동사 do나 does를 넣고 그 뒤에 not을 쓴다.
- do not은 don't로, does not은 doesn't로 줄여 쓸 수 있다.
- 질문할 때는 조동사 Do나 Does를 문장 앞에 쓰고, 뒤의 동사는 동사 원형을 쓴다.
- 의문사 의문문은 〈의문사 + 조동사 + 주어 + 동사 원형〉 순서로 쓴다.

B

1. She knows David.
   Does she know David?
   How does she know David?
2. Pandas like bamboos.
   Do pandas like bamboos?
   Why do pandas like bamboos?
3. Does he carry a bag?
   He carries a bag.
   What does he carry?
4. Where do they stay?
   They stay at a hotel.
   Do they stay at a hotel?
5. She makes a cake.
   Does she make a cake?
   When does she make a cake?
6. Does Tom do the dishes?
   Why does Tom do the dishes?
   Tom does the dishes.

CHAPTER 3 종합 문제

본문 p.76~7

종합 문제 1

1. He studies Chinese.
   He doesn't study Chinese.
   Does he study Chinese?
   When does he study Chinese?
2. She doesn't cook on weekdays.
   She cooks on weekdays.
   Does she cook on weekdays?
   Why does she cook on weekdays?
3. Does Allen ride a bike to school?
   Allen doesn't ride a bike to school.
   Allen rides a bike to school.
   When does Allen ride a bike to school?

종합 문제 2

1. You don't sleep on a bed.
   You sleep on a bed.
   Do you sleep on a bed?
   Where do you sleep?
2. Does he work with your dad?
   He doesn't work with your dad.
   He works with your dad.
   Why does he work with your dad?
3. She watches dramas.
   She doesn't watch dramas.
   Does she watch dramas?
   What does she watch?

종합 문제 3

1. He visits his grandma.
   He doesn't visit his grandma.
   Does he visit his grandma?
   When does he visit his grandma?

She doesn't meet them.

She meets them.

Does she meet them?

Who does she meet?

Does Jinsu go camping?

Jinsu doesn't go camping.

Jinsu goes camping.

How does Jinsu go camping?

합 문제 4

She doesn't[does not] go to school.

When do you eat breakfast?

I like summer.

Why do you like summer?

I don't[do not] like cold weather.

Then, do you like spring, too?

HAPTER 1-3 누적 복습

본문 p.80~83

SET 01>

Where is the boy?

He is in front of the refrigerator.

What does he drink?

He drinks milk.

There is some milk in the cup.

Who is the tall girl?

She is my sister.

What does she wash?

SET 02>

There is a school next to the park.

Is that the school?

There are many students in front of the school.

Do they go to school by walk?

How do they go to school?

They go to school by walk.

They don't[do not] take a bus to school.

There are no buses near the school.

<SET 03>

1. Does he study?
2. What does he study?
3. He doesn't[does not] study.
4. He studies math.
5. He doesn't[does not] study Korean.
6. Is she a teacher?
7. What does she teach?
8. She doesn't[does not] teach English.

<SET 04>

1. Are there any books under the desk?
2. There are no books on the desk.
3. Where do you read a book?
4. There is a library in front of the school.
5. I read a book in the library.
6. I don't[do not] read a book at home.
7. There are many books in the library.
8. When do they read books?

CHAPTER 04
현재 시제_조동사

UNIT 01 긍정문

본문 p.86~89

DO GRAMMAR

A

1. Jinsu may leave now.
2. You should stay home.
3. He must pay for it.
4. She can play the guitar.
5. Sarah may visit us.
6. It can be wrong.

B

1. You have to be quiet.
2. He has to buy it.
3. Jim has to sign up.
4. We have to take the exam.
5. It has to be right.

UNIT 1 누적 복습 GRAMMAR

A

- 조동사는 동사를 도와서 동사에 의미를 더해 주는 말이다.
- can은 '~할[일] 수 있다', may는 '~해[여]도 괜찮다, ~할[일]지 모른다',
- should는 '~하는[인] 게 낫다', must는 '(꼭) ~해[여]야 한다'의 의미이다.
- must는 have to(~해야 한다)로 바꿔 쓸 수 있는데,
- 주어가 3인칭 단수이면, have to는 has to로 쓴다.

B

1. She must sit here.
2. She has to sit here.
3. We can fix the bike.
4. They can be hungry.
5. You may park here.
6. Peter may be late.
7. It has to be here.
8. You should open the door.
9. She may start now.
10. They should get some rest.

UNIT 02 부정문

본문 p.90~93

DO GRAMMAR

A

1. He must not call them.
2. We should not meet today.
3. She cannot draw well.
4. They may not be busy.

B

1. don't have to stay
2. must not eat
3. doesn't have to go
4. doesn't have to be
5. must not be
6. must not go
7. don't have to eat

UNIT 1-2 누적 복습 GRAMMAR

A

- 조동사 can은 '~할[일] 수 있다', may는 '~해[여]도 괜찮다, ~할[일]지 모른다',
- should는 '~하는[인] 게 낫다', must는 '(꼭) ~해[여]야 한다'의 의미이다.
- must는 have to나 has to(~해야 한다)로 바꿔 쓸 수 있다.
- 조동사가 있다면, 그 조동사 뒤에 not을 쓰면 부정문이 된다.
- must not은 '~하지 말아야 한다', don't[doesn't] have to는 '~해야 하는 건 아니다'이다.
- must not은 줄이면 mustn't, should not은 줄이면 shouldn't이다.
- ⟨can + not⟩은 can't[cannot], may not은 줄여 쓰지 않는다.

B

1. You must keep it.
   You mustn't keep it.
2. You don't have to keep it.
   You have to keep it.
3. He can't come by 5.
   He can come by 5.
4. I shouldn't return the book.
   I should return the book.
5. She doesn't have to see a doctor.
   She has to see a doctor.
6. You may not leave the seat.
   You may leave the seat.
7. He can be busy.
   He can't be busy.

UNIT 03 의문문

본문 p.94~97

DO GRAMMAR

A

1. Can you bring it?
2. Should we keep it?
3. May I try it?
4. Must I record it?
5. May Joe have it?
6. Can she fix it?

B

1. Do I have to be quiet?
2. Must you read it?
3. Dose that have to be red?
4. Must we run?
5. Do you have to be here?
6. Dose he have to see this?

UNIT 1-3 누적 복습 GRAMMAR

A

- can은 '~할[일] 수 있다', may는 '~해[여]도 괜찮다, ~할[일]지 모른다',
- should는 '~하는[인] 게 낫다', must는 '(꼭) ~해[여]야 한다'의 의미이다.
- 부정문은 조동사 뒤에 not을 쓰면 되는데, must not은 '~하지 말아야 한다',
- don't[doesn't] have to는 '~해야 하는 건 아니다, ~할 필요는 없다'의 의미이다.
- 의문문은 조동사를 주어 앞으로 보내면 되는데,
- have[has] to의 의문문은 조동사 Do[Does]를 주어 앞에 쓴다.

B

1. I must wear a jacket.
   I mustn't wear a jacket.
   Must I wear a jacket?
2. She doesn't have to go there.
   Does she have to go there?
   She has to go there.
3. Should I buy a ticket?
   I should buy a ticket.
   I shouldn't buy a ticket.
4. We may wait here.
   May we wait here?
   We may not wait here.
5. I can't call him.
   I can call him.
   Can I call him?
6. Can it be true?
   It can be true.
   It can't be true.

UNIT 04 의문사 의문문

본문 p.98~101

DO GRAMMAR

A

1. 2 - 4 - X - 3 - 1 / When can Jenny come?
2. 2 - 4 - 3 - 1 - X / Where should they sleep?
3. X - 1 - 2 - 3 - 4 / Why must Mijung go?

B

1. When do I have to open it?
2. Where does he have to visit?
3. Why does she have to call?

C

- Whose movie should I see?
- Which color may I choose?
- Whose bike can I use?
- What size should I order?
- Which room must I clean?

UNIT 1-4 누적 복습 GRAMMAR

A

- can은 '~할[일] 수 있다', may는 '~해[여]도 괜찮다, ~할[일]지 모른다',
- should는 '~하는[인] 게 낫다', must와 have to는 '(꼭) ~해[여]야 한다'이다.
- 부정문은 조동사 뒤에 not을 쓰고, 의문문은 조동사를 주어 앞으로 보낸다.
- 의문사 의문문은 맨 앞에 의문사를 쓰고, 그 뒤는 〈조동사 + 주어 + 동사 원형〉을 쓴다.
- 〈what + 명사〉는 '무슨 ~', 〈which + 명사〉는 '어느 ~',
- 〈whose + 명사〉는 '누구의 ~'인데, whose만으로도 '누구의 것'이라고 쓸 수 있다.

B

1. I must take the test.
   Must I take the test?
   When must I take the test?
2. We have to pay.
   Do we have to pay?
   Why do we have to pay?

3. Can you finish it?
You can finish it.
What time can you finish it?
4. Should I be honest?
I should be honest.
Why should I be honest?
5. I can borrow his bag.
Can I borrow his bag?
Whose bag can I borrow?
6. Does he have to call?
When does he have to call?
He has to call.

CHAPTER 4 종합 문제 — 본문 p.102~105

종합 문제 1

1. I should wear a helmet.
I shouldn't wear a helmet.
Should I wear a helmet?
When should I wear a helmet?
2. We can't talk in the library.
We can talk in the library.
Can we talk in the library?
Where can we talk?
3. What day must they go there?
Must they go there?
They must go there.
They mustn't go there.

종합 문제 2

1. He doesn't have to follow us.
He has to follow us.
Does he have to follow us?
Who does he have to follow?
2. Which song can you play?
You can play the song.
You can't play the song.
Can you play the song?
3. She may visit us.
She may mot visit us.
May she visit us?
When may she visit us?

종합 문제 3

1. He may use it.
He may not use it.
May he use it?
When may he use it?
2. They may not be free.
They may be free.
May they be free?
Why may they be free?
3. Do I have to bring my picture?
I don't have to bring my picture.
I have to bring my picture.
What do I have to bring?

종합 문제 4

A

1. Can you play the piano?
2. I should leave now.

B

a Can I buy a ticket today?
b No. You can't[cannot] buy a ticket today.
a When can I buy a ticket?
b You have to wait until Monday.

CHAPTER 1-4 누적 복습 — 본문 p.106~109

<SET 01>

1. There is a book on the shelf.
2. You may read the book.
3. You mustn't[must not] read the book.
4. He doesn't[does not] have to read the book.
5. When can you read the book?
6. Where may I read the book?
7. You should read it in my room.
8. Where is your room?

SET 02>

Are there cookies?

There are cookies in the basket.

Are these your cookies?

May I eat one?

You may not eat it.

You can eat the cookies.

They don't[do not] eat cookies.

How can they make cookies?

SET 03>

May we enter the room?

Can we enter the room?

Must we enter the room?

What is there in the room?

There are two cats in the room.

What do the cats drink?

The cats drink milk.

The cats can't[cannot] drink the water.

SET 04>

She wears a coat.

What does she wear?

Must she wear a coat?

또는 Does she have to wear a coat?

What must she wear?

또는 What does she have to wear?

When must she wear a coat?

또는 When does she have to wear a coat?

Why does she have to wear gloves?

She doesn't[does not] have to wear gloves.

She has to wear socks.

CHAPTER 05 과거 시제_be동사

UNIT 01 긍정문

본문 p.112~115

DO GRAMMAR

A

1. is - was
2. are - were
3. am - was
4. is - was
5. is - was
6. are - were

B

1. She was my classmate.
2. He is happy now.
3. There was a cup on the table.
4. I was here yesterday.
5. These were very useful.
6. The earth is round.
7. There were two rooms here.
8. Sujin is sad.
9. You were very bored.

UNIT 1 누적 복습 GRAMMAR

A

- 과거 시제란 과거에 이미 끝난 일을 표현하는 것을 말한다.
- be동사 현재형 am과 is를 썼던 주어에는 과거형으로 was를,
- be동사 현재형 are를 썼던 주어에는 과거형으로 were를 쓴다.
- There is[are]의 과거형은 There was[were](~이 있었다)이다.

B

1. These were mine.
2. I was angry yesterday.
3. My birthday was yesterday.
4. There was a car outside.
5. There were many people at the concert.
6. Computers were expensive 10 years ago.
7. The bus was full last night.
8. It was snowy last Christmas.
9. They were popular 2 years ago.
10. There were many children in the park.

UNIT 02 부정문

본문 p.116~119

DO GRAMMAR

A

1. She was not lazy.
   She wasn't lazy.
2. They were not honest.
   They weren't honest.

B

1. He isn't a lawyer.
2. Jisu wasn't his friend.
3. You weren't there.
4. We aren't tired now.

C

1. last time
2. 3 days ago
3. yesterday
4. last night
5. 2 months ago

UNIT 1-2 누적 복습 GRAMMAR

A

- 과거 시제란 과거에 이미 끝난 일을 표현한다.
- am과 is의 과거형은 was, are의 과거형은 were이다.
- There is [are] 의 과거형은 There was [were] (~이 있었다)이다.
- be동사의 과거 부정은 〈was [were] + not〉이다.
- was not은 wasn't로, were not은 weren't로 줄여서 쓸 수 있다.
- ~ ago '~ 전에', last ~ '지난 ~', yesterday '어제' 등은 과거를 나타내는 부사이다.

B

1. There were many books in the box.
   There weren't many books in the box.
2. They weren't black 10 years ago.
   They were black 10 years ago.
3. There was a cat on the bench.
   There wasn't a cat on the bench.
4. My cousins weren't here yesterday.
   My cousins were here yesterday.
5. The desk was over there last week.
   The desk wasn't over there last week.
6. She wasn't kind.
   She was kind.
7. There were many errors in the book.
   There weren't many errors in the book.

UNIT 03 의문문

본문 p.120~12

DO GRAMMAR

A

1. Were you slim?
2. Was she with you?
3. Was it his fault?
4. Was there a dish?
5. Were there teachers?
6. Was Jane ill?

B

1. 그는 집에 있었니?
2. 너는 그 소파 위에 있었니?
3. 그가 버스 정류장에 있었니?
4. 그것들은 포드 씨로부터 왔니?
5. 그것은 수잔을 위한 것이었니?
6. 그들이 곤란했니?

UNIT 1-3 누적 복습 GRAMMAR

A

- am과 is의 과거형은 was, are의 과거형은 were이다.
- There is [are] 의 과거형은 There was [were] (~이 있었다)이다
- was not은 wasn't로, were not은 weren't로 줄여서 쓸 수 있다.
- 질문할 때는 be동사의 위치를 옮겨서 의문문으로 만든다.
- be동사 뒤에 장소나 위치 전치사구가 있을 때, be동사는 '있다'로 석한다.

B

1. He was in Tokyo.
   He wasn't in Tokyo.
   Was he in Tokyo?
2. These were your pants.
   Were these your pants?
   These weren't your pants.
3. Was she your teacher?
   She was your teacher.
   She wasn't your teacher.
4. We were at the party.
   Were we at the party?
   We weren't at the party.
5. There wasn't a truck at the gate.
   There was a truck at the gate.
   Was there a truck at the gate?
6. Were there singers on the stage?
   There were singers on the stage.
   There weren't singers on the stage.

UNIT 04 의문사 의문문

본문 p.124~127

DO GRAMMAR

A

1. 2 - 3 - X - 1 / When was your birthday?
2. 4 - 2 - 1 - 3 - X / Why were they angry?
3. 3 - 1 - 2 - 4 / Who was there at the party?

B

1. How hot was the tea?
2. How far was the place?
3. How old were the cars?
4. How long was the line?
5. How fat were they?
6. How cheap were these?

UNIT 1-4 누적 복습 GRAMMAR

A

- am과 is의 과거형은 was, are의 과거형은 were이다.
- was not은 wasn't로, were not은 weren't로 줄여서 쓸 수 있다.
- 질문할 때는 be동사의 위치를 옮겨서 의문문으로 만든다.
- 의문사 의문문은 의문사를 문장의 맨 앞에 쓰고, 그 뒤에 be동사를 쓴다.
- '얼마나 나이든'은 how old, '얼마나 키가 큰'은 how tall이라고 표현할 수 있다.

B

1. There were blankets in the room.
   Were there blankets in the room?
   What were there in the room?
2. Insu was the winner.
   Was Insu the winner?
   Who was the winner?
3. Was the house old?
   The house was old.
   How old was the house?
4. Was the train long?
   The train was long.
   How long was the train?
5. The exam was hard.
   Was the exam hard?
   When was the exam?
6. Was the movie boring?
   How boring was the movie?
   The movie was boring.

CHAPTER 5 종합 문제

본문 p.128~131

종합 문제 1

1. The tree was tall.
   The tree wasn't tall.
   Was the tree tall?
   How tall was the tree?
2. The exam wasn't easy.
   The exam was easy.
   Was the exam easy?
   Why was the exam easy?
3. Were the questions hard?
   The questions weren't hard.
   The questions were hard.
   How hard were the questions?

종합 문제 2

1. The pizza wasn't delicious.
   The pizza was delicious.
   Was the pizza delicious?
   How was the pizza?
2. Was there a problem?
   There wasn't a problem.
   There was a problem.
   Why was there a problem?
3. The car was small.
   The car wasn't small.
   Was the car small?
   How small was the car?

종합 문제 3

1. She was tired.
   She wasn't tired.
   Was she tired?
   How tired was she?
2. They weren't guests.
   They were guests.
   Were they guests?
   Who were they?
3. Were you at school?
   You weren't at school.
   You were at school.

Where were you?

종합 문제 4

A

1. How far was the park?
2. I wasn't[was not] tired yesterday.

B

a Were you at the party?
b No. I wasn't[was not] at the party.
a The party was bad.
b How bad was the party?

CHAPTER 1-5 누적 복습

본문 p.132~135

<SET 01>

1. They were teachers.
2. They teach math now.
3. Were they math teachers?
4. They weren't[were not] math teachers.
5. They were English teachers.
6. Can they be math teachers?
7. They don't[do not] have to be English teachers.
8. They don't[do not] teach math now.

<SET 02>

1. I am busy now.
2. I was busy yesterday.
3. Were you busy yesterday?
4. We weren't[were not] busy yesterday.
5. Where were you last night?
6. May I ask Sujin?
7. You don't[do not] have to ask Sujin.
8. You should ask me.

<SET 03>

1. Where does she work?
2. She works at a bank.
3. Is she a banker?
4. She isn't[is not] a banker.
5. She was a banker.
6. She is a programmer now.
7. Should she work at a bank?
8. She doesn't[does not] work with bankers.

<SET 04>

1. Is he a student?
2. He was a student.
3. Where is he now?
4. Can he come here?
5. Does he have to come?
6. He was here yesterday.
7. Why was he here yesterday?
8. He has many friends here.

CHAPTER 06
과거 시제_일반동사

UNIT 01 긍정문

본문 p.138~141

DO GRAMMAR

A

[현재 시제 / 주어가 3인칭 단수 / 동사 원형 + -(e)s]

2. 그는 학교에 걸어간다. ➡ walks

6. 수진이는 손을 자주 씻는다. ➡ washes

[현재 시제 / 주어가 3인칭 단수가 아님 / 동사 원형]

4. 나는 매주 영화를 본다. ➡ watch

[과거 시제 / 동사 원형 + -(e)d]

1. 그는 거기에 걸어갔다. ➡ walked

3. 나는 주말에 영화를 봤다. ➡ watched

5. 수진이는 방금 손을 씻었다. ➡ washed

B

1. meet - met
2. come - came
3. stand - stood
4. teach - taught

10. leave - left
11. write - wrote
12. buy - bought
13. sit - sat

5. eat - ate
6. run - ran
7. give - gave
8. sleep - slept
9. read - read
14. make - made
15. send - sent
16. go - went
17. do - did
18. have - had

UNIT 1 누적 복습 GRAMMAR

A

- 일반동사의 과거형은 주어에 상관없이 동사 원형에 주로 -(e)d를 붙인다.
- 단모음 + 단자음으로 끝나는 동사는 자음을 추가하고 -ed를 붙인다.
- 자음 + y로 끝나는 동사는 y를 삭제하고 -ied를 붙인다.
- -(e)d를 붙이지 않는 불규칙 과거형은 암기해야 한다.
- do - did / have - had / read - read / say - said
- hear - heard / make - made / go - went / put - put

B

1. I sent a letter.
2. We helped each other.
3. Jane planned the trip.
4. I met them yesterday.
5. A bird sat on a branch.
6. We studied together for the exam.
7. She taught science at a college.
8. They knew the answer.
9. He brought his dad to school.
10. Peter tried hard.

UNIT 02 부정문

본문 p.142~145

DO GRAMMAR

A

1. She did not work hard.
   She didn't work hard.
2. They did not leave early.
   They didn't leave early.

B

1. They didn't write emails.
2. I didn't see them.
3. She didn't say hi.
4. He didn't tell the truth.
5. It didn't feel soft.

C

1. I didn't go to the mall.
2. He didn't know me.
3. We didn't swim in the pool.
4. She didn't bring anything.
5. They didn't stand up.

UNIT 1-2 누적 복습 GRAMMAR

A

- 일반동사의 과거형은 주어에 상관없이 동사 원형에 주로 -(e)d를 붙인다.
- 단모음 + 단자음으로 끝나는 동사는 자음을 추가하고 -ed를 붙인다.
- 자음 + y로 끝나는 동사는 y를 삭제하고 -ied를 붙인다.
- -(e)d를 붙이지 않는 불규칙 과거형도 있다.
- take - took / tell - told / write - wrote / feel - felt
- 일반동사의 부정문은 〈주어 + 조동사 did + not + 동사 원형〉인데,
- did not은 didn't로 줄여 쓸 수 있다.

B

1. We did homework together.
   We didn't do homework together.
2. He didn't run fast.
   He ran fast.
3. She made curry.
   She didn't make curry.
4. They didn't live here 5 years ago.
   They lived here 5 years ago.
5. She gave it to me.
   She didn't give it to me.
6. They didn't speak French.
   They spoke French.
7. We went there last month.
   We didn't go there last month.

UNIT 03 의문문

본문 p.146~149

DO GRAMMAR

A

1. Did you come late?
4. Did he fly to LA?

2. Did she take a test?
3. Did they know it?
5. Did you drink mine?
6. Did you hear me?

B

1. Did he leave any words?
2. He left some words.
3. He didn't leave any words.
4. Did you have any problems?
5. I didn't have any problems.
6. I had some problems.

UNIT 1-3 누적 복습 GRAMMAR

A

- 동사의 과거형을 확인한다. enjoy - enjoyed / live - lived
- win - won / sell - sold / send - sent
- begin - began / sleep - slept / understand - understood
- 일반동사의 부정문은 〈주어 + 조동사 did + not + 동사 원형〉으로 쓴다.
- 일반동사의 의문문은 〈조동사 Did + 주어 + 동사 원형〉으로 쓴다.
- any는 주로 의문문과 부정문, some은 주로 긍정문에 쓴다.

B

1. He waited for 3 hours.
   He didn't wait for 3 hours.
   Did he wait for 3 hours?
2. Sally came early.
   Did Sally come early?
   Sally didn't come early.
3. Did she try it once?
   She tried it once.
   She didn't try it once.
4. They heard the news.
   Did they hear the news?
   They didn't hear the news.
5. He didn't drink any water.
   He drank some water.
   Did he drink any water?
6. Did they leave the town?
   They left the town.
   They didn't leave the town.

UNIT 04 의문사 의문문

본문 p.150~153

DO GRAMMAR

A

1. 2 - 5 - 3 - 4 - X - 1 / When did you eat dinner?
2. 4 - 1 - 3 - X - 2 -5 / Why did he go there?
3. X - 2 - 1 - 4 - 3 / Who did she invite?

B

1. How slowly did you run?
2. How often did you go?
3. How hard did you study?
4. How long did you wait?

C

1. A - How many books
2. B - How much time
3. B - How much sugar
4. A - How many friends

UNIT 1-4 누적 복습 GRAMMAR

A

- 일반동사의 과거 시제는 과거에 이미 끝난 일을 말한다.
- 일반동사의 과거형은 주로 동사 뒤에 -(e)d를 붙이지만, 불규칙 변화하는 동사도 있다.
- 일반동사 과거 부정문은 〈주어 + 조동사 did + not + 동사 원형〉이다.
- 일반동사 과거 의문문은 〈조동사 Did + 주어 + 동사 원형〉이다.
- 일반동사 과거 의문사 의문문은 〈의문사 + 조동사 did + 주어 + 동사 원형〉이다.
- 〈how + 부사〉도 의문사 역할을 한다. '얼마나 자주'는 how often이다.

B

1. They stayed for a week.
   Did they stay for a week?
   How long did they stay?
2. We played baseball.
   Did we play baseball?
   What did we play?
3. Did she have a car?
   She had a car.
   When did she have a car?
4. Did you buy pens?
   You bought pens.
   Why did you buy pens?
5. He ran very often.

Did he run very often?

How often did he run?

Did you try hard?

How hard did you try?

You tried hard.

HAPTER 6 종합 문제

본문 p.154~157

합 문제 1

You bought glasses.

You didn't buy glasses.

Did you buy glasses?

What did you buy?

I didn't say bye.

I said bye.

Did I say bye?

When did I say bye?

Did he keep the secret?

He didn't keep the secret.

He kept the secret.

How did he keep the secret?

합 문제 2

She didn't take a bus.

She took a bus.

Did she take a bus?

Where did she take a bus?

Did he read it?

He didn't read it.

He read it.

How fast did he read it?

They slept for 5 hours.

They didn't sleep for 5 hours.

Did they sleep for 5 hours?

How long did they sleep?

합 문제 3

They helped him.

They didn't help him.

Did they help him?

How often did they help him?

2. He worked very hard.
   Did he work very hard?
   He didn't work very hard.
   How hard did he work?
3. Did she call you?
   She didn't call you.
   She called you.
   Why did she call you?

종합 문제 4

A

1. What did you do last weekend?
2. I stayed home.

B

a Did you watch the game?

b No. I didn't[did not] watch the game.

a Then, what did you watch?

b I watched a movie.

CHAPTER 1-6 누적 복습

본문 p.158~161

<SET 01>

1. I was (at) home yesterday.
2. What did you do yesterday?
3. I watched TV.
4. Were your parents (at) home, too?
5. They weren't[were not] (at) home yesterday.
6. Where did they go?
7. They went to Busan.
8. Did they call you?

<SET 02>

1. She works at school.
2. Does she teach students there?
3. She taught students 3 years ago.
4. She helps teachers now.
5. The teachers can't[cannot] do all the work.
6. There are many students at the school.
7. Does she have to go to school every day?
8. She went to school yesterday, too.

<SET 03>

1. Did you do your homework?
2. I can finish it tonight.
3. I was sick yesterday.
4. Did you see a doctor?
5. I didn't [did not] go to a hospital.
6. There is a hospital in front of your house.
7. You should go to a doctor now.
8. How far is the hospital?

<SET 04>

1. How often do you go there?
2. I went there very often.
3. Why do you go there these days?
4. There is a gym inside.
5. I exercise every day.
6. You may visit the gym.
7. I should exercise.
8. What time did you exercise yesterday?

B

1. I was taking a shower then.
2. Our team is winning now.
3. You were swimming then.
4. He is coming now.
5. They are cutting onion

UNIT 1 누적 복습 GRAMMAR

A

- 진행 시제는 '~하는 중이다'라는 진행 중인 일을 표현해요.
- 진행 시제는 동사를 〈be동사 + 원형-ing〉의 형태로 쓴다.
- 이때 be동사는 주어와 시제에 맞게 am [are, is] 나 was [were] 로 쓴
- 주의할 원형-ing로는 come - coming / stop - stopping 등이 있

B

1. I was writing a report then.
2. She is reading a book.
3. The kids are taking a bath now.
4. They were making cookies.
5. We were listening to music.
6. You are studying math now.
7. She was washing the dishes.
8. The baby is sleeping now.
9. I am going to school.
10. She is driving now.

CHAPTER 07
진행 시제_현재/과거

UNIT 01 긍정문

본문 p.164~167

DO GRAMMAR

A

1. She goes to the library.
   ➡ is going
2. I stay at his house.
   ➡ am staying
3. John pays for the meal.
   ➡ is playing
4. He drinks coffee.
   ➡ is drinking
5. They call the police.
   ➡ are calling
6. You tell a lie.
   ➡ are telling

UNIT 02 부정문

본문 p.168~17

DO GRAMMAR

A

1. She is not eating.
   She isn't eating.
2. He was not cleaning.
   He wasn't cleaning.
3. We were not talking.
   We weren't talking.
4. They are not walking.
   They aren't walking.

B

1. They weren't singing.
2. Tom isn't reading a book.
3. We aren't getting ready.
4. Sera wasn't smiling to us.
5. You weren't eating then.
6. Your parents weren't lookin
7. I wasn't hitting it then.

NIT 1-2 누적 복습 GRAMMAR

진행 시제는 '~하는 중이다'라는 진행 중인 일을 표현한다.

진행 시제는 동사를 〈be동사 + 원형-ing〉의 형태로 쓴다.

이때 be동사는 주어와 시제에 맞게 am [are, is] 나 was [were] 로 쓴다.

주의할 원형-ing로는 write - writing / win - winning 등이 있다.

진행형의 부정문은 〈be동사 + not + 원형-ing〉로 쓴다.

is not은 isn't로, are not은 aren't로 줄여 쓸 수 있지만, am not은 여 쓸 수 없다.

was not은 wasn't로, were not은 weren't로 줄여 쓸 수 있다.

Mijung was dancing then.
Mijung wasn't dancing then.
He isn't drinking water.
He is drinking water.
I am having fun with my dog.
I am not having fun with my dog.
We weren't singing the song.
We were singing the song.
They were playing soccer.
They weren't playing soccer.
It isn't raining now.
It is raining now.
She is having lunch.
She isn't having lunch.

UNIT 1-3 누적 복습 GRAMMAR

A

- 진행 시제는 동사를 〈be동사 + 원형-ing〉의 형태로 쓴다.
- 이때 be동사는 주어와 시제에 맞게 am [are, is] 나 was [were] 로 쓴다.
- 주의할 원형-ing로는 have - having / put - putting 등이 있다.
- 진행형의 부정문은 〈be동사 + not + 원형-ing〉로 쓴다.
- 진행형의 의문문은 〈be동사 + 주어 + 원형-ing〉로 쓴다.

B

1. They are hitting a ball now.
   They aren't hitting a ball now.
   Are they hitting a ball now?
2. She was cooking then.
   Was she cooking then?
   She wasn't cooking then.
3. Is he taking an exam?
   He is taking an exam.
   He isn't taking an exam.
4. It is snowing.
   Is it snowing?
   It isn't snowing.
5. Jihoo isn't carrying a box.
   Jihoo is carrying a box.
   Is Jihoo carrying a box?
6. Were they talking to Tom?
   They were talking to Tom.
   They weren't talking to Tom.

NIT 03 의문문

본문 p.172~175

O GRAMMAR

Is she crying now?
Was he taking a test?
Were you having lunch?
4. Was Jim carrying a box.
5. Am I talking fast?
6. Are they telling a lie?

do(es)
did
is doing
4. go(es)
5. was going
6. went

UNIT 04 의문사 의문문

본문 p.176~179

DO GRAMMAR

A

1. Where is he swimming?
2. Who are you calling?
3. What book am I reading?
4. Why was she sleeping?
5. Where were they fighting?
6. How is it going up?

B

1. What kind of music
2. Which part of the movie
3. What kind of clothes
4. What kind of sports
5. Which part of the song

UNIT 1-4 누적 복습 GRAMMAR

A

- 진행 시제는 동사를 〈be동사 + 원형-ing〉의 형태로 쓴다.
- 이때 be동사는 주어와 시제에 맞게 am [are, is] 나 was [were] 로 쓴다.
- 진행형의 부정문은 〈be동사 + not + 원형-ing〉로 쓴다.
- 진행형의 의문문은 〈be동사 + 주어 + 원형-ing〉로 쓴다.
- 진행형의 의문사 의문문은 〈의문사 + be동사 + 주어 + 원형-ing〉의 순서로 쓴다.

B

1. Jisun was doing homework.
   Was Jisun doing homework?
   What was Jisun doing?
2. They are eating bread.
   Are they eating bread?
   What are they eating?
3. Was he meeting his teacher?
   He was meeting his teacher.
   Who was he meeting?
4. Which country is she visiting?
   She is visiting England.
   Is she visiting England?
5. What kind of clothes is he wearing?
   Is he wearing a coat?
   He is wearing a coat.
6. Were you playing the drums?
   What were you playing?
   You were playing the drums.

CHAPTER 7 종합 문제

본문 p.180~183

종합 문제 1

1. They were exercising.
   They weren't exercising.
   Were they exercising?
   Where were they exercising?
2. She isn't coming.
   She is coming.
   Is she coming?
   How is she coming?
3. Were you cleaning?
   You weren't cleaning.
   You were cleaning.
   What were you cleaning?

종합 문제 2

1. He wasn't complaining.
   He was complaining.
   Was he complaining?
   Why was he complaining?
2. Were they walking?
   They weren't walking.
   They were walking.
   Where were they walking?
3. What kind of pictures is she drawing?
   She is drawing a picture.
   She isn't drawing a picture.
   Is she drawing a picture?

종합 문제 3

1. She was working.
   She wasn't working.
   Was she working?
   When was she working?
2. Which subject are you studying?
   Are you studying math?
   You are studying math.
   You aren't studying math.
3. Is Mark staying here?
   Mark isn't staying here.
   Mark is staying here.
   Where is Mark staying?

종합 문제 4

A

1. What were you doing then?
2. I am studying now.

B

a Are you going to the library?
b No. I am not going to the library.
a Then, what are you doing here?
b I am waiting for my friend.

HAPTER 1-7 누적 복습

본문 p.184~187

ET 01>

We play basketball.

We are playing basketball.

We played basketball.

We aren't [are not] playing baseball.

We weren't [were not] playing baseball.

There are people on the ground.

What are they doing there?

Are they playing tennis?

ET 02>

What are these?

Are these cookies?

Is she making cookies?

She made the cookies.

She didn't [did not] make the cookies.

She can't [cannot] make cookies.

May I make some cookies?

I didn't [did not] like cookies.

SET 03>

Are they cleaning the house?

They aren't [are not] cleaning the house.

Did they clean the house?

They cleaned the house.

There is a washing machine in the house.

Did they do the laundry?

They didn't [did not] do the laundry.

They have to do the laundry.

SET 04>

Was he angry?

He was angry.

How angry was he?

Was he writing a memo?

He wrote a memo.

Where is the memo?

He sent the memo.

They didn't [did not] get the memo.

CHAPTER 08
미래 시제_be동사/일반동사

UNIT 01 긍정문

본문 p.190~193

DO GRAMMAR

A

1. She is going there.
➡ will go
2. I tried hard.
➡ will try
3. It was clean.
➡ will be
4. He drinks coffee.
➡ will drink
5. They are here.
➡ will be
6. We were talking.
➡ will talk

B

1. I am going to stay here.
2. She will clean it.
3. He is going to buy a cake.
4. I will call him.
5. You are going to attend a wedding.

UNIT 1 누적 복습 GRAMMAR

A

- 미래 시제는 '~할 것이다, ~일 것이다'와 같이 미래의 일을 표현한다.
- 동사를 ⟨will + 동사 원형⟩의 형태로 쓰면 '~할 것이다'라는 의미가 된다.
- will 대신 be going to를 넣으면 '~할 예정이다'라는 의미가 된다.

B

1. It is going to rain tomorrow.
2. I will do my best.
3. We will be friends.
4. I am going to go to school.
5. They are going to build a library.
6. I will talk to him.
7. She is going to move to Canada.
8. They are going to have dinner.
9. I will find them.
10. You will catch the bus.

UNIT 02 부정문

본문 p.194~197

DO GRAMMAR

A

1. She will not call.
   She won't call.
2. We will not check.
   We won't check.
3. He will not fix it.
   He won't fix it.
4. It will not be hot.
   It won't be hot.

B

1. They aren't going to see me.
2. Tom won't eat.
3. We aren't going to watch it.
4. We won't use it.
5. I am not going to meet her.
6. Jim won't run.
7. She isn't going to talk to you.

UNIT 1-2 누적 복습 GRAMMAR

A

- 미래 시제는 '~할 것이다, ~일 것이다'와 같이 미래의 일을 표현한다.
- 동사를 〈will + 동사 원형〉의 형태로 쓰면 '~할 것이다'라는 의미가 된다.
- will 대신 be going to를 넣으면 '~할 예정이다'라는 의미가 된다.
- 〈will + 동사 원형〉에서 will 뒤에 not을 쓰면 부정문이 된다.
- 〈be going to + 동사 원형〉에서 be동사 뒤에 not을 쓰면 부정문이 된다.
- will과 not을 줄여 쓰면 won't이다.

B

1. I am going to wear a suit.
   I am not going to wear a suit.
2. She won't forget my name.
   She will forget my name.
3. We are going to invite John.
   We aren't going to invite John.
4. I won't return the book.
   I will return the book.
5. He is going to sell the bike.
   He isn't going to sell the bike.
6. I won't taste the food.
   I will taste the food.
7. It isn't going to snow tomorrow.
   It is going to snow tomorrow.

UNIT 03 의문문

본문 p.198~20

DO GRAMMAR

A

1. Are they going to see me?
2. Will she clean it?
3. Am I going to win?
4. Will we visit her?
5. Is he going to cook?

B

〈be going to + 동사 원형〉 ➡ '~할 예정이다'	〈be going to + 명사(장소)〉 ➡ '~로 [에게] 가는 중이다'
3. 5. 8.	1. 2. 4. 6. 7. 9.

UNIT 1-3 누적 복습 GRAMMAR

A

- 미래 시제는 조동사 will이나 be going to를 이용하여 표현할 수 있다
- 미래 부정은 will 뒤나 be동사 뒤에 not을 쓰면 된다.
- 〈will + 동사 원형〉에서 조동사 will을 주어 앞에 쓰면 의문문이 된다
- 〈be going to + 동사 원형〉에서 be동사를 주어 앞에 쓰면 의문문이 된다.
- be going to 뒤에 동사가 오면 '~할 예정이다', 명사가 오면 '~로 가는 중이다'이다.

B

1. She is going to bring her son.
   She isn't going to bring her son.
   Is she going to bring her son?
2. He will hide it.
   Will he hide it?
   He won't hide it.

Will you tell the truth?
You will tell the truth.
You won't tell the truth.
They are going to learn Chinese.
Are they going to learn Chinese?
They aren't going to learn Chinese.
You won't say goodbye.
You will say goodbye.
Will you say goodbye?
Is she going to lend her suitcase?
She is going to lend her suitcase.
She isn't going to lend her suitcase.

UNIT 04 의문사 의문문

본문 p.202~205

GO GRAMMAR

3 - 4 - 2 - 5 - 1 / How are you going to explain?
5 - 2 - 1 - 4 - 3 / When is she going to leave?
5 - 1 - 3 - 4 - 2 / What will you order there?
1 - 3 - 4 - 2 - 5 / Who will he bring here?

How early
How hard
What book
How many people
What kind of food
Which cap

UNIT 1-4 누적 복습 GRAMMAR

미래 시제는 조동사 will이나 be going to를 이용하여 표현할 수 있다.
미래 부정은 will 뒤나 be동사 뒤에 not을 쓰면 된다.
〈will + 동사 원형〉에서 조동사 will을 주어 앞에 쓰면 의문문이 된다.
〈be going to + 동사 원형〉에서 be동사를 주어 앞에 쓰면 의문문이 된다.
will의 의문사 의문문은 〈의문사 + will + 주어 + 원형〉으로 쓴다.
● be going to의 의문사 의문문은 〈의문사 + be동사 + 주어 + going to + 원형〉이다.

B

1. She will feel sad.
   Will she feel sad?
   How will she feel?
2. He is going to go there.
   Is he going to go there?
   When is he going to go there?
3. Will you invite her?
   You will invite her.
   Why will you invite her?
4. Are they going to fly a kite?
   They are going to fly a kite.
   Where are they going to fly a kite?
5. I am going to meet her.
   Am I going to meet her?
   Who am I going to meet?
6. Will he give a card to her?
   What will he give to her?
   He will give a card to her.

CHAPTER 8 종합 문제

본문 p.206~209

종합 문제 1

1. He will be a teacher.
   He won't be a teacher.
   Will he be a teacher?
   What will he be?
2. We aren't going to take a bus.
   We are going to take a bus.
   Are we going to take a bus?
   What are we going to take?
3. Is she going to leave soon?
   She isn't going to leave soon.
   She is going to leave soon.
   When is she going to leave?

종합 문제 2

1. Tom won't fight.
   Tom will fight.
   Will Tom fight?
   Why will Tom fight?
2. Will you sit here?
   You won't sit here.
   You will sit here.
   Where will you sit?
3. They are going to come tomorrow.
   They aren't going to come tomorrow.
   Are they going to come tomorrow?
   When are they going to come?

종합 문제 3

1. He will order pizza.
   He won't order pizza.
   Will he order pizza?
   What food will he order?
2. We aren't going to have a party.
   We are going to have a party.
   Are we going to have a party?
   Why are we going to have a party?
3. Will she borrow it?
   She won't borrow it.
   She will borrow it.
   Which bike will she borrow?

종합 문제 4

A

1. What are you going to do?
2. Will you go to the party?

B

a I am going to take a taxi.
b Well, I am not going to take a taxi.
a How are you going to go there?
b I will walk.

CHAPTER 1-8 누적 복습

본문 p.210~2

<SET 01>

1. What is your plan for tomorrow?
2. I will meet my friends.
3. Where will you meet your friends?
4. There is a restaurant behind my house.
5. I am going to be there.
6. Is Jinsu going to be there, too?
7. Jinsu isn't [is not] going to come tomorrow?
8. Where is Jinsu going to go tomorrow?

<SET 02>

1. Do you have a bike?
2. I don't [do not] have a bike.
3. My dad has a bike.
4. You should borrow his bike.
5. Where are we going to go?
6. We are going to visit the museum.
7. How far is the museum?
8. It isn't [is not] far.

<SET 03>

1. I am going to a cafe.
2. You may come.
3. I shouldn't [should not] go.
4. There is an exam next week.
5. I have to study.
6. I am going to go to the library.
7. What time are you going to come back?
8. I may come back at 5.

<SET 04>

1. Did you wash your hair yesterday?
2. I didn't [did not] wash my hair.
3. I was late yesterday.
4. I will wash my hair tonight.
5. I wash my hair every day.
6. I can't [can not] get up early.
7. You should go to bed early.
8. I will go to bed early tonight.

활동으로 배우고 익히는 책

LIME'S ACTIVITY BOOK SERIES

"영어의 규칙을 완벽히 습득"

영문법 기초시제 누적복습

- ☑ 문법을 소리 내어 읽기
- ☑ 활동을 통한 문법 배우기
- ☑ 이전 학습에 누적하여 복습
- ☑ 문장 변형을 통한 누적 복습
- ☑ 챕터별로 문장 전환 누적 복습